真语文研究

风景中的我们

代泽斌 ○ 编著

贵州省高中语文代泽斌名师工作室 ○ 编

小疑则小进，大疑则大进，不疑则不进
本书旨在培养教师创新观念和创新能力

中国书籍出版社
China Book Press

图书在版编目（CIP）数据

真语文研究. 风景中的我们 / 代泽斌编著；贵州省高中语文
代泽斌名师工作室编. —北京：中国书籍出版社，2017.1
ISBN 978-7-5068-5979-0

Ⅰ. ①真… Ⅱ. ①代… ②贵… Ⅲ. ①语文课－教学研究—
中小学 Ⅳ. ① G633.302

中国版本图书馆 CIP 数据核字（2016）第 287285 号

风景中的我们

代泽斌 编著　　贵州省高中语文代泽斌名师工作室 编

策划编辑	李立云	
责任编辑	李立云　魏焕威	
责任印制	孙马飞　马　芝	
装帧设计	黔策策划　杨　鑫　尚章会	
出版发行	中国书籍出版社	
地　　址	北京市丰台区三路居路 97 号（邮编：100073）	
电　　话	（010）52257143（总编室）　（010）52257140（发行部）	
电子邮箱	yywhbjb@126.com	
经　　销	全国新华书店	
印　　刷	北京振兴源印务有限公司	
开　　本	710 毫米 ×1000 毫米　　1/16	
字　　数	637 千字	
印　　张	35.25	
版　　次	2017 年 1 月第 1 版　　2017 年 1 月第 1 次印刷	
书　　号	ISBN 978-7-5068-5979-0	
定　　价	126.00 元（全 3 册）	

编 委 会

主　编：代泽斌
编　委：谢　笠　　杨永明　　汪　滲
　　　　代泽斌　　成　勇　　王玫君
　　　　杨光福　　陈谋韬　　李玉平
　　　　郑孝红　　龙黎明　　阙万松

序　言

　　时代在不断进步，经济、文化、教育等也随时代发生着巨大的变化，各行各业都在走探索改革之路，教育的改革，教材的改进，教育教学理念的创新和进步，使我们的语文教学也随之发生了巨大的变化。

　　长久以来，我们的语文老师总是顺着教参走，不敢突破、不敢越雷池半步。于是，课堂离真实越来越远，老师只会演、只会装、只会播放"PPT"，学生不会表达、不敢表达、不能表达，语文课堂病入膏肓，语文教学异化的问题也愈演愈烈，长此以往，语将不语，文将不文。在此背景下，为寻求语文教学的新出路、更好的实现教学改革，贵州省高中语文名师工作室展开了"真语文在高中语文课堂教学中的应用研究"的课题研究，试图以"真语文"理念为指针，以"课堂教学"为突破口，用新的人才观、教学观和发展观来审视高中语文课堂教学，探究真语文在高中语文课堂教学实践中的应用策略，以指导教师合理利用现有资源，将"真语文"的精神贯彻到课堂教学行为中，落实到每位学生身上，最终使语文老师对课堂有一份责任和敬畏感，转变思想，用真语文理念武装自己，然后改变自己，改变课堂，改变学生，让语文回到本真的轨道上来。

　　"真语文"，概念源自教育部前任新闻发言人、语文出版社社长王旭明所践行的语文教育教学理念。"真语文"是针对"假语文"提出来的，具体说就是将语文教学中违反教学规律的杂质剔除出去。语文教学应当不装、不演、不做作，慎用PPT，慎用多媒体教学设备，让学生真正成为语文学习的主体，真读、真说、真写、真对话，使语文回归本真状态。

　　贵州省高中语文名师工作室在进行课题研究中，主要依照现状分析、研究论证与效果检验的线性逻辑展开，基于高中语文教学现状，聚焦于语文课堂教学的问题，将"真语文"在高中语文课堂教学中的运用的理论模式与实际操作作为研究重点，力图通过问卷调查、梳理已有研究成果等方式，研究"真语文"在高中语文课堂教学中的运用所存在的问题，并剖析问题的根源，从而形成一些具有创新性的观点和理论，并提出具有可操作性的解决方案。此次课题负责人是贵州省首批名师工作室主持人代泽斌，有较强的科研能力，其成员大多为市级以上的骨干教师，都是贵州省高中语文名师工作室的学员，具备一定科研能力，且得到所在单位领导的大力支持。

为开发出有利于"真语文"教学的有效资源，为"真语文"在高中语文课堂教学提供有利条件和广阔空间，为教师开展课堂教学，丰富教学手段，提供可供借鉴和利用的资源。同时也为了引领教师更好的学习、思考、实践，在"真语文"观的指导下，寻求高中语文课堂实践"真语文"教学的方式和方法，促进教师专业的有效有序发展，打造科研型教师队伍，将语文教学推向科研的轨道，促进"真语文"科学发展、特色发展、和谐发展、可持续发展。贵州省高中语文名师工作室特意将此次课题研究取得的一些成果撰写汇集成《风景中的我们》论文集。

《风景中的我们》论文集汇集了全省市级以上的骨干教师、贵州省高中语文名师工作室学员的教学研究成果，具有一定的科学性和借鉴性，其论文专著更是可以作为各个研究者学校的师本教材。

（杨永明　贵州省教科院基础教育研究中心主任、工作室顾问）

目录

由扶到放，放手让学生独立行走

——在新课程背景下高中语文教学中"少教多学"的方法研究

贵州省铜仁市第一中学 代泽斌

摘 要：本文主要介绍了在新课改的大背景下，语文教学中仍然存在一些亟待解决的问题，并详细探讨了高中语文教学中"少教多学"的方法。

关键词：高中 语文教学 "少教多学" 方法研究

1632 年，夸美纽斯的著作《大教学论》的开篇就把"少教多学"作为一种教学理念提了出来：寻求并找出一种教学方法，使教员因此可以少教，但是学生可以多学。"少教多学"就是采用针对性、创造性以及启发性的教学方法来引导学生自主独立、积极地学习。目前，新课程标准提出：在教学中，学生处于主体地位，教师需要根据学生的个性特点、需求以及教学课程的特点来引导学生学习，激发学生主动学习的兴趣，倡导学生积极、主动地进行探究式、合作式学习。在高中语文教学中，所有的教学方法、措施均围绕学生的学习来展开，教师应做好教学指导，提高学生主动学习的积极性，从而做到"少教多学"。

一、高中语文教学中存在的问题

目前，在新课改的大背景下，高中语文教学中仍然存在一些亟待解决的问题。

教师的教育教学思想与新课程改革的要求还有一定的差距，部分教师仍沿用传统教学模式进行教学，忽视学生个体的发展，对课堂过程并不重视，课堂教学的开展具有盲目性，没有有效的引导学生进行思考、探究。部分学生对语文学习兴趣不浓，少数学生缺乏正确的学习态度，不能正确认识语文的重要性，学习目标不明确。学生过多地依赖教师的讲，被动地吸收知识，不会主动学习，从而学习效率不高。

二、在新课改背景下高中语文教学中"少教多学"方法的应用

"少教多学"具有较强的针对性，需要提前检查学生学习状况，避免放任自流，且教师需要掌握学生的学习能力以及学生对语文知识掌握的情况。在这个过程中，教师可了解学生自主学习能力及其学习成果，也能从中发现学生自主学习过程中存在的相关问题。因此，在构建"少教多学"课堂时，语文教师应注意以下几个方面的内容。

（一）转变教学观念

课堂教学是动态的，学生的情感是飘忽不定的，问题的生成是瞬息万变的。学生素质的参差不齐，源自生活阅历、人情风俗、地域环境、家庭文化积淀的不同，他们对知识理解的深浅难易度不一样，人生成长的需求也不尽相同。大部分学生长大后只想过普通人的平静生活——孝敬父母、传宗接代，只有少部分学生希望自己的人生可以有所作为。因此，作为传承中国古代文化的语文学科，就自然把"培养合格的社会公民"作为宗旨。所以，语文教学不应该以考分的高低论成败，而应该以理解并能得心应手地运用本民族的语言文字为评判优秀的准则。我们不可能要求土家族孩子把滚烫的开水说成苗族的"濑"；中国的孩子对"食盐"的理解，可说有滋有味，但是对"common salt"可能就一窍不通；面对数学老师的"1×1=1"，学生可能会毫不犹豫地理解为"一成不变"，将"1+2+3"理解为"接二连三"。你不可能说学生的思维是错的，因为他是从生活的角度、语言文字的角度来理解生活的，并加以推广运用到日常生活中。大数据的开放和利用扩大了学生的生活领域和拓展了学生的视野。过去"一桶水"的"填鸭式"教育已经捉襟见肘，是对学生思维的戕害，剥夺了学生的话语权。学生成绩优异了，独立生存能力退化了，依赖性增强了，是非观念淡化了，人与人之间情感冷漠了。

教师应重视学生的主体地位，关注学生的身心发展特点和个性特征，及时了解学生学习需求，掌握学生学习进度，并做好教学计划工作，让学生更好地学习。每个学生都是独立的个体，其身心发展、性格特征等方面均存在一定的差异，教师需要注意根据学生的特点来进行针对性的教育，最大限度地挖掘学生的潜力，激发学生的潜能。在教学过程中，根据学生学习的不同情况采用分层教学方法进行，强化学生的优势，弥补学生的弱势，逐步提高学生的综合能力，进而提高学生学习的质量和能力。除此之外，教师通常掌握有各种有效的学习方法，因此应根据学生学习的特点和需求教会学生正确的学习方法，引导学生积极主动地思考相关问题，例如指导

学生如何正确地进行课前预习、如何提高听课效率、课后应当如何复习等。教师在每堂课上讲解的时间并不长，需要学生自己主动、独立地进行学习，以便深入理解和掌握教师所讲解的内容，因此，教师要转变教学观念，积极培养学生独立学习的能力，引导学生更好地学习，让学生因追求学习而更幸福。

（二）做好学习预案

预案是自我学习、研讨的一种初始方案，它是粗略的、杂乱的情景式再现，凭借已有的知识储备信息，进行简单加工的学习方法。即使是成绩优异的学生、优秀的语文教师，也有未知的情愫和知识的盲区。同时，每一个预案的设计者，都不可能预知课堂上的动态生成因素。孔子之所以能成为万人景仰的圣人，是由于他能解答不同弟子提出的千奇百怪的、涉及生活方方面面的问题。而今学生摄取的知识容量大、内涵丰富，"一桶水""一口井"已不再能满足他们的好奇心和求知欲。例如，对于《林黛玉进贾府》学生提出：林黛玉到底有多大？贾宝玉又是多少岁？林黛玉进贾府时年龄也就 5 岁左右，她有那么懂事吗？贾宝玉梦幻时只有 7 岁左右，能产生精子吗？如此等等一些问题能预设吗？你能不探讨吗？

教师开展教学前，通常会让学生先提前预习新课的内容，但是许多学生在预习的过程中找不到重点，只是大致地、粗略地翻看一下即算完成任务，这种粗糙的预习对新课内容的学习并没有多大帮助，无法发挥预习的作用。对此，教师应做好学习预案，引导学生进行学习，进而发挥预习的作用。那么怎样做好学习预案呢？首先，教师应教会学生预习的正确方法，指导学生在课外对新课内容进行预习时重点应该看哪些内容，让学生了解预习的真正目的和作用。学生不知道教师在课堂上预设的问题是什么，即便知道而问题往往又随提出的时间、氛围、对象的变化而不同，故预习应从"大处着眼，小处入手，各自独立，而勾连互勾联"，因此教师在学生预习之前，应提出一些吸引眼球的"金绣球"，让学生沉下去，走进文本的背后与作者进行情感的沟通和心灵的撞击。如《伶官传序》可用标题切入法：伶人何以做官？为何给伶人作传？为何给《伶官传》作序？还可以用结构切入法、细节切入法、专题切入；等等。让学生从自己喜欢的路径、擅长的读法有的放矢地设计自己的预案，从而达到事半功倍的效果。例如，在上必修三第一单元前，教师应告知学生这个单元主要是学习欣赏小说。与此同时，要教会学生一些相关的学习方法。例如，抓住人物形象来理解小说的内涵和艺术特色。因为人物是小说的主要构成要素之一，小说的主题和作者的创作意图都要通过人物形象来表现；因此，欣赏小说要注意把握人物形象。怎样把握人物形象呢？教师可以指导学生在学习时从语言、动作、神态、心理活动等方面入手，进行细致的剖析，把握人物的性格和命运，感受作者塑造人物的高超技艺。

其次，教师要在课前制定好总的学习目标，并展示给全体学生。学习目标是师生共同要达到的目的，它是大纲统率下的单元归类的灵魂，是清晰可触摸的"李子"，并非模糊遥不可及的"葡萄"。每一课的目标不尽相同，但总是在为单元目标服务，为学生建构完整的知识体系和认知规律服务。某节课目标没有完成，或许蜻蜓点水学生没有任何收获，或许赶着学生马不停蹄地机械前行，等等，这一系列的问题都是因为教师为备课而备课，忽略了鲜活的生命对话，忽略了学生的兴趣爱好和知识功底的差异，从而直接影响教学目标的达成。此时，与其盲目地拖着学生前行，还不如降低目标，让学生尽情发挥自己的思维能力，解决学生人生成长路上的疑惑。教师的亲和力、体态语的导向性、目标的难易与简洁，也直接影响了教学的目标达成率。一位教师在上《逍遥游》第一段时提出三个目标：掌握第一段的文言词（笼统）；能自己翻译本段（没有重点）；背诵本段。结果因学生的知识功底较浅，在老师的带领下，对文本的梳理还没有完成，下课时间就到了。试看目标一样都没有完成，可你不能说他失败了，只能说是忽略学生而受到的惩罚。教学目标的达成是师生双向的教学相长过程，绝非单向、主观意愿。正如教学过程中设定教学目标一样，学生在学习的过程中也应当设定学习目标。学习目标是学习的动力之一，教师要让学生知道在新课中应掌握的知识以及需要掌握、理解的程度，让学生明确应当学习的目标，才能有针对性地开展预习，而不是漫无目的地随意翻阅。例如必修三第一单元第一课《林黛玉进贾府》，教师可以预设以下一些学习目标：①探究深刻的主题思想；②分析严密的艺术结构；③欣赏逼真的人物刻画。制定好学习目标之后，要在课前展示给学生，让学生按此目标制定属于自己的学习目标：可以探究宝黛爱情悲剧的社会原因及封建末世无可挽回的崩溃趋势；也可以分析极为严密的网式结构，前五回的艺术提示、宝黛爱情悲剧之线与四大家族的衰亡过程相互连接、互为因果、交叉递进；还可以结合生活细节、追踪蹑迹，欣赏生动丰满、极为传神的人物形象。

最后，形成个人学习预案。有了学习目标，学生便找到了学习的方向。明白了新课中需要学习的内容，学生要据此确定自己的个人学习方案：根据目标的难易程度和自身的能力，选择自学、对学或群学的学习方式，有目的地去探究自己设立的学习目标，通过自主思考，力求学有所获；通过对新课内容的挖掘来研究学习过程产生的难题，或与同学进行探讨，如果难以攻克，则留待课堂上对这些知识进行重点关注，据此形成自己独特的学习预案。预案的形成是建立在原型想象的基础之上，构建新的画面，使不同的场景再现生活的典型，如《荷塘月色》中"心里颇不宁静"，就越发觉得烦躁，下意识到院子中乘凉，以此减轻"不宁静"，可越加反衬作者内心的挣扎，故希望"日日走过的荷塘"能有另一番天地，帮助他消减"不宁静"。特别是第四段月下荷塘优美的景色，应让学生读出荷叶、荷花、荷香、荷波、荷韵五个方面描摹的美景，借助再造想象，创造出清鲜灵动的意象。阅读文学作品、欣赏音乐旋律、品味惟妙惟肖的画卷等都能给人留下许多"空白"的空间再创能力。因此，引导学生梳理预案时，要使其尽力发挥思维想象的空间，进行大胆推测，丰富其内在的生活体悟能力，以便在教师的指导下更加完美地解读课文，揣摩作者的真实情感和写作意图。

（三）创建活动课堂，构建合作式学习模式

活动课堂并不是单纯的问题设计，其主要目的是带领学生参与课题研究，让学生感觉不是在上课，而是在参与一项活动，且这个活动并不是单纯地寻找问题答案，而是让学生主动、自发地深入探究、理解课题内容和相关知识。在活动课堂中，让学生组成学习小组，并让学生对提出的知识点进行自主探讨，构建合作式学习模式。首先，让学生独立思考后充分交流、尽情碰撞。当学生按照自己的学习预案学习后，一定会有许多属于自己的东西生成。在课堂上，教师要设计一些活动，提供一些平台，让学生相互交流，让不同的思想在语文课堂上碰撞出耀眼的火花。例如，学习《项链》这篇课文，让学生以小组为单位独立思考后自由交流并发表自己对路瓦栽先生这个人物形象的见解时，有的学生说，路瓦栽先生是软弱的，他妻子的悲剧与他是分不开的；也有的学生说，路瓦栽先生是伟大的，他深爱自己的妻子，即便自己没有很大的能力满足妻子的需求，但他尽自己的最大努力去满足妻子的愿望；更难能可贵的是，妻子遗失了项链，他没有埋怨妻子，而是毅然决定与妻子一起艰难地还债，这才是真正的男人情怀。思想的碰撞，让学生对路瓦栽先生有了更深的认识。其次，学贵有疑。在交流、碰撞之后，面对不同的"成果"，教师要引导学生学会反思质疑。对确有难度的问题教师再加以引导，让学生自己思考。如在学习《祝福》这篇课文时，结合课文内容，从祥林嫂的"逃、撞、捐、问"四件事中，学生提出祥林嫂是一个很有反抗精神的人：她从山里逃出来做工，是在上有严厉的婆婆、外有封建礼教和封建妇道的环境下逃出来的，其行为无疑是对封建制度的有力抗争；改嫁时"出格"的吵闹——"一头撞在香案角上""一路上只是号嚎、骂"，是她对婆家为她所安排的命运的一种反抗；

倾尽辛苦劳动所挣来的十二块大洋到土地庙去捐门槛，洗刷污秽，好让自己享有做人的权利；临死之前对鬼神的怀疑，问"我"魂灵的有无，则更是体现了她对天经地义的神权的叛逆。这四次反抗性的活动反映了祥林嫂人生命运发展的基本历程，这一切就足够证明了她是具有反抗精神的。也有学生质疑小说中祥林嫂的反抗，认为祥林嫂跟鲁迅先生笔下的闰土一样，都是逆来顺受的人。她的四次反抗，前两次的"逃、撞"是对封建思想"从一而终"的盲从，后两次的"捐、问"更是受封建迷信思想愚昧的结果……这种深度解读培养了学生主动思考、主动读书的好习惯，从而提高了学生的综合能力。在此类活动中，学生会发现语文学习并不是强制性的被动接受，而是具有主动探索的意味，能有效满足该阶段学生的好奇心和求知欲。

再次，让学生学会合作探究。在学习过程中，有时要学的知识很多，有时知识较难，单凭学生一个人很难完成学习任务。这时候就需要学生一起合作探究了。例如，学习《劝学》这篇课文，让学生找出文章中用来论证的比喻有哪些时，如果找不全面，就大家一起参与、一起探索发现……运用合作探究的方法能节省不少时间，从而提高学习效率。但是，在分析比喻设置的方式，探讨论证的异同时，由于问题有一定的难度，部分学生必须借助合作探究，才能完成该任务。这种课堂活动能让学生主动地观察、思考相关问题，而不是被动地接受，能激发学生主动学习的热情，创造良好的学习氛围，提高学生的思维能力、语言能力等，有助于提高课堂教学质量。

最后，要及时展示共享。在课堂上，教师要充分调动学生的积极性，通过对文章深入探讨分析，学生在分组讨论的基础上，派代表发表自己组的观点，及时展示共享自己的学习成果。这既锻炼了学生表现自己的能力，又塑造了学生自信的人格。展示共享可分为两种方式：课内展示、课外展示。课内展示，可以由小组推选的代表在讲台上分组口头汇报本组的学习所得；也可以由各小组推选代表将本组的观点板书在黑板上，根据讲台与黑板的实际情况，可以同时选二至四人板书展示。课外展示主要是相互检查学习笔记，交流学习所得。

（四）点拨精讲，引导学生思考

语文课堂的主体是学生，所有的教学都围绕学生进行，但是并不是让老师不讲，而是少讲、精讲。因此，教师在语文教学中，注意点拨，对学生自主学习中存在的错误、困惑或不足之处点出来，并进行精讲。学生在自主学习的过程中，由于经验、知识有限，对文章的理解必然有不足之处，且存在多种难以理解的情况，因此，教师的点拨精讲对学生的学习是非常重要的。教师在进行点拨精讲时，应注意让学生通过自己阅读、思考、理解来领会文章的意思，自己从旁协助、启发。教师可点拨文章的背景、内容、主旨及关键词等方面，让学生更好地理解文章。例如，学习《逍遥游》时，学生对大鹏直上九万里的壮举十分羡慕。老师就要点拨学生由此得出一些人生感悟：不管是干小事还是干大事，都要有所积淀和凭借。然后，列举一些实例引导，比如，乞拉朋齐降水量为什么是世界第一？因为它具备降水量世界第一的条件：乞拉朋齐是一个地势较低的洼地，在雨季时，河水溃决，这里实际上已经变成一片湖泽。因为洪水较暖，在到达乞拉朋齐之前，西南气流先吹拂到积水低地之上，所以饱含了水汽，更使乞拉朋齐降雨猛增。同理，一个人要成功必须"善假于物也"。通过教师的点拨、引导，使学生的认识再上一个台阶。教师进行点拨精讲时，并不是简单地讲解，而是有针对性地讲解，让学生从思考的困惑中走出来，并在思考中解除困惑。在这个过程中，学生并不是简单地获得知识，其中重要的是对学生观察能力、思考能力的培养，让学生拥有自主思考的能力。

《念奴娇 赤壁怀古》中对"人生如梦"精彩点评：作者用"遥想"与"当年"把"小乔出嫁了"与"樯橹灰飞烟灭"相距十年的事组合在一起，写出了一个风流倜傥、年轻有为的周郎之人生美梦；周郎年轻洒脱、功业有成、美人相伴，而自己年近半百（45岁）、夫妻阴阳相隔、骨肉分离、虚度人生，词人用"周郎美梦"反衬自己"人生如梦"。可词人并非一味消极，"多情""早生华发""一樽还酹江月"这些感慨是"有温度、有灵性"的。词人把每一次贬谪当作砥砺性情，完成了超然的飞跃。学习《项脊轩志》时学生提出：母亲疼爱孩子，可是孩子哭泣，为什么不进房间探问，而是在外"以手叩门"呢？"家有老妪，尝居于此"说明以前项脊轩是婢人的居室，在古代封建社会尊卑分明，主人是不可进入婢人的房间的。后来改为归有光的书房，祖母来探望，就能进屋，所以祖母就有"以手叩门"的关爱。文章很短，却用大量篇幅写"老妪"，怎样理解？这是间接描写，写老妪其实是为了写母亲，因为母亲去世之时，归有光尚年幼，追忆母亲，是从其他人那里间接得来；对母亲的温暖的零星回忆，只能从别人口中获得，对一个年少丧母的归有光来说，这是人生三大不幸之首，而本文恰好能把这样的不幸和悲凉传导出来。

结束语

在现代教学中，教师不能大包大揽，而要适当"示弱""示拙"，要学会导演。教师的作用在于引导、启迪学生，让学生自主奋发向上并积极主动地学习相关知识，而不是以往教学中教师一味地讲，学生一味地听。高中是学生身心发展的重要阶段，此时他们对社会、事物的认知逐渐丰富，有自己独特的性格，且充满好奇心和求知欲。对此，语文教师应把握好"少教多学"的原则，利用"就近发展区理论"使学生的潜力变成实力，关注学生身心发展的特点，培养学生独立学习的能力，激发学生学习的兴趣，让学生保持学习的热情，使学生能自主自发地对语文知识进行探究，使学生真正地理解、掌握相关知识，进而提高学习质量。

参考文献

[1] 朱芒芒 . "少教多学"：实现从传统走向现代的新转变 [J]. 教育研究与评论：中学教育教学，2012，20（12）：25-29.

[2] 苏亚平 . 构建初中语文阅读教学中的"少教多学"模式的探讨 [J]. 中国校外教育，2014，09（32）：23-18.

平衡：撬动有效课堂语文教学的支点

贵州省江口县教育局教研室 李玉平

我们先弄清楚什么是平衡。平：不倾斜，无凹凸，像静止的水面一样。衡：秤杆，泛指秤，衡器。平衡：①衡器两端承受的重量相等；②对立的两个方面，相关的几方面在数量上均等或大致均等。天地间万物无不是循时而生而长。人体内的器官如果不是平衡活动，人就会殒命。试想人的五官不是均衡地分布，定是奇丑无比。基于此，我的理解，平衡即"毋过"。

课堂语文教学有哪些要素、环节需要追求平衡？在有限的时间段（45分钟），在固定的空间（教室），怎样把"教""学""习"均衡体现在教学过程和活动之中？现实的课堂教学，"教"过了，"学"不足，"习"几乎看不见，打破了三者之间内部与外部的平衡。教学过程只是时间单位上的进度，而没有学生思考与顿悟的过程。学习内容或学习目标是教师自己讲完的，学生只有听的份儿。因此，在课堂上一定要努力追求教、学、习的平衡。

"教"，就是给学生提供如何读书学习的范式。引导学生在知识与技能、过程与方法、情感态度价值观上习得、浸润、体验。我们来看看这个"教"字。"教"有两个读音，读 jiào，动词。会意字。从攴（pū），从孝，孝亦声。"攴"，篆体像以手持杖或执鞭。在奴隶社会，奴隶主要靠鞭杖来施行他们的教育、教化。本义：教育，训诲，指导。许慎曰：上所施下所效也。读为 jiāo，动词。把知识和技能传授给别人，即传授。通过对"教"字的诠释，可知现在运用这个词，意义合二为一了。即课堂上有传授、指导、训诲、教育之意。所以"文起八代之衰"的韩愈说：师者，所以传道授业解惑也。

一堂课，我们到底要教什么？许多老师看似明白这个道理，其实并不深谙此道。呈现出来的教学课例，面面俱到，声光电充斥课堂，十八般武艺全登场。看似风风光光，热热闹闹。一追问，二反思。其实什么都没有落实。听说读写语文能力在课堂上蜻蜓点水，很少进行专项学习，至于人文上的熏陶与润泽，无暇顾及。怎样突破这个瓶颈？策略与途径在哪里？我认为首先要解决教的起点。第一，预习。预习什么？无外乎扫除文字障碍，了解文本写了什么内容，也可以查阅一下文本的背景材料。这些在课堂上是要检查的。课文是否读得文情并茂，有滋有味，一查就知晓。如果学生对课文都不是很熟悉，遑论什么品读。我们的语文教师对学生读课文这个环节基本上都放弃了。我们老祖宗在母语教学上，特别讲究教读，现在有哪一位教师还在做"教读"这件事呢？读书，必须大声读。现在课堂上绝少听到学生大声忘我读书的情景了，好像这种读法是丢人现眼难为情的事，岂不悲哉？国外对大声读书提出了"有声思维"的理论并进行尝试，效果斐然。基于此，预习就是"教"的起点。第二，直接读文。读什么？我引用龙应台的儿子在德国学语文的一则案例，请大家思考。

我记得安德烈17岁高二时，说他们在德文课上读布莱希特的一个剧本《伽利略》。我很好奇：你们老师怎么教这个剧本呢？而且讨论的重点放在哪里？布莱希特的剧本写的是伽利略发现了地球的原理，但是这个原理是教会所不容的。我们平常所学的是伽利略如何如何坚持他的理论，可是布莱希特写这个剧本可不是这样呈现的。

安德烈说，布莱希特有一个独特的呈现，他写的伽利略面临两个选择，就是当教会不容许他的这种理论的时候，伽利略的两个选择是：一个选择是，我跟你硬碰硬，为了我的伟大的原则我被教会迫害而死；另外一个选择是，我对你屈服来保存我自己，可是保存了我自己之后我还有更多的发现、更大的贡献、更大的颠覆要做。剧本的结局是伽利略选择了后者，而选择后者的时候会被当时的很多人认为你"变节"，你屈服了，但是他是为了一个更大更重要的东西。

我问他：在你们同学课堂的讨论里，最核心的是什么？他说，课堂讨论到最后的核心就是个人跟群体之间的关系问题，面对教廷或国家这种强大的机器，个人什么时候要抗争、要牺牲，什么时候是可以妥协、退让的。布莱希特写伽利略是在影射纳粹法西斯，他自己是个坚定的马克思主义者，1947年在美国还被做过"忠诚调查"，所以对个人与国家机器之间的紧张关系，他非常关注。

我听来惊心动魄：这群17岁的孩子是这样在上语文课吗？个人面对国家机器如何自处，不正是公民教育最核心的题目吗？

我认为直接读文就是要读出作者写此文的意图与目的。有整体的，宏观的；有局部的，微观的。从阅读的规律来讲，这是初步的感受，是直觉。从课堂教学结构看，属于整体感知。在这个板块，力求在"读"方面采取多种方法让学生多读，熟悉文本内容，达到见文晓内容的程度。这也是教的起点。

"教"还有一个重要板块，即品读。"品"字，许慎曰：品，众庶也。

本义是细而慢地辨别滋味,享受食物。这里就有"品味"之意,意义专指食物。后来泛指了。引申义即辨别、评定、分析、感悟。"读"字,照许慎解,诵书也。依照文字念,如朗读、范读;看书,阅览,如阅读、速读、默读。何谓"品读"?即"仔细阅读、品味"(《辞海》)。品读板块就是品味课文,赏读课文。怎样的读?一篇课文品读"点"在哪里?首先,我们要厘清品读的逻辑关系,是读在前,品在后。

其次,切入点是否适合、准确,直接影响课堂教学质量。提炼适合而又准确的切入点,有两个途径:源于对文本的解读,源于对学情的了解。方法如下:①直接入文,按照文本思路一路讲下去;②以"问题"牵领,从细微处入手,聚焦再发散;③直扑文本核心内容,两头拉扯;④诗意切入。

最后,课堂上品读的目标和层次是怎样的。这要从两个方面来说:一是内容(情感、思想、观点),二是表达方式。情感、思想、观点因文本内容而发,表达方式因文体而选择。不能用处理文学作品的思路来处理议论文,也不能用处理议论文的上课思路来处理说明文。这种认知关系不能任意颠倒。文学作品侧重在字里行间表达出文外之意,是需要品味、揣摩、赏析的;议论文教学侧重"说理"逻辑脉络的梳理和解析,即作者的思想观点是怎样论证的;说明文侧重于被说明对象的特征及说明的过程。老师教的重点在此。教会学生读书的难点也在于此。著名语文教育家钱梦龙指出:教会学生读书,意味着学生能够从范文中学到规范、优美的民族语言;意味着学生与作者对话,从文字的字里行间汲取精神营养,实现工具性与人文性的统一;意味着知识与技能、过程与方法、情感态度价值观多元目标自然达成;还意味着终身学习成为可能。文学作品炽热和丰沛的情感,政论文严密的逻辑演绎,科普文章知识解说的条理性,无不浸透作者智慧的思考与准确的表述。

表达方式,即描写、议论、抒情、说明。文体不同,表达方式就有所偏重。作者采取何种表达方式来言说,取决于表达所需。品读这方面有两个技巧:一是分析作者为什么要采取这样的表达方式,而不是那种表达方式;二是追问表达作用与效果。

"学"又怎样讲?"学"字的繁体为"學",意思像双手构木为屋,后作声符。加"子"为义符。子,孩子,小孩子是学习的主体。本义为学习。有学书(认真读书)、模仿、讲述之意。《广雅》训:"学,识也。"《尚书大传》诠释:"学,效也。"基于此,我的理解是两个方面,即教学与自学。自学即学生自主学习。这里的教学是"教"与"学"两个方面。现在谈谈"学"。时下的课堂语文教与学混淆,何时为教,何时为学,没有搞清楚。

把两个活动裹缠在一起，教是学，学也是教。可想教学效果是怎样一回事。教是老师作为，学是学生的事。课堂上如何学呢？一言以蔽之：老师教什么，学生就学什么。学的起点在哪里？或是学生直接读文，了解文本写了什么；或是文本最让你感兴趣的部分，说说理由；或是"问题"引领，让学生围绕问题展开自主思考、合作探究、展示交流，点拨提升立体活动，达到"自得天机自生成"的境界。至于采取何种方式，或综合或分开，因文本不同、学情差异而灵活、创意、科学地展开读文活动。

学，是对未知的东西进行学习。一篇课文学生读不懂的有多少，能懂的有多少，似懂非懂的有多少。这些有调查研究吗？哪些可以通过自学学生能掌握和理解，老师对此是了然于心？学有所惑，惑在学中解决，"学"的节点（疑惑与障碍）是学生无法打通的，需要教师的教来启发和引导，让学生理解和运用。教师的"主导"作用就体现出来了。这就是我讲的平衡。

难的是怎样在课堂上落实学生的学。其实教学就是教师"教"学生"学"。无可厚非。问题在于教师以教代学，一讲到底。"学"的过程没有呈现，看不到学生的读，学生的静思，学生的讨论交流。"学"只是附庸，只是点缀。以学代教，少教多学，理论固然先进，但课堂教学尝试并没有做出让教师欣然接受的操作方式，雷声大雨点小。对于课堂上学生学什么，要么定位欠合理性，要么什么都让学生学，美其名曰"自主"。这就是我批判的学"过"了。完全放手让学生自主学习，违背了现代教学理念，请记住，学生毕竟是学生，心智没有健全，阅历、经验、学识都不足，这是这个年龄阶段特征所决定的。学生难得会有什么学的突破。我们的教师是否把学生想得太高了，或者太低了？因此，教师得老老实实教学生读书，学生亦得老老实实从教师那里学读书。

至于怎样操作，下面提供一个基本思路。第一，基础知识、作者简介与背景、课文内容，这些让学生自学解决。教师的作用就是检查一下。第二，采取多种方式让学生读课文。教师现场指导，零距离观察。文本重点章节、语段要反复诵读，以学生熟悉并通晓文本内容为止。从课型讲，这是新授课，即第一课时。第三，以问题为抓手，在设定高水平的学习内容上下功夫，让学生挑战高质量的学习，引导学生深层次思考。问题就是切入文本品读的纲，如字眼、题目、中心句、设问、反说等。第四，对话式展开。教师在课堂上起到倾听、串联、反刍的作用，等待学生思维的跳跃：问题呈现，学生思考；合作交流，点拨提升。第五，拓展（即出文）。因文而设计，多元理解，情感态度价值观多元自然达成。这是第二课时或第三课时，绝不是第一课时，除优质课外。

关于"练习"。看看"练"字，意思是"反复学习，多次操作"，如练习。"习"字义项之一是"学过后再温熟反复学"，如练习，习得。义项二是长期重复地做，逐渐养成的不自觉的活动，如习惯。概括起来练习就是"反复"学、练，直至养成终身学习的习惯。课堂上"听说读写"语文能力培养与训练无处不在，时时在渗透。如基础知识的识记，朗读的指导与训练，品读的点拨与提升，因课型而异，交叉重叠而又凸显各自侧重点。练习的原则是课堂上学习什么，就练习什么。方法如下：①朗读个体pk（有声读），评价；②交流讨论，评价；③展示，评价；④片段练笔。需要注意是每个练习活动都要有标准。在标准中规范学生语言文字运用能力。

总之，教、学、习三者是一个既有联系而又各自独立的有机整体，不可偏废。教师在教学中要适合、适度、适中追求平衡，在平衡中提高教学效率和效果。

天堂与地狱

——兼谈语文课堂的艰难取舍

贵州省铜仁市一中　王玫君

一念天堂，一念地狱。

这是众生兼知的一条佛教慧言，也适用于我们在语文课堂遭遇种种尴尬之际。每每我精心预备的教案不能让自己满意、让学生尽兴时，我默念此言，便会豁然开朗。

一、要学科素养，还是要儿童视觉

语文学科对语言的建构与运用、思维的发展与提升、审美的鉴赏与创造、文化的传承与理解提出了自己的核心素养观。可以说，它像一块悬挂在我们前方的领路牌，指引着我们的方向。

我曾尝试引入悉尼大学校训"繁星纵变，智慧永恒"和北京大学的宣传语"如传世的青花瓷，自顾自美丽"，和学生一起畅谈美的多样性；我也听学员在"花自飘零水自流，一种相思，两处闲愁"中抓住"一种"和"两处"，以看似训练思维的方法入手赏析语言；我总是不忘汉字文化的魅力，比如曾让他们从"草"的本义去联想"草稿、草草、草率、潦草"的关系。这些课堂的片段都深受学生喜欢，因为我知道，坚守语文的核心素养观，一定是真语文的回归。

听一位老师说起过这样一个教学案例，她充分准备了《宝玉挨打》的教案，但当她走进教室才发现全班54个学生竟然没有一个看过《红楼梦》。当她按既定教学计划问学生对宝钗这个人物的看法时，有学生竟然回答，宝钗很豪放，让学生回答理由时，学生的依据是宝钗这样一段话：

"你们也不必怨这个，怨那个。据我想，到底宝兄弟素日不正，肯和那些人来往，老爷才生气。就是我哥哥说话不妨头，一时说出宝兄弟来，也不是有心调唆。"

于是老师不再想着完成那堂课既定的教学目标，她让一个男生读宝钗看望宝玉的段落，让一个女生来配合朗读做动作。老师说，那堂课她没有完成教学计划，也不精彩，但她自己觉得很圆满，因为学生真正地走进了文本，她的这一堂课关注到了学生的视觉，学生情绪被调动起来。

还是学员黄娟老师的那堂《一剪梅》，因为学生是铜仁一中实验班的，黄老师没有将本文讲到一个"愁"字就叫停，她从中国古代文化中的"闲愁"说到米兰·昆德拉的《生命不能承受之轻》：

人生责任是一个沉重的负担，却也是最真切实在的，解脱了负担，人变得比大地还年轻，但一切也将变得毫无意义。

这些生命的感悟似乎不再停留在"儿童视觉"，但是如果我们调动他们中考完后轻松而又无所事事的生活体验，唤起他们身边那些百无聊赖的周围人的生活积累，我们一样可以在赋予他们儿童视觉的同时，发展和提升他们的思维品质。

所以，面对高高在上的学科素养的要求，我们要有信心的是，我们青春年少的学生有认识世界和表达感受的冲动和欲望，只要我们能从生活中来，到课本中去，或者从课本中来，再回到生活经验中去，就可以帮助他们搭建认识的"脚手架"，从儿童视觉出发，积累起最丰厚的学科素养。

二、由学生提问还是老师来提问

平等、民主的师生关系是以课堂的平等交流来实现的。但是，究竟是由老师把学生带进预设的情景，还是由学生带领老师进入他们内心最真实的文本体验？

传统的教学法和新课程理念均有各自的教学观念，而且不同的观念也带来了不同老师的不同教学习惯。

听过一堂《都江堰》的展示课，还记得那个老师和学生下面这样的开场白。

师：喜欢余秋雨先生的这篇《都江堰》吗？喜欢什么呢？有不喜欢的吗？也可以说说不喜欢的地方。

生1：我喜欢，比如他欲扬先抑地写都江堰的手法。

生2：我不喜欢，我觉得这个手法太小儿科，我们都会用，不新鲜了。

生3：还有作者很多语言不合逻辑，说话太过了。

生4：老师，咱们这样好像成了批评余秋雨了？

师：可以呀，我们可以说好，也可以说不好，这才是和大师平等对话。

我们的课堂还真可以先由学生来发问，我们要的就是他们独特的视角，要他们最真实的文本体验。

其实好多时候，我们并不比学生聪明，特别是在我们自己陌生化地、细细阅读教材的过程中，我们会发现，我们有疑惑的地方也正是学生的疑惑所在。

那么，什么时候需要老师来提问呢？当学生觉得没有问题之后，我们就要在看似没有问题的情况下提出问题，教他们从看似没有问题的地方发现问题，培养他们研读的习惯。

记得上李清照的《声声慢》时，因为以前家里栽了很多菊花，我对"满地黄花堆积"各种版本的解释就有了自己的看法，我决定要在此处设疑，培养学生研读的能力。

师：你们觉得这满地堆积的黄花是盛开的还是凋谢的？

生1：盛开的，因为喝酒、赏菊是重阳节的风俗，重阳节菊花盛开呀。

生2：我觉得是凋谢的，因为已经满地都是，而且，菊花都凋谢了才更能表达词人以花喻人的伤感。

师：你们见过盛开的菊花吗？老师给你们看幅画。

生3：老师我知道了，盛开的菊花也可以满地都是啊，它的枝太瘦，不堪花朵的沉重。

生4：那么老师后一句"憔悴损，如今有谁堪摘"该如何理解呢？

师：这个问题问得好，那么憔悴的不是花，还可能是谁呢？有谁愿意来用描述性的语言描述一下词人赏花的画面？

生5：正值重阳赏菊之时，陪伴我的人却已不在，憔悴不堪的我，更加怜惜面前这菊花盛极而衰的命运，叹它是否有一天也会像我一样在盛放之际难以承受摘花之痛。

所以我们只有吃透教材，才能提出学生需要解决的问题；也只有吃透了教材，学生提什么样的问题我们才都能回答。

无论是学生提问，还是老师来问，我们都应该记住，我们的任务是培养学生独立思考的科学精神，让他们说出自己的话语，体验思考的快乐，一个个独立的思考，一个个自由的言说，才能造就一个个民主、多元、丰富的世界。

三、课堂的预设与生成

每一位教师为达成自己的教学目标都有自己的教学设计，我们预设教学目标、预设教学重难点、预设教学情境等。可以说每一个老师的教学设计都出自自己内心的教学假设，有假设就说明我们教师有思考、有选择，有动脑子，但是我们的课堂不一定会按照既定的路线去走。那么，我们应如何面对学生的"不听话"呢？

常常会想起于漪老师讲授《宇宙里有些什么》这个教学案例：

于老师在朗读课文："宇宙里有几千万万颗星星，……"

生1：老师，"万万"等于多少？（全班笑）

生2：万万不就等于"亿"吗？（提问的学生灰溜溜地坐下了。）

师：既然"万万"等于"亿"，那作者为什么不用"亿"？（全班哑然）

生3：因为"万万"响亮，"亿"听不清楚。

生4：因为"万万"听起来比"亿"多。（全班笑）

师：你们的感觉都是对的，你们一不小心发现了汉语修辞中的一个规律：字的重叠可以产生两个效果：一是听得清楚，二是强调数量多。今天这个知识是谁让我们发现的呢？（同学们都佩服地看向了生1）

其实，于老师朗读课文的节奏被打断了，但是富有经验的于老师抓住了这么一个课堂生成的教学契机，与大家在汉语修辞的海洋中畅游了一把，化腐朽为神奇。

记得在执教苏轼的《定风波》时，我有这样一个问题设计：

"雨具先去"何来蓑？

这个问题本想通过诗词中的眼前景和心中景来激起同学们对古代知识分子对生活选择的思考。没想到，阅读真是个性化的，有学生说到了这是一个名词虚化成量词的例子。

答案是我没想到的，但是我镇定下来，和他们一起列举了：一溪月，一江秋，一山雾、一地月光、一背汗水，等等。

学生的答案不是我预料中的，但他们在这节课上对汉语量词的魅力获得了更多的感知。

好吧，此时你是否还在为我们预设的课堂的节奏和内容都被打断而有一丝沮丧呢？那么，我们不妨来做一个思考：我们心目理想的课堂到底是什么样的？是学生的内心有所触动，是我们帮助学生抵达了他们从未到达的远方，是我们的学生体验到了探索奥秘的过程。

让我们把这个触动、抵达、探索的过程交给学生，不要管我们的学生有没有照着我们既定的方向去走！

因为爱因斯坦也曾说：我们体验到的最深刻、最美好的情感，就是探索奥秘的感觉，谁缺乏这种情感，谁就丧失了在心灵的神圣的战栗中如痴如醉的能力，谁就可能被认为是死人。

四、课堂的有所为与有所不为

基于教学时间和教学空间的有限性与学生发展目标全面性的矛盾，也基于学生生活世界、社会经验的有限性与人类生活经验和生活世界的无限性的矛盾，我们的课堂必须要有所选择，有所放弃，在有所不为中"有所为"。

和学员听过苏州专家讲绘本《活了一百万次的猫》的一堂课。

上绘本，很新鲜！这个教学资源开发得好，我庆幸自己又有了一个学习的机会：简单的图画与简洁的叙事可以衍生出普遍的哲理，老少皆宜，大家可以各取所需，老师可以深入浅出。

犹记那堂课老师带领学生一起关注到了文本的最大特点——铺排，学习了映衬、类比、对比的方法，也带领学生领悟了人生意义之自我实现的需要。

绘本中那只虎斑猫的每一次人生其实都带给了我很多思考：

和平的愿望是不是人类普遍的愿望？

爱的真谛与爱的方式是什么？

对失去的自由与尊严可以怎样的方式去捍卫？

在利益至上、娱乐至死的今天，我们还能否坚守生命至上的底线？

一个丧失起码道德的人可不可以心存善良？

人生来一次不撞南墙不回头、不到黄河心不死的壮举怎么样？

一个冒失的孩子如果从此懂得了爱与珍惜的意义，可不可以为自己活一次？

这个简单的绘本可以讲的东西还有很多，但只是一节课而已，我们一定可以从某一个角度去让学生获得更深刻的体会。

必修五第一单元有三篇小说，每一篇小说我们可以在选择放弃中更深刻地去体会那些仅存的硕果：

《林黛玉进贾府》：情节梳理—揣摩语言体会人物性格—了解人物背后的贾府—鼓励独立思考。

《祝福》：从课文细节走近时代—能写梗概—能充满感情地介绍祥林嫂—体会经典的现实意义。

《老人与海》：用心理独白来勾勒丰满的人物性格—用与鲨鱼搏斗加形容词的训练来体会简练的语言与反衬法。

我们是要达成语文学科的核心素养，还是更关注儿童视觉？都是我们的追求！是学生的问题牵着我们的教学，还是由我们带领学生进入我们的思路？教无定法！课堂的生成大于我们的预设，怎么办？把它整理出来，因为它可能就是我们下一次教学设计的灵感！好像还有知识点没讲到？没事儿，有所"舍"，才会有所"得"！

因为语文教学就是师生共同接近真实、交流情感、碰撞思想的旅程，有瑕疵，才真实。

一念天堂，一念地狱，在这样的旅程中，让我们做一个快乐的导游好了！

做真自己　教真语文

贵州省铜仁市一中语文组　成勇

在《西游记》第五十七回，有这样一个场景："六耳猕猴"化作孙悟空的模样，伤了唐僧，后又和孙悟空大打出手……这位假孙悟空，实力和真孙悟空一般无二，大战真悟空，闹到上天入地下海。唐僧念紧箍咒，两个都喊疼，自然看不出哪个真假；到天宫，托塔天王拿照妖镜照，也看不出；又到观音那儿，观音也看不出；然后到幽冥处阎罗那儿，经'谛"听"听过之后，"谛听"却说："我看出来了，却不敢说"……最后还是如来佛祖道出六耳真身并用金钵盂罩住，才被孙悟空一棍子打死。

我们不是如来佛祖，如来佛祖有佛眼，能分辨出真假猴王，今天的真假语文似乎也在上演一出真假大战，谁能分得清谁真谁假？

有人说，假猴王，其实是真猴王的另一个自己，被孙悟空一棍子打死的是他的另一个自己，悟空最后能成佛并与他的团队一起取回真经，是因为他认识到了另一个自己并战胜了自己。由此看来，只有做回了真人，才能取得真经。

《庄子·大宗师》言："有真人而后有真知。"

真知，是与真人相伴而行的精神现象，真知是真人的"副产品"，真知与真人须臾不离。

真知是对真人的最高报偿，是做真人的至高荣耀，拥有真知就拥有真理。

哈佛大学的校训是："与柏拉图为友，与亚里士多德为友，更要与真理为友。"因此，只有掌握真理的人才称得上真人。真理，是对客观世界的正确认识，作为语文教师，我们首先得学会"格物""致知"，然后才能获得正确的认识；只有获得了正确的认识，才能传授给学生以真知，我们教的才是真语文。

我想，要真正认识真假语文，首先是作为语文教师的我们得真正认清自己，不被外在的声音牵引着走而忽略了自己内心最真实的声音。同时，更应关注学生内心最真实的声音，做一个真语文的传播者，不然，我们传授的将是无用的知识，甚至是伪知识。

不得不承认，时下的教育使得师生都感觉痛苦，大家都抱着"不见兔子不撒鹰"的思想，拼命地研究考纲、研究题型、研究备考，哪里还会顾及到学生的个性人格、灵魂需求？于是我们天天对学生念着"紧箍咒"，时间久了，自己也分不清何为真语文了。

因此，语文教学应该去除浮华，回归本真。

陶行知说"捧着一颗心来，不带半根草去，千教万教教人求真，千学万学学做真人"。当前我们的教育中，真的东西有多少呢？我们教给学生的都是真的吗？学生从我们这里学到真东西了吗？我们的教育潜意识中总是想培养老师喜欢的学生，让学生做一个老师喜欢的学生。由此，我想到：我们的教育和教学是千方百计让学生来适应我们的教育，还是让我们的教育来适应学生呢？人们经常说，教育相对于社会发展来说总是具有滞后性，那么造成学校教育具有相对滞后性的根源之一就是我们的教育总是在让学生来适应教育，而不是让教育去适应学生的发展。学生的发展具有个性和共性，我们的传统教育过多地关注学生的发展共性，忽略了学生的个性发展。我们总是以"学生灵魂的塑造者"自居，这本身就是一种传统教育意识在作怪，即教师本位主义。让正在发展中的学生来适应我们的教育，那么代价就是学生要抑制自己的一些张扬个性，并使其隐藏。那么隐藏之后的学生行为或表征有多少真的成分呢？教师提出一个问题时，有多少学生在那里揣测老师的心思呢？又有多少学生在说出"老师想要的"呢？乖巧的学生、满意的回答，让我们的教师不亦乐乎！学生顺应了教师的教育意识，他们自己的发展意识却在被有意或无意地压抑或隐藏。这是我们想要的真吗？这些又有多少是真的呢？尊重学生发展的教育是真教育，顺应学生发展的教育才会真正去求真。

陶行知在撰写的《创造的儿童教育》中提出培养儿童的创造能力需要"六大解放"，即解放儿童的眼睛、解放儿童的头脑、解放儿童的双手、解放儿童的嘴、解放儿童的空间、解放儿童的时间，"有了这六大解放，创造力才可以尽量发挥出来。"这六大解放又何尝不适用于今天的中学语文教学呢？

当然，解放学生思想绝不是肤浅的热闹。如今，不少语文老师的课是越来越"热闹"，越来越"精彩"了，尤其是在上公开课、观摩课、汇报课以及优质课竞赛的时候：合作学习多了，使用多媒体多了……音乐、美术、小品、舞蹈等轮番上阵，掌声、笑声、歌声、喝彩声此起彼伏，精彩纷呈，但一番"精彩"之后，总有一种"虚"的感觉，觉得这不像是语文课倒像是文艺表演课，教师不像是教学倒像是表演，那些本该积极参与教学活动的学生似乎只是普通的听众与看客。

我想，要教出真语文，首先得有一颗对教育事业的真心，如陶行知先生创办"贫民教学"一般的赤子之心，如果我们教师都不能从功利教育中把自己解放出来，又怎么能解放学生？又怎样称得上是一位真正的教师？真假悟空大战的结果是假悟空被真悟空一棍子打死，如果我们假语文教久了，就会有被假的自己一棒打死的可能，那将是语文教学最大的悲剧。

要教出真语文，还得不断地学习，于漪老师说"一辈子做老师，一辈子学做老师"，只有"学而不厌"才能获得真知，才能给予学生真知。我们不仅要学知识，还要学做老师，做一位学生真正喜欢的老师。

"教语文就是教做人。""教育，教书育人。教书是手段，育人才是目的。"于漪老师用自己人格的光辉照亮了学生的心空，她用自己对教育的赤子之心培养了一批又一批人格健全的学生，只有这样的老师才真正配得上"人类灵魂的工程师"的光荣称号。

在大谈真语文的今天，我们似乎该静下心来想一想，我们是不是一位"捧着一颗心来，不带半根草去"的真人。

新课程标准下学生阅读能力培养之我见

贵州省印江民族中学　冉隆前

　　《普通高中语文课程标准》指出："阅读是搜集处理信息、认识世界、发展思维、获得审美体验的重要途径。阅读教学是学生、教师、文本之间的多重对话，使思想动态和心灵交流的动态过程。"学生是阅读的主体，是对话的中心。阅读的过程，是教师与学生共同参与的过程，学生不是被动的客体，而是积极的主体。

　　古人云："书读百遍，其义自见。"可见，"读"在学习中的重要性。阅读是语文教学之始，阅读是语文教学之根，阅读是语文教学之本，阅读是语文教学之基础。可以说，没有阅读，就没有语文教学。学生阅读能力的培养，是语文教学中的首要目标；学生的阅读能力又是一种长期的可以发展的能力。学生只有具备了阅读能力，才能有所提高，有所发展。《全日制普通高级中学教科书（试验修订本）语文》大纲明确规定：在初中的基础上，进一步培养现代文的阅读能力，重视培养阅读浅易文言文的能力，重视培养初步鉴赏文学作品的能力。各单元教学的规定尤为具体，就高一来讲，即："整体感知，揣摩语言""把握文意，理清思路""概括要点，提取精要""筛选文中信息""研究探讨，深入理会""分析评价，借鉴吸收"等。这就为高中学生阅读能力的培养提供了切实可行的依据。

　　当然，学生阅读能力的培养已不是新鲜话题。可是教师在实际教学过程中"只打雷，不下雨"的现象依然存在，不少教师对学生阅读能力培养的力度还不够。究其原因，教师的思想尚未彻底解放，担心学生不能读，不会读；担心教学时数不够，完不成教学任务；甚至担心别人说长道短。总之，担心太多，束缚了自己，禁锢了自己，对阅读教学就只能是及其门而不敢入。一句话，忽视了语文教学中的主体性原则。另外，不少学生功利性强，对语文阅读还缺乏正确的认识，以为语文阅读收效甚微，读与不读没有什么影响，不愿阅读而怕阅读。即或阅读，也只是随便看看，粗枝大叶，诵于口而不会于心，没有养成良好的阅读习惯。因此，对学生阅读能力的培养仍然是我们语文教学中一大严峻问题，非下苦功夫不可。

一、坚持学生为主体的原则

学生是学习的主人、课堂的主人、时间的主人，学生是教学的主体。在语文学科拓展阅读教学新方法的实践研究探索中，如何让教师由知识的传授者、灌输者转变为学生主动学习的帮助者、促进者，教师由场上的"主演"转变为场内外的"辅导"，这是值得我们教育工作者研究与探索的问题。让学生真正成为学习的主人，在阅读教学中尤为重要的是培养学生的自主发现能力与创造能力，这是教学体现素质教育的实质，也是从根本上去把握实施素质教育的方向。美国实用主义教育家杜威说过这样一句话："学校中学习知识的目的，不在于知识本身，而在于使学生自己获得求知的方法。"教师如果成功地引导学生发现了什么知识固然重要，但更重要的是培养学生善于发现的能力。我们要确保学生的主体地位，让学生自主学习，彻底改变教师的"全盘授予"。放下教者的架子，把主动权交给学生，教师要善于由浅入深地培养学生善于发现的能力，树立其学习的主人翁意识。然而，在现行中学语文教学中，一些语文教师对课堂文本阅读的作用和价值认识不足，过分夸大学生的主体意识，或远离文本，或漠视文本，忽视了课堂教学中文本对于人的个性发展的不可替代的积极作用，因而走进了文本教学的误区，在很大程度上扼杀了学生的个性和创造力。本文试图就现行高中语文课教学做一些反思和关照，并由此提出语文课堂教学"走进文本"，实现对语文课堂教学的回归与超越，以适应现代学生素质全面发展的需要。

二、学生自主阅读不是放任自流

阅读文本本身是读者的再度创作，阅读的质量与个人的生活阅历、艺术修养有关。如李白《静夜思》"举头望明月，低头思故乡"句中"思故乡""思"的具体内容，不同年龄的人、不同阅历的人、不同文化修养的人尽可以根据自己的感受去发挥。王国维说"红杏枝头春意闹"中着一"闹"字而境界全出。但读者也可以根据自己的体会，认为一派大好春光，其乐融融，着一"闹"字全然没有道理。"推敲"一词可以说是我们锤炼语言文字方面推崇的典范，高中新教材第三册朱光潜《咬文嚼字》分析"僧敲月下门""敲"与"推"的不同意境，这就是说，在不同的情境中，不同的文字表达效果是不一样的。在《西厢记》"长亭送别"一节，我们让学生讨论"如何理解张生、崔莺莺不同的功名观念"，有的同学认为张生的功名观是封建时代读书人共有的，是无可厚非的，作为封建时代的男性考取了功名，意味着衣食不愁，亦才有"怜取眼前人"的资本。而崔莺莺一是长期深处闺中，情感受到压抑、禁锢，因而并不觉得相府那样的权贵地位有什么好，进而产生鄙弃心理；二是深爱张生，怕张生"停妻再娶妻"；三是恋爱中的女人大多是分不清是非的，也是不顾后果的，正如"女之耽兮，不可说也"，这或许说是专一执着。在《项链》一文中我们深入讨论马蒂尔德的形象，学生抛弃了"爱慕虚荣、贪图享乐的小资产阶级妇女"的阶级陈见，认为"爱美之心，人皆有之"。大家抓住文中"一件极细小的事情既可以成全你也可以败坏你"深入讨论到底是成全还是败坏了马蒂尔德。在《雷雨》里我们讨论周朴园与鲁侍萍的矛盾冲突，周朴园对鲁侍萍的思恋是真情还是假意。在《孔雀东南飞》里，我们讨论了"兰芝遭遣的原因"。这些都为学生的自主阅读、创造性阅读提供了有利条件。

但是学生自主阅读不是放任自流，一是学生的阅读内容需要教师指点，二是学生的阅读质量需要教师点拨。我们都知道，真理再向前一步就是谬误。学生的阅读必须走进教材，走进文本。现行的语文教学不少教师既为了尊重学生，也为了体现自主阅读、个性阅读，不管学生怎么解答问题，都是"很好，请坐下！"叫人瞠目。

教师在教学过程中应该是引导学生充分利用文本所提供的语言信息解答问题，教会学生学习的方法。要做到这点，教师首先应该解放自己，把自己从一切顾忌中解放出来，要把"讲堂"变成"学堂"，要相信学生的智力和能力，要让他们自己去发现问题，分析问题，解决问题。其过程的实施，又必须建立在对教材充分阅读的基础上。我们很难想象，学生没有阅读教材，又怎么接受教师所传授的一切。为此，我们常常这样实施：

抓好预习，预习要有一定的目的、计划，做到有的放矢。预习分"粗读→再读→复读"几个过程，每一过程目标必须明确，粗读课文，不仅借助工具书注音、解词，还要能复述课文内容。再读课文，要理清作者思路，概括文章要点，筛选课文信息。复读课文，读出自己的感受，进而达到鉴赏文章的目的。在此基础上的语文教学，定能达到预想不到的效果。其实，有许多文章教师是没有必要范读的，如《米洛斯的维纳斯》，教师完全可以在引导学生充分阅读的基础上，提出有关问题进行探讨。

三、激发学生的阅读情感和兴趣

随着素质教育的推进，学生的课业负担尽管得到了一定程度的减轻，然而基于种种原因，不少学生缺乏自觉阅读的习惯，只是在教师硬性要求下被迫阅读，这就很难达到预期的阅读效果。因此，教师在教学过程中应充分激发学生的阅读情感和阅读兴趣。

"兴趣是最好的老师"，教师要想方设法培养学生的阅读兴趣。无论课内的还是课外的，学生都应勤读，努力去读。我曾经这样说过：向生活学习语文，无论什么书报，只要健康，都值得一读。学生要养成时时处处学习语文的好习惯。

学生阅读兴趣的激发，离不开创设一种宽松愉快的氛围。请看下面一段导语：

"生活中许多的人和事都能引起人们丰富的联想和想象，所谓'寂然凝虑，思接千载；悄焉动容，视通万里。吟咏之间，吐纳珠玉之声；眉睫之间，卷舒风云之色……'这种想象不受时空的制约，你可以想到千年以上，万里以外；你可以想象到各种美妙的境界，像珠圆玉润的声音；你可以想象到各种壮丽的景象，像风云的舒卷变幻。长江是我们的母亲河，三峡是这条天然的艺术长廊中的一朵奇葩。今天，我们就来看看刘征是如何由三峡而产生'漫想'的？"

学生听了这样一段开场白，决不会无动于衷，谁都会一探究竟的。

又如《伶官传序》的教学导语："忧劳可以兴国，逸豫可以亡身""祸患常积于忽微，智勇多困于所溺"，这道理谁都清楚，而北宋文坛领袖欧阳修又是如何向我们阐述的呢？请看课文……

宽松愉快的氛围的营造，还在于教师教学方法上的大胆改革，王勃《滕王阁序》这一典型的骈赋，教学伊始，不能考虑如何对文章进行翻译。文章生字、生词较多，学生可借助工具书或课文注释解决。在此基础上，笔者以为应从阅读着手，教会学生阅读的方法，如何蓄势，如何停顿。文章言词优美，具有强烈的节奏感和音韵美，学生读上几遍乃至成诵，这收获恐怕是难以估价的。而有的教师硬要逐句翻译，生怕学生不懂，难怪吃力。

教学方法的改革，主要就是敢于舍弃、敢于放手。个别教师教授文言文，不管三七二十一，翻译一遍，结果把原本极为优美的文章意蕴淡化，岂不遗憾？——怎么办呢？在学生充分阅读的基础上，有目的、有计划地开启学生思维，让其自由驰骋，创设意境，从而达到鉴赏文章的目的。

四、加强阅读指导

学生的阅读是需要指导的。我们很多学生阅读能力尚差，读不出节奏，读不出感情，读不出意境。

读出节奏。饭要一口一口地吃，文章要一句一句地读。而文章除句读停顿外，还要根据句中文字词汇的组合作停顿。如：其一 / 犬坐于前；师道之不传也 / 久矣；吾从 / 而师之；故 / 事因于事而备适于世。

户庭 / 无 / 尘杂，虚室 / 有 / 余闲。久在 / 樊笼 / 里，复得 / 反 / 自然。

风急 / 天高 / 猿啸 / 哀，渚清 / 沙白 / 鸟 / 飞回。

迢迢 / 牵牛 / 星，皎皎 / 河汉 / 女。纤纤 / 擢 / 素手，札札 / 弄 / 机杼。

如此等等，停顿不正确，必然影响对句意乃至文意的理解。

读出感情。文章的阅读，必融其情感，就像一首乐曲，有的高昂、激越，有的舒缓；有的热烈、欢快，也有的深情、凝重。只有定好了感情基调，才能读出文章的味道来。舒婷的《祖国啊，我亲爱的祖国》用平凡而具有特征的意象从不同角度揭示了"我"与祖国的血肉联系，感情真挚而深沉，然而全诗的阅读又富有变化，先抑后扬，体现出由舒缓到急促、由低沉到高亢的语言节奏。第一节，长句式，多节拍，每两行表现一个意象，仿佛一首以低音缓慢升起的乐曲，给人一种沉重感。诗人以一系列的物象描写了一个贫困、落后的祖国母亲的形象，抒发了诗人为之悲哀的痛苦心情。第二节，诗句简短急促，把忧国的情绪强化为深深的悲怆。第三节，诗句拉长，节拍增多，这种起伏变化，造成全诗节奏反复回旋，抑扬顿挫，为第四节把全诗推向巅峰创造了条件。第四节，节奏更快，而且排比的运用加强了语言的力度，这就把全诗的感情推向了高亢、激昂的高峰。诵读时只有注意其特点，才能读出文章的美感。但就目前来看，不少教师在学生阅读方面是缺少指导的，学生大声地读，学生默读，指定个别学生读，一切都只成了形式。至于学生读得怎么样，是否达到阅读教学的目的，我们的教师是不管的，或者说，我们的教师本身对文章的阅读就不到位。

读出意境。散文、诗是很讲究意境的，所谓炼句不如炼字，炼字不如炼意，讲的就是意境的重要性。何谓意境？意境就是作家对社会现象和自然现象感受以后产生的一种情怀，它的全部奥秘就是外部世界即境的心灵化与内部世界即意的具象化。意境的形成，是作家的思想感情对客观事物本质的认识不断深化的具体表现；意境的创造，则是作家为源于生活的情意寻找一个典型的艺术环境的艺术实践。要读出文章的意境美，首先要分析作品所叙的事、所写的景是什么，然后在脑海中形成那种事、景所展示的画面，再根据这种画面去想象作家处于其中，会有何样的情感。如"前村深雪里，昨夜一枝开"作品所写的景，寒风凛冽的严冬大雪封地，可是一枝红梅昂然怒放了，一派银装素裹之中却有那么娇艳的一点红。不仅写出了梅的形态美，而且也写出了梅花抗寒斗雪的孤傲品格。作家讴歌红梅，也体现了作家的品格与情操。

教无定法，教无成法。我深信：新课程标准下的语文阅读教学在全面推进素质教育的今天，在全体语文教师的努力探索下，其前景定然万紫千红。

中学语文写作教学对学生科学素质的培养

贵州省凯里市第一中学 李华

摘 要： 由于近年来过分地追求升学，教育仍然是传统教育占主导，写作依然是应试写作统治，八股文在几百年过后变成了"新八股"，严重地束缚了学生的个性，学生失去了敢于质疑、敢于创新的思维光芒。其实，写作教学应立足培养有个性和创造性的人才，提供学生学习的新鲜感和创造力，鼓励他们发挥自己的才智、能力和个人表达方式，展现每个人的表达方式的独特性，激励学生的质疑精神，培养学生的多角度思维能力、辩证思维能力、善于发现的能力及创新能力，健全创新人格，以提高学生的科学素质。

关键词： 中学语文 写作教学 科学素质 质疑 多角度 辩证 善于发现 创新

我国前国家主席江泽民同志曾强调："创新是一个民族进步的灵魂，是一个国家兴旺发达的不竭动力。"[1]当代著名的瑞士心理学家琼·皮亚杰说过："教育的首要目的在于造就能够有所创造、发明和发现的人，而不是简单重复前人已做过的事的人。"国务院在 2006 年发布了《关于印发〈全民科学素质行动计划纲要〉的通知》，在《全民科学素质行动计划纲要》中，明确提出了未成年人科学素质行动的任务："使中小学生掌握必要和基本的科学知识与技能，体验科学探究活动的过程与方法，培养良好的科学态度、情感与价值观，发展初步的科学探究能力，增强创新意识和实践能力。"也明确指出了"因长期受应试教育影响，学生科学素质结构存在明显缺陷"。

语文作为一门基础性学科，在语文教学中注重创新教育，对于培养学生创新意识与个性、提高学生的科学素质有着重要的意义。

然而，当前为了应试升学的需要，在传统的写作教学中，片面强调文章的"立意"，片面追求"文以载道"，教师机械地要求学生放弃自己的看法、主张，按照给定的模式进行写作，极大地束缚了学生的思想，限制了学生心灵的自由。因此，写出的文章既无深刻优美之辞，更无新颖超拔之意。再者，当前的写作教学，少有写作教材，有的教师也不知所措，只好按照语文课本后面的要求来教学生写作，要不就是以自己的教学经验教学生写作，而教师的经验也只是一种应试的经验。更有甚者，随随便便布置几篇作文了事。因而写作教学也只是教师教学生如何在考试中得到高分，忽略了新课程标准培养个性和创造性人才的目标。久而久之，学生变得循规蹈矩，只会机械地、僵硬地按照题目的要求构思、行文，不敢越雷池一步，形成了当前人云亦云、千人一面、千篇一律的局面。

中学语文写作教学如何才能让学生找回那失落的个性，培养学生敢于质疑、敢于创新的科学素质呢？

一、培养学生敢于质疑的科学精神

俗话说："小疑则小进，大疑则大进，不疑则不进。"大胆质疑，有利于培养学生创新观念和创新能力，有利于对学生个性的培养。

当前许多教师总是在发号施令，学生只有唯命是从，这严重禁锢了学生思维。在写作教学中，教师应鼓励学生独立思考，发表独特见解、感受，允许学生有不同看法，对学生的质疑问难，教师要进行及时的肯定。可能一个不经意的否定，将抹杀一个学生敢于质疑的精神。例如在一次课文（《离骚》）的评点写作中，杨思同学就指出"屈原不过是一个懦夫，一个不能承受挫折的失意文人而已"。一石激起千层浪，她认为"一个真正的伟人——万人敬仰的伟人，绝不会因为失败就放弃，就自杀"，屈原的行为是"一个懦夫的行为，一种逃避现实的行为"。她还认为屈原是"一个不忠不孝之人，在自杀前，他有没有想过一直陪伴在他身边的女须"；屈原是"一个自命不凡的人"，因为在屈原的眼里"世人皆浊我独清，众人皆醉我独醒"，"难道伴随在他身边的女须、婵娟也浊了吗？醉了吗？"尽管观点有些偏颇，但能大胆地表明自己的观点是难能可贵的，敢于质疑的精神值得鼓励！

二、培养学生多角度思考的科学思维

苏轼在《题西林壁》中说明了一个道理：观察庐山，如果囿于一个观察点，那么你只能看到固定不变的庐山面目；如果调整视角，"横"看"侧"观，"远"望"近"看，俯瞰仰视……那么奇峰异岭就会迎面而来，你就会感受到"远近高低各不同"的审美愉悦。写作亦是如此，只有不落窠臼，用新的眼光来审视材料，运思谋篇，文章才能脱颖而出。

培养学生的多角度思维，要注意联想与想象能力的培养，这是培养学生创新精神的关键。例如我在一次以"水"为话题的写作中，采用比较写作的形式，在普通班直接给题让学生写作，实验班在讲了联想与想象后写作，普通班中90%的学生都以"环保"作为主题，实验班的学生则是千人千面。杨辉同学写《中国文化》是"水的文化"。他从"地理"来分析，"长江、黄河浇灌了中国的大片土地，被称为是中国的母亲河，造就了中国五千年的文明史"；从写水的诗句来看，"中国历史的文人骚客无不与水有着深厚的渊源，写下了多少水的篇章"；从中国人的性格看，"有水一样温柔的中国女人""有水一样坚韧的中国男人""水的文化造就中华民族的性格——潺潺流水的温柔、滴水穿石的坚韧、滔滔江水的刚强"，思想何等深刻，非常生之所及。郭杰同学写《诗歌与水同在》，对从古至今的有关"水"的诗歌进行分类，看到了有关诗歌"喻愁""赋情"的特点。龙春燕同学则联想到当前社会的"水货"，针砭时弊，一针见血。有的同学描写雨水，语言优美；有的同学则写泪水，道出真情……一次次的训练，学生的思维能力自然就加强了，自然对科学素质的培养起到了很大的作用。

三、培养学生的辩证思维

叶圣陶先生说过："让学生练习写作，其主要目的是要他们学会表达自己的思想感情的技能。"[2]叶老不赞成教师将自己对题意的理解告诉学生，因为这样势必会使学生的思维受到限制。但突出学生的"主体性"，并非不要老师的"主导性"，由于学生受年龄、阅历、知识、思想等的限制，有时观点较为偏激，走极端，教师可通过引导学生思维，端正其人生观、价值观，培养其辩证的思维。例如在一次针对"打工"的写作教学讨论中，有学生就提出"选择打工，选择成功"，这其实是受"读书无用论"的影响。"是不是只要选择了打工，就一定能成功呢？"通过引导，学生端正了态度，能运用辩证思维思考问题、分析问题。

四、体味生活，培养学生善于发现的能力

日前，看到一则故事：联合利华引进了一条香皂包装生产线，结果发现这条生产线有个缺陷——常常会有盒子里没装入香皂，他们只得请一个学自动化的博士后设计一个方案来分拣空的香皂盒，博士后拉起了一个十

几人的科研攻关小组，综合采用机械、微电子、自动化、X射线探测等技术，花90万元，成功解决了问题，每当生产线上有空香皂盒通过，两旁的探测器会检测到，并且驱动一只机械手把空皂盒推走。中国南方有个乡镇企业也买了同样的生产线，老板发现这个问题后大为恼火，找了个小工来解决同样的问题，但小工很快想出了办法：他花190块钱在生产线旁边放了一台大功率电风扇猛吹，于是空香皂盒都被吹走了。

生活是科学的本源，也是写作的本源。想要写好一篇文章，就必须加强对生活的积淀。因此，教师必须拓展学生的视野，丰富其人生经历和生活体验，这对学生科学素质的培养有不可忽视的作用。

但在当前的教学模式中，学生的生活范围狭小，仅囿于学校、家庭。然而，是不是学生的生活范围狭小就写不出好的文章呢？不是！其实校园生活中也有许多题材，完全可以用新的眼光来发现新的角度，并且写出与众不同的文章。如我班张凤雏同学就有感于自己的17岁生日写了一首小诗，道出真情实感：……月亮来不及早起／夏蝉忽然销声匿迹／十七岁来得太随意／没给我任何信息／透过夜空我问自己／会不会从此不可嬉戏／会不会今后不能调皮／会不会离开无忧无虑的孩子气／多想探望过去的自己／多想回到一米四七／对着镜子看来看去／庆幸自己还没长太长的胡须／电话还没响起／只好默念生日祝语／心中只有一个愿许／别让时间再前进继续……雷平贵同学也以校园生活为题材写了多篇小说，如《答案》《心雨永不停》等。

其实，只要让学生细心去体会校园生活、家庭琐事，善于发现生活中的细节之美，写出真情实感且与众不同的美文并非难事。教师的关键在于引导学生去发现生活，体味生活，从而提高学生善于发现的能力。

五、创造氛围，培养学生的创新思维

民主在教育中不可或缺。民主的教学，会使学生心情舒畅，思维活跃。学生在宽松、融洽、愉快、自由的氛围中，才能自由与自主地思考、探究，毫无顾忌地发表见解，展示自己的潜能，培养学生的创新思维和创新能力。

在写作教学中，教师要充分尊重学生个性差异，允许学生犯错误，给每位学生以展示自己才能和水平的时间和空间。当学生的观点错误时，教师不能一棍子打死，要有耐心，给学生充分思考的余地，教师一次凶狠的批评，可能就抹杀了这个学生的个性，可能这位学生在以后的写作中就会感到有一种无形的压力，以致再也不会说出自己的心里话，最终扼杀学生学习的积极性，更谈不上对学生创新思维的培养了。在讨论时，教师要注意保护学生的学习积极性，尤其给写作较差的学生以更多的机会，善于发掘他们的"闪光点"，每个人都有自己的长处，即使是跑题的写作、观点错误的写作。例如在上文中提到的提出"选择打工，选择成功"的这位学生，我还是赞扬他写作题目采用了对偶的形式。对写作较差的学生，多次的表扬会使他们获得成功体验，增强学习自信心，利于他们个性的培养。

总之，写作教学应以培养个性化和创造性的人才为目的，让学生发挥自己的才智、能力和个人表达方式，激励学生的创新精神，激发学生创新能力，健全学生创新人格，提高学生科学素质。

参考文献

[1]《全民科学素质行动计划纲要》（2006）.

[2] 中央教育科学研究所. 叶圣陶语文教育论集 [M]. 北京：教育科学出版社，1980.

议真语文之阅读教学

贵州省铜仁市第十五中学　敖海洋

　　古人云："圣人其学，必始于观书。"这句话告诉我们，那些圣贤高士们的学问都始于书本。作为高中语文教育，阅读教学应是重要部分，通过有效的阅读教学能够增强学生获取知识的能力和提高自身的语文素养，阅读能力是衡量学生语文水平高低的最好标准，阅读能力是学生从阅读中感悟语文、领悟生活中的哲学原理与人文理念的必经之路，加强阅读能力的培养，关系到学生是否能够依据阅读能力，提高整体的语文素质，加深语文知识积淀，提高自身综合素质。

　　传统阅读教学中，课堂教学常常出现尴尬的情况。教师的阅读教学常常一个人唱"独角戏"，存在着"费时多、收效微、负担重"的现象，而学生没有参与到学习和感悟中，教师的自导自演难以取得好效果，得不到学生的关注，导致学生阅读文章以及对文章进行解读和分析的能力难以提高。

　　随着高中语文教学理念在不断更新，实践在不断发展，水平在不断提高，它为学生的终身学习和发展奠定了坚实的基础。然而，高中语文课堂教学的一些现状却令人担忧，引人思考。产生这种现状的根源恐怕还在于教师的主导太多，而学生的实践太少。众所周知，语文是一门实践性很强的课程，那么我们语文教师就不能因在课堂上主导无度而干扰了学生的语文实践。

一、教师观念的转变

　　学生不仅是阅读的主体，也是课堂教学的主体，每个学生都应融入课堂教学之中，学会在阅读中感悟文章的中心思想和情感变化，体会文章表达的意境和精神，升华自己的心灵，提高自己的语文素养。课堂不再是教师的个人舞台，教师从"教学者"转变为"启发者"，学生从"被动学习者"转变为"主动参与者"。课堂教学中要提高学生的参与度，让学生在实践中学会对文章进行解读和分析，提高对文章的理解和感悟。

因此，有效的阅读教学，教师要以学生为主体，充分发挥学生的主观能动性，教师切实扮演好"导"的角色，更加有效地发挥阅读的作用，整体提高学生的阅读水平。

二、切实加强学生的合作探究

《普通高中语文课程标准》关于阅读教学做出表述：阅读教学是学生、教师、教科书编者、文本之间的多重对话，是思想碰撞和心灵交流的动态过程。阅读中的对话和交流，应指向每一个学生的个体阅读。

在课堂教学实践中，我们切不可只局限于"师生互动，生生互动，提出问题，发表看法"的形式，真正的合作交流应建立在自主学习的基础上。课堂上如若学生尚没有经历足够的自主学习过程，教师就急着组织学生合作交流，那么这就犹如无源之水、无本之木，没有生命力，没有互动作用。

阅读教学中，教师要放手让学生阅读文章，体会文章的情感，然后让学生在小组内交流阅读文章之后的感受及理解到的深意，之后可以结合小组展示的方式。而教师扮演一个引导者的角色，根据学生的感悟，点拨及评价他们正确的思维方式，理解到的情感，再循循善诱。小组通过与其他组的评价与交流，将学生错误的地方牵引出来，揣摩并领会作者在此处要表达的意思，以身入境，以心感悟，最后再将答案以规范、精简的语言表达出来。这一些方法和技能的培养，都是以学生作为阅读主体为前提的，只有学生有了自己的阅读感悟，正确理解到文章的深意，才能提高其阅读水平和鉴赏能力。

自主学习是合作交流的基础，合作交流反过来又可提升自主学习水平。两者结合起来要实现的根本目标是，提高学生的学习能力，树立学生相互学习、团结合作的精神。

三、构建和谐的阅读环境

就阅读课堂而言，教师要充分尊重学生的话语权，尊重学生阅读文本中的独特体验，教师要善于启发学生注意隐含在文字背后的重要信息，切不可填鸭注入，而应是师生"共享"阅读体验。

阅读教学中，"有效的阅读教学"的方法是教师要应用有效的"启迪"方法，让学生"多思考、多参与"。这就需要构建和谐的阅读环境，具体来讲，可以是教师鼓励学生在课内或者课外，组织更多有益的阅读活动，经常进行阅读思考和讨论，加深自己对阅读的文章的理解，也可以和学生一起分享自己阅读到的好文章和自己的心得体会。这不仅能够使学生在和谐的阅读环境中爱上阅读，更可以让学生以不同的角度去思考和感悟别人眼中的文章及世界。这对于拓展学生的思维宽度，转变视角，加深对各种情感的感悟和理解十分重要，有利于训练学生的阅读思维，激发他们更深层地进行情感体悟，获得更多的审美和阅读心得，激发学生的求知欲和探索精神，培养学生的团队交流能力，拓宽其思维的深度和广度。学生阅读的自主性得到充分的体现，文学的魅力才会真正影响到学生的心灵，而对阅读的喜爱将使学生受益终身。

四、关注学生的健康发展

"有效的启迪"，就是精心设计每堂课的教学目标、教学过程、教学手段、教学方法，使学生在教师的精心引导下，对所学内容产生浓厚的兴趣，从而津津有味地与教师一起"探索""研究"，通过学生自己的努力"发现"，学会知识。这需要教师更多地关注经验式的发展、自主学习、差异化教学和终身技能的培养，它重视学生思维、态度、性格和价值观的形成。

"多参与、多思考"，就是教学生学会学习。核心和基础是学会阅读教科书，学会思考和质疑。这是教的着力点，是实现少教多学和"教是为了不教"的关键和前提。作为课堂教学运用的一种策略和方法，就是要求教师重新审视教学内容，从学生的学情出发，以科学的学习理论为指导，确定通过教哪些最基本的东西，让学生"学会"，并具备一定的能力，即"会学"，从而更好地提高课堂阅读教学效率，达到课堂教学的最优化。

真正的课堂教学不能只重视部分学生的表演，忽视绝大多数学生的学习。在课堂上，教师应该关注有效的提问有多少、解决的问题有多少、提问的含金量有多高等关键性的问题。同时，教师要留给学生一定的学习时空，让学生书面完成一定的学习任务，如在阅读过程中进行勾画圈点，写出自己的质疑、见解、感受联想等，教师可巡回检查督促，发现并纠正学生的不良学习行为，发现并充分肯定学生良好的学习行为、独到的学习体验，等学生完成了一定的学习任务，有了一定的学习收获之后再鼓动和组织学生进行课堂发言，各抒己见，相互学习，这样方可共同提高。

真语文引导下课堂的本真回归

——记参加"真语文全国语文名师成长大讲堂"二三事

贵州省铜仁市第十五中学　舒芳

近年来，随着新课程改革的推进，教学活动更加关注学生发展和重视以学定教、先学后教等新教学方式。这本是新课程的基本理念，是具有先进性和科学性的指导思想，但在新课改的推进过程中，有部分教师却过分地甚至盲目地突出"新"和"改"，而忽略了"革"，这就出现了一种改而未革甚至只改不革的现象。

一、现状分析

1. 课堂"放"而未有效地"收"

在新课程实施中，有些教师片面理解新课改关于发挥学生主动性、积极性的教学理念，片面地追求课堂教学的表面热闹和活跃，以致课堂活动表面纷繁却实际空洞。于是，在语文课堂教学中，出现了一片"生机勃勃""热闹繁荣"的景象：演讲、小品、表演、辩论会……层出不穷的授课方式，让语文课有了盎然生机，学生真正收获的东西却不如预设的那样丰厚。

在我所看到的一些课堂甚至公开课、示范课中，有些教师为达到激发学生学习热情、体现学生主体、鼓励学生探究的目的，一味牵强附会地让学生呈现朗读、讨论、问答等方面的形式多样化，我想这样固然能取悦评委和观众，但这形成了一种固定的模式之后，恐怕对教学、对学生益处不大。

这是一种为追求课堂气氛，用"牧羊式"取代"填鸭式"的课堂活动。传统的教学活动，只是教师把教材的内容以"填鸭式"的方法传授给学生，课堂上师生双边活动是被动的、消极的、静态的。"填鸭式"明显束缚了学生学习语文的思维，忽视了学生主体经验和个体感悟。为了改变"填鸭式"教学，许多语文教师便采用了"活动式"的教学形式，课堂上教师一味追求让学生或分组讨论，或交流情感，或表演角色，而自己仅仅作为一名"旁观者"或其中的"一员"，导致讨论交流的浮泛化、肤浅化。事实上，这种"牧羊式"教学片面夸大了学生的自主性和自控力，使语文教学处于放任自流状态，师生之间、生生之间缺乏有效的课堂交往，学生不仅不能有效地接受信息、掌握知识、创新思维，活动能力也难以得到发展。

2. 过度强调"引"，抛却了语文文本的"真"

当前语文课堂上，教师比较重视人文精神，但同时又有弱化工具性的倾向。不注重语文基本能力的培养，对课文内容匆匆带过，字词难点都没理解清楚，就跨过课文做了许多引申和发挥，做些思想教育与"精神培养"的工作，好像教学中涉及"双基"就不是在搞新课程，仅把目光聚焦于"情感态度与价值观"的光环上。轻了文本的解读，轻了必要的"双基"，学生学了十几年的语文，连基本的语言问题都过不了关，语文教学更是成了镜中花，水中月。

过分依赖多媒体也是造成这一现象的原因之一。不少教师喜欢借助多媒体进行教学。然而，大量的教学实践表明，音像手段运用于语文课堂，如果控制不当就会成为干扰因素。许多语文课上，幻灯片、动画代替学生的朗读、分析、理解，而不注重引导学生去仔细品味课文的语言文字。学生看看录像、听听音乐、谈谈感想，似乎"有声有色"，热热闹闹，过后却犹如过眼云烟，对课文内容一知半解。重要原因在于：语文课是语言实践课，这个本质特征要求一切教学手段都必须以语言活动为主体，以语言为中心，而不是相反。脱离了语言教学的目的，语文教学也就失去了其应有的意义和功能。

二、策略探究

还记得 2015 年 6 月 26 日至 28 日，我作为贵州省高中语文代泽斌工作室第三期学员，非常有幸地前往上海嘉定参加了全国"语文名师成长大讲堂"第七期真语文系列活动的培训学习。

在培训学习中，针对目前中学语文教学的喧嚣与流弊，语文出版社社长、教育部前新闻发言人王旭明等专家响亮地提出了"真语文"的口号和理念，这一振聋发聩的呼吁给了我强烈的震撼。

1. 课堂应该兼顾"放收"，不可偏废

在教学过程中，老师的角色定位很关键，正确的做法，老师应是一个引导者、方法的建立者，而不是简单的知识传授者，要充分发挥学生在学习过程中的能动性。正如中学语文界著名特级教师钱梦龙老先生所说："语文教学其实很朴素，很简单，语文教学的道理其实也并不太复杂，可是经过专家们一次次'有深度'的'理论挖掘'，终于逐渐变得华丽起来，复杂起来，'深刻'起来，逐渐愈走愈远，以致使人忘记了它朴素平实的本来面貌。"

可见，要真正提高语文教学的质量，有效提高学生的语文素养，就必须排除种种华而不实的语文教学观念和实践，让语文教学回归本源，恢复它朴实平实的本来面貌。因此，语文教学要"创新"，更要"守真"。简单地说，就是激发学生读书的兴趣，教会学生怎样读书，在阅读中感知祖国语言文字的魅力，学习祖国语言文字的丰富表现力，并能在读写听说实践中正确运用祖国的语言文字。用叶圣陶的话来说就是，"语文教师能引导学生俾善于读书，则其功至伟。"这才是"真语文"所追求的一种教学境界。

2. 课堂固然需要重视"引"，更需要回归语文文本的"真"

正如观摩"真语文"大师贾志敏老师的小学示范课，课堂彰显"以学生为主，以训练为主，以激励为主"的风格，形成了"高、趣、真、活、实"的特色。贾老师非常注重对学生学习习惯的培养。他不断地让学生听后复述，培养学生认真倾听的习惯；他要求学生听一段话后写下来，并且有具体的要求：书写要工整，标点要完整。在学生写的时候，贾老师边巡视边提醒：坐得正、坐得直的小朋友字写得好。马上，学生的腰板便都挺得直直的。

在这节作文课上，贾老师几次让学生展开丰富的想象，创设了不同的情境，让学生发挥想象力。在指导选材的过程中让学生口述情节，也体现了这种想象力的培养。听着孩子们兴奋地编织着故事情节，我们切实感受到贾老师教学的魅力、专家教学的魅力。正如贾老师倡导的那样：教作文就是教做人，学作文就是学做人。

上海师范大学教育学博士、课程教学研究专家郑桂华教授的示范课《叙述一个曲折的故事》整体教学设计新颖，教学过程流畅，分三步指导学生写作文。从开始展示祝寿诗，让学生明白什么叫"一波三折"；然后用"三顾茅庐"的故事，让学生分析故事，画出曲线图，明白困难，懂得"一波三折"的作用；最后让学生回忆自己上学途中遇到的困难及所做的努力，要求学生选出几个材料，组成"一波三折"，并结合这些材料进行排序，教会学生组合材料的方法，习得"一波三折"的技法，在此基础上写"一波三折"的文章：由浅入深，层层递进，顺势引导，让孩子学会作文。课堂教学将新的教学方式和文本的真有效结合，使三维目标得以圆满达成。

作为"真语文"的践行者，我们更应该学习的是前辈和大师们的教育理念和传承"真语文"的精神品质，让语文回归朴素与真实，让学生真正地喜欢语文，学好语文。

高中生作文评改方式刍议

贵州省石阡县第三高级中学　梁波

作文教学在语文教学中既是重点又是难点，因为它在语文教学中有着举足轻重的地位。在作文教学中，作文的评改则一向是一个十分令人头疼的问题，它占去了教师近三分之一的工作时间，已成为制约作文教学的枷锁。

新课标的颁布和实施为改革"精批细改"式的传统作文评改方式提供了理论依据，并为新时期的作文教学指明了前进的方向，已具有了划时代的意义。

在语文教学中对作文的评价不是也不可能是单方面的教师评价，在评价方式上应呈现多样化的趋势：它可以将教师评改、师生互评互改、学生自我评改等方式结合起来。本文就拟从这几个方面浅谈一下学生作文的评改方式，以供参考。

一、教师评改

（一）　教师示范批改

教师讲评作文，每次都应做到有目的，有侧重，如审题、立意、结构、语言表达、表现手法等；教师应根据本次作文训练的目标，把此次学生的全部习作先浏览一遍，然后挑选出一定数量的有代表性的习作，确定为本次训练的重点评改目标。（把入选学生作文的片段或全文誊印出来发给学生）教师在评讲时做到边评边改边讲述，使学生知道并理解修改的原因，掌握一些评改的方法，以及所要达到的目的等。

以教师为主的同批同改是以教师整体把握为主，从"挑选样本"到点评示例，再到集中指导讨论评改，教师起主要的理论指导作用。因为训练伊始学生的评改主体性还没有得到充分发挥，还有待于进一步培养，所以对于写作理论还处于懵懂状态的学生来说，这种方式有很大的益处。这一模式非常适合于刚进校的高一学生，是培养学生自主评改的初始阶段。

（二） 用谈话商榷的方式"面批"

在教学过程中，"教师面批"是学生认为最有效的评改方式。"面批"辅导具有较强的针对性，它可以当面帮助学生分析习作优缺点，当面给予指导使学生得到启发；也可以抓住突出的问题，与学生商量修改的方案。在"面批"过程中，老师应以商量的语气与学生交谈，详细了解他的写作思路，当场指导他如何修改，肯定成绩并指出不足，采用多鼓励多表扬的方式。对程度高的学生，可用三言两语点拨；对程度低的学生，要耐心细致地提示思路，帮他组织材料，或者有时干脆代做口授，扶着他走路。这种评改法既大大增强了学生写作的兴趣，同时也拉近了教师与学生的距离，密切了师生关系。

但是，由于受双方活动时间、场地及精力的限制，这一评改方式难以经常性采用，往往处于随机无序的状态。由于没有足够的时间去针对班级的每个学生，易形成厚此薄彼、相互猜忌的弊端。这种方式不宜经常采用，应有针对性。

二、师生互评互改

把作文评改的主动权交还学生，这不是否定语文教师在作文批改方面的主导作用。当前中小学还没有一套统一且有效的作文评改教材，仍然还是"一个师傅一个法"的作文教学评改模式。因此在师生互改这一环节，可以做以下尝试。

（一） 师生共同评改

经过作文批改指导训练后，学生初步掌握了一定的写作理论，对习作有了一定的辨别能力和初步的评价意识。这时，教师就可以把评改权大部分移交给学生。师生一起讨论、评议一篇例文或范文。它通常是以学生发言为主，教师在提出评改的具体要求并分条板示后，由学生自行修改。这种方法常常用于指导某项具体写法的练笔，具体方法是：选好合适的作文制成幻灯片放映出来，让所有学生都能看清楚，然后现场评改。在评改过程中，着重对作文写作方法的指导。公开评改时，力避单向灌输，要鼓励学生发表意见，努力实现课堂信息的全方位流动，以达到共评共改、掌握评改方法的目的。这种方式在高中二年级就可使用。

（二） 教师批学生改

教师使用统一规定的标准符号标明需要修改的地方，如：用"=……="表示词语搭配不当；用"→←"表示词语前后矛盾；用"＿＿"表示画线上语句有语法修辞一般性错误；用"——?"表示画线上语句有观点模糊或材料失实的特殊性错误；用"×х"表示屡次纠正仍然写错误的字；等等。或用眉批、总批提示修改方法和思路，使学生明白从何处入手解决问题，然后再由他们自己做具体的修改，老师检阅。

（三） 学生互评互改

学生在作文中常会出现错别字、语法、结构、审题等错误或不当之处，造成这些不当之处并非粗心大意，而是学生脑海中的习惯使然。所以，学生修改自己的作文时就很难发现作文中的不足，正所谓"当局者迷，旁观者清"。学生在修改他人的作文时，却往往有一双慧眼。学生互评互改，就要求我们老师要给他们营造一个宽松、自由、民主的氛围，使他们心灵得以自由沟通，情感得以充分交流。教师不能用权威压服学生，要提倡学生靠自己动手动脑的行为来获得写作经验，要强调以学生自己的经验、心理结构和信念来做出评判。而学生自身素质有限，不可能完全掌握评改要领，这时教师就要充分发挥自己的主导作用，帮助学生建立评改"标尺"，"标尺"的建立依据中考作文评分标准来完成。如：××作文评改表。

《 ＿＿＿ 》评改表

班级 ＿＿ 　学号 ＿＿ 　姓名 ＿＿ 　总评等级 ＿＿

项目		评价内容	总评等级		
语言	A	语言流畅，用词丰富；能较熟练地运用表达方式、修辞手法；无错别字，标点正确；字体美观	同学	教师	作者
	B	语言通顺，用词准确；能正确运用表达方式、修辞手法；有个别错别字和错误标点；字体端正			
	C	语言基本通顺，有个别病句；能正确运用表达方式；有少量错别字和错误标点；字体清楚			
	D	语言不通顺，语病多；有较多的错别字和错误标点；字体清楚			
	E	语不成句，或词不达意；字迹难辨			

续表

项目		评价内容	总评等级		
立意	A	切合题意；中心突出；材料典型，内容充实，分析透彻			
	B	符合题意；中心明确；材料普通，内容较充实，有一定的分析			
	C	基本符合题意；中心基本明确；材料较平淡，内容单薄，缺乏分析			
	D	尚符合题意；中心不明确；材料贫乏，内容空泛，不分析或分析不当			
结构	A	分段恰当，层次分明，结构严谨；过渡顺畅，衔接紧密			
	B	分段正确，层次清楚，结构完整；有必要的过渡和衔接			
	C	分段基本正确，层次基本清楚，结构完整；行文基本贯通			
	D	分段欠合理，层次不清，结构基本完整；无必要的过渡，衔接生硬			
	E	结构不完整（一半以上未写完）；或条理极为混乱			
评语	同学				
	教师				
	作者				
作文后记					

说明：凡一项属 E 等水平的，该文总评不得打 AB 两个等级；二项属 E 等的，总评不得打 ABC 三个等级。

1. 以小组合作进行互评互改

在教学过程中根据表的内容，先向学生说明分项、分等评改和评等标准，组织学生互批，可采用五人一组轮值评改交替使用的方法，每次由一名学生负责朗读文章，指出语句字词、标点错误，提出自己的评改意见；

其他四名学生提出补充意见或评改意见，少数服从多数，由轮值学生打出等级，写出评语。最后，经讨论，在组内对每篇作文形成比较一致的看法，轮值生将1—2篇优秀作文的作者姓名交给教师。教师浏览组内荐评的优秀习作，选出几篇交于作者朗读，然后教师归纳总结，总结时注意对写作的过程和方法、情感与态度的评价，对有创意的表达要给予鼓励。教师在评改过程中只做组织者和参与者。以小组合作进行互评互改的模式能充分发挥学生集体作用和主导作用，既避免了全班讨论头绪太多、太繁杂，效率不高的弊端，同时又避免了自我修改犹豫不决的缺点。

2. 模拟编辑部

针对学生难以评改自己文章的情况，我们也可以在作文教学中，以班为单位尝试成立模拟"编辑部"进行作文批改。具体做法分为以下三个步骤。第一步：编辑审稿。审稿前教师把全班分成几个"小编辑部"，每个小编辑部再分成初审和终审两个小组。每个小组以五人为宜，并安排一至二名写作能力强的同学任"主编"，其余人员任"责任编辑"。然后初审组开始审阅来稿。由"主编"一篇一篇读给其他"责任编辑"听，确定作文的等级。再把A、B等级的作文进行集体讨论、修改，"主编"执笔写出推荐意见，送"终审组"审阅。C、D、E等级由各"责任编辑"写出具体的修改意见，以待退稿。"终审组"接到来稿后，进行第二轮审阅，对录用的好稿由"主编"进一步修改、润色，写出终评语；对被筛下来的稿件，各"责任编辑"写出具体的修改意见。第二步：编辑约见。"编辑部"将初审和终审筛选下来的作品的作者分别约进"编辑部"，与他们进行面对面的交流，指出作文中不足之处和努力方向，让作者进一步修改作品。第三步：读者评刊。班级学习委员将优秀习作装订成册，作为班级优秀作文集，相互传阅，并把最优秀的习作推荐到校刊或其他刊物。

三、自评自改

叶圣陶先生说："文章要自己改，学生学会了自己改的本领，才能把文章写好。"新颁布的《语文课程标准》中也强调学生要养成修改自己作文的习惯。自评自改是学生提高自由习作能力的有效途径，是作文评改的最高形式，也是训练的目的。学生在自我评改过程中可以参照作文评改表的内容来进行评改。

第一，在实际教学中，教师要把好学生在作文交卷之前的"质量自我检测"关。向学生交代"质量自我检测"关的三句话原则：把字写端正，把句子写通顺，把意思表达清楚。

第二，朗读修改。要求学生朗读作文，首先，习作中的错别字、漏字，就会被发现并纠正过来。其次，看习作用词是否贴切，句子是否通顺，上下句连贯是否合理，标点是否正确等。再次，从文章结构入手，如层次是否颠倒、条理是否清楚、前后是否紧密、过渡是否自然、首尾是否呼应。最后，重点审查思想内容，如审题是否正确、中心是否明确、选材是否围绕中心、事例是否典型、内容详略是否得当、细节是否真实等。在这一环节中，学生需严格依据教师标尺表的评分标准及常用评改符号和方法进行。

第三，观省修改。要求学生将写好的文稿放在书桌一角或贴在墙壁上反复阅看、审视、琢磨，发现问题，及时纠正，直到自己满意为止。

第四，抄写修改。要求学生再次誊抄文稿，边抄边改。一些程度低的学生可以反复多次誊抄，直到自己满意为止。因为观省、抄写原稿的过程就是对所写事物再认识的过程。

如果在自主评改中，学生自己无能力达到更深层的评改，或处于欲言而无法准确表达之时，要主动找教师指导。实际上这时学生的自主评改已变成了一种更加主动的师生同批同改活动。教师要做好反馈复检的再评改活动，及时指出上次评改存在的优缺点，逐步使评改走上自主规范的新台阶。学生自主评改是一种较高层次的写作能力，一般在高二下学期或高三可以作为主要的作文批改方式。

四、大众传媒评改

随着社会的发展，电脑也"飞入寻常百姓家"。在作文评改教学活动中，可以引进BBS、微博、微信，运用发帖、跟帖形式来评改学生作文。这首先要求学生将自己的习作输入电脑，上传到指定的BBS、微博、微信论坛。要求每个学生看了其他同学发表的文章后，以跟帖的形式，用一句话或几句话阐述自己的意见或见解。这样往往一篇文章会引来几十位"网友"的评论，在这些"网友"中，也许有同学、老师甚至其他方面的人，这样一来，作文的写作与评改更富有挑战性！几天下来，可能每篇学生的作文后都写满了评语。如我在某BBS论坛上看到的："强哭者虽悲不哀，强怒者虽严不威。空洞华丽的东西，只能在眼前掠过，在耳边飘过，望你再好好斟酌"（评《心动的季节》）；"文章语言优美，但格调有些低沉，十四五岁的青春年华，应该以朝气蓬勃的面貌面对生活，甩甩长发让不快随风而去吧，请相信，每天的太阳都是新的"（评《为了那片晴空》）……这些评语有善意直言的批评，有真心实意的赞扬，有热情友好的鼓励，有倾心诚挚的交谈，它们无论长短都包含了一个"情"字，体现了读者对作者的负责，体现了学生之间真诚纯美的交往。

在作文评改思想上，教师和学生都应该转换观念，与时俱进，跟上"新课改"的步调，要注重教师的主导地位和重视学生的主体地位；在评价方法和组织实施上应呈现多样化的趋势，其中以互助评改、自我评改为主；在面向全体学生的同时，要照顾到学生个体、性别间的差异，因材施教，要尽量使这种评价指标和评价主体多元化。

高中语文课应追求"真"

贵州省铜仁市第一中学　田红卫

教育的目的是什么？著名教育学家陶行知先生用简单、平实的两句话来概括："千教万教教人求真，千学万学学做真人。"语文教育也是如此。"真语文"追求的正是教人求真、让学生做真人，这也是语文教学的真谛。然而在当前语文教学中不少教师存在华而不实、繁芜丛生的局面，那些不以语文为主角的语文课，常常带有过分夸张、大量渲染、煽情滥情等成分，甚至语文课堂变成了语文老师的作秀和表演。而新课改要求语文课要培养学生自然、健康的表达习惯，不是为了讲文章而讲文章，而是要以文章为载体，为学生营造轻松的课堂氛围。一名优秀的语文教师，不仅要教给学生语文知识，还要教给学生一种方法和能力，更重要的是提升学生的综合素养，让他们不仅在学语文，更是在享受语文。

那么语文课堂怎样才能做到"真"语文教学呢？我认为可以从以下几个方面入手。

一、内容要学会取舍

"真语文"课堂教学要主则详，次则略，不可平均用力，如果按照"作者介绍、时代背景、段落大意、中心思想、写作特点"这种八股味很浓的程式化教学方式进行教学，那就难以培养能力，发展智力，教学效率必然低下。教师必须做到紧紧抓住课义的重点，牵动一隅（核实）而提挈全篇，那样，才能有效地提高课堂教学效率。

二、注重引导 自然表达

作为真语文的实践课堂，在课堂上，适度引导、设问巧妙、追问灵活是一大特点，学生回答表达自然、对答如流、气氛活跃是真体现。如教《故都的秋》时，我设计了这样的导语：一提起秋天，大家脑海中也许会浮现出一幅硕果满枝的丰收图景，也可能会有"无边落木萧萧下"的悲凉感慨，那么，郁达夫给我们带来了一幅怎样的秋天图景呢？让我们一起走进《故都的秋》。学生翻开书，很快找到了故都秋的特点"清、静、悲凉"，并结合自读提示，初步把握了景物特点与心境及时代背景的关系。这样，在兴味盎然中也较容易理解课文内容。

三、启迪思想 培养能力

开展"真语文"活动，其最终目的是实现语文教育思想和语文教育方法的探索，更积极、更有效地提高全体国民的语文素养。这个目的的实现，还要在培养学生热爱语言和提高学生的语文能力上下功夫，用语文的方法解决语文的问题。即使是一般的课堂提问和练习也要着眼于能力训练。如在讲授《药》时，鉴于鲁迅小说语言的含蓄性，我先让学生自读设疑。学生的问题主要聚焦在"阿义可怜""乌鸦箭一般飞走了""华大妈的不足和空虚"等问题上。借着一位同学质疑小说第三部分与前后文的衔接问题，我们一起讨论情节的发展，弄清了双线结构。就"乌鸦"的描写重点阅读第四部分引出对主题的发掘。然后请学生分角色朗读第三部分茶馆的对话，分析人物间的关系和思想状况，学习人物描写的方法，感受其效果。最后让学生自己体味环境和细节描写的作用。因此语文教学应该为学生而教，以学生为主。

四、在备课上要下功夫

课堂教学效果如何，关键在于备课。因为备好课是搞好教学的基础之基础，根本之根本。教师只有深入钻研教材，精心设计课堂教学，才能取得良好的教学效果。备课的要求是多方面的，但至少要做到以下三点：了解学生的知识底细，明确教学目标，掌握课文的重点内容。只有知道学生该学什么，才能弄清自己该教什么，否则，闭着眼睛捉麻雀，大抵是无效劳动而已。教学目标决定了课堂教学的方向。课堂教学目标明确，可以有效地克服教学中的随意性和盲目性，加强教学的针对性。

虚假表演的人全是失败者，活在真实中的人才能成功，语文教育也是如此。"真语文"让我们回归本真，永远守住平常心，静下心来教真实的语文、做真实的人。

找准了路子，认准了方向，就能简简单单教好"真语文"。

回首经停看云处

贵州省万山区民族中学　杨秀华

摘　要："真假语文"之争,是当前语文教育的热门话题。何为"真语文"?怎样才算"真语文"? 这本身就是一个辩证的问题。王开东的《深度语文》或许能给我们一些启示。

关键词: 教育　真假语文　深度语文

我的学生时代,语文就是一门课程。那个时候不知道语文还有这是什么性质的争论问题,跟着老师学知识,从课文中获得情感熏陶,在语文课上学习写作文。即使后来在大学里、在教材中知道了语文有"文道之争",有"思想性、工具性之争",但因为是学生,争不争论,争什么,这些与我何干? 因而,当学生,很简单,只是了解语文,感受语文。

而如今不一样了,作为教师,作为语文人,尽管曾经也在"工具性与人文性"的争论中惶惑过,但因为语文有"学以致用"和"文化"的熏陶感染作用,于是便在"工具性与人文性的统一"的论调中,"得过且过"地教语文,本着教师的良心和职业的道德,认认真真上好每一堂课,哪还需要考虑语文究竟是什么的问题? 当下"真假语文"之论泛起,才不得不审视自己的语文教学有没有"真"与"假"的问题。

什么是真语文? 可以说,至今没有一个明确的定论,但关于真语文的论述却不少。《聚龙宣言》倡议"教师要真讲,学生要真学,评价要真评,在本真旗帜下教真语文,教实语文,教好语文",它的三大理念是"以语言为核心,以语文活动为主体,以语文综合素养的提高为目的",其核心是培养学生生活中运用真实语文的能力。把它放在实实存在的教学中,就是语文出版社社长王旭明先生所提倡的"要本本色色教语文,认认真真教语文,使语文回归本真状态"。

但既然有"真假语文"之说,是不是曾经中国教育存在语文教育有"假",数十万语文教师毕其一生的教育工作都有"假"的嫌疑? 我们毫不否认,有人在新理念教学幌子下的哗众取宠,为投领导或专家所好,在所谓公开课、示范课里花样百出,课堂热闹异常,形式别出心裁,这样的教学称之为"假"，或不为过。然而更多的教师却是在"认认真真教书，老老实实做人"，把"教书"（准确地说是教书的教育工作）当成自己的使命，不为职称，不为荣誉，只为自己的工作。

毫无疑问，真假语文之说是对当前一些为语文而语文的现象的一种警示。作为一线教师，理论探讨的确少了些，但绝大多数的语文教师都在各自的课堂上不停地探索如何进行"有效教学"。或许"有效"二字也值得探讨，因为它有用不用得上、考不考得好的"效果"。但不可否认的是，"有效"当中，肯定有"真"的因素。

说了那么多，我还是回到本文的原点：什么是真语文，怎样才算真语文。

然而我做不了理论说教，我只想谈一点在读王开东的《深度语文》后的一些感受。我不知道王开东出过多少本书，我也没有读过他的其他著作，但这本《深度语文》是我在众多语文教学类书籍中一接触就喜欢的一本书。

这本书有四个专辑，每一个专辑都精彩绝伦。"课堂现场"用大量的实录展现了王开东众多教学课堂的本色，"文本解读"呈现的是王开东对文本解剖的深度探讨，"课堂亮剑"无疑是王开东对语文教育的理解和在语文教学中方法的总结，"课堂视野"则是王开东站在评议的角度从别的语文教师课堂对语文资源的更深挖掘。

就说《把"捣蛋"进行到底——〈祥林嫂〉课堂实录》吧。老师要学生探讨祥林嫂的性格特征，当几个学生谈了自己的看法后，突然有个学生说"祥林嫂克夫！"且"克夫"二字拖着尾音，显得洋腔怪调，由此引得全体学生哄堂大笑，教室里也有点乱。这无疑是课堂预设之外的问题，如果是一般老师，就算不对这样的"捣蛋鬼"进行批评，也有可能刻意躲避这一近似迷信或宿命的说法。但王老师没有这样做，他只是在稍稍沉默一会儿后，要学生说说这一观点的理由。学生说："祥林嫂嫁了两个丈夫，可是祥林死了，贺老六也死了。所以——"老师接着问："祥林嫂真的克夫吗？"全体学生回答："不是！"老师再问："祥林嫂真的不克夫吗？"这样截然相反的两个问题，学生当然很迷茫。于是教师适时地要求学生看书、思考，并做交流。从这里，我们不难看出王开东的善良，他保护了学生，也激发了学生，重要的是他利用这一课堂资源对文本进行了深度挖掘。有了这样的追问，讨论的结果，使学生在不经意间得出了祥林嫂深受政权、神权、族权、夫权的压迫这一结论。

如果课堂就此打住，那这个老师就不是王开东了。他的智慧还在呈现，他的语文课堂深度也还在继续。当学生讨论中有人说"在我们那个地方，'克夫'的观点还是很有市场"时，老师再次利用这难得的课堂资源问学生："社会上有没有'克妻'这种说法？男人连续死几个妻子，也是很常见的啊！"这一问不打紧，一石激起千层浪，学生纷纷回答"因为男女不平等""妇女地位最为低下""是男权社会对女人的偏见""是妇女受侮辱、受损害的见证"。在这种情形下，课堂延伸来探讨"今天社会我们如何看待女性""一个社会对妇女的尊重程度，可以看出社会的发展和文明进步"就显得顺理成章多了。

我想，这才是真语文，尽管王开东的说法有别。因为王开东的课堂确实是在"说真话，诉真情"，他不是简单地在教课文，而在用课文教学生。从他所实录的课堂来看，也真是以学生的发展为本。也许王开东并没有刻意追求语文教学的新理念，但他在语文教学上的实践和做法，又无疑切合了当前最为热烈的"真"语文讨论。

王开东教学的成功，自然是他对语文教育的真诚求索。但我想，像王开东一样的大批语文教育工作者，在他们对语文教育的极致追求中，肯定也会开出五彩缤纷的花朵。至于他们的探索，是真语文还是假语文，大可留待后人去评说。

参考文献

[1] 王开东. 深度语文 [M]. 桂林：漓江出版社，2015.

"基于标准"："问题驱动"课堂的"家"

——以《记念刘和珍君》教学设计为例

贵州省铜仁市第二中学　郑年忠

教育家陶行知说"创造始于问题，有了问题才会思考"。传统的"内容驱动"课堂，学生的学习主体地位难以彰显，学生的思维就不活跃，有人用"问题"来推进课堂，用"问题"来激活学生思维，这种"问题驱动"的课堂，已经成为当前语文课程改革的一大共识。当下的课堂中，教师大包大揽的操纵已比较少见，但在所谓的"问题驱动"的课堂中无目的地随意提问的情况仍很普遍，这是值得我们关注和研究的。

"满堂灌"少了，但"满堂问"多了，如一位教师执教人教版高中语文必修（1）《记念刘和珍君》，其与学生的对白如下。

师：看到这个题目，你读出了哪些信息？

生：写的人是刘和珍君。

师：还有呢？

生：是纪念已经去世了的刘和珍君。

师：刘和珍是一个什么样的人？

生：一个爱国青年。

师：什么时候的？

生：是民国时期的吧，不过应该是军阀割据时期的。

师：为什么？

生：因为刘和珍是被段祺瑞执政府的军队开枪打死的。

师：那段祺瑞执政府是什么时期？

生：军阀割据时期呀。不过我也搞不准。

老师在随后的教学中，用了10多分钟交代了"三一八"惨案的历史背景，这样的貌似"问题驱动"的追问，将这节语文课变味为一节与历史课没有什么区别的课，这就与新课程理念下的"问题驱动"课堂貌合神离了。

其实背景资料在课文注释①中交代得很清楚，"善问"的语文老师，在学生搞不清楚何为军阀割据，何为中华民国时，可以紧扣文本，让学生阅读文本第一段第一句"中华民国十五年三月二十五日，就是国立北京女子师范大学为十八日在段祺瑞执政府前遇害的刘和珍和杨德群两君开追悼会的那一天",让学生比较一下,把"中华民国"换成"1926年",把"国立"删掉,这样好不好,为什么?在教师的相机提问中,学生自然要去阅读注释①才能回答,这样既搞清楚了文章的背景,又赏析了第一句所体现的鲁迅的叙事技巧,惨剧竟然发生在"中华民国"的执政府对"国立"大学的学生身上,这既是对"中华民国"的一种嘲讽,又表达了作者对执政府屠杀学生的无比愤怒之情,这样的提问,与单元目标中"看作者……如何在叙事中表现或隐或显的情感倾向"的要求也是相符合的。

"满堂问"中的"问题",成了教师控制教学进度,也控制学生思维的一种工具。教师这样牢牢地控制着话语权,这样的课堂与讲授法的"满堂灌"有什么区别呢?从"满堂灌"到"满堂问",是从一个极端走向了另一个极端,学生的思维并没有伴随问题的推进而获得有效开发。"学起于思,思源于疑",学生缺少思考,课堂上思维参与度也就极低。更有甚者,由于教师提的问题不妥,很多学生本来是明白的,结果却被教师给问糊涂了。

"满堂问"的背后还是教师强势的"以教为中心"。这样的教学,教师更关注教学内容,关注自己讲了多少,关注自己讲得好不好,其实质还是一种"内容驱动"的低效课堂。"满堂灌"固然不可取,"满堂问"也不妥,那么怎样的"问题"才是"问题驱动"的课堂呢?下面谈谈我们的做法。

一、"基于标准"明确提问方向和评价标准

语文课程的特点,决定了语文教什么成为一个难题,如就有"人文语文""诗意语文""真语文"等提法。对语文的不同认识,决定了不同的教学目标和内容,下面是一则从某网站下载的人教版《纪念刘和珍君》的"教学目标"。

(一)知识目标

①理清文章思路,体验作者的思想感情,分清正义与邪恶。

②探索句子的含义和作用,分析作者对词语的妙用,从而了解作者语言特色。

③概括人物形象,用历史和现实的眼光学习和借鉴刘和珍为正义而斗争的精神。

(二)能力目标

①提高理解句子含义以及表达作用的能力。

②训练并培养学生理清文章思路的能力。

（三）德育目标

理解并学习刘和珍的爱国精神，特别是在钓鱼岛局势紧张的今天，培养学生理性爱国意识和高博大的爱国情操。[与正文字体区分开]

"目标"决定了提问的方向，目标指向太多，不但教师教起来无所适从，学生学起来也会不知所向。长期以来，语文教师你教你的，我教我的，每种教法，都提出一套理论，让一线教师无所适从，该教什么，没有一个统一的标准（确实制定统一的标准也很困难），目标一多，方向就乱，方向一乱，就只能是东一榔头西一棒子，将语文课上成像开"杂货铺"一样，"少慢差费"的帽子也就无法摘掉。

"问题驱动"是想通过课堂上预设或生成"问题"，来促进学生积极思考，完成教学任务。这就涉及"问题"从何而来、怎样提出的问题。具体到一篇文章来讲就涉及内容上一篇课文该学什么和不该学什么的问题，方法上怎样指导提问的问题。

我们先来看看一篇文章该学什么的问题。李镇西认为："对于一篇作品的解读有三个层次：第一种是赏析性的，比如《红楼梦》《诗经》，文学评论式的赏析；第二种是研究型的解读，把它的优劣得失解读出来；第三种是教学式的解读。我们很多语文老师往往把这三个混为一谈。"（人民大学复印报刊资料，复印期号；2015年07期《从文本解读到教学解读的"二度转化"》）李镇西还指出，"之所以很多名师上课容易让我们感觉到很有学问，而跟学生没关系，因为他把这堂课当成是研究性解读去了"，李老师提出了基于学生的"教学式的解读"。华东师大崔允漷教授针对当前语文教学课堂中普遍存在无目标导向的"穿溜冰鞋"式教学，重形式的"为合作而合作""为讨论而讨论"的教学，以及不受目标制约的"深挖洞，广积粮"的教学，于2011年撰文发出"基于课程标：让教学回家"的呼吁。

首先，"基于课程标准"，要确立清晰的学科目标体系。具体地说，就是如何将课程标准中的内容或水平标准化，通过一系列的目标具体化技术，确定学期或模块的目标，再具体化为单元或课时目标。此路径可以表述为：内容或水平标准—学期或模块目标—单元或课时目标。下面以人教版必修1第三单元《纪念刘和珍君》为例进行说明。

教学目标

1. 学会把握人物形象和品质

2. 赏析文章写人叙事的技巧

【设计依据】教学目标源于单元目标。这个单元共有三篇文章：鲁迅的《记念刘和珍君》、巴金的《小狗包弟》和梁实秋的《记梁任公先生的一次演讲》。对于这个单元的"教学目标"，在课本的单元提示的第二段有明确的要求："阅读这些文章，要透过对人与事的描写，仔细揣摩人物的言行、心理，体察人物的个性、情操，看作者如何在人物描写中体现对人物的评价，如何在叙事中表现或隐或显的情感倾向。"《教师教学用书》的《单元说明》明确了本单元的学习任务："学习本单元写人记事的散文，既要学习品人，又要学习品文。"

其次，要设计基于目标的评价标准。"目标"，回答的是"去哪里"的问题（目的地）；"评价"，回答的是"我怎么知道自己在哪里"的问题（GPS 全程导航）。也就是说，当明确了目标之后，教师就应该设想"我用什么样的检测工具可以检测学生目标达成的程度"，例如可以通过观察、提问、表演、交流、练习、测试、作品等了解学生已经学习到了什么，离预设的目标还有多远，以便于自己做出基于证据的教学决策。

"课程标准"在第一部分"课程的基本理念"中再次明确了"从三个方面出发设计课程目标"（即"三维目标"）的要求，对一篇课文的教学目标的制定已经是大多数老师自觉自为的事情了。但是在备课时根据教学目标制定评价标准，就成了我们的一个薄弱环节。

根据单元目标，结合表现性学习理论，制定《纪念刘和珍君》一课的达到教学目标的评价标准和评价方法，示例如下。

评价任务层级标准

评价标准 评价任务	A	B	C	D	评价方法
1. 学会把握人物形象和品质	能从肖像、语言、动作、心理、细节、时代因素等把握人物性格和品质	基本能够找到人物描写的句子，并从中分析人物性格和品质	能够找到人物描写的相关语句，但不会概括分析	不知怎样鉴赏人物形象和品质	1. 勾画相应词句 2. 结合词句分析 3. 提问检测法

评价标准 评价任务	A	B	C	D	评价方法
2. 赏析文章写人叙事的技巧	赏析肖像、语言等写人技巧及作用；诵读、揣摩叙事详略、表达方式和修辞等精彩语句的艺术表现力	基本能够赏析这些语句的艺术表现力	能找到写人叙事的精彩语句，不会赏析	不了解文章写人和叙事技巧	1. 诵读 2. 谈感受 3. 仿写

【设计依据】

①"新课程标准"中"能感受形象，品味语言，领悟作品的丰富内涵，体会其艺术表现力，有自己的情感体验和思考"。

②课程教学目标源于单元教学目标。

③布卢姆认为，只要教师对学生应该做些什么提供具体的建议，学生一般都会试图去克服这些问题。我们设计的评价标准应该尽量具体而又可操作。

这里的"教学目标"，不就像大海中的航船有了指南针一样吗？这里的"评价标准"，不就像大海中的灯塔在为远航的轮船导航一样吗？没有"评价标准"，就像人没有执行力一样，目的地是否到达，就不知道了。我们应该像重视"教学目标"一样，高度重视"评价标准"，研究它，实践它，只有这样，"教学目标"的实现才有保障。

二、"基于标准"设计自主预习问题

我们先来看看一位教师为《纪念刘和珍君》设计的预习导学案流程。

1. 阅读作者简介和写作背景

2. 阅读课文，完成预习检测

（1）给下列加点字注音（内容略）

（2）结合句子，理解下面词语的含义（内容略）

3. 阅读全文，理清文章的层次结构，并归纳段意

这样的导学案设计，其实质还是平面的设计，既不是"基于标准"的，又不是"问题驱动"的，学生在预习时没有进行一定的深层思考，只是把

预习当作任务来完成。

下面是另一位教师设计的两个"基于标准"的"问题驱动"导学案。

【预习指导】在预习和文本解读阶段，提问应该从文本的内容理解和主题思考等角度进行。如有哪些不理解的字词句，写了哪些基本内容，表达了什么主题思想，表达了什么思想感情等。提问方法要求阅读文本时先对有疑问的地方打上问号，阅读结束，再将问题整理出来。

1. 预习中你发现了哪些读不准的生字和不理解的词语？用工具书尝试自己解决。

2. 文章哪些地方打动了你？请用横线加感叹号把这些地方标示出来，并想想打动你的原因是什么。

3. 你认为作者纪念刘和珍君的目的是什么？能说说你的理由吗？

4. 你在阅读时产生了怎样的疑问？请你写出来，用问号进行标示，并整理成问题，交给小组长。

【评价标准】自主完成，小组检查，教师抽查。

【设计依据】不但用问题明确了预习任务，还指出了达到任务的途径（即评价标准）。

第一问设计的依据是"普通高中教育是面向大众的、与九年义务教育相衔接的基础教育"及"能围绕所选择的目标加强语文积累"。（引号内容摘自"课程标准"，下同）

第二问设计的依据是"阅读优秀作品，品味语言，感受其思想、艺术魅力，发展想象力和审美力"。

第三问设计的依据是"理解文本所表达的思想、观点和感情"。

第四问设计的依据是"善于发现问题，提出问题，对文本能做出自己的分析判断，努力从不同的角度和层面进行阐发、评价和质疑"。

有的老师对预习中的提问，还有数量和方法上的评价标准，如陈剑峰老师的预习要求：两个以上的"基础问题"，两个以上的"疑惑问题"，一个"共享问题"。预习中有效的问题设计，既要指向明确，让学生知道怎样去预习，又不要限制学生的思维，调动学生思考的积极性，这样的原初体验，学生带着自觉的生成问题，进入下一环节的文本解读，思维就会进一步深入。

三、"基于标准"选择文本解读问题

学生在预习中提出了疑问，带着问题进入下一环节，这又出现了不同的处理方案。一种处理是每一个小组自由展示问题，由另一个小组来回答，美其名曰 PK。这种设计的优点很多，最大问题是教学时间问题。时间是我们课程的一大资源，资源是有限的，而问题是无限的，这就导致两个问题：一是时间严重不足，二是完不成教学任务。有人还将这种设计命名为"非指示性教学"，就是学生完全地自主学习的意思。我不反对自主学习，但这样不分重点、难点地由学生随意提问，并占据课堂的主阵地，课堂表面上热热闹闹，背后的教学目标实现了没有？教学效率怎么样？这些都值得思考。譬如下面自主提问的奇葩问题。

是不是鲁迅喜欢刘和珍，刘和珍牺牲了，才纪念她呢？（看八卦新闻看多了）

刘和珍明知段祺瑞执政府会开枪，还去游行，她是不是自己也有责任？（自认为这是逆向思维呢）

作者认为刘和珍之死没有意义，我觉得是不是对刘和珍不公平？（断章取义吧）

学生是真正地"自主"了，但一节课就在这些问题中很快过去，学生一节不知道学到了什么！留给老师的是更多的困惑。更有甚者，那些打着新课程旗号的所谓"示范课"，大多有拖堂的毛病，理由是学生还没有说完或讨论完就下课，这是对学生的不尊重。

这就需要教师在"基于标准"的前提下，结合教学目标，选择问题。请看这样的设计。

1. 激情导入小组长检查预习情况，教师抽查并评价

【评价标准】小组长检查，教师抽查。

【设计依据】导入"激发学生的兴趣和潜能"，对预习检查"正确的评价能真实地了解学生的学习过程和学习状况"。

2. 大家阅读"单元提示"，说说这个单元和这篇课文应该解决哪些问题？如何解决？学生讨论并明确

【评价标准】阅读单元提示，能抓住关键句子进行分析，概括出单元目标。

【设计依据】应该让学生明确前往的目标，以及前往的方法。

3. 结合单元评价标准，我们来看看怎样达到这两点的评价标准

【评价标准】讨论并展示评价标准，有利于学生找到前往目标的路径。

【设计依据】"课程评价具有检查、诊断、反馈、甄别、选拔、激励和发展等多种功能，正确的评价能真实地了解学生的学习过程和学习状况，准确地判断学生的学业水平与发展需求。"（课程标准《评价建议》）

"课程目标是评价的基准，语文课程评价要根据总目标和分类目标，抓住关键，突出重点。"评价目标应该从模块目标到单元目标，再到课程目标。

4. 哪些节是直接写刘和珍死难经过的？前面写了什么？后面写了什么？

【评价标准】自主学习，小组交流，教师提问。

【设计依据】"从整体上把握文本内容，理清思路，概括要点，理解文本所表达的思想、观点和感情。"

5. 对于目标1刘和珍这个人物形象和优秀品质，哪些组提出了疑问？请读一读，大家来一起交流

【教师准备问题】

（1）哪些段集中写了刘和珍君牺牲经过，可以看出她哪些性格？

（2）牺牲经过前的一、二部分和后面的六、七部分与刘和珍有什么关系？

（3）画出鲁迅先生对刘和珍君态度的词句，分析刘和珍君有哪些优秀品质？

【评价标准】能找出，能分析。

【设计依据】围绕"评价任务"1设计，结合课程标准"感知人物形象"，"发展独立阅读的能力"，"善于发现问题、提出问题"。

6. 对于目标2赏析写人和叙事技巧，哪些组提出了问题？请读一读，大家来一起交流

【教师准备问题】

（1）在预习中你找出了哪些喜欢的句子，能从修辞方法、表达内容的角度赏析一下吗？

（2）作者为什么要用一、二部分交代写作的缘由？是为了表达作者的什么感情？

（3）为什么要详写刘和珍遇害的细节？

（4）作者为什么以纪念刘和珍作为切入点，来纪念"三一八惨案"？

【评价标准】品读重点句子，背诵二、四节，交流这些句子的含义及作用。

【设计依据】围绕"评价任务"2设计，结合"课程标准""阅读优秀作品，品味语言，感受其思想、艺术魅力"。第（1）的设计依据还有课后练习第三题。

这样设计，无效问题大大减少，课堂也就在"基于标准"的文本解读的轨道上运行，既尊重了学生的自主性，也能够做到重点突出，引导学生积极思考，完成课文的教学任务。虽然有部分学生的奇葩问题，我们没有去管它，但教学任务结束，大部分与教学任务有关的问题也得到了相应的解决。

四、"基于标准"生成探究问题

为合作而合作，为探究而探究，这样的课不少。请看如下探究片段实录。

师：请各组收集在上节课中没有读懂的地方或者有疑问的地方，将问题写出来，交给小组长，每小组选择一个问题进行探究学习。

（学生向小组长递交纸条，小组开始合作探究）

师：下面我们来展示合作学习情况，发言顺序抽签进行，首先有请你5组展示。

生：我们这组探究的问题是：

……

这样的合作探究，同样是一种"放羊型"的，整节课的展示，目标不明，评价不明，学生的思维也没有被有效地激活。

请看下面的探究问题设计。

【提问指导】探究，其实是在文本理解"是什么"的基础上，进一步从"为什么这样"和"这样好在哪里"的角度去认识文本。进入文本的探究阶段，主要从三方面来加强提问指导。第一，指导从哪些角度提出问题。可以从关键词，重点、难点句子的理解、赏析、运用的角度提问。可以从领悟为什么这样写的角度提问（如文本的深层含义、谋篇布局、语言特色、写作技巧等）；可以从赏析这样写好在哪里的角度提问（内容上有主题思想和艺术形象，形式上有结构安排、线索设计、语言风格和表达技巧等）；可以从创新思维角度提问（如你是否同意作者的观点、如果你是作品中的人物会怎样、这篇文章的某一方面对你有什么启示），等等。第二，指导学生如何思考这些问题，应该结合主题来思考为什么这样写或者这样写好在哪里。第三，还应该对学生进行如何提出有价值的问题方面的指导。如应该做到要有疑而问，不要无病呻吟；要有启发而问，能借此深化文本的学习；要有本探究，即要结合文本展开探究；要有效探究，即探究出的答案有一定的深度或新意。这样的问题链，由浅层到深层，逐层深入，学生的思维也就有了一个逐渐深入的过程。

①"当三个女子从容地转辗于文明人所发明的枪弹的攒射中的时候，

这是怎样的一个惊心动魄的伟大呵！中国军人的屠戮妇婴的伟绩，八国联军的惩创学生的武功，不幸全被这几缕血痕抹杀了。"这一句用了哪些表达方式？（熔记叙、抒情、议论于一炉）表达了作者什么样的思想感情？（用对三个女子的正面感叹和对执政府屠杀学生反语讽刺，形成对比，文章的深厚思想内容和作者的鲜明爱憎态度，便表达得酣畅淋漓了）

②第六节"煤"的比喻的含义是什么？这样比喻有何作用？

③本文引用陶潜诗句有何作用？

【评价标准】明确比喻和引用的作用，分析比喻句和引用诗句暗示的含义及表达了作者什么感情。

【设计依据】任务2是教学的重点和难点，这两个探究问题，围绕任务2进一步探究散文的叙事技巧。

其实，成功的"问题驱动"课堂，应该是"基于课程标准"的，同时也始终离不开对学生进行提问的学法指导。

对于中学生，我们不宜把探究问题看得太高深，看得很神秘，只要是围绕学习任务的还不明白的问题，都可以成为我们探究的问题。

《大堰河，我的保姆》写"我"辞别养育我的大堰河,回到了父母家里时："我做了生我的父母家里的新客了！"我们应该拒绝这样的现象在我们的课堂上发生。在新课程背景下，"让教学回家"，就要确立教学的主体是学生，学生"回家"了，就是主人。于漪老师说，"没有学生就没有学习，也就没有教学"，把学生当成学习的主人，教师就不会不顾"主人"在家，只顾自己在那儿表演，也不应进屋就"满堂问"，问得主人晕头转向。

"基于标准"制定教学目标和评价标准，设计教学流程，让我们的"问题驱动"课堂有据可依，这样的课堂才能实现崔允漷教授的"让教学回家"。其实，"基于标准"也应该成为我们每一个语文教师、每一堂语文课、每一种语文教学流派的共同的"家"。

解读 "仁" 之心，践行 "真语文"

贵州省大方县黄泥塘中学　　沈寿梅

摘　要：中学教育是学生道德形成的重要时期，因此要教育学生建立良好的人际关系，培养和提高中学生的人际交往能力。孔子的仁学思想及其内涵历来重视并且强调人际交往方面的处事原则。只要我们弘扬孔子的仁学思想，人人都能设身处地地为他人着想，不以自我为中心，能以一颗关爱之心对待他人，我相信，那我们一定能与他人、社会以及自然和谐相处。本文笔者从孔子思想产生的背景、孔子思想的核心以及孔子"仁"学对中学生身心健康的重要方面进行阐述，引导中学生怎样解读孔子的"仁"学思想。

关键词：解读　"仁"之心　践行　"真语文"　和谐相处

随着现代社会的飞速发展，人们的生活水平不断提高，进入了网络时代，方便了人们的生活，同时，人与人之间的交往也逐渐产生了距离。然而，一个社会的发展，社交能力决定着一个人的事业成功和生活幸福与否。中等教育是学生道德形成的教育阶段，因此要教育学生建立良好的人际关系，培养和提高中学生的人际交往能力。"我国儒家传统文化讲求人与人之间、人与自然之间的和谐，强调人际交往的重要性。"（《儒家德育思想论纲》）孔子的仁学思想及其内涵历来重视并且强调人际交往方面的处事原则，因此，作为现代中学生，学习孔子"仁"的思想，懂得古人教给的为人处事道理，有利于营造良好的人际关系。

一、孔子的思想产生

周室东迁以后，奴隶制社会逐渐动摇，到了春秋战国之交，社会各个阶级都在发生转化。新兴地主阶级逐渐代替了奴隶主贵族阶级。在这个社会大变革的时代，产生了新型的士。士的来源很复杂，有的是新兴的地主，有的是没落贵族，也有脱离生产走向城市的"自耕农"。他们属于中间阶层，在统治阶级的最下层，同人民比较接近。他们地位虽低，却很多是有学问的人，其中有通天文、地理学知识的学者，也有精通政治、军事才能的杰出人才。由于各自的生活经历不同、文化教养不同、所处的具体环境不同、政治观点不同，为了解决现实问题，他们从代表各自的阶级或阶层的利益出发，提出各种不同的要求和主张，并且著书立说，争辩不休，然而文学观念又不尽相同，因此在文章方面就表现出不同的风貌，呈现出百家争鸣的局面，其中最有代表性的就是《论语》《孟子》《墨子》《老子》《庄子》《韩非子》，分别代表儒、墨、道、法诸家的著作。

二、孔子思想的核心

在先秦诸子散文中，最先发展的就是《论语》。《论语》主要是记录孔子及其弟子言行的书。孔子生活在春秋末期，当时是中国社会大变革、大动荡的年代，经济、政治、思想、文化出现了一系列重要变化。从原始巫术礼仪演变而来的"周礼"，已失去规范人们行为的力量。在"礼崩乐坏"的情况下，孔子作为儒家学派的创始人，把奴隶主阶级垄断的古代文化对平民进行普及教育。《论语》所记孔子的思想核心是"仁"，孔子试图用"仁"来改造和重建"礼"。"仁"是一种崇高的人格境界和道德境界，其基本点是人我关系的和谐协调，即"仁者爱人"（《论语·颜渊》）、"己欲立而立人，己欲达而达人"（《论语·雍也》）。从"仁"出发，孔子提出"为政在人"（《礼记·中庸》）的政治观点，提出当政者要"节用而爱人，使民以时"（《学而》）；从"仁"出发，孔子反对猛于虎的"苛政"，试图将"礼"由外在的强制规范转化为人性的内在欲求，以此来调节伦理秩序，进而调整社会政治秩序。他把"仁"和"礼"看作人格修养的最高境界，以仁修身，才能以仁治国，"志士仁人，无求生以害仁，有杀身以成仁"（《论语·卫灵公》）。

在孔子"仁"的思想中，强调的是人与人之间的交往关系。在如何对待自己和如何对待别人的问题上，孔子认为是相互联系、相互制约的，他主张重在严格要求自己，约束和克制自己的言行，使之合乎道德规范，他称这种行为为"克己"。

孔子说："克己复礼为仁。"（《论语·颜渊》）"克己"是"复礼"的基本条件，不能克制自己，也就不能使自己的言论行为符合客观的"道"；只有克制自己，才能使自己的言行回复到"礼"的道德规范上来。"己所不欲，勿施于人"（《论语·颜渊》），克制自己包括设身处地地为别人着想，自己不想得到的，不要强加给别人，自己不要痛苦和麻烦，也不要把这种痛苦和麻烦加到别人的身上。从字面的理解上看，孔子认为生活中不能放纵自己的欲望，而应该以"礼"来要求自己；生活中要推己及人，宽以待人，学会换位思考，学会团结合作。

三、孔子"仁"学对中学生身心健康的重要影响

现在的中学生大多是独生子女，在和同学相处中，有些学生过分强调以自我为中心，只渴望别人理解自己，尊重自己，而忽略了自己应该先要尊重别人，理解别人。也有少数中学生强调个人奋斗，以为"井水不犯河水"就可以了。以自我为中心的个体，不仅学习上很少互相交流，思想和情感上彼此也不交流、互不关心，甚至在个人信仰、人生观、价值观等方面彼此都尽量保守秘密。结果造成了同学之间的淡漠关系，影响了人际关系的发展。孔子"仁"学思想有利于塑造中学生健全的人格。孔子所提倡的营造良好的人际交往的环境，有利于中学生的身心素质的发展，有利于他们树立正确的人生观和价值观，对于中学生的身心健康发展有着重要的意义。那么，在现实生活中，中学生要怎样做才能达到"仁"呢？第一，推己及人。仁爱思想是儒家思想的核心内容，恭恕的精神是仁爱思想中的重要精神，具体体现在人际交往中就要有以己视人、平等待人的推己及人思想，"己欲立而立人，己欲达而达人。能近取譬，可谓仁之方也已。"（《论语·雍也》）当你想要站得住的同时，也要别人站得住；当你想要自己全面的话，也要让别人事业发达。而不是建立在推倒别人而自己站稳了，也不是损害他人发展了自己。扩充仁爱的方法，就是将心比心，而将心比心的方法就是"推己及人"的方法。生活中，我们应该学会推己及人，我们想到的，别人也会想到；我们想做的，别人也会有同样的想法。所以，只要每个人都能够以一种宽容的态度和包容的心来面对别人，那么，整个社会就和谐了。第二，己所不欲，勿施于人。孔子的"己所不欲，勿施于人"（《论语·颜渊》）通常被人们看成是伦理学的消极原则，人们觉得它只是强调人"不要"做什么。其实，它暗含着一种积极的、正面的、肯定的伦理原则：己所欲，施于人。孔子明确地把这种意思表述为"己欲立而立人，己欲达而达人"（《论语·雍也》）。生活中，我们都希望别人对自己好，对自己关心，但很少想到主动去关爱别人。平时有个别同学总是希望家长多关注自己，多关心自己，多理解自己，可未曾站在家长的角度关心过家长，注过家长，也无法理解家长心灵深处那种"恨铁不成刚"的想法；也许，我们都希望朋友能多为我们做点事，老师多给自己一些爱……要是大家都能在这时想

到 "己所不欲，勿施于人"，那我们就能和谐相处。

中学生是祖国的未来，肩负着历史的重任，只有拥有健康的身心、良好的人际交往，才能安心学习科学文化知识，将来才有所创造。因此我们在教学中，要把非智力因素有效地传达给学生，让他们树立正确的人生观、世界观。倡导学生弘扬孔子的仁学思想，只要人人都能设身处地地为他人着想，不以自我为中心，能以一颗关爱之心对待他人，我相信，人与人之间、人与社会及自然之间一定能和谐相处。只有这样，语文教育才能落到实处，才能真正践行"真语文"。

参考文献

[1] 黄钊. 儒家德育思想论纲 [M]. 武汉: 武汉大学出版社, 2006.

[2] 袁行霈. 先秦诸子选读 [M]. 北京: 人民教育出版社, 2006.

念真经，勤探索，莫糊弄，有成效

——选修教材《语言文字应用》教学之我见

贵州省铜仁市第八中学 何淼

人教版《语言文字应用》是高中阶段的一门选修课程，此教材共有 6 课 23 节，每课分为三至四节内容。教材内容包括"走进汉语、语音、汉字、词汇、语法、语言的艺术"等，都是一些非常重要的、高中生必须具备的语言文字知识，能使学生扎实语文基础，从中领略中国语言文字的魅力，提高语文学习的兴趣，增强民族自信心和自豪感。当然，如果从功利性角度讲，学习此门课程也是学生高考的实际需要。

纵观诸多学校的教学，有的中学虽然给学生发放了课本，但并未将其作为选修课开设；甚至有的学校为了"节省"费用，没给学生订购此教材。我们经过反复讨论，确定将《语言文字应用》作为高二下学期前半期的上课教材。为了避免内容的单一化，将其与另一选修教材《文章写作与修改》交叉搭配使用，让学生在学习语文基础知识的同时，也加强对作文的训练，促使其较为全面地发展。

既然选定了教材，那么怎样上好《语言文字应用》这门课程呢？通过自身的教育教学实践，本人肤浅认为，可以从以下方面去考虑落实。

一、抓好"引子"内容，吊起学生胃口

此教材在编排结构上有一个共同点，就是每一节内容都分为"引子""课堂活动""工具箱""小试身手"这四个部分。其中"引子"部分的内容实质上就是每一课内容的导语。我们都知道，课堂导语是"新年的第一声春雷"，是"打鼓的第一槌"，它能深深地吸引学生，开启学生的心扉。所以要求导语设计的方式和内容必须富有新奇性，富有个性，能吸引学生，激发他们的学习兴趣和求知欲望，为学习新课打下良好的基础。《语言文字应用》每一节内容的导语差不多都是故事性很强、与本节内容密切关联、对学生具有启发教育意义的一则材料。抓好导语，也就紧紧抓住了学生的

心，把他们的胃口吊得老高老高，为后边的学习做好铺垫。

有时为了教学的需要，有必要补充一些材料。如在教学第二课中的第三节"迷幻陷阱——'误读'和'异读'"时，除了让学生讲述"翻—到—死"这个故事外，还给学生补充一个《西游记》中猪八戒的扮演者马德华改名的故事：此人最初名叫马芮，因一次到医院看病，从挂号到内科，再到取药，医生或其他工作人员都把名字叫错，叫成"马马肉""马内""马丙"什么的，甚至叫"马肉"的，这样"逼"得他重新取了个大众化的名——马德华。通过这些事例，让学生真切感受到因误读而造成的尴尬、误解和麻烦，让其养成勤查字词典的好习惯。

二、"课堂活动"就是要让学生充分"活动"

教学中必须"精讲多练"，充分调动学生的学习积极性，让他们积极参与讨论、思考，从而最大限度地提高课堂教学效率，努力打造"高效课堂""精品课堂"。所以在教学过程中，就要敢于放手让学生去"活动"，去阅读分析、去讨论、去探究，从而得到结论。

在教学第三课的第四节"咬文嚼字——消灭错别字"内容时，教师首先让学生自学这一部分内容，并提出要求：①把招牌、广告、路标中涉及的错别字改过来；②归纳写错别字的三种现象，特别注意所举例子。学生完成后，教师提出问题交给学生讨论：写错别字违法吗？违反了哪部法律？条文中是如何规定的？通过这样的途径，培养了学生的自学能力，让他们养成书写规范的良好习惯。

三、讲清讲透，熟练把握"工具箱"中的内容

这部分主要是从理论上介绍语言文字的相关知识，在介绍时列举例子，较为通俗、简练、准确。学习时，教师可根据教材提出一些问题让学生思考。如在教学第四课的第四节"中华文化的智慧之花——熟语"时，本人在"工具箱"部分提出下列问题让学生讨论思考：①较常用的熟语有哪几种？②熟语在构造上有什么特点？③举例说明什么是谚语？④歇后语有哪些类型？这样设问，学生再通过阅读思考，就能明白各个概念的含义，对惯用语、歇后语、谚语就不再像以前那样混淆不清了。

这部分的教学对教师的要求是比较高的，要求教师要吃透教材，要有比较扎实的语言文字基础，设计的问题要合理，要抓住重点，要有启发性

和思考的价值。

四、在"小试身手"中"大显身手"

"小试身手"的实质就是完成课后练习。课后试题总体设计较合理，紧扣教材，难易适中。但是，试题数量有限，训练量还远远不够。要让学生扎扎实实、牢固掌握每一方面的知识，教师还需精选试题，让他们"吃"得好，同时也"吃"得饱。教师可以从一些参考资料包括高考真题中选取字音、字形、熟语、病句、排序等试题，教给学生解题方法，加大训练强度，提高学生语言文字运用能力，在学习和生活中永立于不败之地。

最后，简略谈谈对教材编写的一点不成熟意见。

在教学活动中，我们发现课本中还存在一些问题，如第一课第二节"古今言殊——汉语的昨天和今天"中"小试身手"的第二题："……分析它们的词义是扩大了还是缩小了。"而所命的第三小题"江南卑湿，丈夫早夭"中的"丈夫"一词的词义既不是扩大，也不是缩小，而是转移了，这应该是在问法上出现了问题。又如第二课的第四节"声情并茂——押韵和平仄"的"小试身手"第二题的第三小题"选词填空"②中，建议把B答案中的"园"改为"圆"字，这样，②题才更有思考的价值。再如第三课的第三节"方块的奥妙——汉字的结构"时，列举带"金、木、水、火、土"这些部首的字时，有几个字在《现代汉语词典》上查不到，学生自然就读不出这些字的读音，如能把这些难以查到的字换掉就好了。这些问题，显出这套教材还不是十分成熟，编撰人员尚需进一步修订完善。

谈如何践行真语文教学

贵州省沿河官舟中学 冉小芝

摘 要："真语文教学"是大家目前热议的话题，之所以出现这一话题，是因为今天的语文课堂教学有诸多本真意的缺失。所以，要回归真语文就要践行真语文教学，要践行真语文教学就要求执教者弄懂真语文的实质内涵和真语文的教学目标。

关键词：真语文　实质内涵　教学目标　语文素养　语言训练

要践行真语文教学，首先要弄懂真语文的实质内涵和真语文的教学目标。那么何为真语文呢？江苏省语文特级教师黄厚江的讲座《守望在语文的原点——我的本色语文观》，讲的就是"真语文"的内涵。黄厚江老师认为"把语文上成语文课，用语文的方法教语文的内容"就是真语文。这句话有两个意思：一是指我们教师的教学方法和学生的学习方法都要遵循语文学科丰富内涵的规律；二是要坚持"以语言为核心，以语文活动为主体，以语文综合素养为目的"的教学理念。由此可见，要践行真语文教学，我们就要把握好语文的教学方法和教学内容。其次是要明确真语文的教学目标，真语文教学的目标就是拒绝应试教育实现素质教育，为培养全面人才而进行改革的语文理念。因此，真语文教学目标要满足学生需要，促使学生愉快而有意义地学习；满足教育的发展，培养学生良好的语文习惯；满足审美体验，全面提升学生的语文素养。

综观各级公开课或日常语文课堂都运用多媒体，为了体现教学手段的现代化、新颖化、新鲜化，许多老师，包括我在内，有时大量使用与课文无关的或关系不大的图片、影音，用录音代替了朗读，用画面代替了文字。更有甚者，指导学生去表演什么课本剧、去描画某情节，等等，以此博取学生热烈的掌声，认为这就是课堂气氛活跃的体现，学生学习情绪高涨的表现。现在想想，课堂这样力求"花样百出"，学生又能真正学到什么？掌握什么？所以，要践行真语文教学就要正确把握真语文教学的方法。首先，不否认，真语文教学的确需要多维度的教学手段，但它不需要过度、泛滥式的"豪华包装"，所以也不能全盘摒弃现代教育技术手段或者完全回归传统式教学方法。只要恰当运用多媒体、合作探究、讨论交流等手段，都是可以为语文教学服务的。其次，是语文知识的教学方法。以语言为核心的知识教学与多维度教学方法相结合，教学生学习的方法，并且培养其造句、仿写、交际运用的能力。语文教学活动要紧紧围绕听、说、读、写四个方面展开，在实践活动中培养学生的语文素养；要让语文教学真正落到实处，用语文的方法教语文，简简单单教语文。

践行真语文教学，要正确把握语文教学的内容。因为语文学科的最大特点就是综合性，真语文的教学内容应该注重课内和课外知识的融合。但是把"语文上成语文课"，就要注意区别与历史课、政治课等的不同，语文课的内容或增加的内容就要适当选取，脱离或远离语文课程的资源都不是真语文的教学内容。我们教师首先应该传播语文学科知识，即"真教"和"真学"，老师扎实有效地教授语文文化知识，学生才能够学会并且能够灵活运用语文知识；其次，应当结合学生实际需要选择最恰当的教学内容，学生的知识构造和背景都是有差异的，不能什么都教，选什么教要根据学生实际学习水平来定，即因材施教；最后，注意培养学生"知识与能力""过程与方法""情感态度与价值观"三方面的语文素养，注重对学生价值观的正确引导，促进学生健全人格的形成，追求审美教育目标的体验。

要践行真语文教学，教师必须明确真语文教学的目标要求。真语文教学的首要目标应该是使学生快乐而有意义地学习，新课标也强调学生主动求知、主动探索的过程，使学生乐于写字、朗读、体验、交流等。培养学生把学习当作乐趣，只有把学习当乐趣了才会学有所获。目前，我们的语文教学早已失去了本真、原味。朗读、感受、体验和体悟渐渐被做题技巧所代替，为了学生能考出高分，连学生抒发感情、表达情感的作文也有了固定的模式。高二结束，进入高三，几乎每天都是遨游题海，失去"语文味"的课堂渐渐抹杀了学生学习的兴趣，可想而知，距"培养学生语感、提高学生阅读方法和技能、应用写作、交际沟通、情感熏陶"目标可谓是背道而驰，差距越来越远了！有专家说"真语文就是让学生喜欢语文，喜欢阅读和思考，将阅读作为生活的需要"。因此，我们作为教师，就要把学生重新"带回"语文课堂，让学生快乐感受和学习语文知识，这是真语文教学的重要目标要求。

要践行真语文教学，语文教育与学生发展水平要保持一致，满足学生审美体验，培养学生语文素养。而且著名教育家叶圣陶老先生说过，语文课就是教会学生说话，教孩子会说话。真语文拒绝豪华包装，看老师教的课好不好，就是看学生的表现。我们要用教材教语文，不是教教材。语文课就是借教材中的每一篇课文来教我们的学生学会说话、写话。不要分析讲解，不要无效提问，不要上成地理课、音乐课、美术课、品德课、作秀课、表演课。语文教学就是八个字：字、词、句、篇、听、说、读、写。字词句篇是基础知识，听说读写是基本能力。改动一个字，撼动一座楼，这就是语文素养。用教材来教语文，教会学生能说会道。语文课就要教语文，培养学生的听说读写能力。语文课堂应该是"书声琅琅，议论纷纷"，"读"字贯穿始终，有效地读书。读书有七个字要求：正确、流利、有感情。正确是基础，有感情是高标准。读书不能拖腔拿调，课题没有感情色彩，语文教学要注重细节教学，教育要改变人的成长，培养人才。对学生的训练一定要专业化。语文课要上出语文味，就是要咬文嚼字，引导学生说完整的话。如果采用板块式，板块不能超过四个。板块式教学设计一般为：课文导入—字词教学—朗读训练—升华主题（加深对课文内容理解）。公开课教学，课文导入，特别是借班上课时切忌开玩笑，欺骗学生。导入课文要引人入胜，循序渐进。课文要求掌握的字词必须讲，用教材读书，进行有效的语言训练。

真语文教学需要语文教师做一位有"语文味"的老师，带领学生在字里行间感受文字的各种美，让学生获得情感的发展、受到美的熏陶。满足学生审美体验，提高学生语文素养是语文教学的最终目标。在语文教学中培养学生的审美素养，要符合学生的年龄和身心特征，首先，注重学生对美的感知力的培养，发现教材中的文字美、艺术美、人物美、情感美是进行审美体验的基础；其次，促使学生进行情感体验，让学生产生丰富的情感因素，在主观上形成美的判断；最后，进行审美理解力的培养，挖掘文本深刻的思想内涵，使学生形成独特的审美感受。语文教学应该摆正"真语文"的教学思想，正确运用"语文"的教学方法，吸取"语文味"的教学风格和多元教学评价，进行有意义的真语文教学，进而全面提高学生语文素养，陶冶学生高尚的情操，促使学生身心健康地发展。

总之，践行真语文教学，作为语文老师的我们要明确语文教学的实质内涵和语文教学的目标要求。让我们语文老师首先做到真教，让学生做到真学。"守望语文的原点，践行本色语文观"，但愿我们能跳出语文课堂的定式，走进智慧课堂、高效课堂，把语文当语文教，用语文的方法教语文！让学生轻轻松松学语文！

参考文献

[1] 黄厚江. 用语文的方法教语文 [J]. 中学语文教学，2013（05）.

能把握命运的女人

——《卫风·氓》女主人公形象浅析

贵州省铜仁市第八中学　邹仁松

历来的评论家都认为《卫风·氓》是弃妇诗，把诗中的女主人公定格为弃妇。所谓弃妇，《现代汉语词典》解释为"被丈夫遗弃的妇女"。在教学《氓》时，师生对诗中女主人公的人生遭遇进行了讨论，对女主人公的形象进行了重新审视。通过分析，大家认为，《氓》的女主人公不是弃妇，而是能把握命运的女人。

《诗经》收集的是从西周初年到春秋中叶的诗歌，共305篇，这些诗歌反映的是奴隶社会各阶层人士的生活。奴隶社会里的诸侯王国，虽有一整套宗法制度，但对女性的歧视远不及封建社会，尤其是从《国风》中描写恋爱、婚姻与家庭生活的各种诗篇中可以看出。如《召南·摽有梅》描写了一个女子迫切盼望男子前来求婚的情景；《邶风·静女》中男青年对恋人的等待；《郑风·子衿》中女青年对男青年的等待；《郑风·褰裳》中热恋女子对情人的戏谑；《卫风·木瓜》则表现了青年男女两无嫌猜、和谐欢乐的爱情；《郑风·野有蔓草》中男女在田间邂逅后自由地结合；《郑风·溱洧》中男女于上巳节在溱洧水边相聚游春、互诉爱意……这些描写都反映了远较后世自由的爱情氛围。朱熹在《诗集传》中写道："凡诗之所谓风者，多出于里巷歌谣之作，所谓男女相与咏歌，各言其情者也。"在春秋战国时期，生产力水平非常低下，家庭是社会的基本单位，每一个家庭都要依靠夫妻俩共同来战胜灾害，因此，男女之间基本上是平等的。由此可以看出，当时劳动人们的恋爱是自由的，婚姻也是自由的，作为女性是能够决定自己的命运的。

《氓》中男女主人公之间的恋爱是自由的。女主人公心地善良，在恋爱时，她单纯天真，对爱情一往情深，并与所爱的人私自定下婚事，把自己的一切都寄予心爱的人。"氓之蚩蚩，抱布贸丝。匪来贸丝，来即我谋"描写了氓假借"贸丝"来找女主人公商量婚事；女主人公与恋人相会后又"送子涉淇，至于顿丘"，并且许下诺言——"秋以为期"。这是何等酣畅淋漓的自由恋爱啊！对于婚期的确定，既无须与父母商量，也无须跟兄弟汇报。这表明他们的婚姻是充分自由的。在接下来等待婚期的日子里，我们的女主人公是沉浸在对恋人的思恋和对美好婚姻的憧憬之中的。

婚后女主人公诚挚无私、勤劳持家，切实履行了妻子的职责。面对渴求已久的婚姻，她满怀信心、无限憧憬；面对新的家庭，她"三岁为妇，靡室劳矣；夙兴夜寐，靡有朝矣"。然而，她的辛勤劳作、苦心经营并没有换得丈夫的理解与疼爱，却是丈夫的"至于暴矣"。对此，她"静言思之"："于嗟鸠兮，无食桑葚。于嗟女兮，无与士耽！士之耽兮，犹可说也；女之耽兮，不可说也！""女也不爽，士贰其行。士也罔极，二三其德！"面对丈夫的变心及对家庭的不负责任，是"嫁鸡随鸡，嫁狗随狗"般逆来顺受、忍气吞声地继续这样生活，还是痛下决心、毅然离开，再去寻找真正属于自己的爱情生活？这是摆在女主人公面前的现实问题。虽有"兄弟不知，咥其笑矣"，但想到"及尔偕老，老使我怨"，何况"淇则有岸，隰则有泮"啊！既然"信誓旦旦，不思其反"，丈夫又"反是不思"，那么就"亦已焉哉"！女主人公在现实面前，终于清醒地认识到氓的用情不专，认识到再这样忍辱负重地生活下去，会毁了自己的爱情、毁了自己的一生。因此，她并没有一味沉溺于痛苦的深渊里，没有产生轻生的念头，而是振作起来，大胆地做出了离开负心郎、重寻真爱情的选择。

《氓》中的女主人公，作为少女，她热情奔放；作为媳妇，她勤劳善良。她既敢于大胆地去爱，对爱情忠贞不渝；当对方恩断情绝时，她又敢于面对不幸，坚强地、毫不犹豫地撒手。她对爱情的勇于追求，对生命的倍加珍爱，对幸福生活的无限向往，对失败婚姻的勇敢决裂，无不对生活在现代社会中的人们产生深远的影响。

据此，《氓》应是一首描写恋爱、婚姻的爱情诗，诗中的男主人公——氓是一位轻浮自私、薄情寡义的男子；而女主人公则是一位勤劳善良、刚强坚韧而又有思想、有主见的劳动妇女，是一个能把握自己命运的女人！

让高中语文活动课真正"活"起来

贵州省玉屏民族中学 潘志

摘 要: 语文活动课作为一种新的教学模式,具有实践性强的特点。活动课注重学生在实践体验的过程中,培养其语文能力。本文拟从活动课的设计、实施、评价三个方面来谈谈如何在活动课中引导学生从课本走向生活,从课堂走向社会,从而全面提高学生的语文素质,让活动课真正"活"起来。

关键词: 活动课 实践性 有效性 提升能力

学生进入高中阶段的学习后,由于沉重的高考压力,学校、老师、学生、家长更多地关注学习成绩,久而久之,课堂教学的功能被单一到只是注重知识点、得分方法的传授。优美的文章被分析肢解,成为训练阅读能力的"习题",语文课越上越枯燥,课堂越来越缺乏吸引力。随着《新课程标准》[1]的实施,语文教学从模式到方法都发生了很大的变化。其中的语文活动课,以学生自主参与活动为主要特征,生动活泼,有助于培养学生的个性、特长。作为一种新的教学模式,如何将活动课上"活",成为我一直以来思考的问题。

一、活动课的设计,学生要"能动"

从教多年,各类示范课、观摩课听过不少,好课令我受益匪浅,但也存在课堂活跃有余而实效不足的现象。一般的课堂尚且如此,那么,作为语文活动课,如何才能把握好"活"与"动"呢?我认为:在语文课活动课的组织实施中,应始终把学生的自主性摆在第一位,让学习自主地、积极地参与,动口、动脑,培养其内在的动机,激发智慧的潜力,发展个性特长,推进个体主动、和谐、全面地发展。一堂课,光有活跃的氛围、热烈的掌声是远远不够的,"动"才是活动课最大的特点,应该将"动"贯穿于活动课组织实施的全过程。

因为语文活动课具有实践性的特点,活动课的设计教师应着眼于以获取直接经验、即时信息为内容，引导学生从课本走向生活，从课堂走向社会，从而全面提高学生的语文素质。[2]因此在设计活动课时，教师必须根据学生的认知规律，设计科学、合理、有序的活动程序，优化活动课课堂结构。又因为活动课比起学科课程具有更多的灵活性，所以在内容的选择上一定要让学生"能动"，但也不能只是部分拔尖的学生"动"，而是要全体"动"，否则就失去了活动课的意义。

在学习完汪曾祺先生的《胡同文化》后，我设计了一次"北侗建筑文化探寻之旅"活动课，试图让学生在探寻具有地域特色文化的过程中，感受本民族文化的魅力。为了确保活动课的实效性和参与度，在活动小组成员的搭配上我按照强弱搭配的形式进行分组。为了防止小组成员中出现"一枝独秀"的现象，真正让每一名学生"动"起来，同时要求每组设计活动方案，明确成员分工，确保"动"到实处。通过前期的指导，学生们按照各组方案收集、整理素材，最后配合PPT来介绍各组的探寻成果。学生在活动中不仅锻炼了动手、动口以及分工、协作的能力，还从主动探寻中感受到了北侗建筑文化的魅力。我一直记得班上有一位平常上课沉默寡言的孩子在活动课后笑着对我说："潘老师，我们小组的PPT是我制作的，我觉得是最好的！"这也让我深深感受到活动课相对于常规课堂教学有着不可替代的作用。

二、活动课的实施，教师要 "会动"

活动课虽然更多的是要让学生的主观能动性在活动中得到充分体现，但并不意味着老师只是旁观者。一次好的活动课从设计到实施，都离不开教师这个"导演"的"导"。虽然也鼓励学生参与活动的设计，但大的方向还是需要老师来把握。所谓教师的"会动"，主要是指在活动实施过程中的引导、完善要拿捏好"放"与"收"的尺度。管得太多，剥夺了学生的参与体验，减弱了活动课的实践性；一味放手，又可能导致"散乱"局面的产生，影响活动课目标的最终达成。因而，教师在活动课的整个过程中要充满智慧，随时关注各组学生的活动进程，确保活动课的有效性。

再完美的备课也备不了课堂中出现的随机情况，教师在活动课的实施过程中要注意把握引导的方法和时机，适时点拨，耐心引导。记得有一次我在教学完《林黛玉进贾府》后，设计了一次鉴赏活动课：组织学生观看1987年版《红楼梦》与新版《红楼梦》，预设两个讨论主题：①1987年版《红楼梦》与新版《红楼梦》孰优孰劣；②文字阅读与影视剧欣赏之比较。我让学生分组进行探讨交流，并撰写品评文章，最后以课内展示的形式交流。我发现其中有一个小组磨蹭半天还没动手，便上前了解情况。在认真听取了他们对所选论题的看法后，我首先对其进行了肯定，我发现这一组同学其实在谈论"1987年版《红楼梦》与新版《红楼梦》孰优孰劣"这一选题时，谈得比较全面，甚至可以说很详细，这反而令他们不知究竟该从哪儿下手。于是建议他们："班上与你们的选题相同的还有几个小组，他们更多地把关注的焦点放在了两个版本中演员的表演以及剧本与原作的对比上来谈论到底孰优孰劣，因此，建议你们可以略写这一部分，甚至一笔带过，然后从两个版本的背景音乐、细节表现等方面来进行对比评析，这样可以使你们的鉴赏品评显得更有独到之处。"在听取了我的建议后，这个小组出色地完成了交流展示。

三、活动课的评价，师生要"齐动"

在活动课的评价中，我引入表现性评价这一评价方式，多层次地对学生进行综合评价。[3] 这是一种新课程评价首倡的新的学生评定方式，它尊重学生的个体性、创造性和主体性，有别于传统的单一的纸笔检测的评价方式，它在教学评价中越来越受到普遍重视，是当前中小学教育评价的一种发展趋势。

著名教育家苏霍姆林斯基曾说过："让学生体验到一种自己亲身参与掌握知识的情感，是唤起少年特有的对知识的兴趣的重要条件。"[4] 因为活动课不像学科课程，最后的评定无法用纸质考试来测评，我想这正是活动课的优势所在。在活动过程中，我更多的是关注学生的具体表现，看着他们热情参与、努力尝试，在活动中扬长避短、各尽所能，大胆发挥、获得自信。显然，结果已经不是最重要的了。

虽然学生考虑问题很多时候是会有缺漏的，但可以肯定的是，凡是经过学生努力得到的认识、体验，都是应该被尊重的。因此，当学生在交流、发表个人见解时，教师首先要学会聆听，在聆听中捕捉学生思维的闪光点，多对学生的表现给予激励性评价，这对于不善表达的学生来说尤其重要。评价运用得好，将极大地调动学生，让他们"动"得更投入，"动"得更自信。

活动课的评价也不是单一地仅由教师做出，我还经常鼓励小组内部成员之间、小组与小组之间根据各自表现进行互相评价，让学生在评价中懂得学习、善于交流、学会欣赏。如此一来，学生能切实感受到自己的每一次努力、每一点进步都能得到认可，发现自己的价值，获得存在感。这为学生更好地投入语文学习，甚至各科的学习都起到了积极的推动作用。

作为课程的一部分，语文活动课与传统的必修课课堂教学相比，显示出鲜明的特点和不可替代的优势。语文活动课强调活动过程中学生自始至终地积极参与，强调学生在活动过程中自我设计、自我活动和自我感受、体会，从某种意义上讲，活动课可以说是可行性强、操作过程具体的实践应用课，只有真正把活动课上"活"，才能让学生在实践运用中切实提升语文能力。

参考文献

[1] 中华人民共和国教育部．普通高中语文课程标准（实验）[S]．北京：人民教育出版社，2007.

[2] 谭卫群．语文综合实践活动课 [M]．北京：中国人民大学出版社，2013.

[3] 申宣成．表现性评价在语文综合性学习中的应用 [M]．郑州：大象出版社，2015.

[4] 蔡汀．走进教育家苏霍姆林斯基 [M]．北京：教育科学出版社，2007.

如何解决文言文耗时多、效率低的问题

贵州省万山区民族中学　吴新平

摘　要： 文言文教学是中学语文教学的重要组成部分，也是语文教师比较头疼的部分。在具体的教学中，文言文太旧，学生厌学，文言文教学措施不得力，教学效果与教学投入不成正比，如何教学文言文，避免文言文教学耗时多、效率低就成了亟待解决的问题。培养学生学习文言文的兴趣爱好、加强诵读训练、激发学生积极主动学习等做法会有效地提高中学语文文言文教学的效率。

关键词： 文言文教学　困境　效率　方法

文言文教学是中学语文教学不可或缺的重要组成部分，它起着传承民族优秀文化，对学生进行思想道德教育，帮助学生认识古代社会，以及更好地掌握现代汉语的作用。但在中学语文教学中，文言文教学效率却不尽如人意，如何教学文言文，解决文言文耗时多、效率低的问题，是教学文言文亟待解决的问题之一。

回想起这20余年来文言文教育教学情景，我与部分教师的教学模式一样，即：文章作者介绍—朗读—字字落实，句句翻译—练习，再加一点德育目标，这种模式存在这样三个"中心"：①以知识为中心，一味强调接受；②以教师为中心，一味强调灌输；③以记诵为中心，一节课下来，教师讲得不亦乐乎，学生像书记员一样拼命记下老师讲的内容，课后教师再加一句，回去把这些内容背出，明天检查。这种教学"劳民伤财"，事倍功半。这种费力且不见成效的教学，我也曾思索过，困惑过：难道文言文教学就走不出这样的窠臼吗？为此，也曾和我的同事们讨论过、争论过，但最终我还是势单力薄，抵抗不过同事们的共鸣：不字字疏通，不句句落实，学生能学会吗？文言文还教什么？能应付中考、高考吗？每每面对这样的论断，我总是觉得有些心酸，但又不能反抗，循规蹈矩，一味地吸纳，成为"浑蛋"，现在思考，未能走出文言文教学困境，教育教学不尽如人意，主要在于以下原因。

一、来自教师自身方面的问题

1．教与学目标认识模糊

教学时只要学生会读课文，记住译文能记能背就行了，至于培养阅读文言文的能力则高不可攀，部分教师说不出新课标对初高中文言文教学的基本要求。

2．教学方法欠佳

课堂结构单一，课堂氛围自然受压抑，"满堂灌"教学方法普遍存在。曾听过学校一位德高望重的老师上《岳阳楼记》，我听的这节课，他在分析"不以物喜，不以己悲"这一句时，花了半节课的时间讲明什么是互文，然后列举大量的例句进一步解释与明确，黑板上密密麻麻，教师自我陶醉，学生昏昏欲睡，一头雾水，一篇文质兼美的篇章在他的精心设计下，没有情趣，没有活力。

3．"读"没有到位

阅读层次不深，教学中教师讲得多，学生读得少；或齐读多，个读少；或讲前读得多，讲后读得少；阅读文本，读得单薄，部分教师眼光盯住教材不放，不敢做拓展，不重视文言文语言知识规律的总结，重言轻文，更谈不上迁移和培养文言文阅读能力。

4．学习方法指导不够

在课堂教学中，学生明确了学什么、怎么学还不够，机械记忆，教师一味让学生背课文和译文，教学被简单化地处理成文言文诵记。教学随意性大，耗时多，稍长的文言文至少3节以上，有的用时还更多，哪里黑就在哪里歇。

二、来自学生的问题

文言文太旧，无味而厌学。虽然文言文是一种有着几千年历史渊源的语言，在几千年的历史发展中，积淀了数量巨大的极富表现力的典故词汇、辞章篇，但是，生活在现代社会的学生，受到来自各种途径、各个方面的新潮语言文化的吸引，使文言文本身已经失去了它所依存的语言环境。如小孩看动画片叫得上名字的有"喜羊羊与灰太狼""熊大、熊二、光头强"等，看《西游记》文言文叫上名字的却只有"孙悟空"，文言文未能唤醒青少年学生的好奇心理，认为文言文太旧，觉得学它没用，于是就厌学。除此之外，文言文太难，学生也会因不懂而厌学。

鉴于此，对于如何解决文言文耗时多、效力低的问题，解除束缚，走进高效课堂，我谈谈自己的肤浅见解。

1. 确立目标，改变固定的教学模式

对文言文中的词、句字面意思的准确理解，是文言文教学的基础和重要目标之一，但并非仅此而已，学生还要对文章进行适当的鉴赏评析。大多数选入教材的文言文，有很强的文学性，其人物的思想性格，作者的人生态度、理想追求、思想情感以及课文的结构、语言、意境之美，对形成学生的人生观、价值观和艺术修养、审美情趣是很有影响的。如《使至塞上》《劝学》《离骚》，其文学价值不言而喻。因此，在教学实践中，教师应确定目标，在指导学生掌握文言文基本内容的同时，还要让学生对文言文作品做出适当的鉴定、评析。体味文中之情，想象文中之景，领悟文中之道，感受文中之志，这是文言文教学的终极目标，也是文言文教学追求的最高境界。

2. 架桥铺路，激发学生学习兴趣

文言文教学首先应该激发学生的学习兴趣。现代文、文言文一脉相承，许多词语、语用、语义是相通相连的，学生学习生活中就存在大量耳熟能详的成语、名句，学生积累的知识经验，已有的学习方法本身就是文言文学习的重要基础。这些与学生生活、学习息息相关的经验因素一旦得到尊重并充分调动，文言文与学生的距离感就会大大消除。因而，调动学生已有的知识经验就显得尤为重要，在课前应尽可能使学生找到学习文言文的"桥和路"，增强学习文言文的信心和兴趣。另外，在教学实践中，教师也要敢于大胆创新，在教学"新、活"方面多下功夫，采取一些灵活多样的教法，生动形象地吸引学生，把学生的兴趣全部挖掘出来。根据文言文的特点，可以进行以下教学设计。①利用成语、典故、名言警句、励志故事来引入课文，以《论语十二则》为例，有关孔子的学习态度、学习方法和个人修养及处世之道的论述，先让学生谈谈对大教育家孔子论述的理解，促使这些经验自然介入教学过程，学生在把握其十二章内容后，对古代大思想家的著作集中体现的政治主张、道德修养、教育原则、教育方法的理解，也简单快捷得多。又如"醉翁之意不在酒，在乎山水之间也""金玉其外，败絮其中""一鼓作气"等，课前可询问学生是否知道这些成语的本义、引申义及出处，增强学习《醉翁亭记》及《曹刿论战》的兴趣。引导学生掌握文中的成语，如温故知新、愚公移山、气象万千、水落石出、妄自菲薄、引喻失义、三顾茅庐等，而正是这些有生命力的词语能有效地吸引学生求知的热情。这样的例子还很多，比如，世外桃源——《桃花源记》，

刮目相看——《孙权劝学》，醉翁之意不在酒——《醉翁亭记》，乌鸟私情、先徇私情后报国恩——《陈情表》，等等。因为学生对这些词语和故事有所耳闻，因此会对它们的出处和相关文章比较感兴趣。②调动学生已有的与课文内容有关的知识储备来引入课文，激发学生的学习兴趣。如用地理知识的长江三峡导入《三峡》，用风景名胜的四大名楼导入《岳阳楼记》，用出淤泥而不染的品质导入《爱莲说》，等等。③充分发挥学生积极参与的主动性。让学生在学习时利用网络资源和相关书籍，查找与课文有关的信息。比如，在上《鸿门宴》之前，安排学生在课外查找司马迁《史记》、陈涉起义等资料，让学生在课堂上讲说。学生探求意识浓厚，争相回答，教学效果也会很好。

3. 加强诵读，体味文言文的美

语文学习是以认知基础上的体验、感悟、熏陶为主的，阅读仍是学习文言文的重要方法。诵读可以帮助学生深刻理解文句的意思，品味文字的优美，在潜移默化中，培养学生阅读文言文的语感，体会作者要表达的思想感情。如在教读《勾践灭吴》时，要给学生大量的自主诵读时间，人物情态在诵读中更能表现得淋漓尽致：国家有难，文种挺身而出，表现出的忠贞和自负，不愧为治乱之贤臣；临危不乱，冷静地采纳忠言，勾践也不愧为明智之君主。又如李密的《陈情表》，学生通过诵读用心去体会作者的心理感受，明确各段的感情基调，例如：第一段陈述家庭的不幸和祖孙相依为命，表达的凄苦悲凉之情；第二段写朝廷对自己优礼有加，而自己由于祖母供养无主，不能奉诏的两难处境，表达的感激恳切之情；第三段提出了以孝治天下的治国纲领，陈述自己的从政经历和人生态度，并再次强调自己的特别处境，进一步打消了武帝的疑虑，求得体恤，表达的真挚诚恳之情；第四段明确提出陈情的目的"愿乞终养"，先尽孝后尽忠，表达的忠诚恳切之情。明确感情基调后才能加深对文章内容的深层理解。鼓励学生阅读，它利于知识的积累，利于明白事理，利于语言表达能力和写作水平的提高，从而使学生真正掌握语言的运用能力。

只有放手让学生试着去体验文言文的美，融入学生的知识与生活经验，融入学生的情感体验，才是符合新课标精神并受学生喜欢的教学方式。

4. 温故知新，保证学习质量

不管怎么说，教学还是要保证质量的，要想使知识在头脑中长期保存，必须经过学习和复习，重复学习的次数越多，记得越牢。因此，要严格做好文言文的学习，教师可以采取背诵—默写—翻译—提问—自测五个步骤进行。

学习语文，就是为了让学生接触语文，走进语文，而学习文言文更需要我们教师引导学生与之对话，与之交流，养成一种习惯，平时广于积累，反复诵读；牢固树立以学生为主体的意识，加强学法指导，为学生营造良好的学习环境和空间，让学生领悟博大精深的古代文化。我们只有解除束缚，大胆创新，才能解决耗时多、效率低的痼习，才能使文言文教得新，教得好，教出灵性。

参考文献

[1] 中学语文教学参考 （2014 年第 5 期）.

[2] 初中语文课本（1—6 册）.

[3] 高中语文课本（1—6 册）.

[4] 高中语文学考必备用书.

渗透书法美育，让语文课堂回归

贵州省沿河土家族自治县第二中学　崔涛

不久前，教育部宣布 2017 年将全面实行高考改革。就拿北京的框架方案来说，高考的语文分值将为 180 分，这说明了我国教育部更加重视汉语言文字。现有的考试也把"书写正确规范，卷面清晰美观"作为文字学科的卷面书写的要求，尤其是语文考试在作文评分细则中也明确把"字迹工整，书写规范"作为一等表达的评定标准之一。而书法作为我国文字的表现艺术，文化内涵非常深厚，在语文课堂渗透书法美育，不仅可以培养学生的审美观、提高学生的鉴赏力，还可以培养他们的爱国情操，增强他们的民族自豪感，实现语文课堂的回归。因此，书法美育渗透到高中语文的课堂教学显得很有必要。以下就本人在教学实践中的实践和体悟，简略地谈谈书法美育渗透高中语文课堂的一些途径。

一、编撰简洁实用的书法教材，维系民族文化传统

《周礼·保氏》载："养国子以道，乃教之六艺：一曰五礼，二曰六乐，三曰五射，四曰五驭，五曰六书，六曰九数。"这里说的是中国古代儒家要求学生掌握的六种基本才能，其中"书"指的就是书法。而在今天，随着电脑和网络的普及，键盘打字代替了传统的钢笔毛笔手写；通信的发展，E-mail 也即将完全代替传统的书信通信方式。这些科技发展给现实带来的直接表现为：现代的年轻人没几个能提笔挥毫，现代家庭没几个配备文房四宝，现代的商业大厦没几个开设传统书写的文具专柜，学生在练习和考试中，书写习惯、书写姿势、书写品质都很差。这种富含民族文化传统的艺术一天天地衰减，已经在中学语文教学中快要消失。对此，为培养学生良好的书写品质，维系"书"这一民族文化传统，编撰简洁实用的书法教材，在高中开设书法课程已迫在眉睫。

二、营造书法美育氛围，激发学生书写兴趣

东汉哲学家王充在《论衡·率性篇》中说道："譬犹练丝，染之蓝则青，染之丹则赤。"学校是学生学习文化知识的场所，良好的环境、氛围可以对学生起到潜移默化的作用，这种教育力量可以说是其他教育方式难以取代的。我们也知道，兴趣是最好的老师。作为激发学生书法兴趣的方式完全可以依靠校园这一环境来实现。我们可以在学校的教室、走廊、宣传栏和文化长廊等地方张贴一些或端庄或飘逸，或豪迈或典雅的书法作品，让学生生活在具有浓郁的书法美育氛围的校园里。学生在耳濡目染之余，再加之语文教师的引导，其书写兴趣便会应运而生。在此基础之上，开设第二课堂，比如书法兴趣小组、书法选修课程等，让学生在实践中真正走进书法美育这个五彩缤纷的艺术殿堂。

三、语文教师应加强自身的书法修养，言传身教

子曰："其身正不令而行；其身不正，虽令不从。"这句话充分说明了老师的示范作用。尤其是高中语文教师，为了秉承书法艺术这一民族文化传统，更应加强自身的书法修养，言传身教。在长期的教学活动中，学生往往特别爱模仿自己最喜欢的老师的言行。作为一名语文老师，虽然有许多的因素可以让学生喜欢上自己，但是，还有什么方式可以比一位语文教师在黑板上板书一手结构清晰、端正美观的粉笔字来得直接、震撼？如果语文教师还可以在课堂上随文而教，将各种书体的演绎变化、行文章法和空间布局的安排，都在板书上得以体现，那么，学生就会在其间感受到书法艺术的魅力，就会从最初的对教师的崇拜逐渐变为模仿，最终到自己思考研习。因此，语文教师就要身先士卒，改变思想观念，改进教学方法，通过努力学习提高自己的书法修养，写一笔好字，做学生的楷模，这样，既能让学生近距离地感受书法艺术的熏陶，也能让学生对语文学科产生浓厚的学习兴趣。

四、利用识字教学环节，充分挖掘汉字的美学内涵

众所周知，我国最初的文字创造都与生活物事相关，有很强的形象性，象形字几乎就是对实物的具体描摹，指事字、会意字等所表现出的中华民

族伟大的创造力,令人叹为观止。从美学的角度去审视我国文字,它的字形、结构和点画方面无不表现出严整、均衡和对比的美。而中国汉字在书写过程中往往又会将人的精神个性灌注其间,写到妙处就有了结构美、意境美。因此我们在语文课堂上,可以适时利用识字教学环节,充分挖掘汉字本身的美学内涵,寓教于美,寓美于教。以人教版选修教材《中国古代诗歌与散文鉴赏》课本中的《项脊轩志》一课中的"爨"字为例,我们就可以用它的造字原理来让学生去理解和掌握。教师先在黑板上示范写出"爨",讲解笔画的写法及字形的结构,它可分为上下两部分,上面有两只手把一只锅放在灶台上,下面有两只手送柴入灶门,下面有火,可见词义是烧火做饭。一个家庭只有一灶,异灶必然暗示着处于不同的家庭。这样"异爨"就引申为"分家"。 然后让学生书写,再抽几位学生到黑板上示范,然后教师点评,再让学生书写。通过形训方式,学生不仅理解了词义,记住了这个字的写法,同时也感受到了汉字文化的魅力,写好汉字的兴趣也会随之增强。

五、创建各种自我展示平台,激发学生学书法的热情

如果说兴趣的激发是书法美育的前提条件,语文课堂中教师的示范指引是书法美育的实验基地,那么严格的要求和约束才能是学生书法美育长期实施的客观保证。教师要对学生在语文作业中的书写做出严格的要求,当然,教师也要注意在批改作业时的书写规范。不仅要让学生在课堂上能感受到书法美育的魅力,还要让他们在课堂外去亲身体验书法美育的魅力。但由于书法美育不可能一蹴而就,因而多数学生都不能坚持,懒惰思想也会随之滋生。由此,我们可在班上成立书法兴趣小组,定期开展书法比赛、优秀练习作业展,尽量为学生创造展示自我的平台,激发学生学习书法的热情。

"我国的书法艺术是东方的瑰宝,它不是诗却有诗的韵味,它不是画却有画的美感,它不是舞却有舞的节奏,它不是歌却有歌的旋律。"这是鲁迅先生对书法艺术的评价。只要我们采取切实可行的方式,在语文教学中渗透书法美育,不仅可以使书法这一中国传统文化之瑰宝得以继承和发扬,让学生的书写更有文化内涵,让学生通过书法美育受到美的熏陶,养成自觉的审美意识和高尚的审美情趣,也能使语文更富有韵味和美感,从而更好地培养学生学习语文的兴趣,让语文课堂真正得以回归。

真语文之我手写我心　情真意更切

——记编写"中学生活词条"写作活动

贵州省都匀市第一中学　罗黔平

　　让高一的学生写一篇八百字的作文，学生总感到"工程浩大"，老师看到堆积如山的作文也望而生畏，再加上言之无物，味真如嚼蜡。我想，可以化大为小，针对高一学生，从生活出发，关注生活，我手写我心，写生活中的一点点感悟，即每天根据生活写一句词条。这个做法既起到积累、运用词语、锤炼语言的作用，又能锻炼学生的思维，提高学生运用语文语法知识，如修辞等的能力，增强语感，总之一举多得。

一、关注生活，增强语感

　　差生：这样一种学生，对于教师重视的事物毫不理会，而教师也对他们重视的事物无法理解。

　　教师节：虽然没有什么浓厚的节日氛围，但师生关系总比平时融洽，一般不会发生"战争"。

　　团徽：请不要把我等同于一枚胸针。

　　提问：老师装着糊涂来"不耻下问"。

　　当学生一读到我提供的这些例句的时候，就被吸引住了。他们就是喜欢这种新鲜和带点幽默的东西，不需要我再多讲什么，他们对编写这样一部"中学生活词条"表现出了极大的热情和兴趣。长期蓄积于他们心头的大量生活感悟似乎找到了一个可以喷涌而出的突破口。其实，学习语文重在参与，让学生参与学习、参与生活、参与社会，让学生参与爱、参与创造。只有重视学生的语言实践，在学生学习语言的过程中，语感才能逐渐形成并得到加强。语感之"感"源于所感之"语"，由学生对言语对象的感受积淀而成，而感受只能产生于学生自身感受的实践，任何人都不能越俎代庖，感觉"自己的实践"是语感得以形成和升华的唯一途径，别无他法。正如要知道茅台酒的滋味，必须亲口尝一尝，否则，即使别人巧譬善导，描述得再真切再生动，也是隔靴搔痒无济于事。例如学习词语，在课堂上了解它的意义和用法仅仅是万里长征走完了第一步，还必须通过含有这一词语的作品去反复地触摸它，掂量它，感受它。但只是品读还不行，实践才能出真知，运用它，才能达到预期效果，从而使它在学习者心中生根开花。正如苏霍姆林斯基所说："让词在儿童的头脑和心灵里成为一种积极的力量。"那么编写生活词条的活动，正是一个学生应用词语、修辞，并将感性与理性结合、将语文与生活结合的契机。

我让学生自选词语加以注释。虽然同一词语往往被许多同学选中，但生活的丰富性决定了每个词语拥有不同的感受和评价。比如关于"家长会"，同学们的看法就大相径庭。有的说它是"一座由老师和家长构成的立交桥"，有的说它是"一次对当事人缺席的审判"，有的说"几家欢乐几家愁"。关于"表扬"，有的说它是"使你跑得更快的兴奋剂，促你不断升华的催化剂"，有的则说"太多了往往就成为一种包袱"，有的还说"那一刻，内心最为满足，却又要努力做到貌似平淡"。也许生活本来就是如此复杂和微妙，只有"众说纷纭"，才能接近真实和全面。即使对于一些大家喜爱和赞美的事物，其表达也迥然不同。比如关于"毕业照"，有的说它是"最亲密友谊的备忘录"，有的说它是"校领导、班主任、科任老师、全体同学的全家福"，有的说它是"一个永远的留念、一份温馨的回忆"，有的则说"不管平时咋样，此刻都是人模人样"。关于"升旗"，有的说"雄壮的国歌令人热血沸腾，此刻与祖国母亲的心贴得更近"，有的说"是一次次用心灵去感受庄严、神圣、崇高、自豪和伟大这些字眼的瞬间"。关于"春游"，有的说是"抛开烦恼，只带着我们的青春在草坪上打滚的快乐的时光"，有的说"在充分准备之后，山清水秀的地方奏起了锅碗瓢盆交响曲"。

总之，不再是造作和无米之炊，不再是雷同和似曾相识，全是自己的情思、自己的见解、自己的语言。这样的写作活动深受学生的欢迎，就是因为它为越来越具有主体意识和个性色彩的学生提供了一个充分展示自我的天地。

学生写下的条条注释不同于下定义，没有滴水不漏地判断，没有步步为营的逻辑，没有生搬硬套的模仿，没有矫揉造作的呻吟，更多是深切真实的感悟，是率真自然的表达，是青春萌动的宣言，是内心深处的独白。文字多是描述性、抒情性的，但它们是反复感受和许多个别表象的集中概括，具有理性认识的内容。比如关于"校运会"，有的写道："你追我赶，就两个字：不服！"用不服两个字概括运动场上那种特有的气氛、心理和精神，十分通俗形象。有的则写道："培养集体荣誉感和团结友爱的最佳时机。"从班级工作的角度概括了运动会的德育功效，是一种经过抽象和深化的认识。再比如关于"晚自习"，有的写道："高一，什么时候停电？高二，什么时候打铃回家？高三，时光飞逝，晚自习苦短。"短短数语，从一个侧面生动地概括了学生学习态度的变化。写得令人过目难忘的还有"军训：人生的第二次学步""电视，放假时，任何频道都无聊；开学后，每个画面都精彩""黑板，只能往后翻，不能往前翻的笔记本"。这些话语都有较深的意蕴，令人回味。如果没有提炼和联想的功夫是写不出来的。

中学生的理性认识具有不脱离感性形象和情绪感受的特点。没有必要把他们过早地赶入纯理性思维的王国，那样做反而使他们的思维之花失却水分和灵气。这种写活动的价值之一也许就在于使学生的形象思维和抽象思维在较高的层次上得以融合。

二、让自己的格言成为前进的正能量

我们强调学生自身的语言实践，决不意味着可以淡化教师的主导作用，因为学生的语言实践需要教师去策划、组织，需要教师去启发、指导，否则实践的效果就会大打折扣甚至化为乌有。在编写活动中，学生所编写的词条也不全是积极的、向上的，也有灰色的消极的的。如：

学校：牢笼。

课本：满纸荒唐言。

朋友：拿来出卖的人。

这让我想起了美国19世纪著名作家安布罗斯·比尔斯的《魔鬼辞典》。一般地说，辞典应对世界各种事物正名定义，是人类知识财富的荟萃。但是比尔斯的这部《魔鬼辞典》把幽默与讽刺注入了每个词条的释义。对每一词语的释义都一反通常词典的一本正经，他嘲弄人性的弱点，讽刺人类的愚昧，指责文明的虚伪，可谓入木三分，一针见血。如：

热情：这是盲目之爱的显著标志。

自由：想象的最宝贵的财富之一。

道歉：为将来再次冒犯打下伏笔。

美貌：女人迷住情人，吓死丈夫的力量。

这些话语读起来显得刻薄恶毒，其实，透过这些表面的阴暗色调，我们可以窥视到比尔斯那犀利的批判精神，对正义与良知的热切呼唤，对人类文明缺憾的深切的体会。我们现在的社会当然不同于比尔斯所生活的社会，但我们的社会也毋庸讳言存在阴暗及不完善的一面。模仿比尔斯对词语的释义形式，指导学生编写中学生活词条，这对训练学生的机智与逆向思维无疑是有帮助的。从所选的条目看，我们可以看出中学生思想的敏锐与深刻，幽默与机智。但是，中学生的思想发展毕竟是不稳定的，他们的阅历与经验使他们看问题往往不稳定甚至有些偏激，因此，我们在指导学生编写词条的时候，不能忽视正面引导，还得吸引他们把眼光多投向生活中的闪光点，这样也许能避免这类编写活动可能产生的负面效应。

纵观经历岁月的涤荡留下来的闪烁着智慧火花的一些名言警语，是前人在实践中，在生活中，甚至是在坎坷道路中得出的结晶。这些透明的晶体经历几个世纪，几十个世纪，流传下来不但没有丝毫磨损，反而激活了人们的思想和行动，开启了人们的智慧，涤荡着人们的心灵，催人奋进，如指路明灯，给人以温暖和方向。所以教师要引导学生在中学阶段树立积极向上的人生观价值观，写出属于自己的人生格言，照亮前行的路，用正能量激活人生的小宇宙。

三、让词条成为师生间沟通的桥梁

浏览学生所撰写的词条，常常惊叹于他们的敏锐、深刻与幽默，但更多的却是深思。学生的注解实际上是对学校教育的一种反馈与评价。应该说学生在写作的时候，并无对学校、老师提出批评，只是毫无顾忌地抒写个人感受而已，正因为如此，它们更真实地反映出了学校生活比较隐秘的一面。它们既是一首首清丽婉转的生活短笛，又是一篇篇最由衷、最中肯的"教育短评"。在学生的习作中确实有许多让我们教育教学工作者思考的方面。如：

班主任：不经意的一眼，足以使你心神不定。

公开课：一份有点作弊的圆满答案。

校运会：那些平时被老师遗忘和鄙夷的差生一展风采的良机。

双休日：与老师拜拜，却未能逃脱题海套住我们的绳索。

开学典礼：在校长书记的冗长的发言之后，在我们不耐烦的掌声中，终于出现了胜利的光——电影幕布徐徐降落。

从以上内容可以看出我们日常的教育工作出现的一些问题，有的老师在学生心目中的形象竟是那么"凶"，学生语言也许有些过激，但至少可以说明有些老师不能以平等、友好的态度去对待学生，从而造成师生关系的冷漠对立。"失真"的公开课即使上得再好，恐怕也"得不偿失"。学业负担过重已是教育的痼疾，"双休日"的词条反映了学生心中的无奈。读了学生编写的词条，我心中升腾起这样的渴望：要多给学生一些真情与暖意，使他们心境晴朗，热爱生命；要多给学生一点闲暇和空间，让他们自己寻找自我，编织未来。思想教育如果寓于喜闻乐见的形式中，不要让他们小小年纪便饱受枯坐之苦。

只要能产生共鸣，写作就是架设心际的桥梁；只要从自己心底流泻而出，写作就是一种享受，情感自然就会真切。

"真实"离"优质"有多远

——从优质课课堂教学评价标准看中学语文教学现状

贵州省毕节市教育局教研室 杨文黔

摘 要：语文学科优质课比赛往往集中反映了语文教学的现状，教师的教学理念和课程意识都在这里放大，优点和缺点都在这里展示。本文从教学目标、学习条件、教师行为、学生行为、课堂气氛、教学效果六方面的中学语文优质课评价标准来审视语文优质课现场教学的种种现象，并还原到日常教学中，认为只有务语文之本、务文本之本、务学生之本，"真实"的语文教学才能走向"优质"，尽显语文本色。

关键词：语文 教学 优质

××省的"中学语文优质课评选课堂教学评价表"将优质课课堂教学的评价指标设定为6大项15条，这6项分别是：教学目标、学习条件、教师行为、学生行为、课堂气氛、教学效果。标准有对教学目标和任务的要求，有对教师学生双主体的要求，有对方法和效果的要求。与以往不同的是，"学生行为"评价标准的出现，意味着评价标准努力与新课标新课程理念接轨，开始有步骤地从对教师的关注转向对学生的关注。在用这些标准来评判优质课的时候，我们也不妨用此标准来看看语文教学现状，看看这"优质"离真实的语文教学还有多远。评价表如下：

评价项目	评价要点
1. 教学目标	（1）符合课程标准；（2）符合学生实际；（3）可达成性
2. 学习条件	（4）学习环境的创设；（5）学习资源的处理
3. 教师行为	（6）指导范围的有效；（7）教学组织的有效
4. 学生行为	（8）学习活动的态度；（9）学习活动的广度；（10）学习活动的深度
5. 课堂气氛	（11）课堂气氛和谐；（12）教学方式多样有效；（13）师生精神状态好
6. 教学效果	（14）目标达成度高；（15）问题解决率高

一、教学目标

1. 符合课程标准

从赛课观摩中不难看出，一部分老师对课标并不熟悉，对考纲十分熟悉，这在上课、说课中都可以看出，比如"因为高考中……""结合考纲要求"等话语频频出现。现实是置身在第二轮课改中的教师对课标都完全看过完全熟悉的还真不是多数。如果课标在教师心中只是一个名词或抽象概念，或者仅仅等同于备课时教学目标要变成"三维目标"，那目标的确定必定会存在问题。课标对高中阶段学生要形成的五种语文能力如何在一节节的语文课中着陆？每种文体或类别的教学目标和教学建议如何在具体的课文教学中去落实？三维目标是各自有所侧重还是要在一节课里都实现？看过不少教师课前提交的教学设计，心中对"教什么"及为什么要"教这个"并没有明确想法，教学方向不明晰，往往用一些概念化的名词术语来陈述理由，明显可以感觉到对概念掌握不清。

怎么才叫教学目标"符合课程标准"？语文教材不同于其他学科，一篇篇课文各自不同，每一篇课文教什么不教什么，就取决于教师设定的教学目标。设定的教学目标不同，教学内容自然也不一样。实际上，不少语文课听完以后，感觉语文教学的目标就是教这篇课文写了什么，至于怎样写的、为什么这样写就真是轻描淡写了。

有些语文课的一节课目标居然有七八个，在实际教学中形同虚设，根本无法达成。一节课45分钟要达成那么多目标怎么可能？而且有的目标重复，一个达成另外几个就水到渠成了。比如，教师把诗歌教学目标设定为"提高深入解读诗歌的能力"，怎样才算"深入解读"呢？语文的模糊性往往让很多老师止步在这些概括性的语词中，难以明确设定。比赛时上课的是高二学生，学生已经上过这一课，教学重点如何确定，如果还是理解作者情感之类，显得空疏，学生没有兴趣；如果说学习鉴赏诗歌的方法，再来一遍意象意境，难免重复，恐怕又是炒冷饭。方法在实践中形成，仅限于这一篇，又何必总结？如果这种方法放诸四海皆准，一劳永逸又何必再学？

有的教学设计列出的教学目标通常是：落实基础知识，体会作者情感，学习文章写法……落实什么知识？体会什么情感？学习什么方法？笼统模糊。倒不如目标单纯些，明确些，可以操作，可以测评，一节课下来扎扎实实学到一样。

2. 符合学生实际

多简单的六个字，但是现场比赛借班上课，事先不允许接触学生，就课前几分钟去了解学生实际，实在考量教师功力，考教学机制。教师得迅速捕捉学生呈现出来的信息，灵活调整自己的教学。学生程度好，或是没自己想象的好，该怎么调整教学目标和进程？听课的人也只能从现场学生表现来判定上课教师的教学有没有符合学生实际。

再者，课文内容不等于教学内容，教学内容取决于教学目标。教学内容的限定和延伸在优质课赛场上如何符合学生实际？如果再杂乱一点，就漫无边际了。遗憾没有在赛场上看到长文短教、短文长教的例子；教师选课的集中重复也让人惊讶。集中于诗歌散文一块的多半是女教师，一看就知道是要走情感路线的；只是有些教师文本细部的品读还没有做好，就陷在"情感"的泥淖里出不来了，语文还真真为"情"所伤。

3. 可达成性

语文教学目标的清晰设定既不是一些抽象的原则，也不是一些雕虫小技；相反，它是教师把理解透彻的教学原理正确地应用于实践，满足实践的需要。只有设定清晰的语文教学目标，才会有正确的教学策略和真正的语文教学。

确定的目标有没有靠近学生的最近发展区？不是那么容易达到，但跳一跳，是够得着的。有没有可操作性？这些教学目标有没有宏大到一节课根本承载不了，或者说笼统模糊到放在任何一节课里都说得过去。

行为目标运动的开创者梅杰认为目标有三个部分：行为目标、条件和标准。其中，"行为目标"指的是希望学习者做什么的目标陈述。"条件"指的是对行为发生的条件的描述。"标准"指的是尽可能地对可接受的行为表现的标准进行客观描述。例如："学生能够写一篇文章，对李清照和苏轼的艺术风格进行比较。""学生至少能够说出诗歌常用的两种艺术手法（如托物言志、借景抒情等）。"

语文学科特点决定了达成标准很多时候不适宜用具体数字表示，即便如此，对一节课达成目标的表述也应尽量具体清楚，加强切合性和可操作性。

二、学习条件

1. 学习环境的创设

仅仅是物质的可见、可听、可触摸、可掌握、可观察的才是"环境"吗？

黄厚江老师提出的语文课堂的四项基本原则中的第一条就是和谐原则，追求的语文课堂教学境界是人与人的和谐、内容与形式的和谐、语文和非语文的和谐。好的学习环境的创设是和谐的人文环境的创设，这种和谐的课堂需要师生这两个主体的共同营造。

2. 学习资源的处理

资源的处理上有一种现象，就是对教材的漠视和利用不够。教材上可以利用的学习资源，比如单元提示、课前的阅读提示、课下的注释、课后的研讨练习、补白等似乎被教师们淡忘了，大家花更多的时间在网上、各类参考书和制作PPT上，唯独不喜欢把语文书捧在手心里认认真真地研读几遍。语文教学要回归文本，回归阅读，回归语言，减少表演成分，减少花里胡哨的PPT，减少莫名其妙的拓展，取消各种喧宾夺主的非语文活动。

还有，学生在课堂上临时生成的资源能否善加利用，在于教师有没有一双善于倾听的耳朵，有没有一双善于发现的慧眼，有没有一个能善加利用的头脑。

三、教师行为

1. 有效的指导范围

教师的"指导"作用在学生学习的过程中体现，通过指导，学生由错到不错、由不会到会、由浅到深、由片面到全面。没有学习过程，就没有教学价值。教师凭什么去"指导"？是你的表情、你的板书、你的教学语言和行为，是点拨，是诱导，是批评，是提醒，是你的多媒体使用，还是你设计的导学案学习单？教师会指导吗？指导的方法多样吗？"范围"是什么？是教学行为覆盖的学生范围，比如提问。是学习行为覆盖的学生范围，比如是全体学生、是个别小组还是个别学生，这是范围的大小问题。不过用"有效"来搭配"范围"似乎不很恰当，改为"指导方式的有效"可能更妥帖一点。教师的"指导"有六种现象值得注意。

第一，导入环节慢腾腾地打"太极"，绕山绕水地外拓了许久，才进入正题。能凭借着语言文字迅速地进入课文情境，应当视作最佳路径。不管是问题的探讨和情感的体验都要立足于文本情境的规定性，让学生置身于文本中。只有学生读懂了，感受到了，体悟到了，才能发出自己的声音。

第二，有的教师上课就是为了找答案，教师不断地提问，学生不断地找答案。找不到就PPT呈现，大家一起读答案。课堂上教师重复自己的话，重复学生的话，学生重复教师的话，师生一起重复PPT上的话。重复的教学既没有教的过程也没有学的过程。

第三，很多老师在布置了问题或学习任务后，学生刚刚开始进入静读默思的状态，教师就在旁不断地"插话"，自己也许觉得是"提醒"和"点拨"，但是这样的"唠叨"却不停打断了学生的静思默想。

第四，一节课都在"天女散花"，成了局部的品读欣赏，成了文本的碎片阅读，难以触及全篇，把握整体。以前的主要问题是教师简单照搬参考书，缺少自己的解读或偏于教条；近来课堂暴露出来的主要问题是解读的过度和随意化。教师应该要明确：教材处理是有规矩的，不是想怎么天马行空都可以。"指导"是否有效还得看语文教师对文本的解读能力。

第五，强解学生的回答，使劲往自己的设计上靠拢。有的教师选择性地听取自己需要的声音，故意屏蔽不需要的声音。有的问题显示出来的时候，答案已经在PPT上随之显示；有的故意降低问题的难度，让后面的教学成了寻找和印证这个结论，学习空间大大缩小，教学价值不大；还有的是老师自问自答。课堂的教学活动，就应该是学习活动，或者说是为学生的学习服务的，如果没有学习价值，就没有教学价值。

第六，部分老师一开口就没有语文味，教学语言不准确，说话拖泥带水，口头禅多，还有的一个简单的事情交代不清楚，学生不明白老师究竟要干吗。有些教师心中缺乏具体的评价标准，对学生的回答"好"在哪里心里没数，缺乏水平估量和价值判断，于是此处常常是"应不应该来点掌声？"教学评价是教师对学生学习方法、学习效果所做的评判、指导、激励和修正，这也是教师的基本功之一。正如黄厚江老师所言"用语文的方法教语文"，语文教师自身的语言示范就是教语文的好方法。

2. 有效的教学组织

课堂教学不是学生陪你玩，而是教师要让学生有长进。什么是"有效"？不是学生发言多，课堂气氛热热闹闹就"有效"了，而是教学活动能尊重学生学习需要，能够帮助学生解决学习中的问题，能够把学生带到思想的高地。小组合作的学习方式越来越多地出现在各类公开课上，但很多小组讨论都流于形式，合作学习无法落到实处。不少教学流程基本上由问题串起，大问题套着小问题，学生的活动方式是在猜测捉摸问题的答案。课堂上，学生有点像老师的木偶，少有时间去静思默想，去潜心会文，有的只是热闹肤浅无聊地回答老师的问题，没有真正进入学习的状态，师生间也缺乏思想情感的沟通。教师要让教学活动变得有意义，就必须精简问题，问出质量，问出思路，通过有效的问题引导学生亲近文本，走进文本。同时，必须留出整块的时间给学生，不要用一个一个的问题把课堂填满。给学生留下悬念和思考的空间，就是给学生自由和发展的空间。

怎么组织教学，活动怎么设计，环节怎么推进，直接决定一节课的成败。课堂的时间和空间要更好地用在学生的语文学习上。带进课堂的东西，无论是各种信息还是各种活动都应该节制和慎重。阅读的本质是通过文字走进文本。阅读是要抓住文字品读，感受字里行间的内涵。在语文课堂教学中塞进不必要的知识、文献和太多随意的信息是值得我们警惕的现象。

教师应该追求疏密有致、有效实用的课堂节奏。如果课堂节奏过慢会导致课堂沉闷乏味，过快则会导致学生疲于应付。只有适度简洁的课堂节奏才能自始至终地牵动学生注意力，最大限度地维系学生的热情。课堂教学跌宕起伏，张弛有度，能让学生在轻松愉快的学习中将学习效率提到最高，从而轻松愉快地实现教学目标。

四、学生行为

1. 学习活动的态度

什么是态度？学生有兴趣，有积极主动参与的意愿，有跃跃欲试的表现欲望，能认真对待老师提出的要求，有"我的地盘我做主"的豪气，这就是我们期待的态度。

2. 学习活动的广度

组组都交流讨论碰撞展示了吗？听说读写的活动设计有一定程度的体现没有？人人都参与了没有？如果一节课就是那几个好学生在和教师来回交流较量，是很难说得上"广度"的。

3. 学习活动的深度

活动与目标有没有关系？活动与学生语文能力的培养有没有关系？活动有没有更多地着眼于学生的思维品质的培养，有没有培养学生思维的深度，让他们在各种感性的活动中走向理性的思考？

五、课堂气氛

1. 课堂气氛和谐

"和谐"是今天的热词，在我们的语文课堂上表现出来是教师和学生的关系和谐，是教师、学生和文本、编者的情感基调的和谐共振，是学生和学生之间、小组与小组之间在合作交流讨论展示中所表现出来的负责任的理性表达，是自我与他者、团队之间的友好合作与良性竞争。

2. 学习方式多样有效

"学习方式的多样有效"放在"课堂气氛和谐"这里似乎不妥，它并不仅仅是为"课堂气氛"服务的，还有更多的要素在其中。学生学习方式的"多样有效"，说明学生掌握了多种学习方法，面对教师布置的各种学习任务和活动有自己的完成方式，而且这种方式适合自己，能轻松完成，完成质量高自然就说明其"有效"。但是现实是不少教师只关注自己的教，对学生的学指导不够。

3. 师生精神状态好

什么叫状态好？不一定是个个脸上喜气洋洋，师生一起沉入到文本中去，悲喜自在，身心都在文字营造的那个思维的世界里，也可以说状态好。学生想说、敢说、会说，能自信大方、胸有成竹地展示自己，教师精神饱满，神情专注，激情投入，不要有受刑般的苦楚表情，一副巴望快点下课的表情，这就叫"状态好"。

六、教学效果

1. 目标达成度高

教师自认达成了目标，学生却不一定这么认为。在教师赛后的说课中，我们总是可以听见教师抱怨学生的能力没有事先预想的好，没能完成自己布置的合作任务，导致事先的教学预设没能很好地达成。那么，教师自己是否应该反思一下：这次的学习任务适合这种方式吗？自己的驾驭能力能保证活动的顺利开展吗？自己能扮演好一个学生学习的热情支持者、朋友般的指导者的角色吗？

只是赛后很难有对学生的测评或问卷，也就很难判定目标是否达成。这个指标实际也包含了15条在其中。

2. 问题解决率高

是不是导学案、学习单上的题目都做完了、做对了，就叫解决率高？问题是什么？是教学目标上本身要完成的任务，什么种类的问题，是教的，是学的，是人的问题，是文本的问题，落实目标过程中的问题，障碍均一一跨越，才叫问题解决了。

综上所述，可以看出，评价指标努力向课程理念、课改靠近，眼光更多地转向学生，表面上是教师的退后，但背后需要的是教师更深的功底，教师并没有退出舞台，创新精神与实践能力的培养并不是一件轻松的事情。追溯教育发展的历史，从夸美纽斯的班级授课制到赫尔巴特的课堂教学阶段论再到杜威的学生中心论，课堂关注的焦点慢慢从传授者转到接受者身上。从洋思中学的"先学后教、当堂训练"到东庐中学的讲学稿，再到杜郎口中学的"三三六"自主学习模式，大家的改革都在围绕一个"动"字做文章，千方百计要彰显学生学习的主权。评价标准就是要让学生真正地学到知识，但只有首先让教师学习和研究，才会有学生的真正的学习。

语文教学的"真实"离设想的"优质"还很远，每一节语文课都是教师生命活动的过程，更是学生生命活动的过程。黄厚江老师在《新课改：我们需要什么样的语文课》中从本色语文思想出发提出真正好课的三个前提：①每一节课的教学都可以这样教；②每一个具有基本素养的教师都可以这样教；③每一所普通学校的学生都可以这样教。优质课的教学设计要能运用到平时教学中去，能真正提高语文课堂教学质量。现实中不可能每天精心装扮，真实朴素的教学是我们所要追求的，语文优质课更要务语文之本、务文本之本、务学生之本，尽显语文本色。

参考文献

[1] 中华人民共和国教育部. 义务教育语文课程标准（2011年版）[S]. 北京：北京师范大学出版社，2011.

[2] 义务教育课程标准修订解读 [J]. 人民教育（增刊），2012.

[3] 洪劬颉. 在坚守语文本色中实现语文教育的现代追求——黄厚江语文教育思想述评 [J]. 江苏教育研究，2008（10）：6-12.

[4] 袁健. 本色语文的主张和实践 [J]. 语文教学通讯，2011（34）：57-58.

用土家族民俗文化拓展中学生
作文选材与思维广度

贵州省沿河县第二中学　杨亚琴

作文教学虽然历来都是语文教学的重要组成部分，但是，由于种种原因，却始终是语文教师倍感头疼又不得不面对的问题。在平时的教学过程中，多数学生都怕作文，即使勉强作文，也常常逼出"假、大、空"的文章。为了改变这种现状，有许多同人为此总结了许多宝贵的经验，但在实际的作文教学中，仍然存在许多问题，最主要的问题表现在五重五轻上：重"知"轻"能"、重"外"轻"内"、重"写"轻"说"、重"理"轻"情"、重"文"轻"境"。要解决这些问题需要全体语文教育工作者共同努力，寻找能够解决这些问题的新途径。在平常的教学中，我针对农村学生的特点，结合土家族特色的民俗文化，让学生用土家族民俗文化拓展作文选材与思维广度，开发生活中的写作资源，让学生学会在生活中选材，让作文教学走出"假、大、空"的窠臼，写出属于学生自己独特体验的、有生活气息的美文。

学生作文时之所以感到无话可说，主要是他们不会关注自己的生活，不能从自己熟悉的生活中选取作文素材，对富有特色的民俗文化更是熟视无睹，浪费了许多经典的素材。我们的学生往往忽略了我们沿河土家族自身的民族特色，导致作文千篇一律，毫无生气。为了用土家族民俗文化拓展学生作文选材与思维广度，我引导学生关注我们自己的民俗文化，具体包括以下几个方面的内容。

一、沿河土家族传统房屋及其修建文化研究

为了让学生传承先辈的智慧，我从我们土家族的住房入手，让学生主要收集沿河土家族传统房屋及其修建文化，以土家吊脚楼、淇滩古镇等典型建筑为主要研究对象，探讨土家传统房屋修建的相关历史和文化，以地方志、网络等资源做参考资料，丰富学生习作内容，拓展习作空间，提高

习作教学的效率。通过实践，不少学生对土家族的历史有了深刻的认识，传说土家人祖先因家乡遭了水灾才迁到现在居住的地方，那时这里古木参天、荆棘丛生、豺狼虎豹遍地都是。土家先人们搭起的"狗爪棚"常遭到猛兽袭击。人们为了安全就烧起树蔸子火，里面埋起竹子节节，火光和爆竹声吓走了来袭击的野兽，但人们还是常常受到毒蛇、蜈蚣的威胁。后来一位土家的老人想到办法：他让小伙子们利用现成的大树做架子，捆上木材，再铺上野竹树条，再在顶上搭架子盖上顶篷，修起了大大小小的空中住房，吃饭睡觉都在上面，从此再也不怕毒蛇猛兽的袭击了，这种建造空中住房的办法后来就发展成了吊脚楼。

通过实地考察，相关图片收集，学生明白了土家族吊脚楼是土家族人居住生活的场所。吊脚楼多依山就势而建，呈虎坐形，以"左青龙，右白虎"布局，中间为堂屋，左右两边称为饶间，做居住、做饭之用。饶间以中柱为界分为两半，前面做火炕，后面做卧室。吊脚楼上有绕楼的曲廊，曲廊还配有栏杆。"前朱雀，后玄武"为最佳屋场，后来讲究朝向，或坐西向东，或坐东向西。在湘西凤凰或武陵山旁，那一座座倚着山，傍着水的木头小楼，就是独具魅力的土家族吊脚楼。

吊脚楼最基本的特点是正屋建在实地上，厢房除一边靠在实地和正房相连，其余三边皆悬空，靠柱子支撑。吊脚楼有很多好处，高悬地面既通风干燥，又能防毒蛇、野兽，楼板下还可放杂物。

依山的吊脚楼，在平地上用木柱撑起，分上下两层，节约土地，造价较廉；上层通风、干燥、防潮，是居室；下层是猪牛栏圈或用来堆放杂物。房屋规模一般人家为一栋4排扇3间屋或6排扇5间屋，中等人家为5柱2骑、5柱4骑，大户人家则为7柱4骑、四合天井大院。

有的吊脚楼为三层建筑，除了屋顶盖瓦以外，上上下下全部用杉木建造。屋柱用大杉木凿眼，柱与柱之间用大小不一的杉木斜穿直套连在一起，尽管不用一个铁钉也十分坚固。房子四周还有吊楼，楼檐翘角上翻如展翼欲飞。房子四壁用杉木板开槽密钥，讲究的会把里里外外都涂上桐油，又干净又亮堂。

底层不宜住人，是用来饲养家禽，放置农具和重物的。

第二层是饮食起居的地方，内设卧室，外人一般都不入内。卧室的外面是堂屋，设有火塘，一家人就围着火塘吃饭，宽敞方便。由于有窗，所以明亮，光线充足，通风也好，家人多在此做手工活和休息，也是接待客人的地方。堂屋的另一侧有一道与其相连的宽宽的走廊，廊外设有半人高的栏杆，内有一大排长凳，家人常居于此休息，节日期间妈妈也是在此打扮女儿。

第三层透风干燥，十分宽敞，除做居室外，还隔出小间用作储粮和存物。

二、沿河土家族传统饮食文化研究

对沿河土家族传统的饮食文化的研究，主要探讨灰包豆腐、羊肉米粉、油糍酸菜、甜酒汤圆、牛肉汤锅、土家水席、沿河豆腐、麻糖酒水、糯米包子、浑浆豆花荞面等土家传统饮食的制作流程、养生功效及其所蕴含的民族文化，形成习作资源；引导学生开展尝、访、做、扬等专题活动，有效地深入实际生活，促进综合能力的形成。

例如灰包豆腐的制作，先将精选黄豆水浸泡三小时，取山涧泉水用石磨磨浆过滤去渣，豆浆烧开冷却，用自制酸汤点成豆花。把豆花倒入用滤布隔离的豆腐箱里，盖上箱板，加上石头压紧、压干。豆腐出箱后，把豆腐切成 3 厘米一个的小方块。把荞秆灰、桐壳灰放入锅中烧八成热（柴灰亦可代替），将切好的豆腐倒入锅中与灰同炒约 30 分钟，豆腐受热膨胀。起锅倒入簸箕内散开冷却。食时将豆腐反复搓洗干净。食不完可用棕布袋穿挂于通风处，可储存一年以上。此道菜无论烧汤、煮火锅，都可食用，要多烧一会，均是外皮酥脆醇香，内里细嫩可口，回味绵长，故是土家人宴请嘉宾的一道必不可少的菜。食时先放饭碗里冷却一下，蘸薰上糊海椒水再入口，以免烫舌头。

三、沿河土家族传统红白喜事文化研究

主要研究传统婚嫁、丧葬仪式的操作流程及其蕴含的积极的民族精神，开展社会实践，促使学生养成独立取舍民族精神食粮的好习惯。

四、沿河土家族传统歌舞文化研究

主要研究山歌、舞蹈等，从开发与丰富学生的生活空间入手，利用社会上多姿多彩的民族文化资源，引导学生融入生活、观察生活、体验生活，积累丰富多彩的习作素材，促进每一个个体开启记忆仓库，激发习作热情，启动创新想象，表达生活个性。开发利用生活中生成性的资源，引导学生

习作，培养学生留心观察生活，及时捕捉习作素材的能力。

五、沿河土家族红色文化研究

主要研究沿河丰富的红色文化旧址：土地湾黔东特区革命委员会旧址、黔东特区第一次工农兵苏维埃代表大会旧址、红军干训所旧址、县城黔东革命纪念馆、红军强渡乌江纪念塔、谯家区革命委员会旧址、晓景红三军司令部旧址、淇滩天宫井红三军军部旧址、红三军医院旧址、水田坝红军会合地……让学生追寻红军足迹，寻觅红色记忆，继承红军艰苦奋斗的优良传统，使红军精神星火燎原。

土家族是中国古代巴人的后裔，他们奉祭白虎、住吊脚楼、喝油茶汤，唱土家山歌、跳摆手舞，哭嫁、跳丧等，具有纯厚古朴的民风民俗和丰富多彩的民族文化资源。载歌载舞、优美抒情、女高男低、风趣诙谐的土家花灯；红灯万盏、一片缠绵、语汇含蓄、优美明快的土家摆手舞；气势恢宏、刚猛豪放，动作如行云流水的民间集体舞蹈"肉莲花"；高亢激越、即兴创作、随口演唱的土家族民歌；音色柔和、曲调欢快、活泼优美的民间自制乐器"咚咚奎"；曲版丰富、急促明快、波澜起伏的"耍锣鼓"；结构规整、音韵优美、旋律流畅、号称人类原始戏剧"活化石"的傩坛戏；动作完整、自然奔放、活泼灵巧的"打绕棺"；情真意挚、内涵丰富、催人泪下的"哭嫁歌"；声情并茂、粗犷有力，唱山歌与敲打乐紧密结合，功利性和娱乐性有机统一的"薅草锣鼓"；风格多样、美观实用、独具神韵的土家民居吊脚楼，都极具观赏价值和研究价值。舍巴日和赶秋节，摆手舞和接龙舞、肉莲花集中体现了土家族人民"天性劲勇、锐气喜舞""崇祖、祈福"的古朴民风。衍生的民间艺术让人如饮陈年老酒。此外，还有洪水朝天、巴子酋、田宗显、八部大王、金技"母侯"等神话传说，有针织挑花刺绣、木石雕刻、藤竹编织等工艺，有过赶年、牛王节、六月六等节庆，保持着鲜明的土家民族风格和特色。这里有许多土家民俗旅游项目，行程中可品尝土家美食、登土家楼、学唱土家歌、跳土家舞等，可以欣赏到乌江、白泥河、洪渡河等流域秀丽的自然风光，参加乌江漂流等妙不可言的专项旅游活动。

在以上的实践和研究中，学生拓宽了写作生活面，增强了生活体验，激活了学生作文思路。学生养成了留心观察周围事物的习惯，具有敏锐的捕捉身边写作素材的能力。丰富多彩的民族文化资源，给学生作文以生活的灵性，使学生作文能力不断提高，达到甚至超过新课标规定的要求。

告别功利，让语文教学回归本真

贵州省铜仁市民族中学 任晓红

近几年，语文教学急功近利的现象越来越严重，不少有经验的教师动辄"高考如是说"，而正在成长的年轻教师听后有的如得真经，感激不已；有的一脸茫然，不知所措。最近，每每想到自己在语文课内外的所见所闻，我的心便会隐隐作痛！

在语文教学的前营阵地，我们常常会看到这样一些现象：一节语文课的开头或结尾被硬生生地塞进几个语言文字运用题；一篇经典的课文不幸沦为高考题型的训练对象而被切割成几大块；早上20分钟的晨读课上听不到学生的诵读，老师的分析讲解倒掷地有声；晚上两小时的自习课上老师滔滔不绝，全程灌输……常常会听到这样一些声音：古代散文不是重点考察对象，这个内容可以不上；先秦诸子太庞杂，太枯燥，不如多学一点语言文字运用来得实在；这两年反腐倡廉是国家的主旋律，要把传记学习的重点放在明史上，宋代以前的传记没什么学的……

不得不承认，高考的指挥棒不仅仅影响着语文教学的思想、方式和教学内容的选择，还使得部分老师不断地剥夺学生记忆、咀嚼、消化、吸收、迁移、拓展的时间和空间而不自觉，使得语文这门高中最灵动、最深广、最多情、最有义、最典雅、最活泼、本来最易博得学生青睐的学科，变成了部分学生最不想面对却不得不面对的课程。更令人忧虑的是，学生原本可以在语文这块沃土上认识世界、感受生活、收获思想上的累累硕果、培养美好的情操和高雅的情趣，但因教学内容、教学方式和教学时间的限制而大打折扣。看到我们的学生在课堂上打瞌睡、走神、做其他作业甚至嬉笑打闹，看到我们的学生拿着书读不顺、拿着笔写不出、回答问题语无伦次，作为一名语文教师，怎不心痛？怎不惭愧？怎不忧虑？

所以，我一直都在思考语文教学的出路。

也许有人会说我杞人忧天，因为不乏有语文成绩出类拔萃的学校；也许有人会说我自不量力，因为我也不过是教育战线上的一名同样不得不围绕着高考指挥棒转的普通教师。但我想，倘若我们每一个语文老师都有这种忧虑，都能在迷雾中去寻找出路，何愁语文教学不能如春风拂面？

那么，出路在哪里？

我想，无论哪行哪业，要想做得好，做得久，做得风生水起，做得枝繁叶茂，一定是用"态度"打前站，用"良心"做根基的！建筑业是，饮食业是，灵魂的工程更应该如此！

所以，语文教学要想回归本真，要想培养出来的人才不仅是知识的接收器和技术上的高手，更是有思想、有情怀、有担当的仁人志士，作为教师的我们该怎么做呢？

首先，得静下心来认真思考一下语文教学的目的，自觉净化自己的灵魂，拂去蒙在我们心窗上的功利之尘。

《国家中长期教育改革和发展规划纲要（2010—2020年）》指出，贯彻科学发展观是我国教育工作的重要指导思想和工作方针，要求"把提高质量作为教育改革发展的核心任务。树立科学的质量观，把促进人的全面发展、适应社会需求作为衡量教育质量的根本标准"。

孔子曰："生而知之者，上也；学而知之者，次也；困而学之，又其次也；困而不学，民斯为下矣。"在孔子那里，求学的原因是有高低之分的。一个人，等有了困惑、陷入了拮据、遭遇了困厄才去学习，那是低于学而知之的。他认为学习是生命本身的一种需求，是作为万物之灵长的人区别于其他动物所进行的一种高级的、不断提升和超越自我的活动，如若掺入了功利之心，那是次等人的作为。虽然这是针对学者所说的，但又何尝不是对师者的暗示呢？如果我们这些传道授业解惑的人整天想的只是怎样让学生更快地掌握解题技巧，怎样让学生写出取悦于阅卷老师的作文，怎样让学生去揣摩出题者的意图，又怎能责备世人的功利呢？

语文课程是基础教育中与人的全面发展关系最密切的一门课程。语文能力是我们生存和发展所必需的一种基本能力，是综合素质的表征，而健康的情趣、良好的学习习惯、书面语表达水平和语文综合能力不仅影响着个人的成长、成才、成功，而且对良好的社会风气的形成也具有不可低估的作用和影响。所以，语文课一定要培养学生自然、健康的表达习惯，自由、个性的心理品质，以及独立的具有创造性的人格特征。

其次，要摒弃真语文教学在高考中缺乏竞争力的思想。

这种思想主要表现在教学内容的选择、教学模式的僵化和教学空间的功利性占用上。

在教学内容的选择上，不少教师是按照高考的几大题型来确定的，比如因高考有诗歌赏析而选择《中国古代诗歌散文鉴赏》中的诗歌部分，因有实用类文本和古代人物传记阅读而选择《中外人物传记作品选读》中中国古代人物传记的篇章，因有语言文字运用题而选择《语言文字运用》，等等。当然，这些内容也是语文教学内容中的重要部分，但对这些书本中的内容太过功利性的筛选和对诸如《先秦诸子选读》《中国文化经典研读》《中国民俗文化》《生命进行曲》等选修教材的忽略，却是学生的一种令人遗憾的损失。

如果大家有心去看看这些教材，会发现其中很多内容对学生都大有裨益。比如《先秦诸子选读》，它不仅可以让我们看到那个洪荒时代诸侯的混乱无道、乱臣贼子的肆意妄为、文明的流失沦丧等给社会和黎民苍生带来的灾难，还可以看到在那种乱世中知识分子的深刻哲思和不同的人生选择，看到从不同的角度思考问题会对社会人生有怎样的影响，看到不同的人生选择会让人的价值有着怎样的体现，看到古代先哲惊人的洞察力和卓越的智慧。这些不仅可以增长学生的知识、开启学生的智慧、提高他们分析问题和解决问题的能力，还可以培养他们健康的情趣、豁达的心胸、强烈的家国情怀和铁肩担道义的责任感，从而拓展和提升他们的人生格局。这与高考选拔有情怀、有能力的人才并不冲突！何况先秦诸子散文年代久远，大多言简意丰耐人寻味、典雅不俗育人情致、灵动奇巧引人入胜、汪洋恣肆令人惊奇、丝丝入扣使人叫绝……试想，要读懂这些文章难道不得扫除语言文字和文言句式上的障碍吗？能读懂这些文章的学生难道还读不懂其他文章吗？读这些文章的收获难道会逊色于专门学习诗歌赏析和语言文字运用吗？虽然有些内容没有可比性，但有一点是可以肯定的，学习这些文章对提升学生的阅读能力、思维能力、表达能力的帮助无疑是巨大的，对学生思想、情趣、胸怀等方面的影响无疑是长远而深刻的，是符合"促进人的全面发展、适应社会需求"这一标准的。

所以，建议教师在教学的选择上多下些功夫，不但要带着学生在高考这场战役中打个漂亮仗，还要让学生在终身发展方面做个漂亮的人。

再次，要相信学生的悟性和能力，不要做越俎代庖这种费力不讨好的事情。

不可否认，在国家大力提倡素质教育的当下，我们有的教师还在固守着填鸭式的教学模式，每节课都担心自己的教学任务完成不了，整节课都在讲解，使培养学生自主学习的能力变成一句空话。

当你看到有的教师在早读课和晚自习上一直不辞辛苦地讲解时，当你在课堂上听到有的教师不停地提出问题，然后积极地抛出答案时，你作何感想？

我想，这部分教师可能还是没有认真地思考"语文课一定要培养学生自然、健康的表达习惯，一定要培养学生自由、个性的心理品质，一定要培养学生独立的具有创造性的人格特征"这句话的深刻内涵吧，又或许他们对考试成绩的担心多过对学生终身发展的考虑。

我个人认为，追根究底，这种现象的存在，还是由于教师对学生的悟性和能力不放心造成的。虽然这种担心可以理解，但还是想请教师们花点时间去了解我们的学生，他们会给你惊喜的。

在培养学生自主学习的能力方面，我曾做过很多尝试。除了在平时的每一节语文课堂上设置由学生轮流完成的课前课，除了很多课文给足学生诵读、思考和表达的空间外，我还根据教材内容的特点，设计不同的研读方式，让每一个学生都兴致盎然地参与到研读活动当中去。比如戏剧单元、小说单元、先秦诸子选读等，这些内容就比较适合分组开展研读活动，然后用各小组特有的方式来呈现他们研读的成果。事实证明，学生的悟性和潜力是不可低估的！由于事先就告诉他们"不愤不启，不悱不发"的道理，所以他们在研读时提出的问题大多是有深度或者有难度的；由于要自主合作，要展示成果，他们都表现出前所未有的兴趣和热情；由于小组间要进行评比，他们都爆发出从未有过的想象力和创造力。当然，他们中富有表现力的同学也被挖掘出来并得到了锻炼。这些活动中，不光是学生集体合作的一些项目令人耳目一新，一些个人完成的作品也令老师惊喜和感动，比如文言传记的写作训练中呈现出来的任课老师和同学传记，其内容之丰富、情感之饱满、语言之精练准确和生动形象，完全超出了教师平时对他们的认识。

如果学生的兴趣得以激发，知识得以积累，能力得以培养，情感得以表达，思想得以交流，怎见得就不能应付一份高考试卷？

孔明说："非淡泊无以明志，非宁静无以致远。"

韩愈说："彼童子之师，授之书而习其句读者，非吾所谓传其道解其惑者也。"

让我们那颗心在卸下重负时真正地安静下来，思考教育的终极目标，回顾我们自己的求学之路，放眼世界先进国家的教育盛景，打开真语文那古朴而又极富创意的大门吧！

平等谈话式教学方法的研究

贵州省松桃苗族自治县盂溪中学　杨春雪

我每次诵读《子路、曾皙、冉有、公西华侍坐》都有不同的感悟，特别是从教语文二十三年，从中悟出"平等谈话式教学方法"乃是语文教学中的大法。

时代在飞速发展，科学技术不断更新，语文教学的理念也在不断创新。信息技术深入语文课堂，更使语文课堂声色并茂，精彩纷呈，给予语文课很大的信息量。这些信息量铺天盖地而来，老师想让学生全盘吸收，可是，学生却感到头重脚轻，记不住知识要点；老师要他们掌握这些知识，参加一年一度的高考，并且要学生考出优异的成绩；学生考上了名牌大学，就为学校、老师、家长挣来荣誉、效益。然后老师就松了一口气，酒酣之余暗自庆幸自己是一名成功人士。那么学生上了大学以后呢？他们的人生道路怎么走呢？很多语文老师没有多想，也管不着，或者说"师傅领进门，修行靠自身"。其实关于学生人生的目标设想，有的学生早在中学时期就有了，少年壮志嘛！未必是进了大学才有的。而这篇课文不正是孔子用谈话的教学方法，开导学生言志吗？

语文教学不仅要授之以鱼，更要授之以渔，让学生立德树人。学生理想不明确，品德丢失，精神不振作，价值观世俗，功利至上，找不到心理的平衡、平等，不能正确对待社会，不也是当前学生的真实写照吗？老师不是救世主，但我们可以引导学生感受到平等、民主、自由意识，特别是在语文课堂上，在语文教学活动中营造平等的氛围，采用亲切谈话的方式，让学生感受到老师的爱、老师的长者风范、教与学的零距离、师生之间的信任，这种感情就像涓涓细流淌入学生心田，浇灌学生理想的大地。学生自主地感悟出生活的美，畅谈人生志向并奋发图强。学生离校后，每当回想母校、回忆语文课想到的多数不是知识，而是平等的爱、人生启迪，并且终身受用。

从《子路、曾皙、冉有、公西华侍坐》这篇文章，我们显然明白孔子是给他的弟子们谈人生理想，老师和弟子围坐在一起，不一定是教室。老师和学生亲切自由交谈，无拘无束。并且孔子曰："以吾一日长乎耳，毋吾以也。"打破平时师道尊严的紧张氛围，鼓励学生自由畅谈，赋予学生平等的平台、权利、尊重、自由表达的意志。孔子不愧是一名圣人，能够放下先生的架子，与学生平等亲切交谈，首先做到了师生平等。我们很多老师未必能做到这点，更不要说做得很好。在以考试升学为教学目的的今天，我们这些自以新时代新理念标榜的老师，几时放下架子，给予学生们平等自由的机会？老师在台上津津乐道，学生疲倦地死记硬背，课后完成老师布置的模块式的作业。记住、记住，完成、完成。"记住，完成"成了我们给学生授之一柄，我们都成了"僵师"。我记得2008年给高二的学生上辅导课，上成了自由才艺课，班上有参加音乐、美术培训的，平时只见他们在校园角落练声、在画室素描。今天同学们很想看到他们的才艺。于是先让练声乐的同学轮流唱一支歌曲，让学乐器的同学吹一些名曲，让画画的同学给我画一张老师的临场模像。此时歌声嘹亮、名曲缠绕，我不禁想起李白的"洞天石扉，訇然中开，虎鼓瑟兮，鸾回车；仙之人兮列如麻"，真是人间仙境！又有点醉翁之意不在酒，在乎师生之乐也！音乐听了，画也成了。我拿着学生给我画的像，哈哈大笑！后来毕业的学生给我来信说："老师，那节课给了我灵感，给了我师爱！"

平等谈话式教学遵循因材施教的规律，尊重学生的选择。试看孔子的四位弟子的人生理想。当时子路31岁，曾皙59岁，冉有41岁，公西华18岁。子路年富力强想辅佐大国君王建功立业；冉有人到中年性格成稳，想治理小国来展现自己的能力；公西华年轻有为，前途远大，愿意做小相来治礼；曾皙年近花甲，生活阅历丰富，想过儒雅自由美好的生活，释放心灵意境。此时孔子已经65岁了，他周游列国劝说诸侯国君主采纳自己的治国策略失败。他没有把自己的经验观点强加给学生，而是逐一询问、认真倾听，然后稍加评论。现在盛行因成绩施教，将学生分成实验班和普通班，师生以成绩分成三六九等。实验班吹糠见米，普通班就拖到六月底。教学完全被应试所控制，哪里会注重学生的自主选择。甚至学生的志愿都是具有成功经验的人士指导定做的，我们的学生全蒙了。误导学生，老师你知罪吗？

平等谈话式教学要有发现美的眼光，找到学生身上的闪光点，对他表示信任欣赏。孔子对曾皙"莫春者，春服既成，冠者五六人，童子六七人，浴乎沂，风乎舞雩，咏而归"的志向表示赞许，认为曾皙的生活态度是那样乐观，生活是那样的飘逸，那样的优雅高洁，值得人们去追求。其实是曾皙发现了沂水河的春景极美，再加以丰富的想象。曾皙发现了美，孔子却欣赏美，师生殊途同归，好不美哉！现在的语文教学也培养学生的听、说、读、写能力，但真正让学生自主起来"说"的课甚少，自主演说的学生更少，演讲是培养少数精英分子。铜仁一中的代泽斌老师的语文课就安排其班上学生 5 分钟演讲，充分锻炼了学生的说话能力和胆量。更多的时候老师把学生带到一个宽松的环境里进行教学，身临其境地交谈，其效果无与伦比的好。

语文教学到底要交给学生什么？给予学生怎样的影响？难道仅仅是知识成绩与升学指标？其实这个答案就是"立己达人，立德树人"。在教学中就要充分创设平等的平台场景，通过平等谈话式给予学生课堂以外的东西，使语文教学回归到"真语文"上来，回到"人"本上来。

溯本求源，语文教育总归真

贵州省德江县煎茶中学　王永塘

　　语文是中小学学科教育中最好教也最不好教的学科，好教得有人说只要有本词典就可以教，不好教是没有人敢说他的教学是最好的范式。同时语文教育改革也比哪个学科都热闹，都会折腾，当下就有林林总总的语文教育改革流派。有美丽语文、人文语文、诗意语文、绿色语文、生活语文、智慧语文、生命语文、感悟语文、生态语文，等等，不一而足，可谓是你未唱罢我登场，令人目不暇接。可是语文教育成效并不被国人看好，甚至被骂为"误尽天下苍生"。语文教师既累又屈且冤枉，大家都在苦苦地思索语文教育路在何方。

　　尽管语文教育改革轰轰烈烈，但在应试教育的大棒指挥下，学校语文教育改革只在起始年级秀一秀，为了应付考试，高年级就强调语文的"知识性"和"工具性"的教学，语文教师照搬教材、考纲，将字词句篇到语法、修辞、逻辑一股脑儿地灌输给学生，主抓了考分，忽略了文章的人文内涵、忽视了学生的语感培养。面对此种语文教育的尴尬境地，教育部前任新闻发言人、语文出版社社长王旭明倡导"真语文"教育。这无疑是给当下的语文教育开了一副治病良方！

一、本真，语文教学的灵魂

　　"何谓真语文？口头说为语，书面写为文。真正的语文课堂就该是书声琅琅、讨论纷纷，让学生在不知不觉中提升听说读写的素质能力。"王旭明社长如是说。

　　真语文教学，就是教师要真教。何为真教？就是用自己的真实的生活经验和知识积累去体会揣摩文本，用自己的感悟去引导学生，与学生分享语文学习的快乐。何为假教？就是一本为本，照搬官方解读向学生灌输。

　　真语文教学，就是学生要真学。何为真学？就是学生用自己的真实的生活经验和知识积累去体会揣摩文本，感受生活。何为假学习？就是一本为本，脱离自己的生活经验和内心真情实感，被老师用官方解读灌输。

真语文的课堂是真教与真读的互动，在此基础上，审视教科书上所谓标准解读。

总之，真语文就是语文找回本真。其基本要求是：以语言为核心，以语文活动为主体，以语文综合素养的提高为目的，培养学生自然、健康的表达习惯，培养学生自由、个性的心理品质，培养学生独立创造的人格特征，让学生具备一定的逻辑思维能力，让学生热爱祖国文化，传承祖国文化。

"洗尽铅华呈素姿，返璞归真为语文"，是为真语文！

二、真知，语文教师的素养

真语文教学，需要教师要有真知，真知就是源于文本、源于自我内心感悟的知识和素养。作为一个语文教师，应有这四个方面的真知素养：高尚的思想素养，丰富的知识素养，良好的专业素养，独特的个人魅力。教师高尚的思想素养的重要性毋庸赘言，我就后三种素养简述如下。

1. 丰富的知识素养

①要有比较深厚的文学知识。中小学语文课本中，尤其是中学语文课本中选编了大量的文学作品，语文课应该培养学生一定的文学素养。这就要求教师应该具备中外文学史方面的知识、文学理论知识、文学创作知识、文学批评知识，等等。教师文学素养高，文学知识深厚，语文课就会上得生动活泼，学生鉴赏文学作品的能力就会很快得到提高。相反，教师文学素养低，文学知识浅薄，学生就很难受到有益的熏陶和应有的教育。

②要有丰富的应用语言学方面的知识。语文教学要培养学生听说读写的能力，开发智力，培养创造性思维。这就要求语文教师对语言发生的规律、语言学的理论、现代汉语的听说读写知识、逻辑学常识等有比较深入的了解，这样才能适应教学的需要。

③语文教师要有广泛的自然与社会知识。张志公先生说："语文教学确实是一件复杂的事，它跟生活的许多方面有关，它跟科学的许多方面有关。"的确，语文教学涉及的范围十分广泛，既有政治经济又有天文地理，既有风土人情又有科学技术，这就要求一个优秀的语文教师，应当具备广博的知识，是一个"杂家"。这是语文教师的职业特点。

2. 良好的专业素养

首先，语文教师应具备扎实的基本功：听、说、读、写能力。其次，语文老师应具备灵活高效选择运用教学方法的能力。再次，语文教师还应具备对现代化教学手段的操作能力。最后，语文教师还应具有一定的教育科研能力和自我进修能力，具备开拓创造能力，这是整个能力素养的核心所在。

3. 独特的个人魅力

魅力是什么？魅力就是很吸引人的力量。在语文教学过程中，怎样才能吸引人？除却语文专业教学水平和宽广的知识面外，语文教师还应具有独特的个人魅力。

①强烈的责任心。一个没有责任心的教师是难以获得学生信任的。教师的个人魅力是学生对教师的教学素质、教学热情观察、感悟、欣赏、敬佩的过程和结果。提升教师个人魅力，就应多一些责任心，少一些功利；就应当对工作多一点热情，对学生少一点漠然。

②轻松的幽默感。幽默的语言、举止可以感染学生，使课堂气氛活泼、热烈，提高学生学习英语的兴趣。幽默能创造一种愉快的学习氛围，能促使学生在轻轻松松、不知不觉中学到语文。幽默是一种智慧，幽默是一种魅力，但幽默不是搞笑，更不是恶作剧。语文教师应该培养自己的幽默感，以达到信手拈来皆幽默的出神入化的境界。

③和煦的亲和力。有句话说得好："亲其师，信其道。"教师若脱离了情感说教育，则给人以"高处不胜寒"，拒人千里之外的感觉。亲和力来源于沟通和心底的共鸣。只有亲和力才能将教与学紧密地联系在一起，走向共同的目标。

三、真教，语文课堂的教学

课堂教学的目标，就是围绕本体教学内容组织教学，课堂教学方法不是以教师分析理解课文为主，应转变为以学生的实践练习为主要内容。教师一要通过语文的元素字词句章，朗读等元素品味体现语文母语的美质。二要真体现教师在课堂教学的主导地位和学生在课堂上的主体地位。真语文课堂教学不追求所谓标准模式，教学一旦成为模式就死了。真语文教学程式只根据教学目的、文本特征、学习情境等具体教学因素而设定。其主要目标是培养学生自主学习。践行真语文教学，教师要培养学生在品词析句中，通过独立思考、展示提升等教学环节提高语文的鉴赏能力和语文素养，"一言堂""满堂灌"，那不是真语文课。

溯本求源，语文教育总归真。让语文课呈现语文的本真风采，让学生展示鲜活的生命力，语文教师应如是教学。

读懂是古诗鉴赏的基础

贵州省铜仁市第八中学　侯胜红

　　古代诗歌鉴赏历来为我们语文老师所重视。老师、学生们在诗歌鉴赏上花费的精力不可谓不多，但是，让人尴尬的是，虽然老师、学生们倾注了很多的心血，可是这仍成为见效最差的一题。分析学生的答案，学生要么不知从何处入手进行答题，要么就寥寥几句，很难抓住重点。我们教师平常也很苦闷，平常自己上课时滔滔不绝，学生的反应也较为积极，为什么一到了学生的自主鉴赏却不是那么回事呢？其实，原因很简单，那就是学生平时不在意读懂的问题，而把重点放在了鉴赏层次的另外几个高级层次，即把握思想感情、艺术手法等方面，结果却丢掉了基础。也就是说，学生常常是在没有读懂的情况下就急于做题的。由于没有读懂内容，缺失了基础，上层建筑自然就立不起来，就会出现时间花费了，却没有多少效果的现象。

　　读懂是基础，万丈高楼平地起，如果基础不打牢，要建立起很好的鉴赏能力是不可能的。因为如果连内容都读不懂，自然就谈不上理解作者的思想感悟，更谈不上把握作品的艺术手法。丧失了基础，一切都是空谈。那么，如何才能让学生读懂诗歌呢？

一、要强调想象与联想的重要性

　　我们都知道，诗歌追求含蓄精练，特别是中国的古代诗歌更是如此，往往短短的几句诗歌，却包含了许多精妙而丰富的内容。中国的古诗中，绝句、小令等诗歌形式占据着不小的篇幅，而这些短小到最多三十九字，最少二十字的诗歌，虽然篇幅短小，可是含义隽永，短小的篇幅之中往往包含着丰富的情感、深邃的哲理等。正因为用的字数少，并且又要追求用最少的字数去获得极大的艺术表达空间，所以，中国古代的许多诗人，常把炼字作为自己极致的追求。贾岛的"两句三年得，一吟双泪流"，便是这种极致追求的表现。虽然这未必是当时真实的写照，但是它形象传神地写出了诗人们为了追求极致的表现力，挖空心思、殚精竭虑地长时间苦苦思索，一定要力求获得最精练、最传神的表达的情景。为了两句诗，宁可花掉三年的光阴，这种对极致的追求自然不言而喻，诗人那种不达目的誓不罢休的锲而不舍的形象立刻便跃然纸上。待到那用心血凝结而成的诗句终于吟咏而出，诗人苦苦追寻的终于获得了圆满的结果，怎不让人欣喜若狂，双目含泪呢？但是，诗人远不满足于此，诗人希望不仅自己"一吟双泪流"，还要达到另一个重要的目标就是要让读者也能"一吟双泪流"。诗人要通过这短短的两句传达，让读者的心灵与诗人的心灵产生交流与碰撞，从而让读者明白诗人于其中寓含的苦心孤诣，然后自觉地结合自己的人生体验，从而触动自己心灵中那最柔软的部分，看着眼前的诗句，想着自己的人生，那伤心或狂喜之泪便也不知不觉溢满眼眶，极致的追求最终获得极致的表达效果。

正因为如此，我们在进行诗歌鉴赏时，要注意诗歌语言的凝练性，要强调想象与联想的重要性。爱因斯坦说："想象力比知识更重要，因为知识是有限的，而想象力概括着世界上的一切，推动着进步，并且是知识基本的源泉。"想象是诗歌欣赏的重要手段和桥梁。那么，诗歌欣赏时如何进行想象与联想呢？第一，要抓住诗句中具有极强表现力的词语展开想象与联想。例如，"红杏枝头春意闹"中的"闹"字，有热闹之意。红杏的枝头如何热闹呢？展开想象，我们就仿佛看到：红杏枝头，花儿你不让我我不让你竞相开放，花色热烈，花香浓郁，吸引来不少的蜜蜂和蝴蝶穿梭翻飞于其间，好一派热闹的景象。仅仅一个"闹"字，就把春天那种盎然的春意给展现出来了，叫人不得不由衷地赞叹不已。第二，要抓住典型的意象展开想象与联想。在欣赏古诗的时候抓住一些典型的意象展开想象与联想，会让你感受到诗歌的意境美。我们来看一看《古诗十九首》中的《行行重行行》："行行重行行，与君生别离。相去万余里，各在天一涯。道路阻且长，会面安可知。胡马依北风，越鸟巢南枝。相去日已远，衣带日已缓。浮云蔽白日，游子不顾返。思君令人老，岁月忽已晚。弃捐勿复道，努力加餐饭。"这是一首描写一个妇女思念远方游子的诗歌。游子离家万里，道阻且长，怎能不让独守在家的妻子思念并担忧呢？那么，如何来表达自己刻骨铭心的思念之情呢？如果一味只用直抒胸臆的手法，不但缺乏韵味，而且不能显示出这女子的矜持与内敛，而用委婉含蓄的手法，不仅能形象生动地表达出这位女子对远方游子的思念之情，更能产生一种让人玩味无穷的美的感受来。"胡马依北风，越鸟巢南枝。"这两句，诗人运用比兴手法，借胡马在北风之中嘶鸣，依念着北方家乡，而越鸟即便筑巢，也会选择朝南的枝条，来生动地表达出女子对远方游子不知思家的嗔怪：飞禽走兽尚知思家、恋家，可那远行的游子未见思家返回，反倒是离家越去越远了。"相去日已远，衣带日已缓。"女子对远行游子的思念之情，则通过对衣带渐宽的描写，传神地表达出女子因思念而日渐憔悴、消瘦的情形。人因思念而消瘦，那是需要多少个彻夜难眠，需要多少次郁郁寡欢的累积相加才能达到啊！读到这里，我们读者只需运用起想象与联想，就会惊叹于这描写的传神，并从中获得美的享受。

二、要做到知人论世

在诗歌鉴赏中，知人论世是很重要的一个内容，也是读懂诗歌的一个重要前提。因为中国的古代诗歌在格律、韵律等方面都有严格要求，注定了诗歌语言必须精练。再加上中国古代从来就有炼字的习惯，追求用最少的字满足最大的容量的极致。那么，要想读懂诗歌自然首先得从知人论世做起。因为诗歌是作者某一时期心灵激荡的产物。而这与作者这一时期的人生经历、生活际遇密不可分。同时，与作家的性格、人生追求等密切相关。例如，差不多处在同一时代的李白和杜甫，由于他们身处的时期不同，个人际遇的差异，甚至性格的迥异等，造就了二人的浪漫主义与现实主义这两个截然不同的诗风。即使是同一作家，由于生活的历史时期的不同、生活境遇的差异，其不同时期作品的风格也不尽相同，例如，早期的杜甫与晚年的杜甫诗风也是不同的。早期的杜甫，由于处在背井离乡、四处奔波之中，特别是安史之乱时期，作者生活更是颠沛流离。这一时期，诗人眼中看到的是社会底层的悲惨遭遇，所以便有了"朱门酒肉臭，路有冻死骨"的感慨；由于颠沛流离，便有了"感时花溅泪，恨别鸟惊心"的无奈；由于生活贫困，体弱多病，便有了"艰难苦恨繁霜鬓，潦倒新停浊酒杯"的痛苦。而晚年的杜甫，由于得到了朋友的帮助，终于在成都的郊外筑草堂安居下来，生活无忧，这一时期的杜诗，便明显有了闲适与惬意，"舍南舍北皆春水，但见群鸥日日来"，虽显得有些许孤独，却有了更多的闲适。由此看来，了解不同作者的不同性格、人生际遇、政治理想、人生追求等方面的内容，把握同一作者不同时期的生活际遇，在诗歌欣赏中便显得尤为重要。对于那些不知名的作者，我们要充分运用起出题人特意留下的注释。一般情况下，如果涉及知人论世的话，出题人通常会通过注释的形式让鉴赏者达到知人论世的目的。在这时候，具有知人论世的意识是非常重要的，它可以说是打开诗歌大门，走进诗歌鉴赏殿堂的一把钥匙。

三、要强调多读的重要性

读懂古诗，还要在读上下功夫。常言说的"书读百遍，其义自见"，就是强调要多读。这里的多读，有两个含义，一是读的书多，积累量大；二是读的次数多，反复咀嚼。读的书多了，阅读的能力就强了，读懂便不会再成为问题。读的次数多了，经过了粗读、精读各个环节，经过了感知、加工、领悟等过程，那其中的诗味，也就慢慢地浸润出来了。在读的过程中，教师要多作指导，例如，在初读时，教师要指导学生把握节奏、韵律等。中国古代的诗歌是非常讲究节奏、韵律的，不同的节奏、不同的音律，其实也适合着不同的感情、不同的意蕴。掌握好读诗的节奏、韵律，不仅能帮助学生理解诗意，体味作者的思想感情，而且能增强学生的享受力，提升学生对读诗的兴趣。在精读时，教师要注意把握诗歌的意象及人物形象。《毛诗序》中说："诗言志。"虽然诗歌的主要目的是言志，但是，作者为了把自己的这种"志"阐述得委婉含蓄，而不显得那么直白，常常会极力避免直抒胸臆，而采取借用各种意象寄托间接而含蓄地来表达。例如，"秋"这个意象，因为秋在士人眼中肃杀、悲凉，所以很多诗人为了表现自己的一种愁苦和悲凉时，常常选用"秋"这个意象。"浔阳江头夜送客，枫叶荻花秋瑟瑟"。作者选用这个秋境，一则是为了表现送别友人时离别的悲凉，更是为了下文的偶遇琵琶女，激起自己的身世之悲做铺垫，秋景之肃杀与自身的身世之悲凉两相结合，那种悲凉之味，怕是再愚钝的人也能感受得到的。再如"菊"这个意象，菊在中国的古诗中，大都有几个意义。一是暗指隐士。陶渊明爱菊，有名句"采菊东篱下"，于是，后人便常用菊暗含对隐士的赞许及对归隐山村田园的向往。二是指高洁品质。菊，因其开放在肃杀的秋季，万花俱无，此花独秀，且花枝清瘦，绝不媚俗，故有高洁品质的象征。李清照的"人比黄花瘦"，一则以花衬人，突出因思念丈夫而身形消瘦的情态，二则以花喻人，突出人物品德的高洁。人花互喻，人花相衬，花美人亦娇，花品人品，自不待言，而长期在外的丈夫自然知矣，哪有不放心之理？只不过，这里的菊花，换了另一种说法"黄花"，自然便有了另一种含义："满地黄花堆积，憔悴损，如今有谁堪摘"，这里的黄花便充满了一种寂寞与愁苦、无奈的感情。三是与思乡相连。这很容易激起长期漂泊在外的游子对故乡的思念之情。"丛菊两开他日泪，孤舟一系故园心"，杜甫由于长期漂泊在外，而眼见菊花两度开放，自己却还寓居于夔州，怎能不让他流下无可奈何的思乡之泪呢？

　　在读的过程中，老师要指导学生，抓住诗歌的意象进行细品精读，这样学生便会在不断地读的过程中品味出诗歌中蕴含的意味来。那么，读懂的问题便就迎刃而解了。

　　总而言之，读懂是古诗鉴赏的基础，基础打牢了，建立在基础之上的上层建筑才能牢固。因此，在古诗教学和古诗鉴赏的时候，一定要强调读懂，内容读懂了，其他高层次的鉴赏活动才能顺利进行，才能达到预期的效果。

对"真语文"的理解与思考

贵州省铜仁市第一中学　周哲光

对于"真语文"的概念，我接触较晚，作为一个语文人有些羞愧。跟随代泽斌老师的贵州省语文名师工作室学习，代老师给我送来了真正的精神食粮。我对"真语文"也有了初步的理解。

真语文观是叶圣陶先生提出来的，语文被确定为中学教学的课程，历时百年。如今，新课程改革已进入提高阶段。回顾那些走过来的路程，对照教育教学的经典思想，我们还有多少思考和行动是真正在践行语文教学的本真？回味叶圣陶先生的语文观，是否该改进我们很多的思想和行为呢？

叶圣陶之语文观：口头为"语"，书面为"文"，文本于语，不可偏指。

现在的高中语文教学，就是要抓住语文学科的本真。而现在的课堂教学，缺的就是真语文观的植入。"满堂灌""一言堂"是阻碍新课程改革的最大阻力。反观历史，不禁让我们感到以史为鉴的重要性。

1905年，清政府废除科举制度，全国开始开办新学堂。当时的课程乃至教材，都从西方引进，只有语文一科，教授内容仍是文言文，称为"国文"。五四运动后，提倡白话文，反对文言文，国文课受到冲击，小学将国文改称为国语，侧重学习白话文，中学仍称国文，以学习文言文为重点。

20世纪30年代后期，叶圣陶、夏丏尊二人提出"语文"概念，并尝试编写新的语文教材，因日本侵略中国而被迫中止。

1949年6月，当时华北人民政府教育部教科书编审委员会着手研究通用教材，叶圣陶再次提出将"国语"和"国文"合二为一，改称"语文"。这一建议被华北政府教育机关采纳，随后推向全国，从此，"语文"成为中小学母语课程通用名称。

1949年8月，叶圣陶主持中小学语文科课程标准起草工作，并编撰《中学语文科课程标准》（后改称《教学大纲》）。《中学语文科课程标准》始用"语文"一名。叶圣陶曾解释说："前此中学称'国文'，小学称'国语'，至是乃统而一之。彼时同仁之意，以为口头为'语'，书面为'文'，文本于语，不可偏指，故合言之。亦见此学科'听''说''读''写'宜并重。"

教材无非是个例子。1919年，叶圣陶即提出"教材工具说"："我常想我们做教师的，从良心的觉悟，也想叫学生做个正正当当的人。然而叫学生认识人生真价的工具——教科用物的制造，都是凭几位编辑先生高兴或不高兴的时候随意杂凑的。这究竟是实用的工具吗？"

1940年之后，叶圣陶在多种场合，阐述教材只不过是个例子，教本不是教学终点的观点，他认为："文字的课本之外还有非文字的课本，非文字的课本罗列在我们周围，随时可以取来利用，利用得适当，比较利用文字的课本更为有效。"

叶圣陶的"教材例子说"强调，在语文教育中教师关注的应该是学生本身，而不是教材。教材只是帮助学生养成阅读与写作习惯的一个例子，一个工具，在语文教育过程中应该以教材为客，学生为主。

叶圣陶这一观点表现出对学生主体地位的高度重视和对语文学习规律的充分尊重。新课程理念的核心就是以学生为主体，教师为主导。我们要秉承叶圣陶先生的理念，将真语文观贯穿于当代语文教学中。

真语文观就是告诉我们语文老师：语文课必须坚持自身的课程追求，承担语文课程的使命；语文课能够按照语文的规律去教，学生按照语文的规律去学；必须运用语文的方法教语文。

真语文高级研究员吴忠豪教授讲到，回归"真语文"，就要把握语文课程的重心，即阅读、理解、表达、运用。这就要求语文教学首先思考的是语文到底教什么、怎么教的问题，即语文教学首先得把教学内容定下来，然后才谈"下一步"。吴教授认为，教学内容不确定，或定位不准，是造成讲读课文效率低下的原因之一。

那么，如何正确确定教学内容？这就要求我们语文老师首先要明确语文课应该用课文学语文。什么是教学内容？吴教授在他的《跳出讲读课文的思维定式》一文中指出，教学内容就是为达到课程目标而选择的事实、概念、原理、技能、策略、态度、价值观等要素。课文只是学习语文的例子，用这篇课文教学什么语文知识、学习哪些方法、训练何种技能，需要教师根据自己的教学经验自行选择并确定。我们不能把课文内容误当成教学内容。

把握了语文课到底教什么的问题，接下来就是解决怎么教的问题了。我们语文老师不能把语文课上成历史课、政治课、生物课、音乐课，等等。语文教学不要转移所要教的语文内容。用吴教授的话来说，就是要守好本分，不要花了力气种了别人的地，或者在自己的地里种了别人的庄稼，而应该用语文的方法教学语文。

如何在高中语文教学中培养
学生的朗读能力

贵州省印江民族中学 任达杰

语文阅读教学要根植于情感，朗读是加深学生情感的最好办法。《语文课程标准》中指出："注重培养学生读、写、听、说方面的能力，各年级的阅读教学都要重视朗读，在阅读中陶冶学生的情感，激发想象。"因此，在阅读教学中，恰当地、充分地运用朗读手段，可以帮助学生理解内容、发展语言、拓展思维和陶冶情感。同时，朗读也是一种艺术的再创造，朗读是阅读教学中最常见的基本训练之一。它在使无声的书面语言变成有声有色的口头语言的过程中，眼、口、耳、脑等多种感官并用，既可以促进学生对知识的理解和记忆，又可以帮助学生积累大量的词汇和句子，提高学生的理解能力和表达能力，这就是"书读百遍，其义自见"的道理吧。高中阶段讲读课文没有阅读课文多，而学生上早读课经常读不起来，显然，在阅读教学中重视朗读的训练、加强朗读的指导是十分必要的。

一、依据教材，指导朗读

朗读作为一项阅读基本功和能力培养的方式非常重要。我们必须依据教材，依据不同文体的课文进行朗读指导。语文教材中所选的一些文章，多是文质兼美的名家名篇。就文体来说，课文中有诗歌、散文、小说、戏剧以及寓言、新闻、说明文等。在课堂教学中，教师如能充分利用教材，指导学生朗读，对学生理解语言文字、掌握规范的语言文字大有裨益。因此，在阅读教学中，教师在指导朗读时，就要根据不同的文体进行朗读指导。如高中选修课本《中国古代诗歌散文欣赏》中，我在教学李白的《梦游天姥吟留别》一文，在引导学生领悟作者创造的月下意境和梦中仙境时，用平缓、柔和轻快的语调朗读环境描写的语句，感受诗人月下飞渡镜湖时那种急切、兴奋、轻快、神往的心情，引导读者进入月光流泻、万物披纱、千岩万转、迷花倚石、四周幽静的意境，然后采取激越、鲜明的节奏，抑扬的语调，一气呵成的语势体会熊咆龙吟、栗深林兮惊层巅的森然恐怖和风雨欲来时的电闪雷鸣、山峰崩塌的意境。正当梦入高潮时，作者却"忽魂悸以魄动，恍惊起而长嗟。唯觉时之枕席，失向来之烟霞"。梦境突然消失了，面对现实，作者禁不住长嗟短叹，朗读时注意减缓朗读节奏。通过这些不同方式的朗读，就能让学生感受到梦游天姥的雄浑壮美，梦游洞天仙境的其乐融融的场面，领会月下镜湖美妙幽静的意境，从而理解诗歌的内容，提高了教学效果。

二、多种朗读，强化训练

一篇文章经过学生初读、精读等反复诵读之后，学生细心品味，而教师要做好以下几件事。

第一件事是指导学生把课文读正确、流畅。老师的作用是指导读好，疏通阅读中的障碍。如采用个别读、齐读等帮助学生纠正字音，理解词义，理解某些句子的意思等。教师通过对重点语句和段落的朗读指导，既可以加深学生对课文中心意思的掌握，又可以促进其对重点段中含义深刻的语句意思的理解，从而达到训练语感的目的。

第二件事就是品味赏读。课文中的重点段落，有些词语很准确，有些句子含义很深刻，对表现中心思想作用较大。指导学生读好这些词语、句段，可以帮助学生深入体会文章的思想感情。在教学中要创设情境，运用形象思维，启发学生想象，让学生边读边在脑海中浮现出课文中描写的艺术形象，产生"内心视像"，才会有身临其境之感，在感情上达到与作者的共鸣。如《登岳阳楼》中，诗人在颔联用了"吴楚东南坼，乾坤日夜浮"，生动形象地描绘了湖面浩瀚空阔的景象和无与伦比的磅礴气势，突出了祖国山河的壮美多姿。教师在指导朗读时，要着重指导学生读好其中的感情转化，然后让学生反复朗读，从中体会到作者忧国忧民的情怀，读出作者当时登上岳阳楼后产生出来的无奈、惊叹、感叹、忧伤，关心国家前程和百姓疾苦的复杂之情，从而引导学生与文本对话。通过品读和赏读让学生在朗读和评价的交流中学会阅读的方法，发展学生的语言表达能力，提高学生的人文素养。

第三件事就是要求学生把精彩之处熟读成诵。记住"精品"，为语言的发展打好基础，就是要帮助学生积累素材。学习语言，主要的不是依靠学生对课文内容的理性分析，而是靠对语言的直接感受和积累。如果我们能充分利用教材指导学生朗读，甚至熟读成诵，让学生直接感受语言，积累语言材料，了解多种语言表达方式，他们就能学会运用语言文字准确地表达自己的观点，抒发自己的感情，从而发展语言。正如我们一些教师在研讨《中国古代诗歌散文欣赏》中关于本册"诗歌教学"时提出的，诗歌单元重点是指导学生阅读背诵而不是讲解。

第四件事就是要教会学生迁移，就是学会运用。语文是交际工具，当然掌握了就要运用。在教学中要边学边用，帮助和引导学生树立起"学以致用"的观点，将课内外结合起来，得法于课内，得益于课外。同时要创造机会让学生实践，就是设计相应的训练，让学生在训练中强化知识，体会运用，达到拓展迁移的目的，激发学生的学习自信。

三、教师范读，感染学生

心理学告诉我们，模仿是人的天性，示范之所以能起到激发兴趣、诱发学习动机的作用，正是因为顺应了人的这一天性。由于近年高中扩大招生，部分学生的知识不是我们想象的那样充实。因为初中学习努力不够，积累的知识贫乏，模仿就成了他们的心理需要。学习语言也需要借助于模仿这个阶梯。适当的示范不但能激发学生的学习兴趣，而且还能增强学生学习的信心，消除畏难情绪。就教学法和教学效果而言，示范的直接性和现实性的重要作用是不可取代的。比如，指导学生有感情地朗读课文，倘若老师从道理上将应怀着怎样的感情读、如何突出重音、哪里应该读得快、哪里应该读得慢等一一说明，学生都不能达到预期的效果，那就说明学生理解不了。此时，教师范读就显得很有必要、有效果。当然，并不是老师一范读所有的问题就都解决了，范读之后的大量训练才能让其起的作用更大。因为课文中有些地方需要以读代讲，有些地方不读好就不能理解好课文的内容。有时朗读还可以营造气氛，让课堂气氛达到最高点。这就需要教师本身研究朗读，通过朗读课文把学生的注意力吸引过来，师生才能情不自禁地共同进入角色。当然，教师范读时要让学生边听边想，正确听出诗歌朗读的节奏、停顿和速度，听出散文作品的轻重缓急，让学生进入意境。如教学屈原的《湘夫人》，诗的开头是一个环境气氛十分耐人寻味的画面：凉爽的秋风不断吹来，洞庭湖中水波泛起，岸上树叶飘落。这里诗人用朴素自然的语言，以清秋的景色构成了一个美妙而略带轻愁的意境。这种环境气氛，奠定了全诗的感情基调，有力地渲染了湘君不见湘夫人的惆怅和迷惘的心理。读时，可从两方面着手：一是要正确地停顿；二是要读出重音。如读"鸟 / 何萃 / 兮 / 蘋中，罾 / 何为 / 兮 / 木上"和"麋 / 何食 / 兮 /

庭中，蛟／何为／兮／水裔"这两个反常现象的句子，都突出表现了人物内心的失望和困惑，就应该读出白居易在《琵琶行》中描写的"冰泉冷涩弦凝绝，凝绝不通声暂歇。别有幽愁暗恨生，此时无声胜有声"那种感觉来。通过这样的朗读指导，学生将会感受到一个事与愿违的爱情故事中主人翁是怎样的情感。由于时间或空间方面的错位，两个相好的人相约后却没有能够见面，显得格外沮丧，让人为之惋惜。有了这种体会，学生就自然而然地进入了这种意境，也就能够很好地领悟作者心中那种对美好事物和政治理想所寄予的不懈追求了。

叶圣陶先生曾说："教材无非是例子。"那么，利用好例子教给学生学习方法之后，接下来的应该是大量的实践，只有在实践中，学生的能力才能不断巩固、提高。因此，我深深地体会到，指导学生掌握正确的阅读方法，加强感情地朗读训练，是上好语文课不可忽视的重要环节。

高中诗歌鉴赏"四步走"的解题方法

贵州省铜仁市松桃苗族自治县第三高级中学 杨跃

诗歌鉴赏，是高考必考题之一，也是学生的瓶颈之一。对于诗歌鉴赏，2016 年贵州省考试说明中鉴赏评价为 D 等级这一要求，这告诉我们贵州高考对诗词鉴赏的考查侧重认知、理解、分析等综合能力。对于这样的要求，许多学生往往无从下笔，在平时的教学中，笔者也深深地感受到学生的困惑，那么诗词鉴赏应当从何入手呢？

在教学过程中，笔者发现一首诗词由四部分构成：标题、作者、内容、注释。那么分别从这四个方面入手，鉴赏步骤按照"四步走"的方法，这样目标明确，有的放矢，能整体把握诗词的主旨、情感等方面的内容。

一、看标题

标题是诗歌的眼睛，是我们鉴赏诗词的第一个重要突破口。诗词的题目，或者点明了时间、地点、人物，或者交代了诗歌所写的内容，或者点明了诗歌的类别，或者交代了诗词创作的原因，或者点明了诗歌的思想感情，等等。

（一）看标题，推断诗词类别

诗歌，从内容上来划分的话，可以分为山水田园诗（写景诗）、咏物诗、边塞诗、咏怀诗、咏史诗、送别诗等，各类诗歌都有其独特的主题，如：山水田园诗主要表达对山水田园的喜爱或对隐士生活的向往；咏物诗主要是托物言志；边塞诗主要是建功立业、归家无望、怀才不遇的主题；咏怀诗主要是即事抒怀；咏史诗主题多为借古讽今、怀古伤今、壮志难酬等；送别诗表达依依不舍的离愁别绪。因此，有的诗歌可以从标题推断出它的类别，从而探究它的主旨。如王维的《山居秋暝》，可以看出是山水田园诗，从而推断出王维对田园生活的喜爱，对隐士生活的向往；如于谦的《石灰吟》，可以看出是咏物诗，从而看出作者借石灰表达自己为国尽忠、死而后已的高尚情操；如岑参的《逢入京使》，可以看出是边塞诗，从而推断出表达归家无望的思乡之情感；如李商隐的《夜雨寄北》，可以看出是咏怀诗，借描写雨夜表达对妻子的思念，反衬自己的孤寂；如苏轼的《念奴娇 赤壁怀古》，可以看出是咏史诗，从而推断出表达作者壮志未酬的悲伤之情；如李白的《黄鹤楼送孟浩然之广陵》，可以看出是送别诗，从而推断出表达依依不舍的离愁别绪之主题。

（二）看标题，了解诗词内容

一般来说，诗句总是对题目的展开，我们可以通过诗歌的标题初步把握诗歌所写的主要内容，从而探究诗人的情感世界。如：屈原的《湘夫人》从题目看诗歌以人物为主，寄托的是对湘夫人的深深思念之情；张若虚的《春江花月夜》则是一首以描写景物为主的作品，紧扣春、江、花、月、夜展开；李白的《蜀道难》抒发了面对艰难道路的无限感慨；杜甫的《登岳阳楼》从登楼所看到的景物着眼，抒发自己内心复杂的情感（对亲戚朋友的眷念，对年老孤独的悲伤，对国家前途的忧虑以及无以报国的自哀）；李贺的《李凭箜篌引》一看便知描写的是弹奏者弹奏乐器的高超技艺；柳宗元的《登柳州城楼寄漳汀封连四州》，题目交代了诗人独在异乡登上高楼时，对远方朋友的深切思念与关照；陆游的《书愤》则流露出作者报国无门壮志难酬的愤慨之情；杜牧的一首《赤壁》将三国古战场与当时社会联系在了一起，颇有怀古伤今之意。

（三）看标题，把握思想情感

有些诗歌即便不读内容，从题目我们也可以领略到诗人的情感。如贾岛的《寻隐者不遇》，"寻"与"不遇"两个动作含蓄地表达了诗人寻人不遇的遗憾；又如李绅的《悯农》，"悯"，"哀怜，怜悯"之意，流露出对农民的深深同情；王昌龄的《闺怨》直截了当地将女子内心的怨恨之情溢于言表；而李白的《月下独酌》则写出了诗人在现实生活中的孤寂，从侧面暗示了诗人遗世独立的高洁人格。还有一系列送别诗如卢伦的《送李端》、刘长卿的《送灵澈上人》、王维的《送元二使安西》、高适的《别董大》、岑参的《白雪歌送武判官归京》，标题中均有"送""别"等字眼，寄托了诗人对友人的不舍之情。

二、审作者

"文章合为时而作，诗歌合为事而作"，每一首诗歌，都有它产生的社会根源和时代特征。因此，要真正读懂一首诗，必须知人论世，了解作者是诗歌鉴赏的基础。同样的景物，因诗人遭遇、心境的不同，会蕴含截然不同的情感。读诗时，必须注意诗人的遭遇如何、境况如何，注意诗人所处朝代的国势如何，朝政如何。联系这些，对诗歌的理解就更加全面而具体，并且对诗人情感世界的把握会更为准确，为诗歌意义的挖掘奠定良好的基础。

（一）知人

"知人"是指鉴赏作品时必须了解作者身世、经历、思想状况及写作动机等。

如岑参是唐代著名的边塞诗人。岑参怀着到塞外建功立业的志向，前后在边疆军队中生活了六年，对征战生活与塞外风光有长期的观察与体会。面对大漠、戈壁、天山、飞雪，他写下了一生中最灿烂的诗行。再如南宋偏安一隅，国势衰微，外敌入侵，民族矛盾异常尖锐。在这样的社会背景下，爱国主义是陆游作品的主旋律，其表现有反抗外侵、抒发壮志未酬、揭露腐败当局及关怀祖国人民等。陆游爱国主义思想的形成是由他所处的时代、家庭、社会环境及其自身的高贵品格决定的。

（二）论世

"论世"是指应联系作者所处的时代去考察作品内容。诗歌鉴赏不应忽视对其创作背景的了解。这里所说的背景，包括诗人所处的社会时代、生平遭遇、思想主张等多方面的内容。这些方面，对诗人的诗歌创作往往有着直接的影响。因而，我们在欣赏诗歌的时候，就应当借此来理解诗歌、把握诗歌。

1. 了解作者创作的时代背景

如阮籍的《咏怀八十二首（其七十九）》，要准确理解诗歌的主旨和诗人表达的思想感情，就要了解诗人生活的时代背景。魏晋时期，司马氏独专朝政，杀戮异己，被株连者很多。阮籍本来在政治上倾向于曹魏皇室，对司马氏集团怀有不满，但又感到世事已不可为，于是便采取放浪佯狂、明哲保身的态度。因此，阮籍的"咏史诗"或隐晦寓意，或直抒心迹，表现了诗人深沉的人生悲哀，展现了魏晋之际一代知识分子痛苦、抗争、苦闷、绝望的心路历程。所以借助阮籍生活的时代特点理解诗歌就容易多了。如读杜甫的《春夜喜雨》，全诗掩饰不住的"喜"扑面而来，这"喜"不仅仅是春雨"知时节"，主要还是杜甫赶上了"时节"——在成都杜甫草堂有了栖身之所，可以暂时避免颠沛流离之苦；而像"白头搔更短，浑欲不胜簪"（《春望》）、"自经丧乱少睡眠，长夜沾湿何由彻"（《茅屋为秋风所破歌》）、"何时倚虚幌，双照泪痕干"（《月夜》）等，却寄寓着国破家亡、思亲念友的无奈和苦痛，这类主题在杜甫诗歌中占很大比重，主要原因就在于杜甫用自己的笔和心为我们留下了"安史之乱"时期的现实生活！

2. 探究作者的生平

如我们在读杜甫《蜀相》诗时，除了要对作品中所写的诸葛亮的生平和功绩有所了解，还要对杜甫一生遭际、政治理想，以及杜甫写作这首诗时的心境做全面、深入的探究，才能充分理解杜甫作此诗的用意。又如曹操的《短歌行》，其主题是表达作者思贤若渴的心情和对人才的尊重，之所以这样说，是从作者写作时的心境推断出来的。当时是建安十三年，曹操率大军南下，列阵长江，欲一举荡平孙刘势力，大战前夕，他宴请众文武，饮至半夜，忽闻鸦声向南飞去，于是有感而发，持槊高歌，成诗《短歌行》。再如李清照的《醉花阴》（薄雾浓云愁永昼）和《声声慢》（寻寻觅觅），虽然同是写"愁"，但由于写作时间不同，前者为她早年作品，表现的是"销魂"之愁，后者为她南渡后晚年的作品，表现的则是"冷冷清清，凄凄惨惨戚戚"之愁。

鉴赏诗歌可以通过知人论世的方式，但仍须结合诗句，坚持具体问题具体分析的原则。

三、解内容

古诗鉴赏，其前提是要读懂诗歌。对于命题者来说，如何引导考生先读懂后鉴赏，命题的导向至关重要。对于考生来说，能否全面理解、深刻领悟作品的内容和技巧，能否读懂诗歌极其关键。因此，必须扭转轻读诗、重做题的倾向，而应沉下心来，反复咀嚼，一定要重视古诗本身给我们传达的内容，从而来解答古诗。

在考场上，读懂一首古诗，说到底就是理解诗句意思，明确诗歌写了哪些内容，是按照什么样的思路和层次来写的，进而理解诗人的情感和作品的主旨。内容和思路是读懂诗歌的关键。

诗的正文是阅读的核心，也是读懂诗歌的关键所在。这一环节是以平时的积累和素养为基础的，不过，方法上还要注意以下两个关键点。

（一）懂得结构章法和基本特点

1. 结构思路

古体诗：以自然段为层

诗歌 { 近体诗：绝句：前两句写景，后（次）两句抒情（第四句最重要）

律诗：前四句写景，后（次）四句抒情（主），有的诗讲究起承转合

$$词\begin{cases}上片\begin{cases}首句渲染气氛\\主句写景\\尾句过渡\quad 写景（次）\end{cases}\\下片：抒情（主）\end{cases}$$

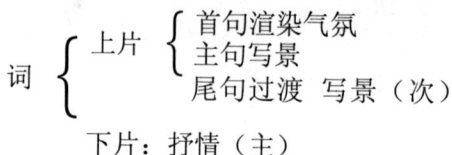

从"起承转合"的写作思路入手，读懂思路层次、大体内容，协助解答某类试题。

"起承转合"是古人写诗填词所遵循的结构章法。在古诗词中，"起"句就是开头，或写景，或抒情，或议论，方式多样。其作用有两种：点明题旨，统领全诗，奠定感情基调；托物起兴，烘托铺垫，渲染映衬。"承"句或写景，或叙事，或抒情，或议论，与"起"句自然衔接，是"起"句的延伸、拓展。"承"的形式有总接、分承、明顺、暗接、欲扬先抑、欲抑先扬等。其主要作用有承上启下，铺垫下文。"转"句在绝句里是第三句，在律诗中指颈联，在词曲中多指"过片"。"转"十分关键，往往由物及人，由景及情，由事及理，由浅入深，从正到反，思路的转换体现诗意的跳宕转折。抓住"转"句特点对解读诗意也很关键。"合"是结句，全诗不论写景、抒情、叙事、阐理，"合"句水到渠成，往往是诗歌主旨或诗人感情的凝聚之处。"合"句的作用一般有三种：呼应开篇或诗题，圆和首尾；对比前文或总结全诗，卒彰显志；以景结情，含蓄蕴藉，余味无穷。古诗词"合"的方式很多，但基本上分为两类：一是直笔明接，即直接抒情、言志、阐理；二是曲笔收束，用折射、暗示、象征等方法曲折表达作者的感情，寄托诗歌的主旨。

如：阅读下面这首诗，然后回答问题。

碛 中 作

岑 参

走马西来欲到天，辞家见月两回圆。

今夜不知何处宿，平沙万里绝人烟。

试赏析本诗末句的作用。

2. 基本特点，情景结合

首先，古人云：作诗无他端，只"情""景"二字。我们读诗、赏诗也一样，只要抓住了"情""景"，就等于抓住了"牛鼻子"。在正常情况下，旧体诗、词的基本章法是先写景，后抒情。对于近体诗来说，绝句的一、二两句，律诗的一、二两联，词的上片是写景的；绝句的三、四两句（尤其是末句），律诗的后两联（尤其是尾联），词的下片是抒情部分。而词，又特别强调上下片间的过渡（过片）。当然，也有少数诗作是后写景的。

　　情景结合不仅要注意其顺序，更要注意情与景之类的关系。

　　前后内容（即写景与抒情）是对应一致的，如乐景乐情，哀景哀情。

　　前后内容（即写景与抒情）是相关、相反、相衬的，形成虚实相衬的关系，如乐景衬哀情、明景衬暗情等。如：

诗　歌	层次及内容	
题竹石牧牛（并引） 黄庭坚 子瞻画丛竹怪石，伯时①增前坡牧儿骑牛，甚有意态，戏咏。 野次②小峥嵘，幽篁相倚绿。 阿童三尺棰③，御此老觳觫。 石吾甚爱之，勿遣牛砺角！ 牛砺角犹可，牛斗残我竹。 [注]①伯时：宋著名画家李公麟的字。②野次：郊野。③棰：鞭子。	前四句为第一个层次	分别写了石、竹、牧童、老牛四个物象，构成一幅完整的画面。
	后四句为第二个层次	写了作者由画中的内容而生发的感想。

　　其次，抓关键词句的情态。中国古典诗歌大都篇幅短小，钱钟书用"闪电战"来形容古诗鉴赏。而其语言高度凝练、概括、含蓄而有跳跃性。因此，读诗时千万不能匆匆一扫而过，这样绝对是读不懂、读不透的。而应一个字一个字地品读，边读边想其意，力求还原诗歌画面。当然，最重要的是抓住关键词句，迅速定位情感基调。如：

方　法	举　例
结句和其他标明诗眼的字句，往往直接透露了诗的主旨。	王维的《山居秋暝》最后两句"随意春芳歇，王孙自可留"是诗眼句，而"留"则是诗眼，全诗要表达的对山水田园的留恋和对官场的厌恶都通过"留"字表现了出来
诗词中的一两个字往往揭示了其情感，这样的字叫"情感语言"。如抓住了这些字，把握思想感情往往既快又准。它不单单是诗眼词眼，有时藏在写景叙事句中。	"细草微风岸，危樯独夜舟"中的"独"字就是情感语言，它揭示出了诗人的孤独感；"独行穿落叶，闲坐数流萤"中的"独""闲"就是情感语言，揭示出诗人的孤独、无聊之感

　　（3）抓住景、事、情。任何类别的诗歌都离不开"景""事（典故）""情"

三要素，其中"景""事（典故）"是表象，"情"是诗的内核。我们要做的就是仔细阅读全诗，对文字信息进行检索分类，注意诗中出现的景物意象、人物事件，由意象、事件生发开去。只有一个意象的画面，如荷花、菊花、竹子，本身就含有诗人全部的思想感情；众多意象组成的画面意境，其中也以一两个意象为主。通过对景、事、情的提炼、理解，围绕人之常情，推导出诗的主旨。

如李白的《登金陵凤凰台》，我们从景、事、情三方面对这首诗的颔联、颈联和尾联进行分析。

登金陵凤凰台 李白 凤凰台上凤凰游， 凤去台空江自流。 吴宫花草埋幽径， 晋代衣冠成古丘。 三山半落青天外， 二水中分白鹭洲。 总为浮云能蔽日， 长安不见使人愁。	景	空荡荡的凤凰台，千古自流的江水，落日下的山峦、青山、长江水，水中白鹭洲。写的是南京的自然景色依旧
	事	诗人游凤凰古台，看到吴宫上演的今昔变化，感受晋代衣冠成冢。写的是南京作为六朝古都经历由盛到衰的变化。
	情	有变的，有不变的，人世沧桑巨变，自然景物亘古永恒，古今对比，诗人抒发了古今兴亡盛衰之感。"浮云能蔽日"有深意，"云"漂浮不定，与左右逢源的奸邪小人相似；"日"为天的代表，指皇帝天子。浮云蔽日使自己不得见长安，自然因不被统治者重用而忧愁。

四、明注释

古诗鉴赏中往往会出现"注释"，这在一定程度上降低了我们解题的难度。从命题者的角度看，如果不是涉及诗歌的重要内容，不影响对诗歌的理解的话，决不会多此一举。所以，注释的提示作用也不可忽视。

（一）弄清楚注释的类型

一般情况下，有这样五种类型：注标题，注背景，注作者，注字词，注诗句。而这五种类型也不是截然分开的，常常在注释标题时就把背景、标题含义或者作者也注释了。对作者的注释内容一般包括作者的生卒年、字号、出生地、地位和风格等。对字词、诗句的注释一般除了注释词读音和意义外，常常还注明出处。

如《水龙吟·登建康赏心亭》的标题注释是"水龙吟，词牌名。这首词写于淳熙元年（1174）秋，作者在江东安抚司参议官任上。这时他南渡已 12 年之久，尚未得到北伐抗敌的机会。建康，今江苏南京。赏心亭，在建康下水门城上，下临秦淮河"。（人教版语文必修 2）这个注释就包含了对标题类型、含义和写作背景的说明。

（二）明确各种注释的作用

一是明体裁。标题注释中通常有诸如"选自《诗经》""选自《古诗十九首》""乐府旧题""词牌名"之类的注释，那是为了说明该诗的体裁。因为体裁不同，表现手法和写作风格甚至主题思想都各有特点。如知道是选自《诗经》，就应该了解"风、雅、颂、赋、比、兴"这"六义"。

二是明意思。有些字词、诗句的含义晦涩难懂，或者有着特殊的含义，这时通常就会有注释。它的作用就是给读者疏通文字障碍，让读者能尽快明白意思。如韩偓的《残春旅舍》（2015 年高考语文新课标全国 II 卷）中注"朝簪"为"朝廷官员的冠饰"。如不注释，很容易被误解为"早上的簪子"。那样的话就可能"误入歧途"了。

三是明意图。有些注释，看起来不引人注目，但透露出作者的创作意图，须明察。如杜甫的《登高》（人教版语文必修 3）标题注释为"选自《杜诗详注》。作于唐代宗大历二年（767）秋天的重阳节"。看起来只是注明写作时间，其实还告诉我们作者的创作意图，那就是晚年的杜甫在寒秋的重阳佳节登高望远，自然感慨万端，这样就不难理解诗人所要抒发的长年漂泊、老病孤愁的复杂情感了。

四是明情感。读懂诗歌的一个重要标志就是读懂诗人的情感，而读懂情感的关键在于能迅速抓住"点情词"（点明情感的词语），但有些点情词本身并不好理解。如李清照的《声声慢》中"戚戚"的意思并非都能理解，如读了注释"悲愁、哀伤的样子"（人教版语文必修 4），我们很快就明白了诗人的情感基调。

五是明手法。有些词句的注释直接告诉读者用了什么表现手法，如苏轼的《新城道中（其一）》中"野桃含笑竹篱短，溪柳自摇沙水清"，从"笑""摇"可以看出诗人运用了拟人的表现手法，写出了春雨之后山村迷人的晨景。也有的不是直接点明，需要学生借助于思考，从中发现。如《积雨辋川庄作》（人教版语文选修·中国古代诗歌散文赏析）中对"野老与人争席罢，海鸥何事更相疑"的注释为："自己（野老）与人相处，不狂妄，不拘形迹，恐怕连海鸥也不会猜疑了。野老，村野老人，此是诗人自谓。争席，争座位，表示彼此融洽无间，不拘礼节。《庄子·杂篇》记载，杨朱去从老子学道，路上旅社主人欢迎他，客人都给他让座；学成归来，旅客们却不再让座，而与他'争席'，说明杨朱已得自然之道，与人们没有隔阂了。《列子·黄帝篇》记载，海上有人与海鸥相亲近，互不猜疑。一天，父亲要他把海鸥捉回家来，他又到海滨时，海鸥便飞得远远的，心术不正破坏了他和海鸥的亲密关系。"这个注释后半部分指出诗句的来源，稍加分析就能概括出"用典"这种手法。

（三）重视分析注释

具体鉴赏时，我们首先要高度重视注释，坚信小字里有大文章。其次，要认真阅读注释，要尽快明确注释的作用，以便有所取舍。最后，要力争从注释中有所发现，特别是对理解诗人的情感和表现手法有帮助的要仔细揣摩，有时还要关注诗词的地位和风格。

比如纳兰性德的《长相思》①：山一程，水一程，身向榆关②那畔③行，夜深千帐④灯。风一更，雪一更⑤，聒⑥碎乡心梦不成，故园⑦无此声。

①选自《纳兰词笺注》。纳兰性德（1655—1685），原名成德，字容若，号楞伽山人。词作以小令见长，亲信自然，直抒胸臆，风格接近李煜。内容多书写个人的相思离别和哀思闲愁，情调感伤低沉，凄婉哀怨。感情自然真挚，多用白描手法。这首词为作者于康熙二十一年随康熙出巡山海关外，途中所作。

②榆关：即山海关，在今河北秦皇岛东北。

③那畔：那边。

④千帐：极言跟随康熙出巡卫军的营帐很多。

⑤风一更，雪一更：意思是，风雪一夜未停。更，旧时夜里的计时单位，每夜五更，每更相当于两个小时。

⑥聒：声音嘈杂，这里指风雪声。

⑦故园：家乡，这里指背景。

我们研究注释①，便初步了解了作者的作品风格，知道了作者写作的背景，对作品中蕴含的情感便有了一定程度的认识：离家在外，自然会流露出对家乡的深深思念之情。再加上是风雪夜，更增添了一丝悲凉的氛围，使人愁肠百转。

当然，并不是任何一首诗词的鉴赏都需要运用"四步走"方法，但诗词的标题、作者、内容、注释四部分是我们鉴赏诗歌的突破口，试卷上没有一个字是多余的，所以，在鉴赏诗歌时候，这四部分一定要尽可能地理解到位。

中国古典诗歌鉴赏中的图文转换

贵州省毕节黔西第一中学　符小梅

摘　要：意境是中国古典诗歌的灵魂，是鉴赏诗歌的关键，也是一个难点。景和情是古典诗歌的要素，是鉴赏意境的突破口。古典诗歌与传统的中国画尤其是山水画有着很多相通相融的特质，把诗与画相结合，运用想象和联想，实现图文转换，是鉴赏诗歌意境最好的一种方法。

关键词：意境　意象　想象　联想　图文转换

诗歌是一切艺术中最崇高、最完美的艺术形式，它运用富有鲜明节奏和韵律的语言，以强烈的感情、丰富的想象，高度概括地反映了生活。同时，它也陶冶了人们的情感，影响着人们的生活。中国的古典诗歌便是如此，它们带着民族的精神款款而来。从《诗经》到楚辞，从陶渊明到"建安七子"，从唐诗到宋词再到元曲，高潮迭起，直到今天仍散发着不朽的艺术魅力。欣赏中国古典诗歌，最关键的在于欣赏其意境之美。这是古典诗歌最具民族性的特质，也是中国古典诗歌所追求的最高艺术标准。

何为"意境"？王国维在《宋元戏曲史》里面这样说："写情则沁人心脾，写景则在人耳目，述事则如其口出是也。古诗词之佳者，无不如是。"王国维又说："能写真景物、真感情者，谓之有境界，否则谓之无境界。"其实真正能够体现一首诗的意境美的，应当是情和景的有机结合、情和景的密不可分，也就是我们欣赏一首诗，看它怎样写景，看它怎样通过写景来把思想感情融会其中，这是古典诗歌最具民族性的特质，也是中国古典诗歌所追求的最高艺术标准。欧阳修曾说过："古画画意不画形，梅诗咏物无隐情，忘形得意知者寡，不若见诗如见画。"被称为"希腊的伏尔泰"的西摩尼德斯也说过："诗为有声之画，画为无声之诗。"当主观情感与客观形象相结合，诉诸文字即成诗，见诸笔墨即为画。中国诗同样也追求意境之美，同样以具体的艺术形象为媒介获得主观的意。这种相通相融，诗画同质，相得益彰，形成了一种民族的独特的艺术境界。这也为我们鉴赏诗歌提供了一种极富诗情画意的方法——图文转换。

苏轼评价王维的诗"诗中有画，画中有诗"。王维不仅是一位诗人，还精通书画和音乐，自称"宿世谬词客，前身应画师"。他深知诗与画应该相互渗透的道理，而他创作的山水诗，自身特点又恰恰适合"诗中有画"的意象方式，因此王维的"诗画合一"就是一个必然的果实。正如钱钟书所说的："南宗画创始人王维也是神韵诗的大师，'诗画是孪生姐妹'这句话用来品评他是最贴切不过了。"王维的《山居秋暝》"空山新雨后，天气晚来秋。明月松间照，清泉石上流。竹喧归浣女，莲动下渔舟。随意春芳谢，王孙自可留"就是捕捉光、影、声、色入诗，将秋雨后宁静湿润的青山、蓝天上高悬的明月作为画的上部，将松林、松林间柔和的月光、泉水、山石，并置在画的中部，至于画的下部，展示的则是竹、浣女、莲、渔舟。寥寥数语，勾勒出鲜明生动的画面。又如温庭筠《商山早行》中"鸡声茅店月，人迹板桥霜"二句。明月静静地照着茅屋，公鸡催人的啼声意境响起；清晨的板桥上全是又冷又白的寒霜，早起的行人在桥上留下一个又一个的脚印。画面清幽宁静，意境凄冷萧瑟。中国古典诗歌总是能在读者面前展开一幅幅或空灵明净，或峻拔雄健，或明快壮丽，或萧瑟凄冷的画面，把文字转换为可触可感的图景，让人在其中去领会意境之美。

意境从何而来？意象。意境的结构特征是虚实相生。意境由两部分组成：一部分是"如在目前"的较实的因素，称为"实境"；另一部分是"见于言外"的较虚的部分，称为"虚境"。虚境是实境的升华，体现着实境创造的意向和目的，体现着整个意境的艺术品位和审美效果，制约着实境的创造和描写，处于意境结构中的灵魂、统帅地位。但是，虚境不能凭空产生，它必须以实境为载体，落实到实境的具体描绘上。而意象就是作者在描绘景时所选择的客观物象，以构成"实境"，这些艺术形象的组合就是一个个生动的画面。阅读鉴赏时就是要组合意象，形成图画，感受意境，完成一次由文到图的转换。

这种转换是一种悄无声息的、看不见又摸不着的转换。与其说转换，不如说是想象和联想。别林斯基说过："在文学中，尤其在诗中，想象是主要的活动力量。"诗人是通过想象和联想创造出诗的形象，读者也就要通过想象和联想正确地把握诗人的艺术构思，从而丰富地再现诗人创造的形象。再加上诗歌语言情感的含蓄性，也决定了在鉴赏的过程中必须展开联想和想象，唯其如此，才能领悟其意境美。如柳永的《雨霖铃》中"今宵酒醒何处？杨柳岸，晓风残月"几句。杨柳、晓风、残月，无一不是凄楚迷离，象征着思念，再加上一个酒醉的离人，画面已极其清晰。离人借酒消愁，今宵酒醒以后，人又已在何处呢？应是杨柳依依，晓风习习，残月斜挂。诗人在刚刚离别之时就想象自己在离别后的孤独思念，倍显孤独凄凉。这些画面是作者的想象，阅读时，我们也需要用想象去描绘。我们只有设身处地地站在作者的情境中去想象，把文字转换成图画，才能体味其中无比凄苦的意味。在阅读鉴赏的时候，组合意象，在头脑中构思成一幅完整的图画，就是一个转换想象的过程。这种图文的转换想象是每个读者所必需的一种素养。

这种转换是存在着极大的个体差异的。艺术的想象是一种在观念形态上对现实的表象和形象进行再造或创造的心理能力。想象的根据是欣赏者在生活中积累起来的各种感觉经验。各种感觉经验的相互作用，是欣赏者对于形象的概括性感知的条件。因此，只有不断提高欣赏者的各种感觉经验，欣赏者的想象和联想能力才能不断得到提高，诗歌中的形象才能逼真、全面地浮现在欣赏者的头脑中，进而才能感知和理解艺术形象。所以说，想象和联想的突出作用在于再造或创造，鉴赏者生活感知经验积累的丰富与否，决定着想象与联想质量的高低。如柳宗元的《江雪》一诗，从表面上看，诗人所要具体表现的画面极其简单：不过是一条小船上一个穿蓑衣戴笠帽的老翁在大雪覆盖的江面上钓鱼而已。但我们知道，艺术世界中的客观现实是一个虚实相结合的世界，主观和客观相结合，才能创造美的形象，才能化景为情，融情入景。意境有实境，有虚境，唯有以实为虚，化虚为实，才能体味出幽远的境界。而在这一虚一实之间，欣赏者的个体差异就会体现出来。首先是画面的构图、色彩的运用、光影的协调等，都会千差万别，如果一味追求画面的客观真实，那画面和景物就是死的；如果不结合作者的人生经历、写作背景，完全以虚为虚，就太空洞虚无。所以这首诗当虚在这个孤傲脱俗的人物上，结合自己的感觉经验对他进行美化、幻化。而实呢？当实在作者身上。这个形象不正是被贬后借山水寄托自己清高而孤傲的情感，抒发自己在政治上失意苦恼的柳宗元吗？这样，诗歌那种冷寂孤傲的意境不就呈现出来了吗？

古典诗歌追求虚实相生意境之美，而这种美在中国画尤其是山水画中也有淋漓尽致的表现。所以人们常说诗画同源，很多诗人就是画家。画上题诗，始于宋人。画意之不足，诗文以补之。比如，郑板桥画的竹，在这幅画上题写了"卧听衙署潇潇竹，疑是民间疾苦声"的诗句，画的意境便赫然凸显出来了，余味无穷。同样，画家也能根据诗句创造出画作。宋代宣和年间宋徽宗赵佶设画院，常常召见画家命题作画。如以"深山藏古寺"为题，有人画的是一条小溪，数级石阶延伸于山中，石阶上有一担水的和尚。深山藏古寺没见古寺，却道出古寺藏在山中，其立意之新，意境之妙，美不胜收。所以欣赏中国古典诗歌，经过图文的转换，常常就是在欣赏一幅幅意境优美的中国画。"诗是有声的画，画是无声的诗"，诗画像济，诗画互补，从而产生出绝美的意境。

诗歌鉴赏是一门综合性的艺术，它需要多种方法的综合运用。每个欣赏者都应该提升自己的文学修养，积累生活经验，提高领悟理解能力，这样，在鉴赏诗歌意境时才能得心应手，才能更自由、更深刻地感悟中国古典诗歌的艺术魅力，在其中探索民族的精神。

参考文献

[1] 中华诗词名句鉴赏 [M]．西安：陕西旅游出版社，2002．

[2] 朱光潜．诗论 [M]．合肥：安徽教育出版社，1997．

[3] 钱钟书．中国诗与中国画 [J]．中国社会科学院研究生院学学报，1985（01）．

语文课堂如何 "少教多学"

贵州省印江第一中学　吴伯军

　　语文是一门既清晰又模糊的学科。围绕语文教学，从叶圣陶、张志公、吕叔湘、朱自清到于漪、钱梦龙，再到余映潮，可谓名家辈出，流派纷呈。而放眼当今的语文教学，只能说差强人意：貌似热闹的谈思想内容、说人生哲理、品诗情画掩盖不了单薄贫瘠的课堂本质；很多教师以为"能讲的都讲了，该讲的都讲了"，却不知自己在照抄照搬别人的教案，在机械下载别人的课件中迷失了自我。为此，本文从备课这一环节切入，探讨语文课堂如何做到少教多学，以期在激活语文教学上做一点抛砖引玉的尝试。

　　高中语文选修课的设置，是为了适应学生不同的发展倾向和个性特点，应充分尊重学生的自主权和选择权，让学生有选择性地学习，为他们的个性发展提供更为广阔的空间。选修课的开设为语文教育提供了新的发展机遇，同时也对语文教育工作者提出了巨大的挑战。选什么、怎么选、怎么教，是选修教学必须解决的问题。教师要按照各个系列的课程目标，根据本校的课程资源和学生的需求，有选择地设计模块，开设选修课。如何达成选修课程的目标，如何少教多学，我们进行了一些思考与探索，下面以《唐诗宋词选读》教学为例来说明。

一、课程设置的目的

　　中国是一个诗的国度，诗在我国源远流长，而唐朝是诗歌创作的鼎盛期，到宋朝词则发展到顶峰。《唐诗宋词选读》是针对部分对唐诗宋词兴趣浓厚的学生而开设的。旨在精选唐宋时期重要诗词流派和诗人、词人的代表作品，让学生在诵读涵泳中感受作品的意境和形象，获得情感的体验、心灵的共鸣和精神的陶冶；在整体感知的基础上，学习从创意和构思、意境和意象、语言技巧等方面对唐诗宋词进行赏析，感悟其艺术魅力，获得丰富的审美感受；在个性化阅读、多元化鉴赏中努力开拓创新阅读鉴赏的空间。首先，其定位是"选读"，即通过阅读诗词佳作进行语言、情感和思维的积累；其次，是"欣赏"，即对作品内容的精深与形式的完美之处能"看好处""说门道";最后，若有可能，则可向"鉴别"方向延展，能对诗词品优劣、判高下。

二、当下教学存在的问题

一是教学方式错位。即误把选修当成必修。《唐诗宋词选读》共有 12 个单元，61 首诗词，其中列为选读或自读的有 24 首，必教篇目达到了 37 首，而高二第一学期一周一般为 5 个课时，面面俱到的想法导致教学进度与教学时间产生了严重的冲突。必修课突出课程的基础性和均衡性，强调的是"公平发展"；选修课是让学生进行有选择地学习，以促进学生的个性发展；二者具有等价性，但没有主次之分，是一种互补关系。教师要灵活处理必修与选修间的关系，让其更利于教学和学生学习。在教学中，可以把必修教材的内容作为"点"，在"点"上求精深，"点"上求辐射；把选修教材内容作为"面"，在"面"上求广博，"面"上求补充。我们既不能把选修课上成必修课的复制，也不能将选修课上成随意的讲座，只有将二者有机结合起来才能取得好的效果。

二是教学方法单一。目前在《唐诗宋词选读》教学中，较普遍采用的是教师串讲课型，单一的课型影响了学生学习的主动性和积极性。教师串讲课型、主题讲座课型、读书报告课型、评点交流课型、课题报告课型、作业练习课型，这几种课型完全可以根据教学实际，灵活运用，以避免因课型的单一而影响学生的学习兴趣。

三是教学方法陈旧。在教学中，不少教师依然缺乏对新课程理念的正确认识。教学中很多教师习惯于把知识嚼碎了喂给学生，对每一首诗词条分缕析，生怕学生理解不透，生怕漏过一处要点，无视诗歌学习的规律与方法，教师口干舌燥，学生听得得昏昏欲睡，离编者所说的让学生"走进唐诗宋词这座美的殿堂，进行一次美的巡礼"渐行渐远，完全没有达到选修学习的目的。

三、教学优化的方法策略

苏霍姆林斯基在《给教师的建议》中说："教师只有使学生的脑力劳动个体化，才能保证学生的积极的智力活动。"教师必须仔细观察每一位学生是怎样学习的，应该教给他们独立学习的本领。在学习中要充分尊重学生自主学习、合作学习、探究学习的权利，给足时间和空间，让他们充分体验学习过程中的快乐，使课堂"活"起来，让他们真正成为课堂的主人，这才是保证学生学完教材所必需的环节。我深受启发，在教学中采取如下方法。

第一，专题教学，提高教学效率。对古诗词的学习，必修教材的目标很明确：结合时代背景理解诗词含义，把握诗词感情，让学生吃透诗词内容。而在选修课中，绝对不能局限于这个层面，更重要的是要以点带面，让学生全面地认识诗人不同时期的诗歌及风格，走近诗人。按单元教学，能感受一个时代的诗风，比如初唐诗是"风神初振"，盛唐诗是"声律风骨兼备"。但弊端在于一个单元中诗的题材多样，以"风神初振"初唐诗单元为例，涉及的主题有羁旅诗、登高诗、边塞诗、送别诗、山水田园诗，学生面对多样的题材，难以把握，对诗歌的解读往往是凭感觉，缺少抓手，并且知识呈碎片化状态，不利于学生构建完整的知识体系。因此，在教学中根据题材将诗分为边塞诗、咏史诗、羁旅登高诗、山水田园诗等几类进行专题教学，每一个专题精选一两首典型诗歌进行精读，从意象、手法、情感三方面进行解读，总结诗的特点与规律，再选择配套读本中相关诗歌进行阅读训练，通过专题教学，使学生较好地掌握一类诗歌的鉴赏路径和规律。

第二，诵读教学，提高审美能力。《唐诗宋词选读》单篇作品的教学，主要以读为核心，分步进行。从参读到诵读，到美读，到比读，到议读，再到研读，选择不同读法，力求每读一次，对作品的赏析便更进一层。让学生参读，意在使学生学会查阅与选读、鉴赏诗歌有关的各种资料，我们在教学时主要让学生参读练习册，为进一步鉴赏作品打好基础。诵读主要在早读课上进行，要求学生在初步理解的基础上，用朗读的方法，熟读作品，逐步加深理解，直到能够背诵，形成语感，进行语言、情感和思维的积累。美读，要求学生在初步理解作品的基础上，通过反复诵读，有声有色地把作者的思想感情恰如其分地传达出来。为了激发学生读诗的兴趣、提高学生读诗的水平，常常以班级为单位举办诗歌朗诵会，或个人朗诵，或男女分组，或小组对抗，或集体朗诵，多样的朗读方式，促进学生朗诵和审美能力的提高。

第三，读写结合，提高鉴赏能力。在《唐诗宋词选读》的鉴赏教学中，我们有意识地布置一些写作任务，如学习王维的《山居秋暝》时，要求学生用散文的语言改写诗歌意境，从而更好地体会诗人诗中有画的创作特点，加深理解苏轼的评价"味摩诘之诗，诗中有画"。在教学中，我们发现有的学生对唐诗宋词非常喜欢，有一种跃跃欲试的创作冲动，对这些学生，我适时引导，先让学生了解诗词格律的要求，然后让他们自己写作，再从学生的创作中挑选较为成功的作品进行评点批注，肯定精彩之处，指出不足之处。

第四，比较阅读，提高探究能力。比读，即比较阅读，将诗和词做比较，引导学生理解"诗之境阔，词之言长"（《人间词话》），引导学生细加咀嚼玩味唐诗宋词各自的诗化内涵和不同的形式美感，鉴赏唐诗时有意突出其丰盛热烈的风神，鉴赏宋词时突出其精微细腻的韵致。同样是唐诗，赏析盛唐诗要充分感受其盛唐气象、少年精神，赏析晚唐诗要充分领略其感时伤怀、余晖绚烂；同样是宋词，欣赏婉约词要体会其浅吟低唱的情韵，欣赏豪放词要体味其昂首高歌的气势。在教学唐诗宋词时要善用比较阅读法，例如学习"沉郁顿挫的杜甫诗"这一专题时，把《兵车行》和《石壕吏》进行比较阅读，深入体会诗人同情人民苦难的情怀；把《客至》和《宾至》进行比较阅读，深入体会两首诗在情感和用语上的差异；把《咏怀古迹五首（其三）》与王安石的《明妃曲》进行比较阅读，理解不同的诗人如何借同一个故事寄托不同的情怀。议读，主要是学习一些含义丰富且表达比较委婉，历来有争议的作品，把一些容易产生歧义的内容或看法提出来，组织学生讨论，鼓励学生独立思考，认真钻研，大胆发表自己的意见和看法。例如学习《春江花月夜》时，因作品本身内涵丰富，诗歌中传达出来的对宇宙和人生的思考丰富，学生理解起来有一定困难，所以在分析意象和意境的基础上，引入名家的一些解读，组织学生讨论。另外，针对不同版本中出现的不同用字，让学生结合自己对诗中的情境和意象的理解，讨论选择最为妥帖的字。研读，即运用探究性学习策略，指导帮助学生自主确立小且好的选题，或独立探究，或合作探究，最终得出学生自己的结论。例如，学习"新天下耳目的东坡词"这一专题，指导学生将苏轼词与晏殊词、柳永词和张先词等进行比较，探究苏轼词究竟"新"在何处，得出自己的结论。

高中语文选修课，应当确立以学生的"学"为主的教学理念，要使学生借助必修课所学的知识和能力来选择性学习，发展自己的古代文学的综合素养。教师应该明白：选修应该是让学生"学完"，而不是由教师来"教完"。选修课教学过程中一定要突出学生自主学习的主体地位。简单地说，我们在选修课堂上，要让学生读一读、写一写、说一说、议一议、背一背，切切实实提高学生古诗词阅读能力、鉴赏能力、探究能力，让学生在选修课的学习中获得全方位的发展。

我为语文做什么

贵州省铜仁市第八中学 田洪翔

推进教育改革、发展素质教育是时代的要求，是历史的使命。我作为一名语文学科教育工作者，深知身上所担负的重任，因而在实际工作中，积极更新教育理念，改革教育方法，不断地进行探讨、研究、实践、反思。下面，我就从几个方面谈谈自己在教学工作中的一些实践和反思。

一、发挥教师、学生两个主体的积极性和创造性

从新课程的角度来看，教师和学生都是课程的开发者和创造者，而不只是被动的执行者。因此，教师、学生都是语文课程实施过程中的主体，也只有在这个意义上，教学相长才真正成为可能。在语文课堂教学中，教师既要发挥出自身的积极性和创造性，更要让学生成为课堂教学的主动参与者，成为问题的发现者和解决者。具体问题，我并不直接告诉学生答案，而是提示他们回去以后查找相关的资料，这样，学生通过提出疑问、自行释疑，既深入理解了课文，又丰富了课外知识。由此，我就启发学生：文选内容固然重要，但也有其局限性，需要大量的课外阅读来充实、完善。

二、贯彻以学为主的基本思想

贯彻以学为主的基本思想就是把学生看作语文学习的主人，在课堂教学中以学生的学习活动为主。比如，在教学课文之前，我经常先把自己制定的教学目标展示给学生，然后让学生在读课文后根据我制定的学习目标再讨论确定自己的学习目标，作业也可自主确定。这样。就使全体学生都能真正地参与到课堂教学的全过程，还参与了目标的制定和作业的布置，从而让不同层次的学生都能找到适合自己的学习目标，可以在自学阶段有本可依，有章可循，并取得成就感。

三、语文课堂教学要突出重点，营造亮点

突出重点，就是要明确教学目标和教学任务的轻重主次，在整体感知上对课文重点进行局部的深入探究或知识的迁移，最后再归结到整体上来，深化对文章的认识。课堂教学中的亮点应该是疑问的聚焦点，思维的交汇点，教学的创新点。学新课文时，我先让学生预习课文，再让他们通过分组讨论，进行评价，看哪一组同学表演得最为恰切，最符合文章要表现的思想。学生的兴奋点被激活了，他们在阐述中融入了许多现代汉语词汇和意识，加进了大量肢体语言，对文本进行了再创造。这种轻松愉悦的教学形式，既激发了学生的灵感和情感，又帮助学生更好地理解了文章的主旨；既激起了学生的表演欲望，又挖掘出学生的创新潜能。

四、转变思路

转变思路，即由教师教的思路转向学生学的思路，由文章学的思路转向阅读学的思路。教师应注意重视学生提出的意见和建议，尊重学生的认识规律和独特体验。只有遵循学生学的思路和阅读学的思路，才能真正激发师生的积极性和创造性。在具体教学中，我采取了整体—局部—整体的阅读学思路，以学生的自学为主，先让学生整体感知课文。谈自己的感受、看法和疑问，然后加以梳理，根据学生提出的问题再读课文，让学生就这些方面深入讨论，最后我再作总结。整堂课，学生自始至终都处于一种主动的参与状态，学习效果良好。

五、培养学生拥有较为完整的阅读体系

培养学生拥有较为完整的阅读体系是写作能力提高的关键——"向阅读要写作能力"。学生涉猎广泛的课外知识领域，需要教师的正确引导和适时关心。我参考新课标课外读物，指导学生制订阅读计划，学会自主积累，帮助他们建立写作素材库，引导他们从中汲取精华，"博众人之长于己身气"。

六、重视培养学生健康的情感、态度和价值观

情感是教学艺术之魂，没有情感的融入，教学艺术之花就不能开放。而语文教学就是要动之以情、晓之以理，以情来与学生沟通，以情来陶冶学生。在语文教学中，情感既是教学的目标，又是教学的手段。如一个意味深长的眼神、一句平常的唠叨……从中感受人与人之间的情感，然后想一想自己应如何理解他们，感受他们。之后，许多学生在周记中谈了学习后的感想及自己对父母亲的感激之情。学生的思想在此受到了洗礼，感情在此得到了释放。

课改过程中，我不断对自己提出新的要求，转变观念，转变角色，转变行为，丰富知识结构，提高综合素质，在培养学生优化发展、引领学生健康成长的过程中，实现自己在专业上的发展和人生的成长。

开往春天的地铁

——真语文之真情感

贵州省铜仁市第一中学 杨榕

摘 要：培养学生的情感，引导学生体会文章感情，让学生与作者同喜同悲，教会学生敢爱敢恨，培养学生正确的人生观、价值观，是语文课堂的重要任务。高中教材的课文都是经过专家反复斟酌所选，都是符合当下高中学生的情感发展的。情感，让语文教学充满活力，它是语文课堂教学的生命。所以我认为语文课堂教学过程，既是一个"传道、授业、解惑"的认知过程，又是一个"陶冶学生情操，引导学生走向正途"的情感过程。我们的教育必须确立情感培养目标，实施情感教育，而且要远离"伪感情"，寻找"真语文"，探索真语文之真情感，坐上这列开往春天的地铁。

关键词：真语文 真情感 教学方式

语文教育脱离文本，教师对文本解读不充分导致教学质量下降。"语文应该来源于生活，服务于生活，语文教师不能单讲课文，摒弃生活。"在厦门市外国语学校举行的"全国真语文系列活动"上，来自全国各地的教师对当下的语文教育进行了反思。教育部前新闻发言人、语文出版社社长王旭明带领"真语文团队"在全国各地推广"真语文"概念。王旭明认为，现在的语文教育存在很多的"假语文"。"《再别康桥》是诗人徐志摩对友人和情人的怀念，有些老师非得说它表达了诗人热爱祖国、热爱故土的情感。这就是明显的'假语文'。'真语文'在教学效果上能切实提高学生听说读写的能力，'假语文'是在耽误学生的时间。"我认为对真假语文的探讨和反思是语文教学中一列"开往春天的地铁"，尤其是语文教学中真假情感教学的探讨。

建设高中语文课程，《全日制义务教育语文课程标准（实验）》中明确提出基本理念：根据新时期高中语文教育的任务和学生的需求，从"知识和能力""过程和方法""情感态度和价值观"三个方面出发设计课程目标，努力改革课程的内容、结构和实施机制。白居易在《与元九书》中说："感人心者，莫先乎情。"这里的"情"指的是人的情感。培养学生的情感，引导学生体会文章感情，让学生与作者同喜同悲，教会学生敢爱敢恨，培养学生正确的人生观、价值观，是语文课堂的重要任务。高中教材的课文都是经过专家反复斟酌所选，都是符合当下高中学生的情感发展的。情感，让语文教学充满活力，它是语文课堂教学的生命。所以我认为语文课堂教学过程，既是一个"传道、授业、解惑"的认知过程，又是一个"陶冶学生情操，引导学生走向正途"的情感过程。我们的教育必须确立情感培养目标，实施情感教育，而且要远离"伪感情"，寻找"真语文"，探索真语文之真情感，坐上这列开往春天的地铁。

教育家赞可夫说："教学一旦触及学生的情感和意志领域，触及学生的精神需要，便能发挥其高度有效的作用。"实践证明，在语文教学中，教师可运用多种方式激发学生的情感。

一、挖掘文本内涵，以文本导情

张宣成《毛诗·序》中说："诗者，志之所之也，在心为志，发言为诗。"刘勰的《文心雕龙》中也说："夫缀文者，情动而发。""情者文之主经，理者文之纬。"情感是文章的主线，是文章的灵魂，这就要求作者须"情动而辞发"，读者须"披文以入情"。

高中语文教材每一篇文章无不是作者"情感"的结晶，不仅向学生提供着知识信息，而且表达了作者一定的情感体验，蕴藏着丰富的情感教育因素，而我们在教学中应该给学生讲文本中真正要表达的情感，如自古以来，被误解得最深的可能就是屈原《九歌》中的《国殇》。《国殇》常被解释成为楚国阵亡将士的颂辞，而在儒家主流文化忠君爱国的大前提下，《国殇》更像一篇在阵亡将士纪念碑或忠烈祠中诵读的冠冕堂皇的祭文，挖掘文本我们看到的是屈原这位伟大而坚定的孤独者以其独特的人格孤军奋战，当他徘徊于汨罗江边的时候，只能孤独地与天地对话，对这个世界发出最后的质问："安能以皓皓之白，而蒙世俗之尘埃。"这仿佛是屈原的独白，更是他留给后人的遗书，是他纵身一跃的唯一解释。他就是《国殇》中那些头手分离的肉身，那些在荒野上飘飞找不到回家的路的魂魄，他在为这些同样孤独的灵魂招魂。但正是因为这份"举世皆浊我独清，众人皆醉我独醒"的孤独境界，这份"亦余心之所善兮，虽九死其犹未悔"的执着坚持，让诗仙李白大声吟出"屈平词赋悬日月"，让屈原清清白白地、孤独地行走在污浊的世界。

通过细读文本、挖掘文本来引导学生体味作者的真情感，是当前高中语文教学中的重中之重，随着多媒体教学条件的普及，不少语文教师过于依赖新媒体，有的教师直接念起了PPT，对文本分析得不够透彻，脱离文本，一上课就上网搜索，用别人现成的课件，教师缺乏独立思考的能力，没能理解吃透文本，学生自然学不好。如此，也会使我们的学生对作者的真情感造成误读，造成混乱。

二、以诵读悟情

现在语文课堂，尤其是高中语文公开课，很多已经脱离了语文本真，我们看到的是炫目的课件、视频、音乐和老师卖力的表演。一节课没有读书声，全是教师拼命地灌入。王旭明先生呼吁："真语文的着力点是回归，是找回，回归语文教学最初的原点。"一篇文章学生不去反复朗诵，又怎么能体味作者的情感？犹记得自己以前高中学习中语文老师为我们深情朗诵林觉民先生的《与妻书》，声声感人，读毕她早已热泪盈眶，那时我们还不能完全理解老师在朗诵这篇文章时的情感，但随着年龄的增长，对这个场景越发记忆深刻。《与妻书》是林觉民先生在赴广州参加起义前三天，在香港江滨楼挑灯写下的绝笔书，全书婉转千余字，读之断肠，催人泪下，既倾诉了对妻子真挚的爱，更抒发了他忧国忧民，为了中国的前途勇于奋斗、勇于牺牲的精神。林觉民的"与妻诀别书"是香港开埠以来，在香港土地上写下的最优美壮丽的文字。作者一份宝贵的情感通过文本表达出来，需要我们通过诵读来体会。我认为高中课堂对诵读的要求更应加强，让学生在朗读中入境悟情，重视培养学生的自主学习能力，重视以读为本，读中感悟，培养学生在朗读中通过品味语言来体会情感的意识。

如《再别康桥》的教学，我们大多数老师都会让学生泛读一遍后找出《再别康桥》展示的画面，然后强行灌入式赏析，其实通过泛读，学生是很难理解作者的情感的，所以就出现文章开头王旭明先生所说的"假语文"，学生会凭借自己的经验无故拔高文本作者要表达的情感。实践教学中，我试着让学生通过反复诵读的形式，一步一步体味情感，一读品字，二读品句，三读品情，最后再由图片重新入诗。通过诵读导情，给学生时间让他们慢慢来。

语文课本里的变革正在慢慢推进，高考改革就在为我们的语文改革提供着最好的时机：据最新的语文高考改革方案，高考语文将增加分值，高考的指挥棒在向着语文倾斜。我们也期待看到，即使没有炫目的课件、视频和音乐，只要一根粉笔，一个黑板，我们的语文课，足以带给孩子们最真、最深的感动。

三、创设课堂情境，注重学生体验

《语文课程标准》明确指出："要注重情感体验。""应让学生在主动积极的思维和情感活动中，加深理解和体验，有所感悟和思考，受到情感熏陶，获得思想启迪，享受审美乐趣。要珍视学生独特的感受、体验和理解。"情感是语文学习中理解和表达的心理基础，成功的语文教学离不开情感教育。

在学习苏教版王羲之的《兰亭集序》这篇文章时，对王羲之的由喜转悲，对他在文本中体现出来的生命意识这个教学难点，我一直无法找到突破口。以前教学中到最后都是强行灌入，学生根本没有真正体会到王羲之这种生命意识，后来通过思考我改变了以往的教学思路。我让三个同学到黑板前，其他同学在自己的位子上，拿出自己的笔，写下自己认为最重要的五个人。学生选好以后，开始设置情境：有一天，你和你生命中最重要的五个人乘船出海游玩，不幸遇船体破裂，船只下沉，为了减轻船体重量，必须有一个人跳下去。设置好情境后，我开始发出第一道指令：请选择第一个跳下去的人。同学们从嬉闹中停止下来，在短暂的思考之后，学生做出了自己不同的选择。继续设置情境：海水继续渗入，必须再跳下去一个人。当只剩下两个人的时候，教室里已经非常安静了。笔者发出最后一道指令：船体下沉，只能留一个人，请再划去一个。这个时候，很多同学眉头紧锁，犹豫不决。其中一个男生，他手里拿着粉笔，在父亲和母亲的两个称谓之间来回移动。可以看出，他在做痛苦的选择。随着时间的推移，他的脑袋上慢慢地渗出了汗珠。最后这个男生竟然哭了。最终，在父母之间，他没有划去任何一个。事后，我让学生谈谈这次活动的体验，学生纷纷发言，然后我再让学生去体会王羲之为什么会由喜转悲，为什么会在这次愉悦的聚会后有这样一种生命意识体会，学生理解起来就简单多了："父母在，不远游"，我们要学会珍惜，珍惜身边人，珍惜生命。王瑶先生说："我们念魏晋人的诗，感到最普遍、最深刻、最能激动人心的，便是那在诗中充满了时光飘忽和人生短促的思想与情感。"王羲之他知道我们不是神仙道人，是血肉之躯，要珍惜生命，士大夫要"兼济天下"去实现抱负，正因为他对生命是如此珍惜，所以他"悲"古人，他对生命的体验和古人对生命的体验是何其相似。

除了上述的方式让学生体味真语文之真情感外，我们还可以通过拓展课外阅读中的文化视野和情感领域来提高学生的情感体验。新课标要求学生阅读《家》《红楼梦》《高老头》等八部经典名著，就是有意识地拓展语文学习的空间，引导学生感受中华文化和外国文化的精神，了解中外文化背景，把握文化底蕴。教师可以鼓励学生开展多种活动，如写书评、读后感，举办读书报告会、作品讨论会等，分享阅读乐趣，交流阅读成果，共同提高阅读能力。如果学生从课外阅读中享受到莫大的乐趣和情感体验，那么语文教学就成功了一半。

参考文献

[1] 蒋勋. 孤独六讲 [M]. 桂林：广西师范大学出版社，2009.

[2] 刘勰. 文心雕龙 [M]. 北京：中华书局，2012..

浅论现代汉语中的歧义现象

贵州省松桃县第三高级中学　刘惠翠

摘　要：汉语里歧义现象相当普遍，无论是书面语还是口语中，都随处可见，所以系统地认识和研究汉语歧义问题是很有必要的。从理论研究的角度说，它实际上是句法歧义现象，往往反映出一种语言系统的错综复杂和精细微妙之处，词典里的词条释义除了有名词外，很少不是多义的，词的组合也往往可以做多种分析，分析歧义现象可以使我们对语言现象的观察和分析更深入；从实用角度说，只有识别清楚并分化语言中的歧义现象，才能排除其消极因素对言语交际的干扰，并利用其积极因素以增强其表达效果。本文就从含义、种类、作用、消除四方面对现代汉语中的歧义进行分析。

关键词：歧义　语音　结构

一种语言语法系统里的错综复杂和精细微妙之处往往在歧义现象里得到反映。因此分析歧义现象会带给我们许多有益的启示。我们在修改病句的时候，常会讲到其中的一个病因，那就是句子有歧义。所谓，简单地讲就是指一句话有两种或两种以上的理解，是一种"语富"现象。

例如：

①思念着故乡的亲人们。

我们可以理解为：一是对故乡的亲人表示思念；二是亲人们，他们对故乡思念。

②我叫他去。

"叫"可理解为让、使、派，这个句子的意思就是"我派他去"，"叫"也可以理解为"喊、唤、招"等意思，这个句子就是"我叫他"或"我去喊他"。

③开刀的是他父亲。

"开刀的"可以是主刀做手术的大夫，也可以理解为"被做手术的患者"。

生活中，也有很多有趣的歧义现象。请看下面的这句话：

他背着媳妇做了不少事。

这句话中的"背"就有不解之缘，不过这句话也可理解为他做事不让爱人知道。再如，"咬死了猎人的狗"中的猎人和狗谁死谁活竟然难以分清。"鸡不吃了"到底是鸡不吃饭了还是人不吃鸡了。"鸟不打了"，是鸟不打架了，还是人不打鸟了尚不清楚。

总之，歧义句就是一个句子没有固定的意思，有两种或多种理解和意思。

歧义从不同的角度分，有多种类型。从语用上看，歧义分无意歧义和有意歧义，广告词、合同或条约的例外条款、双关等是有意歧义的例子。无意歧义一般发生在词语的字面意义、所指和结构层面上，属"言内语境"的研究范畴，主要指语句的语义内容，即语言本身的因素，多数是由句法及语法歧义现象所导致。一般意在表达一种意思或一个指称对象，通常是偶然的（尽管时常发生，却是非故意的语法现象，是说话人在不经意和无意识的状况下触发的）。

例如：①关心学校的教师。

此例可以分析出不同的层次：

（1a）［关心＋（学校的＋教师）］

（1b）［（关心＋学校的）＋教师］

以上例子中的语素序列没有变，只是句法结构层次不同，它分别同（1a）（1b）相对应：（1a）是动词短语，（1b）是名词短语，即两个深层结构共一个表层结构。

②"好，好！"看的人们说。（鲁迅：《阿Q正传》）

该句中的"好，好！"这句话，"不知道是劝解，是颂扬，还是煽动"，它既同阿Q与小D这场"龙虎斗"的特定语境相关联，又与这句话的语义解释有关系，即"好，好！"这个语句有"劝解"（停止殴斗）、"颂扬"以及由"颂扬"而引申出的"煽动"；鼓励殴斗是话语接受者充分理解对方话语意图的前提下，故意引发的，会产生积极的语用效果的意思。

一、歧义产生的原因

从考察歧义的语言范围来看，歧义分语内歧义和语际歧义。语际歧义发生在一种语言翻译成另外一种语言时，语际歧义既有语法上的歧义，也有文化造成的歧义。如：在英语里有些动词可以作为及物动词，也可以作为不及物动词，其不及物动词形式往往有被动的意思，这种用法有时会引起歧义。如：The tiger is too small to kill. 可理解为：The tiger is too small to kill others.（这只老虎太小了不能杀死其他动物。）也可理解为：The tiger is too small for others to kill.（这只老虎太小了很容易被杀掉。）

那是什么原因造成句子产生歧义呢？下边从几个方面加以分析。

（一）语音、轻重、停顿不确定引起歧义

1. 同形字造成的歧义

词典中一字多音现象即同形字为数不少，尤其是高频字，而不同的音往往与不同的意义和功能相联系，所以一串汉字构成的序列有时很容易引起歧解。如"这个人好说话"根据"好"读 hao[拼音体]还是 hao[拼音体]可以有两种理解。

在文字材料中，最重要的歧义现象是由于字序造成的结构歧义。典型的结构歧义是由于合成式句法词缺少标记造成的。如"非法国大将选出……"可分析成"非/法国/大将/选出……"或"非法/国大/将/选出……"对于这种结构歧义现象还有很多，如："这份报告我写/不好。（不赞成自己写）""这份报告我/写不好。（没有把握）"再如："你说/不过他也得说。（两个人都说）""你说不过他/也得说。（一个人说）"赵元任在《汉语中的歧义》中举了一个有四种意义的例子：①"汽车，快点儿！"②"汽车！快点儿！"③"叫汽车/快点儿。"④"叫/汽车快点儿。"

2. 同音歧义

如果相同的一个音节或几个音节代表了不同的语素或语素组合，并且它们在相同的上下文中都有意义，就会造成同音歧义。最简单的同音歧义是相同的语音形式属于相同的形式类。如：现代汉语中"半"和"瓣"同音，因为"给我一半儿（瓣儿）"是同音歧义句。另外相同的上下文中的同音语素在句子中的功能不一定相同。如："ni de hua jiao de shui bu gou"中"浇"和"椒"引起整个结构的不同。此外，一个语音形式（不管是否写作同一汉字）所代表的两个引申义相差极大，却通常被当成同音形式，与语源上无关的同音形式一样看待。如："才能"是连词还是名词依据上下文才能断定。意义不同而字形相同语音相同的音节，在语源形式上可能不同。如"区别、各别、分别"中的"别"与用来记录否定性命令词语"不要"的融合形式的"别"。

（二）直接成分造成的歧义

文章指出由于直接成分可做多种切分而造成的歧义是最有意思和最重要的歧义现象，其根源是线性修饰——有层次的修饰关键的复合结构只能

用单一的线性序列来表达，这是由语言的线条性决定的，非汉语所独有。有的时候直接成分造成的歧义会牵涉到同音形式。这种情况下，如果两个同音形式的文字形式是不同的，可用汉字来消除歧义。如："xin wen xue"有两种理解："新文学"和"新闻学"。直接成分引起的歧义也将涉及除了修饰以外的句法和词法。如"大不了"做1+2切分时有两种解释：①没完没了，"不了"是个合成词；②至多也不过，"大不了"是个潜在的合成词，"了"读轻声。

（三）其他形式的结构歧义

句中的每个词理解的词性功能不同，那么这个句子也会产生歧义。即词的兼类造成的歧义。例如 "汤热着呢"有歧义：①汤还很热；②汤正在加热。不同类型的结构体造成的歧义。如："多少"作为一个由一对反义语素组成的合成词结构，意指多么的少或这么少。而显性语法关系明确的语法结构如果有歧义，可能有一些隐性的形式对应不同的意义。如 "估计的费用"关系两个不同的核心短语：①所估计的费用；②估计费。汉语动词的动作方向既可以是主动的又可以是被动的，这经常引起歧义。如："这鱼给他们吃点儿啊？"

（四）省略不当引起歧义

例如：

①孩子们很喜欢离休干部李大伯，一来到这里就有说有笑，十分高兴。（谁来到这里？孩子们还是李大伯？）

②他只有一个儿子，在医院工作。（谁在医院工作？他还是儿子？）

③我看见张原扶着一位老人走下车来，手里提着一个黑色提包。（谁提包？张原还是老人？）

（五）"的"字引起的歧义

"的"字不止一种用法，用得最多的是把修饰语连到名词上去。这里常常遇到困难：被"的"字引进的修饰语从哪个字算起？换个说法就是"的"字的管界问题，也就是会不会产生结构歧义的问题。例如：

①（四个医学院的）学生参加了巡回医疗队。

②四个（医学院的）学生参加了巡回医疗队。

①和②的学生人数相差很多。

"的"字跟"和"字用在一起，最容易产生管界问题。例如：

①把（重要的书籍）和（手稿）带走。

②把重要的（书籍和手稿）带走。

有时候，有"的"字没有歧义，省去"的"字就有歧义。例如：吉林山西安分别召开工会代表大会选举产生三省总工会领导机构。尽管前面有"分别"二字，也还不能完全防止读者误会"三省总工会"是一个机构。如果"三省"之后有一个"的"字，就不容易产生这样的误会。

除"的"以外，也还有些别的字，由于语义不同，引起结构分歧。例如"没有"：

①我没有一次 / 看完。

②我没有 / 一次看完。

①的"没有"是"有"的否定，是动词；②的"没有"是完成的否定，是助动词。

此外，我觉得人的主观因素也是不可忽视的。一个人的情绪、心情和所处环境对句子的理解也会产生很大影响。言为心志。人的心情愉悦时，思路开阔，思维敏捷，富有情感；人的心情低沉、心烦气躁时，思路闭塞，思维迟缓，对句子理解得不够透彻，思想消极。如：今天太阳真大。心情好时会理解成阳光灿烂，表达对太阳的喜爱之情；心情沉闷时，会理解成阳光太刺眼，照射太强，表现出对太阳的恶厌之情。

二、消除歧义的方法

歧义的存在严重影响了读者对语句的理解，干扰了社会交际中的信息交流，因此，我们在话语交流和写作过程中，应尽量避免和消除歧义。消除歧义的手段大致有四种方法：语音、语境、环境、情理。

（一）语音的轻重可以有抉择意义的作用

①我' 想·起·来·了

②我想' 起·来·了（不想再睡了）

下面是写下来无歧义说起来有歧义的例子，与上面举的例子正好相反。

①写得好好（比印的好）

②写得好

（二）利用语境消除歧义

给歧义句增设上下文，创设一个具体的语言环境。

下面的例子是因为有上文，所以不产生歧义：

〔问〕：你们几个一组？〔答〕我们 / 三个一组。

〔问〕：你跟谁一组？〔答〕：我们三个 / 一组。

下面是由后续词语解除歧义的例子：

人在政策在，（困难何所惧）

"人在政策在"可以理解为"人也在，政策也在（a）"也可以理解为"人在几时政策在（b）"有了后半句"困难何所惧"，那就一定是（a）了。

（三）利用说话的环境排除歧义

说话的环境，比如谁说的、在什么地方说的、在什么时候说的等可以排除歧义。"鸡不吃了"。这句话可以理解为鸡不吃食（a），也可以理解为人不吃鸡（b），看是在什么地方说的。如果这句话是在院子里说的，大概是（a），如果这句话是在厨房里或餐桌旁边说的，大概是（b）。

（四）根据情理来排除错误解释

普通话学不好，怎么办？学呀！……下点心，往地道里学。

这里的"点心"当然不是可以吃的点心，"地道"也不是《地道战》里的地道。

此外，还有调整语序法，如"几个学校的领导"改成"学校的几个领导"；增删词语法，如"到 2008 年，他还欠款 1000 元（人民币）"，可改为"他已还欠款 1000 元（人民币）"或"他还欠 1000 元（人民币）"；增加标点法，如"小莉的妈妈不爱她，家里人谁也不相信"。

歧义给我们的生活带来一些误解的麻烦，也为文学作品的魅力增添了奇妙的一笔，在辨析句意时，我们只要明晰歧义的不同现象，了解产生歧义的原因，清楚地了解歧义现象，能掌握引起歧义的几种文法，比较分析，多方推敲，歧义是可以消除的。不断深化人们对语言现象的认识，能使人们在生活中更好地理解彼此的话，能更准确、更积极地了解别人，使人际关系更加融洽与和谐。

参考文献

[1] 朱德熙. 现代汉语语法研究 [M]. 北京：商务印书馆，2005.

[2] 胡裕树. 现代汉语 [M]. 上海：上海教育出版社，2004.

[3] 马庆株. 二十世纪现代汉语语法论著指要 [M]. 北京：商务印书馆，2006.

追本溯源，回归自然

贵州省铜仁市第八中学 肖庆林

摘　要：追本溯源，回归自然。返璞归真，这才是语文教学的出路和目的。语文教学不要去追求那些华而不实的东西。立足本真，读书、教书、教书育人，既体现出了语文教学的工具性，也体现出了语文教学的人文性。我想我的语文教学之路就不在远方，它就在脚下……

关键词：听说读写　字词句篇　本真语文　语文课堂

　　什么是真正的语文课堂？语文教学应该怎样教？这是一个值得探究的问题，因为它一直困扰着我，我相信可能也困扰着许多语文教师。

　　时代在不断进步，经济也发生着巨大的变化，各行各业都在摸索改革。教育的改革，教材的改进，教育教学理念的培训和更新，使我们的语文教学也随之发生了巨大的变化。现在很多学校的语文教学成了"艺术表演"，教学的模式"遍地开花"，教学的理念"盲目跟风"，好像有一种"大跃进"的感觉，语文教学究竟该怎么开展？

　　我很荣幸参加了贵州省高中语文名师工作室（主持人：代泽斌），作为贵州省高中语文名师工作室的学员，参加了20多天的跟岗研修学习，感触颇深。在跟岗研修学习的过程中我主要听课学习了铜仁一中代泽斌、成勇、王玫君、王加蓉、周哲光、罗明星老师，铜仁市第四中学敖海洋老师，铜仁市民族中学陈朵老师，江苏省教育科学研究院沈中老师，玉屏县民族中学陈慧老师，松桃县盘信民族中学龙根生老师，铜仁市第八中学田洪翔老师的课，都是常态课，随堂听课；还参加了在北京举行的"第二届全国语文名师成长大讲堂"的研修培训学习。这些教师的课堂都体现出了语文教学的本真在里面，这是"少教多学"的体现，因为教师们没有表演，没有跟风，没有作秀，现在的新课程理念是"自主、合作、探究、结论"，关键是要因材施教，具体而行，内化运用。但往往在很多地方都是照搬照抄，盲目跟风，最后导致了整个课堂像"赶乡场，看猴戏"一样，显得多么热闹，"耍猴人"多么有才华，观众惊讶了，佩服了，看愣了，最后学生得了什么呢？

经过这些日子的历练和学习，现在，我更加认识到"不管怎么样，语文教学的本质就是在于通过'听、说、读、写'的手段来让学生获得'字、词、句、篇'的东西，提升学生的语文素养，达到综合运用的这样做了，同时也这样作了。

听、说、读、写是学生语文综合素养的一项基本技能，我们作为高等动物生活在社会上，学会运用语言并运用好语言，需要长时间的训练和积累，这项技能的运用与获得直接可以影响到学生的前途命运和终身发展。

一、"听"

不管时间有多忙，任务有多重，上课期间，我每天都必要求我的学生在教室里准时观看《新闻联播》，而且学生在观看《新闻联播》的时候必须是态度端正的，要达到"正襟危坐，专心致志"，教师在学生观看《新闻联播》的同时，也要"以身作则"，树立榜样的作用。榜样的力量是无穷的，教师要融入到学生当中去，做一个存在的在的听众，和学生一起观看。而且在学生观看《新闻联播》之前必须布置给他们一定的任务，比如课后写观看《新闻联播》的纪要、体会。要将这些任务具体落实在自己的读书笔记上，大家必须认真观看，这样才有时效性、目的性。这是非常必要的，因为我认为观看《新闻联播》不仅仅是让学生训练了"听"的能力和专注的能力，同时可以向主播学习普通话，关注时事动态，了解大千世界，培养社会责任感。

二、"说"

关于说这个活动也是安排在语文课堂上，在正式进入课堂学习前的3—5分钟让一名学生上讲台说。被抽到上讲台说话的学生，同时要扮演老师的角色，代替老师喊"上课""请坐下"等之类的问候语。这里的"说"范围比较宽泛：说新闻，说故事，朗诵经典、优美的文章，即兴说话，课前演讲，口头作文，等等。通过"说"的活动，可以培养说话者的自信心，增强其应变能力、组织能力、表达能力；而对于在下面听的学生来说，也有很大的帮助，他们从中可以学到认真聆听别人的诉说就是对别人的极大尊重。假如换位思考一下：你上去说话，别人不听你的，或者在平常的生活中，你有什么高兴和值得庆贺的事想要给别人一起分享，别人也不听，你是什么感受呢？同时当你遇到了麻烦，悲伤的事情要去跟好朋友诉说，让他为你出谋划策，他也不听你的话时，你肯定会难受极了。在这一活动过程中我们学会了换位思考，锻炼了说的能力。

三、"读"

读显得尤为重要，生命的质量需要锻铸，阅读是锻铸的重要一环。只要你愿意去阅读，就有可能改变你的人生轨迹，你应该完全在你的学习计划当中把"阅读"安排进去，而且坚持不懈，遵照执行。现在的社会节奏快，人们的心也比较浮躁，学生很难静下心来读几本书，阅读量非常少。针对这样的情况，在开学之初我就给学生做了规定，先去买一个大大的笔记本，按照学生的读书计划进行。一个星期必须把读书笔记按时、按量上交，我统一检查批阅，作为平时的作业，形成常态化，这样学生们就会慢慢地养成自觉读书的习惯。培养了学生这样的兴趣之后，他就有可能主动去找书、买书来阅读。在读书的时候一定要广泛涉猎，由广博到精深；阅读的时候，可以随时把好词好句摘抄下来，做好读书笔记，善于思考，深入思考，写好札记，在早自习或其他空闲时间把读书笔记拿出来读一读，品一品。这样学生就可以从经典美文中，感受到性情的陶冶；从中外名著中启迪思想的深邃；从杂志文摘中领略到社会的百态。读书能使我们获得美感；读书能使我们明智；读书能丰富我们的文化内涵；读书能让我们的生活更美好。热爱书吧——这是知识的源泉！

四、"写"

这是一项更高层次的技能活动，既要看态度端正与否和"字"写得规范不规范，还要看写得漂亮不漂亮。关于写字的问题，端正态度写规范字，可以养成认真专注的好习惯，我们虽然不要求学生当书法家，但必须端正态度，养成好习惯，何况我们生活在这么一个具有文化底蕴的国度。作为教师要认真引导学生，要有耐心，自己也要身体力行，写规范字。当然教师也不能操之过急，今天让学生买了本字帖，明天就要他写规范字，这也是不切合实际的，即使他写得不规范，甚至态度不端正，我们也要多交流，必要的批评也是不可少的，如沐春风般的批评会收到意想不到的效果。

另外，"写"的内容也非常重要，要看是否丰富深刻，有没有自己的思想。如果有不需要了的报纸杂志，学生完全可以把里面的好词好句和有价值的图片剪辑下来做成阅读卡片，粘贴在自己的读书笔记上。在平常的生活当中要求学生注意多观察生活，有句俗话说得好，"世事洞明皆学问，人情练达皆文章。"听到的一些好歌词，可以记一记；大街上、马路边或电视上有些好的广告标语，也可以记一记；别人说出的一些比较精辟、富于哲理、非常优美的话语同样可以进行捕捉；在读书阅报过程中的思想感悟，可以随时写在你的笔记本上。这些作为资料保存，以便我们随时可以进行翻阅运用，养成记读书笔记、积累知识的好习惯。最好是熟读成诵，增长知识，增强自己的语言表达能力。

听、说、读、写是学生必须养成的语言运用能力，也是语文综合素养训练与培养的重要环节，它们之间有机统一、密不可分。这也是新课程标准上的要求与规定，我亲身体会到了它的重要性，我们的教师，特别是语文教师在平常的教育教学过程中自始至终把它贯穿在其中，不断提升学生"字、词、句、篇"的能力，达到知识的灵活运用。让学生真正获得语文的综合素养，达到运用的能力，这才是语文学习的目的。

追本溯源，回归自然。返璞归真，这才是语文教学的出路和目的。语文教学，不要去追求那些华而不实的东西，立足本真，读书、教书、教书育人，既体现出语文教学的工具性，也体现出了语文教学的人文性，我想我的语文教学之路就不在远方，它就在脚下……

参考文献

[1] 高尔基. 谈读书.

[2] 倪文锦. 高中语文新课程教学法 [M]. 北京：高等教育出版社，2004.

[3] 张建春. 浅谈中学语文教学中工具性与人文性的统一 [J]. 教育实践与研究，2010（2）：30-31.

回到朴素的语文课堂

贵州省铜仁市第一中学　黄丽娜

摘　要： 高中语文课程标准规定的必修课程中，有阅读与鉴赏、表达与交流两个目标，并且制定了语文作为基础学科，既要重视考察考生对中学语文知识的掌握程度，又要注意考察考生进入高等学校继续学习的潜能。这样的规定非常明确地讲解了教师的教和学生的学。但是，现在的语文课堂现实是不断地走向边缘化。教师千方百计地换各种花样来吸引课堂上的学生，学生对这些花样很感兴趣，但是对语文，即阅读没有任何兴趣，鉴赏根本不会，表达与交流也更是谈不上。所以，教师想尽办法，学生没有收获。我想应该使我们的语文课堂回到"真"的语文课堂，即朴素的课堂上来。

关键词： 语文　阅读与鉴赏　　真语文

语文课堂走到今天，遇到了很多问题。语文课堂应该是怎样的，语文课的内容应该是什么，语文要教给学生的是什么，在信息如此膨胀的社会课堂上的教师还能给学生讲点什么，我想是很多一线的语文教师都很难回答的问题。

不知道什么时候开始，如果在语文课堂上教师没有使用 PPT 的话，这个语文教师就算不得是合格的，这堂语文课就算不上是成功的课。也可以说是没有任何出彩、新颖的地方。那么这里就问了：如果这个教师 PPT 做得很好，一节课都认真地讲解上面的内容，这样的课就成功了吗？事实上是，语文课我们应该明确给学生什么东西，授课方法具有有效和生动性，而不是把死的内容原封不动地给学生。都是教语文，内容才是最重要的。学生得到什么才是最能体现这堂课的精彩的。

但是，让学生在课堂上有所得，这句话说起来容易，做起来太难了。因为现实和理想的距离有时候真的很遥远。

有很多语文教师正在这条路上苦苦地追寻、思索。我们的前辈就"真语文"即"真的语文课堂"谈到了很多经验。

叶圣陶先生曾经说过，"真语文"是针对"假语文"而谈的。

我们语文课堂现实是，我们有些语文教师的课堂偏离了，语文教学的中心内容跑到一些左道上去了，有些专家就给这样的语文课起了个名字，叫"假语文"。

那么"假语文"假在哪些方面呢？

早在20世纪，叶圣陶先生就对这些"假语文"课堂、假语文教师进行了统一的归纳，一共有七种。

第一种，教古文诗歌，一句一句地讲，把纸面的问句翻作口头语；第二种，喜欢发挥文中提到的人物故事，而课文内容却不讲；第三种，把语文课当成道德讲堂，语文教师把道德训练都担在自己肩膀上；第四种，称赞选文，空有称赞，却没有能讲清楚什么好；第五种，硬生要学生写一些议论国家大事的文章；第六种，乱删学生作文，作文不认真批改；第七种，批改作文的时候非常认真地去改学生的标点符号，其他的一概不管不顾。

叶先生概括的这七种教师，是现实中存在最普遍的。综上，我们理解到语文教师在教学中要顾及教学过程当中的具体方法，深刻认识到语文教学课程标准。

这样就回到我们"真语文"的话题上，在这里"真"之于"假"相对，并不相反，真是在一种"朴素"的教学方式上，是抛开PPT，抛开华丽刺激的电影剪辑，让学生在课堂深入理解、鉴赏一篇文章，并在这种长期的训练中，形成自由的、个性的、独立的人，具备自然、健康的心理品质，最后建立独立的人格品质。

由此，我们应该注意的真语文课堂，尤其体现在诗文的鉴赏上面。高中课程改革后，增加了大量古诗文篇目。这些篇目都是古代经典的诗歌和散文，教课的教师基本都是科班出身，他们在大学里面已经欣赏过这些诗文，真心喜欢这些文章。这样在上课前就已经有了一种情感的认同，即，真的是一篇不错的文章或者诗歌。开课导入的时候，一定会夸夸这首诗，或者这篇文。这样就会让自己不自觉地变成了叶先生说的第四种老师，一味说好，却说不出文章怎样好，一个空空的好字扔给学生。

如屈原的《离骚》，这样的作品应该是属于中国文学史上的瑰宝，明珠一样，它当然是好作品，但是我们只是告诉学生，屈原是伟大的，《离骚》是前无古人后无来者的好文章，恐怕学生刚好因为你讲了这句，而得出一个相反的结论：这样的好文章为什么我看不懂呢？我就是不要去背它，我就是不知道文章中的花花草草为什么是高洁的品格的象征呢！那么，这个时候，需要教师进入文本，从最朴素的字词句来分析，带领学生走进文章、走进屈原、走进他所处的那个时代，让学生自己理解文意，理解屈原，理解屈原的理想，理解他的时代，最后认可屈原，愿意学习他的诗句，愿意知道他的创作过程，愿意把"亦余心之所善兮，虽九死其犹未悔"作为自己的人生信条，最后喜欢上《离骚》，喜欢上屈原。

还有，无论是作为书法瑰宝还是文学作品，《兰亭集序》都是当之无愧的。古往今来，多少人拜读，那一句"每揽昔人兴感之由，若合一契，未尝不临文嗟悼，不能不喻之于怀"道出多少无法言表的感慨。

但是，我们的学生只有十几岁，他们的人生才刚刚开始，没有王羲之那样坎坷的人生经历，也没有生活在那样动荡的年代，不仅是学生，教师也是这样。所以，对文本最真实的解读，对字句最朴素的感悟，就是最能带领学生领会文意、了解作者和他的时代的最好形式。

综上，在用最朴素的方法把字的意思、句的意思解决了之后，鉴赏就已经开始了，好文章的味道也就出来了。

这里要强调的就是，教师绝对不能变成一种教授"假语文"的教师。课堂上，一字一句地把文言文翻译成口语。最重要的是，第一时间把翻译的权利还给学生，把课堂的时间还回学生。不让学生枯坐听讲，要让学生动起来，充分利用课本上的注释和自己手中的《古汉语常用字字典》，找到通假字，找到古今异义，找到活用字，找到实词、虚词的一词多义，找到特殊的句式，或者独立完成，或者小组讨论，落实好文言文基础知识，自己归纳，自己提问，最后理解文意，报告给教师。这样的课堂或许有点乱，但是它很真，很朴实，是学生学习的最真实的反映。报告给教师的结论可能有错，可能不全，但是它是对学生自学能力的一种培养。

学生理解文意以后，关于作者和他的不一样的人生经历，就是课上的重头戏了，那么"假语文"教师会发挥文中提到的人和事，对课文内容却不讲，因为按照现在的三维目标要求，拓展、探究是课堂的一个新的亮点，是学生参与课堂的一个重要活动，但是脱离文本，无边无际的发挥也不是"真语文"。"真语文"课堂的拓展、探究是立足文本，分析和鉴赏文章的精彩段落，鉴赏文本的艺术手法，鉴赏文本的美句佳言。如《兰亭集序》写景一段："此地有崇山峻岭，茂林修竹，又有清流激湍，映带左右，引以为流觞曲水。"短短五句话，让学生找出"山，竹，清流，曲水"，一幅水墨画氤氲眼前，而魏晋风度跃然纸上。

同样地，在品评《离骚》"众女嫉余之蛾眉兮，谣诼谓余以善淫"句时，通过前后句引导学生鉴赏这句的修辞手法，理解这种比喻，使得作者的语言更加生动形象。它同时也有生活化的一面，因为，我们的生活中也是要表达的。一个抽象的道理，要让大家都理解，必须用形象的语言表达。

它是最生动的，也是最朴素的。这就是真的语文教学，它是属于生活的。

同时，《兰亭集序》《离骚》两篇都是情感非常饱满的文章，这个时候，"假语文"教师拼命地在情感、态度、价值观上来引导，或大做文章，变成了道德的训导。这样的课就变味了。那么情感目标怎么来完成呢？每一篇文章后面的研讨与练习都有一个题目的设计，用文章或文章的某一段交流讨论，最后谈谈自己的感触。学生只需要立足文章的内容，然后结合自身现实谈谈就是很好的了。这样反映了学生最真实、最质朴的思想。

除了口头表达，我们还要求书面表达，所以我们作文。但是，怎样命题？怎样批改呢？叶老说"假语文"教师改作文，要么删，要么改标点。其他一概不管不顾，没有对学生的语言做出任何有价值的评价。这导致学生的作文没有了意义。而真正的批改是教师认真地圈点好的字、词，圈点可以斟酌的字词。对整篇文章的结构、语言的文采都应该圈点到位，对文章透露出的深邃思想、难能可贵的独立感悟应该给予高度的评价。

语文的教育一定是真之又真的，因为语文教给人最重要的东西就是"真""善""美"。跟随叶先生的脚步，每一位语文老师都应该走上"真语文"的教学之路，还语文一个朴素的世界，返璞归真。

参考文献

[1] 叶圣陶，张圣华主编．叶圣陶教育名篇 [M]．北京：教育科学出版社，2007.

[2] 王开东．深度语文 [M]．桂林：漓江出版社，2015.

浅谈课堂语文教学与高考语文的关联

贵州省铜仁市第一中学　艾杨柳

记得有一次是高一的第一个学期，为了让学生尽快适应高中语文的学习，熟悉高考语文的题型，我提前给学生通知，说某个时间我们要进行一次语文测试。然后课下就有学生来问我：老师，这次考试的考试范围是哪里？我们这才学习了两篇诗歌，是要考诗歌吗？当时，我愣了一下，回答说：现在高中语文和初中语文学习不一样，初中考试内容可能就是从书上出，但是高中可能就不一样了，没有什么考试范围，有相对固定的题型，但是内容原封不动地从书本中来的，几乎是没有的。那个学生也是愣了一下，表情很迷惑。随着高中语文教学的深入，很多学生都有这样的疑惑：课本上学的，如古文、诗词、散文等，高考语文几乎都不涉及（默写除外），既然考试内容和语文课本关联不大，那我们还学不学课本？要不要认真学习课本？甚至有的学理科的学生，堂而皇之地不重视语文，甚至还存着"我不学习语文，我语文成绩也不会很差""反正我学不学语文，我都能考得及格"等侥幸心理。其实这些当然是非常幼稚的心理，拿古文来说，虽然高考语文的古文并不是教材上的内容，但是依然是以教材为蓝本生发出相关的内容。如在语文必修教材中有选自《史记》的《苏武传》《荆轲刺秦王》等篇目，很多知识点都在考试内容中有所涉及，并且很多考试篇章也依然选自《史记》或者其他正史内容。再如，我们也依然可以用课本中的故事、诗句等作为作文的素材。

综上，我就从古诗词课堂教学和高考诗词鉴赏之间的关联、课堂古文学习和高考文言文阅读之间的关联等方面进行解答。一方面，是对课堂语文教学与高考关联度问题的答疑；另一方面，也是给我们的语文课堂教学正名，高考语文课堂教学并不是和高考语文没有联系或者说联系很少，而是联系很大。

一、古诗词课堂教学和高考诗词鉴赏之间的关联

从必修二开始，高中语文人教版教材逐渐增加了关于古代诗词的篇幅，

如《诗经》两首、《涉江采芙蓉》《短歌行》《归园田居（其一）》、杜甫诗三首、李商隐诗两首、柳永词、苏轼词、辛弃疾词、李清照词等篇章，对于这些诗词，一般情况下我们会从知人论世、情景、情感、表现技巧、艺术风格等很多方面进行讲解，教学活动的艺术性和效果暂且不论，这样的讲解会让学生对某一时期时代背景、某一时期的诗词，甚至诗人其人等方面都有一个比较全面的了解，这对学生做诗词鉴赏题目无疑有一种潜移默化的作用，但是大多数的学生对古诗词的"理解"最后只落脚到了背诵，他们认为学习再多也就是为了高考情景默写的那 6 分。其实不然，高考诗词鉴赏那道题，虽然题型形式多样，但是万变不离其宗，不管是鉴赏古代诗歌的形象（包括人物形象、景物形象、事物形象）、古代诗歌的语言（包括炼字、诗眼、赏句、语言风格等），还是鉴赏古代诗歌的表达技巧（如修辞手法、表现手法、表现方式等）等，老师们在课堂教学中都有提及或者深入讲解。如学习初中的《天净沙·秋思》，学生了解了意象，经过高一必修一第一单元对《雨巷》《再别康桥》的学习，学生更加深了对意象的理解。如《沁园春·长沙》中，学生在赏析"鹰击长空、鱼翔浅底"中的"击""翔"等字带来的别样感受的时候，其实就是对诗词鉴赏中关于"炼字"题型的实践，所以常常培养学生的这种对个别字词的感悟力，他们在鉴赏题中，如碰到诸如"红杏枝头春意闹""绿净春深好染衣""玉阶空伫立，宿鸟归飞急"等诗句，是能够体会出"闹""净""空"等字的精妙的。所以说，古诗词课堂教学和高考诗词鉴赏之间的关联肯定是有的，只要认真学习，认真体会，对掌握诗词鉴赏这种题型，是很有帮助的。

二、课堂古文学习和高考文言文阅读之间的关联

对很多同学来说，高中语文的文言文是一个很恐怖的存在，又长又难，之乎者也，实在是让人昏昏欲睡。再加上考试的时候又几乎不考课本上的文言文，很多同学就自然萌生了上课没必要听老师讲太多，在考试的时候好好做就行了的想法。文言文毕竟是离我们现代社会很遥远的一种文体，它的语法特点和现代汉语有很大的不同。这需要我们花更多的时间来对它进行学习，而仅仅考试试卷上的那一篇文言文是远远不够的。

第一，在多种虚词、多种句式的共同作用下，文言文朗读起来朗朗上口，抑扬顿挫的，在早读、在课堂教学中，多读课本中的文言文，对培养文言文的语感，对做一些比较陌生的文言文题目是有帮助的。

第二，高考试卷中的文言文的人物传记，因为出现的频率很高，所

以有很多相同的实词虚词，而这些实词虚词，在课本中有较多涉及。就拿2014 年的新课标全国卷 1 来说，这是一篇选自《旧唐书》关于一个叫作于休烈的文言文人物传记。在讲述他年少的时候，是这样评述的，"自幼好学，善属文"。这里的"属文"就和必修四中《张衡传》中的"的少善属文"一样。接着随意拿《张衡传》和《于休烈传》里的剩余文字作比较，就会发现两篇文章里对"举""授""迁""寻""时""尝"等字都有提及。再以 2016 年的新课标全国卷 3 来说，选自《明史》的《傅珪传》，文中诸如"改""授""寻""迁""进""充""因"等字，在必修教材中都有学习过。

第三，语文必修教材就像一个点，如果机会允许，在课堂教学过程中，可以拓展生发出很多相关内容，然后学生把这些内容写到作文中去，课本中的故事、诗歌中的意象、意境等都可以作为作文的素材。在必修教材中，我们学习过《鸿门宴》《苏武传》《荆轲刺秦王》等篇目，这些都是集文学性、历史性和故事性为一体的篇章，教师给学生讲解这一段时间的历史和故事，对于开阔学生们的视野、延展学生的知识面是非常有帮助的。而这种开阔的视野和知识面，对学生在文言文的整体把握方面也是很有帮助的，当然对考试也是很有裨益的。

语文学习本就是一个潜移默化、慢慢积累的过程，文言文的学习更是如此。所以没办法用急功近利的眼光来对待语文的学习，如果只图眼前的利益，那肯定是学不好语文的。其实，关于课堂语文教学与高考语文的关联度的问题，论证得再多，如果学生的观念不改变，如果学生对语文的学习一直保持一个可有可无、不够重视的态度，再优秀的老师、再出色的课堂教学，收效也是甚微的。"路漫漫其修远兮，吾将上下而求索"，慢而不息，终将到达。

从鲁迅小说看环境描写的运用

贵州省铜仁市第一中学　阙万松

文学作品写人，势必要涉及环境描写。因为人总是生活在一定的环境中，与周围的事物发生着各种各样的联系。即使是漂流孤岛的鲁滨孙，也离不开赖以生存的山洞、树木、泉水、飞禽走兽，以及那些从破船上取来的诸如猎枪和饮具、餐具的生活器具。所以，人物不得不在一定的环境中活动，写人的文学作品也就必须写到环境。

鲁迅的小说往往把笔下的人物置身于一个特定的环境中去塑造，披露其思想性格发展的历史，揭示出人物命运的社会意义。《孔乙己》一文里，作者是把一个嗜酒成性、穷困潦倒的旧知识分子孔乙己，放在咸亨酒店的特定环境中活动，使故事情节得到合理的发展。具体地说，构建孔乙己活动的环境，是通过咸亨酒店的"格局"、温酒的方式、短衣帮与长衫主顾、"我"与掌柜、"我"与主顾等的叙述和描写，反映当时的经济状况、阶级对立和冷酷的人与人之间的关系，从而告诉读者：孔乙己的悲剧就是在这复杂的社会关系中产生的。《祥林嫂》中写祥林嫂悲惨的一生，也是紧紧围绕祥林嫂生活的具体环境来写的。

鲁迅之所以要着意刻画作品中人物活动的描写，是因为环境密切联系着人物的思想和活动，影响着人物性格的形成和发展。如果离开了咸亨酒店的特定环境（即社会各阶层人物聚集的地方），孔乙己的典型性格就不可能得到多方面的表现，孔乙己这个人物形象就不可能具有深刻的社会意义。《一件小事》里边，如果没有对"微风吹着"这一环境的描写，老女人的破背心就不会兜着车把，一件小事也就不可能发生。

既然环境描写如此重要，那么，我们就有必要先了解什么是环境。

所谓环境，就是指人物活动的场所，它包括自然环境和社会环境两个方面。自然环境是指山、川、日、月、星、辰等自然景物；社会环境指人们生活的环境，包括居室、阶级关系、历史状况等。孔乙己生活的咸亨酒店，是作品展示的社会环境；《故乡》里，写月夜映衬下的故乡美好景色：深蓝的天空，金黄的圆月，海边的沙地，一望无际的西瓜地……是作品展示的自然环境。作品中的自然环境和社会环境往往是相互结合的。但不管怎样结合，它们都是作为人物活动的具体场所或故事发生的历史背景出现的，是配合刻画人物、叙述事件、揭示文章主题的有机组成部分。

环境描写的作用是显而易见的，同时又是不可忽视的。那么，怎样运用环境描写的技巧呢？

第一，可以从人物的活动中写出环境，也就是从人物的行动中表现出环境怎样影响着人，而人又怎样影响着环境，人物和环境在矛盾斗争中彼此制约。以鲁迅的小说《祝福》为例，文章一开头就介绍了两个主要人物——祥林嫂和鲁四老爷，从他们的行动中开展了社会环境，只要看一看筹办"祝福"福礼的那种忙碌情形，一幅落后的被封建文化和迷信思想统治着的农村社会画面就浮现在我们面前。接着就一步一步地描写"政权""族权""神权""夫权"对祥林嫂的迫害、侮辱和祥林嫂的反抗挣扎，而环境和人物的性格也就一步一步地向前发展，直至祥林嫂被旧社会吃掉为止。可以看出，鲁迅是从人物的行动中写出环境的，他通过"政权""族权""神权""夫权"对祥林嫂的肉体和灵魂的摧残毒害，深刻地揭露并猛烈地抨击了宗法制度的罪恶，从而激发读者去掀掉那吃人的筵席，推翻那吃人的社会。

第二，可以通过人物的思想感情与眼前景物的相互感应来描写环境，即环境气氛的描写与人物的心理活动协调一致。《故乡》中开头一段的景物描写："苍黄的天底下，远近横着几个萧条的荒村，没有一些活气。我的心禁不住悲凉起来了。"现实中的故乡萧条凋敝、日趋衰落的景物和"我"当时的心境是默契配合的。《祝福》中，鲁镇年终送灶神的情景，其间"我"感觉到灰白色的晚云是"沉重"的，爆竹发出的是沉闷的响声。这样，环境气氛的渲染，就把作者当时那种憋闷、压抑的心绪给描写出来了。

第三，可以运用烘托的手法来描写环境。烘托原是中国画的一种传统笔法。这里指通过环境描写、气氛渲染对主要人物、中心事件做多侧面的点染，以突出主要人物或中心事件。《药》的开头和结尾就采用这样的方法："……街上黑沉沉的一无所有，只有一条灰白的路，看得分明。灯光照着他的两脚，一前一后地走，有时也遇到几只狗，可是一只也没有叫。""许多古怪人三三两两鬼似的在那里徘徊。"这里的阴森恐怖的气氛的渲染，蕴含了众多的内容。老栓为自己得痨病的儿子去买"药"——人血馒头、革命志士遇害，都是在这样一个黑沉沉的夜里发生的事情，至于像华老栓那样的老百姓的愚昧、烈士死的寂寞、刽子手们的凶残和手段的卑鄙、辛亥革命的不彻底性等诸多内容，又是在把握此段的基础上由作品暗示给我们的。

环境描写的方法，还有很多。总之，不管运用哪种方法，目的只有一个，就是为刻画人物、表达文章主题服务。

"少教多学"的有效性和策略性研究

贵州省铜仁市第一中学　吴宇灵

语文是人生中一道亮丽的风景，当我们以一种云淡风轻的心态漫步在知识的海洋中时，我们就会发现语文的独特魅力，语文在我们生活中产生了很大作用。作为中华儿女，我们的人生中不可以没有语文，更不可以不懂语文。语文教育中，阅读教学是不可或缺的，宋真宗赵恒在其《劝学诗》中说到"书中自有颜如玉，书中自有黄金屋"，这说明了阅读对于启迪思维、开启智慧发挥着重要的作用。

伴随社会的全面发展，素质教育理念进一步深化和落实，我国教育事业取得了卓著的成绩。尤其在培养学生综合人文素养理念的支持下，语文教学无论在教育理念上还是在具体的实践方式上都发生了较大的变化。但是，在具体的实践中语文阅读教学的模式与先进的语言教学模式相差甚远，主要体现在现阶段语文阅读教学的教学模式比较单一和固定、在教学内容层面缺乏多元化的特征、教学效果层面存在时效性不足的现象、在学生主观能动性层面存在被动学习的问题等。以上诸多问题产生的主要原因在于教师在实践语文阅读教学中对学生的主观能动性没有进行充分的认知与重视，单纯地根据教学大纲以及教学经验利用"填鸭式"的教学方式进行，使得学生学习兴趣不足，进而导致主观能动性发挥不足，而且学生在学习中对于教师的依赖程度过高，最终导致阅读教学效果不尽如人意的现状[1]。

以此为社会背景，一种能够促进学生主体地位得到树立，加速教师角色转换的教学理念应运而生，即在本课题中着重研究的"少教多学"的教育理念，"少教多学"不是一种简单的、一成不变的教学方式，而是一种能够促进教学氛围整体变革的教学理念，是符合现代化教育思想的教学模式。将"少教多学"的理念在语文阅读教学中全面贯彻和落实，能够促进"以教师为主导，学生为主体"的语文课堂的构建，能够全面激发学生阅读兴趣、促进学生主观能动性的发挥。

在国外，"少教多学"的思想可谓是由来已久，相关专家学者把对于"少教多学"的研究起步也比较早，早在17世纪30年代初期，捷克籍教育专家夸美纽斯在其《大教学论》中提出了必须采取行之有效的措施保证教师在课堂教学中少教，让学生成为课堂的主体，这是世界范围内最早的关于"少教多学"教育思想的阐述。"少教多学"思想最早开始践行的国家是新加坡，早在20世纪80年代初期，新加坡在制定国家教育目标的过程中就将"教师少教一点，学生多学一点"的思想进行了全面的执行，并且提出了教师少教并不意味着教师在教学实践中不发挥作用，而是发挥宏观引导和指挥性作用。与发达国家和地区相比，科教兴国战略在我国实施得比较晚，教育体制改革全面落实的时间也比较晚。但是在我国"少教多学"的思想并不是一种全新的思想，早在战国时期我国著名教育家孔子在《论语·学而》中就提出了"不愤不启，不悱不发"的思想，即孔子教育思想体系中著名的"启发引导"思想，由此可见"少教多学"教育思想具有着深厚的历史渊源。教育体制改革以来，国内教育专家学者对于"少教多学"的研究从未停止过脚步，研究成果在世界范围内具有先进性的典型代表是王海平（2010）的《世界之窗》，在文中作者以实践"少教多学"的视角对该教育理念进行了阐述，其中提出促进学生和教师角色转换是实现"少教多学"的根本的观点，在世界范围内产生重大的影响[2]。

国内外教育专家及学者在发现了传统教育模式中的诸多不足以后，根据知识经济时代对于人才的需求，提出了具有时代特征、能够满足当今世界教育要求的思想——少教多学；这一思想无论在国外还是在国内都经历过岁月如斯，时光荏苒。现阶段，对于"少教多学"理念及其重要作用的认知已经比较普遍和成熟，所以在日后应该更加注重如何对其展开实践研究。

"少教多学"在语文阅读教学中的具体应用策略，首先，体现在要优化教学内容，提高语文阅读教学的有效性，其重要的方法之一便是加深对教材的理解。加深教材的理解过程中，要对本文进行多元化的解读。一千个读者就有一千个哈姆雷特，体现出在阅读过程中，对某件事情的看法通常是仁者见仁，智者见智，对教材内容的理解亦是如此。另外，要解读出语文的味道。在对教材内容进行理解和解读时，要突出教材内容中呈现的语文价值，将自己融入教材文本中，读出文本中能够体现出语文特点的内容，并将自己的独特见解融入其中。教师在学生理解教材过程中的作用，主要是为学生选择利于其理解全文的文章，从而能够突出文本的真正语文学习价值。提高语文阅读教学有效性的过程中，教师必须对教材进行科学合理的整合，通过教材的整合使教材内容得以充分的结合，从而提高学生的学习能力和理解能力。

其次，"少教多学"在语文阅读教学中的具体应用策略，也体现在优化教学方式，发挥学生在语文阅读教学的主体性上，首先教师要在教学过程中恰当地设计问题。一方面，教师要根据教学内容和实际的教学情况，精心设计主题问题，主题问题是教学内容中能够体现相应知识点的重要问题，教师抓住主题问题，能够达到"牵一发而动全身"的效果，从而避免在教学课堂中出现因问题设计过多而导致教学混乱的现象；教师在课堂教学中抓住主题问题，不仅在一定程度上避免了课堂中的无效提问，节省了课堂时间，同时也引发了学生对问题的思考，从而产生了更多新的问题，能够有效提高学生的探究能力。另一方面，教师在恰当设计问题的同时，也要放手让学生提出问题。在实际的教学活动中，学生是课堂教学的主体，同时也是问题提问的主体，在语文阅读教学中，教师不能一味让学生解答问题，也要给予学生一定的空间和时间，让学生能够根据所理解的相应内容，提出自己不理解的问题，学生根据阅读文本提出的问题越多，说明学生在阅读中获得的体验和思考就越多。同时也要积极主动地设计课堂活动。在课堂教学过程中，教师通过对课堂活动的设计，能够有效激发学生的学习兴趣和好奇心，从而能够使学生在兴趣的引领下，展开对相关语文阅读文本的学习，并提升自身的学习能力和探究能力。

教师通过课堂活动的设计，能够使学生提高学习的积极性和主动性，从而提高学生阅读文本的能力。"少教多学"要求教师在展开课堂教学活动时，根据教学内容的重难点和学生的理解能力，将教学内容转化为具有创造性和实践性的具体活动，并以相应的学习活动为载体，将课堂中语文阅读文本与生活中的语文经验进行联系，吸引学生的注意力和好奇心，使学生能够主动参与到课堂活动中来，并对课堂活动中的问题进行主动探索，对课堂活动中的答案进行自主创造，从而达到培养学生综合素质能力的目的。例如，《窦娥冤》这篇课文，从前在讲授中是把教学过程分为三步：首先，让学生归纳文章内容；其次，分析人物形象；最后，归纳文章中心。这样的套路往往使学生提不起兴趣，课堂上只是跟着老师的思路在前进，没有发挥出自己的主观能动性，课堂效果和知识获得的效果都不好。经过认真思考，后来在讲这篇文章时，我只在课前给学生布置了一个任务——演话剧。学生对于演话剧有非常高的兴趣，为了演好话剧，在课前，他们自己积极主动去弄清故事情节，揣摩人物性格等，在演话剧的过程中进一步感受，台下的同学也会根据自己对人物和情节的理解对表演予以点评，教师只需要在课堂上进行必要的指点和补充。这样一来，学生的主观能动性得到了充分的发挥，同时也带动了他们对元曲的兴趣。

最后，在"少教多学"语文阅读教学的具体策略中，也要优化评价标准，激发学生语文阅读潜能性。在"少教多学"的理念下，学生的自觉性和主动性能够有效提升其自身的学习能力，教师的有效评价也能够在一定程度上促进学生全面发展。教师在对学生展开教学评价时，应明确学生语文阅读能力的差异是客观存在的，并正确认识学生语文阅读能力的差异，从而促进"少教多学"理念能够在课堂教学中有效地实施。同时，教师在课堂教学中的鼓励性评价语言能够有效激发学生的学习兴趣，从而使其能够对相应的问题进行深度思考，并积极表达自己的想法。

在课堂教学过程中，优化评价标准不仅是教师要根据每个学生自身的发展情况，对学生学习过程中的进步加以肯定，同时也要在教学过程中用充满信任和赞美性的语言，给予学生一定的积极评价和鼓励。例如，当学生在解读出阅读文本的新意时，教师要不假思索地表扬学生；当学生对教师的观产生怀疑时，教师要肯定学生并对其进行鼓励。因此，要将"少教多学"理念落实到实际的课堂教学中，教师不仅要转变教学观念，树立以学生为主体的教学思想，同时还要对优化教学内容、教学评价等进行重点探索，从而使语文阅读教学走上高效之路。

语文教学是培养学生综合人文素养的关键，是促进学生语言应用提升的有效措施，是推进我国传统文化在传承中发展、在发展中创新的重要途径。阅读教学是语文教育中不可或缺的组成部分，是促进学生阅读能力提升、阅读兴趣提高、知识面拓宽的重要保证。所以，阅读教学的研究是推进我国社会主义教育事业进步永恒的话题，从科教兴国战略方针实施以来从未停止，在以后相当长的历史阶段中依然不会停止。

参考文献

[1] 穆秀英. 提高小学语文阅读教学有效性的策略研究 [J]. 读与写（教育教学刊），2014，03（09）：200.

[2] 吴振华. 初中语文阅读教学的有效性策略探析 [J]. 才智，2015，05（01）：177-178.

真语文之读与写

——简简单单运用诗歌谋篇布局、遣词造句

贵州省沿河县官舟中学　　毛于贵

　　我在真语文之读与写（一）中所讲的，是读诗与写作的初步，所举的例子是学生在读的基础上改写或仿写出来的文章。现在进一步说一说运用诗歌谋篇布局、遣词造句方面的简单方法。我们来看人教版语文九年级上册课文中的一段文字。

　　黛玉道："什么难事，也值得去学！不过是起承转合，当中承转是两副对子，平声对仄声，虚的对实的，实的对虚的，若是果有了奇句，连平仄虚实不对都使得的。"香菱笑道："怪道我常弄一本旧诗偷空儿看一两首，又有对的极工的，又有不对的，又听见说'一三五不论，二四六分明'。看古人的诗上亦有顺的，亦有二四六上错了的，所以天天疑惑。如今听你一说，原来这些格调规矩竟是末事，只要词句新奇为上。"黛玉道："正是这个道理，词句究竟还是末事，第一立意要紧。若意趣真了，连词句不用修饰，自是好的，这叫作'不以词害意'。"

　　从这文字可以看出：写文章一要讲谋篇布局，二要讲遣词造句，三要讲创新。

　　诗歌贵形象思维，且讲含蓄。当诗人描绘事物时，目的往往不在于说这事物怎样，而在于自己的感情；写景则借景抒情，咏物则托物言志。而这些形象也好，情感也罢，无不依赖于语言的表述。如果我们在写作时能借助这一作诗技巧，抓住这些关键性的诗句，那么我们就能拨开迷雾，解决写作中的一些难题。

　　用诗作谋篇布局，不比其他文章，在作文中，完全可以像一些演出节目中的大联唱一样，把握立意，浮想联翩就可以了。因为诗是自由的，所以文也应该自由。就操作简单而言，不必拘束于某一家言论。

　　作文时，怕的因素比较多，其中打不开思路，不知如何谋篇布局是一个普遍的现象。而一篇文章要写得精彩，巧妙的构思、新颖的形式是至关重要的。就高考《考试说明》中对作文的分项要求来看，在"发展等级"的"有创新"条目中，就明确地提出了"构思新巧"的目标，对作文的构

思提出了具体的要求，既要"新颖"，又要"巧妙"。如以"环境"为话题，这个题目算是老掉牙了，我们就可以避开"环境与生存""保护环境""爱护环境"的旧调，运用古代诗人所写的居家环境来尽情发挥，写一种人类更美好的环境。思路如下：

①土地平旷，屋舍俨然，有良田美池桑竹之属。
②苔痕上阶绿，草色入帘青。
③几处早莺争暖树，谁家新燕啄春泥。
④野芳发而幽香，佳木秀而繁阴……
⑤绿树村边合，青山郭外斜。
⑥一水护田将绿绕，两山排闼送青来。
⑦山重水复疑无路，柳暗花明又一村。
⑧稻花香里说丰年，听取蛙声一片。
⑨结庐在人境，而无车马喧。
⑩采菊东篱下，悠然见南山。
⑪明月松间照，清泉石上流。
⑫日出江花红胜火，春来江水绿如蓝。

有了这些诗句，就可以以"我所喜欢的居家环境"为线索，把这些诗句联系起来组成一篇美文。值得注意的是：虽然说通过选诗句来写，比较易于操作，但必须注意到，诗句和诗句之间并不是毫无关联的，而应该是一个有机的整体。选诗句不能盲目，要使所选的诗句具有"以点联面"的功能。例如下面的作文片段：

翻开灿若银河的唐诗宋词，数不胜数的当算离别诗了，王勃壮怀高歌：无为在歧路，儿女共沾巾。柳永则声情哀怨：今宵酒醒何处？杨柳岸晓风残月。江淹却千帆过尽一言蔽之：黯然销魂者，惟别而已矣。还有人捶胸顿足：扬鞭哪忍匆匆！当今又有汪国真低吟：人生一瞬百年，哪堪去去还还。无论身在何处，只祈如水如船。又来了席慕蓉温柔的警语：如果离别能够勾起我们因聚在一起而引起的疏忽的细节，离别真的不好吗？如此种种情思，真是美不胜收。涵咏不同时代不同人生的感悟，会让你有意外的收获。
（《万象人生坚守自我》）

上面例子中，作者巧引诗文显诗意，以点联面，把读诗与写作巧妙地结合起来，使文章增添了不少美感。另外，我们还可以根据诗的结构来训练写作，诗的结构大致有并列、层递、对比、回环等，都可以在写作实践中运用，学习李白、闻一多等古今诗人大开大阖，聚散不定的写作方法。这里鉴于篇幅的关系，就不一一赘述。

当然，用诗或引诗写作，并不一定要求全文都要用诗，或者处处皆有诗意，我们可以灵活运用于文章的一些紧要的地方，比如开头结尾、题引、过渡或者全文思路等。

下面我们简单讲讲运用诗词遣词造句的简单方法。

还是回到香菱学诗上。香菱学诗，大致可分三个步骤。首先，是拜黛玉为师，并在黛玉指导下细细品味王维诗；其次，是一边读杜甫诗，一边尝试作诗；最后，经历了两次失败，终于成功。香菱作的第一首诗比较幼稚，用语直露，把前人咏月习用的词藻堆砌起来，凑泊成篇。最大的问题是，全诗没有表达真情实感，了无新意。诗中所用"月桂""玉镜""冰盘"等，词藻陈腐，所以黛玉说"被他缚住了"，即不能从前人的套子中跳出来。她的第二首诗就有所进步了，能用"花香""轻霜"等比喻，又用"人迹""隔帘"等情景烘托，渐渐放开了手脚。但"玉盘""玉栏"等词语仍有陈旧的气息，而且全诗在咏月色而不是月亮本身，有些跑题，所以黛玉说"这一首过于穿凿了"。香菱的第三首诗是这样的：

精华欲掩料应难，影自娟娟魄自寒。

一片砧敲千里白，半轮鸡唱五更残。

绿蓑江上秋闻笛，红袖楼头夜倚栏。

博得嫦娥应借问，缘何不使永团圆？

这首诗是成功的。除首联外，句句都似非写月，但句句与月相关。用词典雅含蓄，设意新奇别致。尤其是颔联，对仗工稳，言浅意深，堪称精妙。它最大的优点，是切合香菱自己的身世，借咏月而怀人，流露了真情实感。这样，诗就不是空洞的而是有内容的了。香菱的成功，一方面说明了她从遣词、造句、修辞等不同方面仔细揣摩、推敲，来达到炼意的技巧；另一方面也说明了一个道理，即小说四十九回写众人看了她第三首诗所说的"天下无难事，只怕有心人"。

是的，古代诗歌的语言是最凝练的，往往一词一句就能生动地描摹出事物的特征，深刻地反映思想内容。阅读古诗词本身就是一个再创作的过程，阅读时可以把简练的文字进行加工，扩大其文字的含量，在原有的基础上再生佳句，如读王实甫《西厢记》中的《长亭送别》中的句子"碧云天，黄花地，西风紧，北雁南飞，晓来谁染霜林醉，总是离人泪"，就可以把它改为现代诗：是谁点染了湛蓝的天空／又无情地飘离／是谁装点了苍白的大地／只撒下满路的带寒的秋菊／风，肆意搅乱了思绪／碎片也由南飞的大雁携去／看得林中的霜叶也悄然醉了／那哪里是沉醉／那是离人的血泪染红了霜林。再生句子的层次取决于阅读水平的高与低，因为一千个读者有一千个哈姆雷特。

造句如此，遣词也不例外，学习古人的炼字法，才不会陷于陈词滥调之中。

王安石的《泊船瓜州》："京口瓜州一水间，钟山只隔数重山。春风又绿江南岸，明月何时照我还。"第三句中的"绿"字，本来是形容词，这里用如动词，系"使之变绿"之意。一个"绿"字，就把春风带来的景象非常形象地表达出来了。联系全诗，尤其是最后一句，不难看出，作者想说的还有：一年一度，江南岸有了变化，一片盎然春意，充满了欢乐美好的气氛。可是，我官居外地，又过了一年，现在离家已不远，"只隔数重山"了，却不知何年何月何时才能回家与家人团聚，去过那如江南一样的富有生气的美好生活呢？悠悠思乡怀亲之情跃然纸上。"绿"字之妙，不言而喻。又有一小学生建议把"绿"字改为"吻"字，亲切无比，拟人中有比喻，同样妙不可言。"流光容易把人抛，红了樱桃，绿了芭蕉。"有异曲同工之妙。

读毛泽东同志的诗章《贺新郎·读史》手迹，我们发现他老人家自己改动了五个字。"流遍了，郊原血"的"流"，原为"洒"；"一篇读罢头飞雪"的"篇"原为"遍"；"天涯过客"的"涯"，原来是"涯"，后改为"穷"，又圈去，复改为"涯"；"但记得斑斑点点"的"记"，原是"忆"；"歌来竟"的"竟"原是"尽"。

以上的例子告诉我们，大凡不朽的名作，都做到了"一字未安细推敲"。另外，古诗的修辞，还有动词、形容词、名词、叠词、虚词在古诗中的运用，都有奇妙之处，前人的论述太多，我就不再举例。下面我就以我在一节课中师生的写作互动做一个补充。

教师举例：

①春风呼拉拉地铧过大桠口。

②老师将脚印板书在弯弯曲曲的小路上。

③老牛用尾巴挥舞出一幅幅未经构思的黄昏图。

④母亲那只高高挥动的手，散发着默默的叮咛。

⑤电视生病了。

⑥马路瘦了。

第一组学生习作举例：

①一场隐姓埋名的夜雨，把我的情感全部滴伤湿透。

②那条公路老是咳嗽着。

③专心致志做树，意味着风尘仆仆的一生。

④那一天，日子伤感地负痛地叫着。

⑤我一天天地翻晒着痛苦。

⑥父亲的活路是与土地交谈。

⑦写文章，不求别人，完全靠自己的眼泪自给自足。

⑧我的痛苦怀孕了，连眼中的产血也跳崖自杀。

⑨妻子不在家的时候，老鼠们便来开音乐会。

⑩冬天里，我要到野外去赊太阳。

点评：可以看出学生不但学会了借助古诗选词用词，而且在修辞上下了功夫。

第二组学生习作举例：

①我要卖掉最后一件孤独，在月醒来的时候去舀月光。

②记忆这玩意儿像一场电影。

③录音机里的电池发炎了。

④我把泪水抹在老家的木墙上，让母亲复制着。

⑤她的声音像油布着了火，燃得很急。

⑥天咔嚓咔嚓地黑下来，黑夜像一群黑狗，我一开灯，它们就死了。

⑦我喝醉了，身体里似乎有一头公牛在横冲直撞。

点评：在古典诗词中，修辞手法的运用是相当普遍的。该组同学运用了比喻、夸张、拟人、借代、反复等修辞，使句子读起来意味深长。

第三组学生习作举例：

①他从暗处走过来，使劲地把灯光抹在脸上。

②那塘水被括号注释着。

③那摇着尾巴的音乐在大街上流窜。

④姥姥说，现在的年轻人谈恋爱就像擦火柴一样简单。

⑤他的表情是咸的，让人直吐舌头。

⑥事情解决了，他很满足，仿佛幸福呵了一口气。

⑦我的手指不知在哪一空间摸过，至今还有些伤感。

点评：景由情生，情由景显，情和景熔铸成一个浑然天成的艺术整体，给人留下强烈而深刻的印象，例①就是如此。词语的嫁接是该组的一大特色，"水"与"括号"的嫁接，"摇着尾巴"与"音乐"的嫁接，"表情"与"咸"的嫁接，"手"与"伤感"的嫁接，看似病句，其实并不影响意义的完整表达，语言含蓄，意境深远。

第四组学生习作举例：

①从古到今的历史，就那么一碗求索。

②那张椅子在那里紧张不安，久久地咕噜着。

③那条路昂起头来，呼吸着林中的空气。

④蓝天上飘浮着满河的星星。

⑤我的头发如一蓬易燃的干草，月黑天站在河岸被风刮起，许多只乌鸦争相叼去铺床。

⑥我脚板是身材的两倍长，无法行走，何处是归宿？我的嘴唇拖到膝上，叫我怎样歌唱生活呢？

⑦思壮阔，你则有金戈铁马，大河澎湃；想清新，你则有小桥流水，江南红杏；品悠远，你则有秦时明月，汉时雄关；话哲理，你则有庐山面目，柳暗花明……

点评：①句使人获得空间宽广、时间连绵的审美感受，自然而然地形成一个朦胧、深远又带点神秘意味的艺术境界。②③句拟人，仔细品味，除了无法直言表达的情愫，还有些画面的动感。⑤⑥⑦句分别运用比喻、拟人、夸张、反问、排比的修辞，使人可以"心领神会"，而且越咀嚼越觉得情致缠绵、余韵深长。

很多同学在作文时，往往一气呵成后不再认真修改，有的用字不准，有的词意不当，有的修辞不通，有的拘泥于语法。诸如此类的毛病，多读多改几遍后，大都能改好。希望同学们在作文时，汲取古诗词乃至优秀传统文化中的营养，安排好谋篇布局，在遣词造句方面细琢磨、多推敲，尽量做到"语不达意誓不休"的境界。

浅谈"少教多学"的有效性

贵州省铜仁市第一中学 张霁鹏

摘 要： 伴随素质教育理念的进一步深化和落实，尤其是新课改背景下，在教学实践中实现学生和教师角色的转换已经成为教育工作者必须落实的教学理念，角色转换意味着必须对传统的教学模式进行变革，在教学实践中以学生的主动学习为主，教师发挥引导作用，发挥学生主观能动性，实现知识的有效建构。针对本课题研究的实践，基于新课程改革标准，以"少教多学"为着眼点，通过以下两个部分浅谈"少教多学"的有效性。

关键词： 少教多学 概念 内涵 有效性

一、"少教多学"教学理念概述

1. "少教多学"教学理念的由来

"少教多学"是一个既具有时代特征又具有深厚底蕴的教育思想。谈及"少教多学"的底蕴，是因为其可以在漫长的人类文明发展进程中找寻到身影。在我国，早在春秋战国时期就对"少教多学"进行了相关的阐述。春秋战国时期，我国正处于奴隶社会向封建社会的转型阶段，著名古典教育家孔子将其毕生的精力付诸发展治学之上，他在《论语·学而》中提出了"不愤不启，不悱不发"八个字，这简单的八个字概括分析了启发式教学模式，指出了启发式教学对于促进学生主观能动性发挥层面的重要作用。从某种意义上来讲，这是对"少教多学"教学思想的诠释，成为我国"少教多学"思想的萌芽。在国外，早在1632年，捷克著名的教育家夸美纽斯在《大教学论》中就提出："找出一种教育方法，使教师因此可以少教，但是学生可以多学；使学校因此少些喧嚣、厌恶和无益的劳苦，独具闲暇、快乐及坚实的进步。"由此可见，"少教多学"教学理念在国内外都具有深厚的文化底蕴[1]。谈及"少教多学"教学理念的新鲜性，要从知识经济说起，工业化革命之后，创新成为推动社会发展的先进生产力，在教学中不断培养受教者的创新能力成为教育事业发展的关键，而若想实现对学生创新能力的培养，必须采取行之有效的措施保证学生的主观能动性得到充分的发挥。因此，新加坡作为"少教多学"教学理念在实践中的先行者，在教育实践改革中开始全面践行教学理念：削减课程内容，新加坡中小学各科课程内容均减少了 10%—20%，删减后剩余的教学时间为学生开设兴趣课程；还有如减少功课量、减少班级人数、改进评估方式、给予足够的财政保障等一系列举措。经过几年的实践与探索，新加坡教改取得了显著的成效。由此，"少教多学"教学理念在教育界受到了广泛的关注和认可[2]。

2. "少教多学"教学理念的内涵

"少教多学"教学理念能够满足知识经济背景下，社会发展对于人才结构的需求，是随着人民群众对于教育重视程度的不断提升，并且根据古老的文化传承中提及的教学思想提出的一种独特的教学思想，集中体现了新时期教育事业发展中，人们对于"教"与"学"的诠释与认知，能够明确地向我们呈现出教育教学变革的要求[3]。"少教多学"教学理念着重强调了受教者是教学活动的主体，受教者应该在教学实践中发挥主观能动性，使其成为知识建构、实践能力、价值观体系构建的主要动力。教师在教学中发挥"指挥棒"的作用，对学生的学习行为进行有效的观察和指导，发现问题及时予以纠正和解决。最为重要的是"少教多学"教学理念要求教师必须全面认知"以人为本、育人为本"的教育理念，在实践教学的过程中充分调动学生的学习能动性，激发学生的学习兴趣，培养学生的创新能力和创造性思维，保证教学活动时效性的提升[4]。

"少教多学"教学理念与合作学习之间拥有千丝万缕的联系。合作学习是 20 世纪 70 年代最早在美国提出的一种教学方式，其本质要求是在教学实践活动中采取一定的方法与措施，保证学生和教师之间、学生与学生之间能够达成有效的合作，使学生的主观能动性得以充分的发挥，养成探究式的学习习惯。由此可见，合作学习是建立在"少教多学"教学理念基础之上的一种教学方式，是实现"少教多学"教学理念的关键步骤。

二、"少教多学"教学理念的有效性

1. 有利于构建高效课堂

"少教多学"教学理念在教学过程中具有一定的有效性，首先体现在其能够促进高校课堂的构建[5]。近年来，随着社会经济文化的不断进步与发展，国家逐渐加大对教育事业的重视程度，而关于教育事业普遍热门的话题便是对高效课堂的构建。对于构建高效课堂，不同的学校采用的途径和方法各不相同，但其最终的教学目的和目标是一样的，都期望能够通过

"少教多学"理念，获得有效乃至高效的课堂。在新课程标准改革不断深入的前提下，无论是杜郎口中学还是洋思中学，都以"少教多学"的教学理念为特色的教学模式，在实际教学中，展开对学生的教育。高效课堂的构建，不仅要求教师以学生为教学主体，同时教学过程也要随着学生思路的转变进行推进，由此实现教学过程中根据相应的教学方法，提升学生的学习能力和探索能力的目的[6]。

"少教多学"通过教师着重向学生传授学习方法和技能，抑或是通过使学生先进行自我学习，再由教师进行指导和引导的教学模式，使课堂的教学程序能够得到优化，从而提高学生的自主学习能力和对知识掌握的理解能力，在精确课堂教学步骤的同时，也能够促使教师与学生在课堂中共同发展和进步，从而实现高效课堂的构建[7]。以学生为主体的教学课堂，不仅是教师尊重学生的重要表现，同时也是教学规律的必然要求，作为教学主导者的教师，只有改变自身的传统观念和传统教学方式，以"少教多学"理念为教学依据，才能够真正实现高效课堂的构建目标。

2. 有利于推进新课改步伐

"少教多学"的教学理念不仅能够有效构建高效课堂，同时也有利于推进新课程标准改革的步伐。在现阶段的新课程标准改革中，新课标积极倡导"自主、合作和探究式的学习方式"，并在新的教学模式中将"少教多学"的基本理念渗透出来，教师在新课程标准改革中对"少教多学"理念的运用，能够在一定程度上推进新课程标准改革的深入实施。就当前新课程标准改革的现状而言，部分相对偏远和闭塞的地区仍采用传统的教学模式，在教学过程中以"填鸭式"教学方式为主，教师根据教条式的教学方案向学生传授课本上的知识，新课改的学习方式由于受诸多因素的影响，未正式走进基层课堂，在一定程度上影响了新课改在全国范围内的实施[8]。而"少教多学"模式在教学中的推行，正是响应了新课程标准改革的精神，不仅符合信息化网络时代的要求，同时也顺应了不断发展的特色教育思想。

"少教多学"理念在教师"少教"的同时，给予了学生更多自主学习的时间，不仅有利于培养学生独立思考的额能力，也能够有效提升学生的学习效率，提高学生的学习能力和教师的综合素养，将教师从传统的教学模式和教学方式中解放出来，将学生从教条化和被动式的学习方式中解放出来，进而推进新课程标准改革的全面实施。

3. 有利于体现学生主体性

"少教多学"教学理念也有利于体现学生的主体性。在传统的教学环境中，教师是课堂中的教学主体，通常是教师在课堂上进行主观的传授知识，将教学内容一味地以板书形式向学生展示；学生在课堂中进行被动式的学习，并跟着教师的思路对相应的内容进行记录。此种教学模式不仅对于学生掌握知识、提高学习能力和认知能力产生一定的限制性作用，同时也不利于提高课堂效率。在实际的教学过程中，学生由于身心活动所产生的积极或消极的影响，与教育中的每项活动都有着十分密切的联系。由于教学模式的传统化和教条化，在一定程度上导致学生丧失对知识内容的学习兴趣，不利于学生的全面性发展。因此，在国家不断重视教育事业的基础上，学校活动规划中的各项教育活动都应从学生的角度出发，全面考虑和顾及学生的身心发展和认知能力，使学生真正成为课堂教育中的主体。

"少教多学"理念在教学中的应用，赋予学生一定"学"的权利，并给予学生充分的时间和空间，使学生能够通过自主的学习，成为学习活动过程中的主体，并在实际的学习中，改变以往被动式和接受式的学习状态，从而将学习活动转变成学生主动学习和独立学习的过程。另外，"少教多学"课堂模式，能够使学生在自主学习的过程中发现相关的问题，然后通过学生的自主探究和教师的适当引导，使学生有效地解决问题，进而使课堂成为交流和探究式的高效课堂，促进学生的全面发展。

参考文献

[1] 崔华阳. 初中语文教学提高经典阅读有效性的策略 [J]. 当代教育实践与教学研究，2015，06（04）：38.

[2] 童兴. 小学语文阅读教学有效性策略研究 [J]. 西部素质教育，2015，02（11）：78.

[3] 赵秋梅. 初中语文阅读教学的有效性策略探析 [J]. 赤子（上中旬），2015，05（19）：258.

[4] 李艳平. 小学语文阅读教学有效性的策略分析 [J]. 学周刊，2014，01（07）：193.

[5] 胡静静. 小学语文阅读教学有效性之点滴探索 [J]. 科技信息，2013，04（19）：323.

[6] 吴峰. 小学语文阅读教学的有效性策略研究 [J]. 读与写（教育教学刊），2013，05（03）：204.

[7] 李慧. 关于语文阅读教学有效性的思考 [J]. 文学教育（中），2013，02（08）：122.

[8] 张健. "少教多学"，走向学生提问的课堂——农村中学语文阅读教学主动性策略与方法研究 [J]. 学周刊，2013，01（29）：67.

少数民族地区高中语文激情课堂教学模式的探究

——以凯里地区为例

贵州省凯里市第一中学　　粟永华

　　课堂是提高教育教学的主阵地，提高教育教学就得抓住课堂。我校自2012年以来推行激情课堂，我课题组成员积极探索高中语文课堂教学模式，把课堂分为四个环节，即预习展示—讨论交流—成果展示—小结拓展，语文课堂教学依次按环节进行，形成较为常态的教学方式，经过理论探究、教学实践、总结反思、再教学实践、教学总结等步骤，积极抓好课堂，推进新一轮的教育教学改革。

一、"激情课堂"的理论基础

1. "激情课堂"的界定

　　"激情"是一种强烈的、具有爆发性的、难以抑制的感情，人在这种感情的支配下，常能调动身心的巨大潜能。激情是在遭遇任何挫折和失败的时候都不会改变持之以恒的做人做事的原则。凯里一中办学理念正是"激情校园，潜能一中"！激情是开发潜能的前提。

　　教师的激情是一种态度，存在于他的敬业里；教师的激情是一种追求，存在于他的课堂里……教师的激情来源于对教育事业和学生的真爱！

　　学生的激情是一种渴望，在于对学习产生强烈的求知欲望；学生的激情是一种信任，在于对老师的尊重、对学校的信任……学生的激情来源于教师的激励和唤醒！

2. "激情课堂"的内涵

　　激（jī），形声。字从水，从敫，敫（jiao）亦声。"敫"意为"由点扩展到面"。"水"与"敫"联合起来表示"水从一个狭小的孔洞喷出，扩散到一个大范围空间"。本义：水的喷散。

　　情，中国汉字（读音：qíng），多指心理状态。"情"字从字体结构来看，它由三部分组成：竖心旁、青字头、月字底。根据字体结构，其所蕴藏的含义是用身心和行动去防止第三者插足。

"激情"故而得出，从一点到面，是身心专一学习与积极主动，放飞热情与主动投入的情感统一，激情课堂是课堂中学生动与静的结合。

著名教育家苏格拉底说："教育不是灌输，而是点燃火焰。""激情课堂"即是秉承前辈教育思想，在课堂中激发教师与学生的热情。

"激情课堂"追求课堂的高效益，追求课堂赋予的生命意义，追求知识与技能、过程与方法、情感态度价值观全面发展，追求课堂赋予个人生命成长机会。这是教师和学生对优质课堂持续不断的追求。

总之，课堂教学既需要科学性，也需要艺术性；教师要想方设法在课堂教学的各种环节中创设激情气氛，促使学生积极主动地学习，使课堂像磁铁一样紧紧吸引学生的注意力，才能真正得以提高课堂教学的效率。

3. 激情课堂的概念

激情课堂让课堂教学体现课堂中"教"与"学"的规律，教师有对高质量课堂教学的持续不断的热情和追求，充分体现以教师为主导、学生为主体的教学目的。即要求教师根据人本身拥有多元智能——语言智能、数理逻辑智能、视觉空间智能、身体运动智能、音乐智能、人际智能及自我意识智能的原理，发挥自己和学生智能结构的能力，让自己拥有独特的人格魅力及学习魅力，在课堂上能点燃、唤醒学生对于语文学习的内在热情和外在兴趣，从而使学生被动的学习方式转变为一种积极自主、合作和探究的学习方式的课堂教学。

二、"激情课堂"建设的重要意义

1. 学校的发展需要"激情课堂"

课堂教学是学校的中心工作，优秀学校从来都不会忽视课堂教学，名扬全国的优秀学校更是重视课堂教学并且从理论高度深入研究，实现了"模式化""个性化"，如山东昌乐二中的"二七一"教学模式、山东杜郎口中学"三三六"自主学习教学模式、江苏洋思中学的"先学后教，当堂训练"教学模式等等。在高考仍然是"指挥棒"的今天，高考成绩的提高依靠优质高效的课堂，因此，课堂教学质量仍然是学校发展的生命线。

2. 教师的成长需要"激情课堂"

毫无疑问，课堂是教师教育教学工作的主阵地，名师的成长是从优质激情的课堂教学开始的，例如现任清华附小党总支书记、校长窦桂梅老师就是从参加优质课比赛、各种示范课活动，追求优质激情高效的课堂成长起来的。优秀教师的成长、各种荣誉的获得是源于突出的课堂教学质量，所以课堂是教师专业发展的关键。特别是现在学校青年教师数量多，诸如我校教师，35 岁以下青年教师 220 人，占教师总人数的 43%，青年教师站好课堂，更需"激情课堂"。

3. 学生的成长需要"激情课堂"

按照国家课程标准，一天 7 节课，每节课 45 分钟，学生一天共有 5.25 个小时待在教室。可见，课堂是学生校园活动的主要场所，课堂学习是学生获得知识与能力的主要途径，课堂学习的效率是决定学生成绩的主要因素，教师在课堂上的模范引领是学生学会做人、养成优秀品格的主要方式，课堂——激情高效的课堂，对于学生的生长具有重要意义。

4. 激情课堂是学校课改的重要途径

自 2010 年以来，贵州实行新课改，体现学生"自主、合作、探究"的课改理念，学校顺应课改要求进行新一轮的课堂改革，明确了激情课堂的教学模式。2014 年，凯里市更是加大力度，在小初高推行各学段"高效课堂"，力争在课堂上下功夫，"激情课堂"也就契合这一课堂教学理念，成了学校课改的重要途径。

本课题组教师为推进新课程改革，落实课堂理念，全面实施凯里市的教育教学改革，进行激情课堂教学，点燃学生的学习热情，搭建激情课堂平台，构建激情课堂，实践激情课堂带来的幸福。

三、"激情课堂"的教学模式

激情课堂教学模式是在一定教育思想指导下，建立在丰富的教学经验基础上的，为完成特定的教学目标和内容而围绕某一主题形成的比较稳定且简明的教学结构理论框架及其具体可操作的实验活动方式。教学模式在教学理论和教学实践之间起着承上启下的作用，是理论与实践的中介。本课题基本课堂教学模式：预习展示—讨论交流—成果展示—练习提高。

预习展示：教师课堂开始即检查学生"导学案"。旨在让学生对预习内容的积累、理解、发现的问题进行沟通，对所学知识达成共识，分享预习中的收获，提出难解问题、探究预习中发现的问题。

讨论交流：课堂中教师根据教学三维目标对课文知识的归纳、探究。小组交流注意问题设置、时间安排、人人参与等事项。

成果展示：激发学生最大学习兴趣的环节，该环节充分体现学生自主、合作、探究的课改精神。

练习提高：课堂最后环节，学生、教师对一堂课进行精要总结，通过一定量的习题进行检测，保证学生在一堂课中学有所得。

模式环节 （时间）	教师角色目标	学生角色目标
预习展示 （3-5分钟）	1. 教师课前检查学前预习情况 2. 收集化解学生的部分困难 3. 引导学生积极思考	1. 学生交流分享预习心得和成果 2. 提出预习学习出现的问题 3. 关注同伴的问题
讨论交流 （10-15分钟）	1. 结合教学目标科学、合理地提出问题让学生讨论 2. 教师设置问题，有针对性 3. 留有足够时间给学生分组讨论 4. 教师适时评价小结，注重知识、方法、情感三维目标的达成	1. 小组讨论解决预习出现的问题 2. 小组讨论教师设置问题 3. 学习分工明确，按时完成讨论任务
成果展示 （10-15分钟）	1. 关注学生展示出现的问题，适时进行指导 2. 关注各层次学生 3. 关注学生成果评价	1. 学生积极参与，参加展示的小组数要达到三分之一以上 2. 每组不少于2人，鼓励各小组有不同层次学生参加 3. 学生成果展示形式多样，质量高
练习提高 （5-10分钟）	1. 紧扣课堂教学目标 2. 讲实效，符合新课标、考纲要求 3. 练习适量，达到举一反三的训练效果	1. 当堂完成 2. 锻炼能力 3. 学会反思

四、"激情课堂"研究的成果

1. 教师教学理念的转变和学生学习方式的转变

美国心理学家布鲁纳曾指出："学习的最大刺激是对所学知识发生兴趣。"兴趣孕育希望，兴趣滋生动力。学生的学习积极性、主动性如何才能调动起来，关键还在于教师的"导"。俗话说："知之者不如好之者，好之者不如乐之者。"就是说，在教学中若不培养学生的学习兴趣，调动其学习积极性，是不能搞好教学的，所以教师必须精心设计特色教法，设计新颖的新课导入方式，创设巧妙的问题情景与和谐的教学氛围，还要变换教学手段、变换活动形式来诱发学习兴趣，调动学生的学习积极性和主动性。另外，还要善于发现学生的闪光点，多表扬、少批评，多鼓励、少埋怨，帮助他们树立学习信心，激发他们的学习兴趣，消除思想障碍。

2. 教师在激情中"教"和学生在激情中"学"

教师职业需要激情，教师在课堂上激情教学，不断地释放情感信号，呼唤、感召、点燃学生的热情，积极探求，不断进取，保持持续的热情，从而实现在激情中教。教师的教育对象——学生在教师的影响下，有信心，有热情，保持旺盛的精神状态，不瞌睡，不转移注意力，全力按教师的指引进行合作学习，实现学习的最佳效果。

3. 教师教学能力需提高和学生学习的能力得到提高

激情课堂教师是激情的主动者、主导者，课堂上，教师充满激情，那是需要底气的，要有充分的准备，有扎实的学识，有内在的精神素养，有个性的教学魅力才能吸引学生。教师认真备课，钻研教学，丰富知识，提高教学艺术，提高综合素养了，学生自然也就顺应课堂，快乐学习了。

学生在教师的影响下，不断锻炼展现自己，学会自学，学会合作学习，学会同伴互助，学会思考；敢于在大众面前说话，敢于发表自己的观点，敢于创新学习方式，各种能力得以提高。

4. 教师放手"教"和学生合作"学"

教师在课堂上由原先的课堂教学的主体是教师变为学生，激情课堂积极推进新课程改革，倡导教师成为教学的设计主体和主导者，学生是主体，课堂上体现"自主、合作、探究"，学生小组合作，达到对知识的认知从感性到理性的转变。

5. 成就教师和学生的自我提升

本课题组教师经过课堂研究，专业水平获得发展，顾丹、袁仁阳两位教师在全国核心期刊上发表文章；粟永华、杨思怡参加贵州省高中语文代泽斌名师工作室跟岗学习；杨贞、杨思怡参加校市优质课竞赛获奖；杨贞获推荐参加全国竞赛，所有教师参加省州论文比赛获一二三等奖。顾丹、袁仁阳分别获 2015、2014 年度教学质量一等奖。

"真语文"课堂中的过渡照应技巧

贵州省铜仁市第一中学　田俊杰

摘　要： "真语文"理念以语言为核心，以语文活动为主体，以语文综合素养的提高为目的。可见，要在课堂教学中贯彻落实真语文的教学理念，应以语言为载体，确保教学活动顺利有序地进行。因此，处理好课堂教学中各环节的过渡照应，对"真语文"教学理念的落实显得尤为重要。笔者将从过渡照应的角度出发，从理论和应用层面分别对"真语文"课堂过渡照应技能进行相关剖析，以期为"真语文"教学研究添砖加瓦。

关键词： "真语文"课堂　过渡照应　方法技巧

当前的课堂教学多以教师向学生传授知识与技能为主要途径，很多教师在讲授知识的过程中，忽略各个教学环节之间的自然过渡，一个教学环节完成之后就生硬地进入下一个环节，这样势必造成学生无法与老师保持同步、注意力不集中、学习兴趣不浓、师生互动少等不良现象，从而不利于学生对知识的接受和内化，最终降低课堂教学的效果。因而，细化和完善整堂课的过渡与照应是实现"真语文"课堂的有效途径。

一、课堂教学环节与过渡照应概念

完整的课堂教学往往由几个环节组成，它一般包括导入新课、整体感知、文本剖析、拓展延伸、作业布置等环节。一个优秀的教学设计，不仅要求教学环节安排得详略得当，而且需要努力使各环节的内容环环相扣，过渡与衔接自然流畅。因此，要使语文课堂返璞归真，确保"真语文"理念的贯彻落实，必须注重把握课堂教学各个环节之间的衔接关系，将衔接贯穿于课堂教学活动的始终。

语文课堂教学中的过渡照应技巧，是一种教师在教学过程中灵活运用导向性话语来衔接教学环节及教学内容，以实现对学生知识传授和能力培养的方法。它是联通各个教学环节，串联各知识点和能力点的桥梁，是有效发挥教师主导作用的重要途径。因此，课堂教学中的过渡照应不仅仅是各教学环节的"黏合剂",也是教学内容的有机组成部分。

二、"真语文"课堂上应具备的几种过渡照应技巧

课堂过渡照应技巧多种多样,教师往往依照个人嗜好和教学实际选择过渡照应技巧,笔者经研究发现,以下几种过渡照应技巧有利于"真语文"教学理念的顺利施行,即导入时的伏笔式过渡照应、各知识点之间的衔接式过渡照应、重难点的目标式过渡照应。下面将结合实例对这几种技巧逐一进行具体解析。

(一)导入新课时的伏笔式过渡照应

所谓"伏笔",指的是一种教师有意识地为后续教学做准备,帮助学生构建合理的认知结构,有效地调谐课堂教学节奏的艺术。伏笔过渡一般出现于课堂教学的起始阶段,教师时常通过联系前后知识、播放音乐歌曲、使用道具插图、讲小故事、引用诗文佳句、设疑提问、启发谈话、介绍背景等方法埋伏笔,从而灵活巧妙地过渡到下文将要学习的新内容。这种过渡需要坚持以下几个原则:"新"——新颖生动,"近"——贴近教学内容,"短"——短小精悍,"简"——简明扼要。巧妙地运用这种过渡技巧能深深吸引学生的注意力,从而激起学生强烈的语文学习兴趣。

比如在学习李煜的《虞美人》时,就可以借助"小故事"开头做伏笔过渡:"上课前,先给同学们讲一个故事,在听故事的过程中,请同学们将眼睛闭上,尽量通过想象去还原故事中出现的画面。一个细雨纷纷的早晨,一座金碧辉煌的宫殿,一个面容憔悴的君主在古都金陵即将沦陷的时候,缓缓地站起身来,脱去身上那件15年之久的金光闪闪的龙袍,肉袒负荆,出城跪降。随后,在宋兵的一片辱骂声中,一路呜咽,北上东京,从此只能过上了囚禁的生活。在他41岁生日的那天晚上,在他吟唱了一曲人生中最为绝望的诗歌之后,在喝完宋太宗赐来的毒酒之后,便倒地而亡,结束了他传奇的一生。大家知道他是谁吗?"这样的过渡,承上启下,既激发了学生的学习热情,又交代了学习的目的。

(二)不同知识点之间的衔接式过渡

不同知识点之间的衔接式过渡贯穿于整个教学过程。它要求教师采用环环相扣或递进式的话语表达方式,将各知识点有机串联起来。这种过渡要求做到连贯自然、循序渐进、由浅入深。这种过渡方式能将教学层层推进、逐步深化,能激发学生的学习欲望,促使他们积极思考问题,催生跃跃欲试的念头,确保师生间知识的有效传递,从而使学生易于接受、理解所学

内容，最终达到事半功倍。

如在教学《烛之武退秦师》时可以设计如下问题：

①这篇文言文一共写了几个人？他们的关系如何？

②烛之武为何要退秦师？

③烛之武如何退秦师？

④烛之武退秦师的结局如何？

这些问题先易后难，连续展开，是教学内容的衔接过渡，包含了语文教学的要点和关键，从而高效有序地推动了教学进程。这种衔接式过渡方式，不知不觉地帮助学生理清了上文的关系，而且明白了本文从正侧面塑造人物形象的写作方法，可谓一举多得。

（三）解决重点难点的目标式过渡

教师要将文本与学生有效地连接起来，必须对学生进行重点难点的目标引导。教学重点难点的有效解决，需要教师为学生架设一座目标过渡的"桥梁"。

这种过渡需要教师选准切入点，找到突破口，或增加知识的介绍，或举例说明、触类旁通，或将难点化成浅显的几个方面等，从而从不同角度引导学生步步深入地理解掌握重点、攻克难点。这种过渡要求深入浅出、有的放矢、达成目标。

如讲新闻报道《奥斯维辛没有什么新闻》，为了引导学生借鉴本文的写法，研讨以下几个问题：

①明确特征，分清详略；

②理清顺序，有条不紊；

③注重写法，综合使用。

这样采用边讲边板书边详解的方法把问题层层引入。这样过渡，使各个知识点之间层层递进，富于逻辑性，目标性也比较明确。

又如教学《小狗包弟》一文，课文中两个故事的理解是难点。要解决好这一难点，可以将提出若干小问题作为突破这一难点的过渡：

①请说说文章写了几个故事？

②文章的主要内容是小狗包弟的故事，那么为什么先要写艺术家和狗的故事？

③文章这么写有哪些作用？

④造成狗的悲惨命运的原因是什么呢？

有了这组环环相扣、深入浅出的过渡小问题，学生就容易回答了。以上是笔者在教学实践中的切身体会。当然，"真语文"课堂教学的衔接过渡艺术是很灵活多样的，我们只有根据不同的文体、不同的内容，采取相应的过渡方式，才会在教学中收到意想不到的效果。

三、结语

"真语文"课堂教学不是文章中的只言片语就能说清楚的，它是一项复杂而艰巨的工程，它的实现需要通过各种途径，借助各种资源，有步骤、有分别、有方法地去推进。文中的过渡照应技能只是从课堂的衔接性、流畅性、有效性，学生的兴趣度、参与度等方面进行了初浅的研究，其中定有许多不足之处，笔者将随着研究的深入不断改进完善，希望本文对推动"真语文"课堂教学有丝毫的益处。

参考文献

[1] 陈海燕. 浑然天成——中学语文教学中过渡语的运用 [J]. 中学语文教学参考，2000（6）：37.

[2] 张志雄. 物理课堂教学的过渡与照应 [J]. 湖北教育，2000（2）：8.

[3] 黄艳. 浅谈语文课堂教学的照应艺术 [J]. 科学大众：科学教育，2010（1）：8.

回归本真

贵州省铜仁市第一中学　杨晓鸿

　　对于现在的语文课堂，专家学者们认为假的因素很多，王旭明说"假语文消失之时，就是真语文退出之日"。在整体归纳语文课堂假的因素时，大致认为假的因素主要有以下几种：一是贴标签式的生硬拔高；二是语文的元素没有融入于语文教学中；三是语文课成为表演课；四是过度使用PPT课件、音乐和其他辅助手段。真语文，不加任何的媒体形式，没有音乐的烘托，没有图形的辅助，用真正的语言声音来再现语言文字的内在之美。这就需要我们教师静下心来解读文本，解读学生，熟悉各个教学阶段的任务，把学生放在首位，通过"听、说、读、写"的形式，运用文本的"字、词、句、段、篇"，培养学生各方面的能力。

　　那么什么是真语文呢？"真语文"的倡导者王旭明说："何谓真语文？口头说为语，书面写为文。真正的语文课堂就该是书声琅琅、讨论纷纷，让学生在不知不觉中提升听说读写的素质能力。"也就是说，我们的语文课堂应该回归到最初的、本真的课堂。王旭明也提到"在语文课堂上，有些老师运用各种多媒体形式，让自己的课看起来很'热闹'，但一节课过后，学生们往往只记住了这些'声光电'的效果，而忽视了课文本身"。因此，王旭明认为语文教育已经到了回归本质、呼唤"真语文"的时候了。他也解释说，真语文并不是说一定要排斥多媒体方式，而是要始终围绕"字、词、句、段、语、修、逻"这几个最基本的语文关键字进行。所以简单来说，"真语文"就像叶圣陶先生说的"语文课就是教会学生说话，教孩子会说话"。例如在课堂上，教师要变换多种方式让学生读文章，只有反复地读才能让学生对文章产生印象，有了初步的认知，才会慢慢地思考。其次，教师在读的过程中要通过适当的批评、不断的激励，来激发学生上课的积极性，让学生从不敢说到敢说，再到爱说，由浅入深，由理解到运用，锻炼说和写的能力，这是语文课应该完成的任务。

　　教学内容的合理直接关系课堂教学的效率，语文教学对学生情感态度和价值观的影响是深远的。这就要求教师要正确地设置问题或者说要切合实际地设置问题。如果教师有意将内容进行曲解或拔高，并将这些知识传授给学生，那么学生就会受到伤害，而这种伤害并不仅仅局限于知识层面，这与我们立人求真的教学初衷是背道而驰的。

《聚龙宣言》指出："语文是影响学生一生的重要课程，语文是关乎学生精神成长的重要课程；语文是所有学科教学的基础，语文是每个人终身学习的重要内容。让我们在本真语文的旗帜下，教真语文，教实语文，教好语文。"在我们的课堂中，我们会有意地拔高作者，如陶渊明，我们会赞美他高洁的情操，会赞美他回归田园的那份纯粹与淡然。但是我们忽略了陶渊明真正归隐的原因，他是因为对于当时官场黑暗的摒弃，他不愿同流合污，说白了是在保持自己人格的底线，他守住的是自己的道德，而在这里就有着诗人的无奈与痛苦，他也有选择，他是真实的，不是一开始就那么高尚，他在世俗生活的选择中，因为别无选择，最终选择归隐。所以，作为教师不能一味地拔高诗人的情操，我们要进行现实的分析，让学生真正明白、理解，并且切身地体会到做出归隐的选择不是陶渊明伟大，而是无奈。语文课如果变成了说教可就不是语文课了。我们现在这种空洞、虚假的人生说教太多，把语文课人为地拔高了。教师要牢固树立效率观念，要在单位教学时间内，落实教学任务，争取良好的教学效果；要做到"真教"，教师要注意转变角色，应由知识的灌输者、守护者转变为学生学习活动的组织者、引导者、参与者。只有这样，我们的语文课堂教学才能真正实现科学性与艺术性的完美结合；只有这样，语文教学才能实现"真教"。

在新课改的过程中，有些教师提出我们的语文课要回归本真，回归本色。就是语文课要体现在"语"上，以语言为核心，以语文学习活动为主体，以语文综合素养的提高为目的。

以语言为核心就是要让学生去感受语言、品味语言、解读语言、积累语言、运用语言。语文课要通过活动来展开，一个好的课堂需要通过学生参与活动来提高教学效率。在语文素养问题上，一些语文老师认为单纯地做几道题就能解决问题，也许做题可以提高分数，但跟提高学生素养没太大关系。语文素养是一种人文素养，它是情操与内涵的表现，需要长期的积累与思考才能获得。

语文教学的目的是提高学生的语文素养，使学生具有一定的语文应用能力、审美能力、探究创新能力，为学生的终身学习和发展奠定基础。只有真质疑、真探究、真讨论、真合作，才能有效地培养学生的创新精神和语文素养。因此，教师应当培养学生质疑、探究的能力，合作学习的能力；教师要精心设置问题情境，培养学生的问题意识，让他们主动提出问题、解决问题。

　　"生活的外延有多大，语文的外延就有多大。"语文教学应该向学生生活的各个领域拓展，采取全方面、立体开放的方式让学生在广阔的背景下学习语文。教师应该创造性地理解和使用教材，积极开发课程资源，沟通与其他学科之间的联系，沟通与生活的联系，扩大学生语文学习的视野，提高学生学习语文的积极性，从而丰富语文课程的内涵。

真语文中的诗意

贵州省铜仁市一中　石莉艳

德国19世纪浪漫派诗人荷尔德林的一首诗言：人，诗意地栖居。人，要诗意地栖居在大地上，就成为几乎所有人的共同向往。生活中，人们渴望诗意的生活。然而，在教学中，教师应该诗意地教学；在学习中，学生应该学会诗意地学习。

何谓"诗意"？

"诗意"即诗情，像诗里表达的那样给人以美感的意境，或是富有诗意，或是给人以美感或强烈抒情意味。

作为一名语文教师，在语文教学活动中应给学生一种诗意的美感、诗意的享受。文学是以语言文字为工具，形象化地反映客观现实、表现作家心灵世界的艺术，包括诗歌、散文、小说、剧本、寓言童话等，是文化的重要表现形式，以不同的形式即体裁表现内心情感，再现一定时期和一定地域的社会生活。高中语文教材从不同角度、不同层面去再现生活、去表现不同时期人们的内心情感。所以，在语文教学中应该让学生体会到动人的情感。如何让学生体会到动人的情感，那就要去追求文本中的"真"和"诗意"。只有让学生感受到了"真"，感受到"诗意"，在情感上，学生才能有所体验。所以在高中语文教学中，要抓住文本的"真"，抓住文本的"诗意"。

说起语文中的诗意，人们脑海里会有激情、浪漫、多愁善感、唯美等字眼，这些似乎都成为它的标识。而真语文中的"诗意"应是真情的流露，应是真、善、美的化身。只有找到这些真情，才能真正感受到"诗意"，才能觉得生活中处处有真情，处处有诗意。

在艾青的《大堰河——我的保姆》这一首诗歌中，它要展示的就是一幅画卷，要传达的就是一种质朴的真情。教师在指导学生鉴赏时，既要品人，又要品文。艾青是一位爱国人士，《大堰河——我的保姆》是他于监狱中写的一首诗。铁窗临风，白雪纷飞，看着飘飘雪花，作者追忆着儿时被大堰河养育的往事和大堰河人民的艰苦劳作与悲苦命运，给予大堰河及像大堰河一样的勤劳、善良、贫穷之人热情的赞美。

诗歌不仅具有音韵美，还让大堰河那勤劳、善良、无私、淳朴、乐观的形象展现在我们眼前，学生在欣赏诗歌时，能看到旧时代农民命运的悲惨，但他们用勤劳的双手创造了生活，用宽厚、善良的心给人以温暖；能看到，在那个满目疮痍的社会里也有真、善、美的化身，由此，更能感受到在和平年代的幸福是怎样的珍贵。在诗歌中，作者给大堰河添上了紫色的外衣。紫色是高贵、神圣的象征。这一颜色，学生更能品读到无论是在哪一个年代，人间自有真情在；更能体会到母爱的无私与伟大。

诗歌虽然有悲的色彩但更具有乐的情调。作为教师，在这一诗歌中不仅要带领学生寻找到诗意的精神——无论何时、无论何地都应具有乐观的态度，更要让学生体会到母爱的无私与伟大，要引导学生学会珍惜自己身边值得珍惜的母爱。这一目标，恰好是真语文中所提倡的真——情感的真，生活的真。

美国作家弗罗姆在《父母与孩子之间的爱》这篇文章中提出爱是一门艺术，要求人们有这方面的知识并付出努力。其实，在这篇文章中，学生不仅要把握住作者的观点，比如母爱的优点——无条件、无私、宽容等，父爱的特点——指导性、可以通过努力获得等；还要明白人在成长过程中各个阶段的情感是不一样的：从无爱到被爱，从被爱到有爱，从有爱到创造爱。所以，学生在把握文章内容的同时，要抓住文本要传达的情感，那就是：爱是一门艺术，爱是一种能力，爱是需要学习的。把情感的真放进我们切切实实的生活之中，把真真实实的学习及切切实实的生活变得诗意，变得真实。

对于作者对父爱和母爱的特点的阐述，因为每个家庭是不一样的，所以每个家庭的父爱、母爱也是不一样的。在这个分析的环节中，学生可以尽情阐述自己父母的爱的特点。但是无论父母的爱的特点和作者提出的观点是否一样，都要让学生明白一点，那就是：珍惜父母情，在父母健在的光阴赶紧尽孝。因为，树欲静而风不止，子欲养而亲不待。让学生明白"孝"是我国优秀的传统文化，是我们要去学习做的事情，要去了解自己的父母，要去爱自己的父母，要为自己的父母尽孝。

那如何为自己的父母尽孝呢？这又是值得学生思考的问题。这样，情感由真切变为真实。如何去做呢？作者又说道：爱是一门艺术，爱是一种能力，爱是需要学习和创造的！有了这样的引导，学生就会去思考如何去爱。在这一环节中，学生可以尽情地抒发自己的观点，可以尽情地诉说自己爱父母的方式。这样可以让学生自己去思考在生活中与父母相处的点点滴滴，甚至能解决有些学生与父母相处时出现的各种问题。

感悟生活，审视自己，反省自己。把文章中真实的情感切切实实地与生活、与自己联系起来，可以感受到母爱的伟大，可以体会到父爱的坚强，可以感悟到爱的幸福等。

真语文就是一种诗意，就是一种真实。人，要诗意地栖居在大地上，在学习中，学生也应学会诗意地栖居。

真语文之诗歌触摸笔尖

——以现代诗歌教学为例

贵州省铜仁市第一中学 彭庆

语文教学切忌禁锢于知识点与考试技巧讲解的泥潭之中，切忌把课堂与生活当作相互瞭望的星星而无交会痕迹。"生活无处不语文"，学习语文的目的就是将其应用于日常生活的听说读写之中，学以致用。

其中，语文教学中的诗歌易被供奉在殿堂之中膜拜，成为少数人的专有物，很难走进每一位学生的世界，难以成长于他们的笔尖之下。那么，该如何带领诗歌走出课堂、走进学生的生活之中？如何让高雅的诗歌得以被每一位学生触摸？其一，激起学生的爱诗之心，兴趣为先，带领学生进入作品之中获得审美感受，在高雅文化之中寻找共鸣，寻找与诸位诗人跨越时空的惺惺相惜之处；其二，打破诗歌与生活的隔膜，艺术本身就源自生活，让学生大胆地、自觉自发地去读诗写诗，把诗歌视为平常的表达形式来抒发日常生活中所见所闻所感。

那么如何消除看似阳春白雪的诗歌与日常生活中柴米油盐、鸡毛蒜皮之间的警戒线，从而使诗歌成长于每一位学生的笔尖之下呢？结合人教版高中语文必修一第一单元的现代诗歌教学实践，我简单谈谈自己在诗歌教学过程中获得的几点感受。

兴趣是学习的灯塔，亦是支撑诗歌教学的良师。如何培养学生学习诗歌的兴趣？一般来说，学生对于课本中的文本有着天生的抗拒感，所以对于诗歌学习的兴趣引导要着重从课外诗歌入手。

在正式进入现代诗歌学习之前，我简单地带领学生梳理了中国诗歌发展进程的框架，并着重在每一个阶段挑选了一首作品与学生共同去欣赏、去感受，目的是激发他们学习诗歌的兴趣。

诗歌的选择标准如下：其一，它们都是我自身所热爱的文本，因为喜爱，所以谈及之时情感更为强烈，表达之时会更有感染力；其二，诗歌类型以爱情为主，此类作品正是高中学生所向往并愿意去探求的内容；其三，它们大都较为经典，学生对其有或多或少的了解，带领学生去感知时很容易记住，很容易留下深刻的印象；其四，以古代作品为主，其作品之高雅让人心生敬佩；其五，展示自己所作诗歌，让学生了解写诗之事并非可望而不可即，鼓励每位同学积极去写诗。

以古体诗歌《上邪》为例，其诗句极为出名，经常出现于学生爱用的微博之中，在电视剧或歌曲中也都出现过。学生对此诗有熟悉感，面对自己所了解的内容便忍不住想要表现，极力地表达自己的看法。那么我们就可趁此机会试图将学生对此诗的一知半解化为全知，增强其对诗歌的感知能力。而诗句"我欲与君相知，长命无绝衰。山无陵，江水为竭，冬雷震震，夏雨雪，天地合，乃敢与君绝"，这种女子对于爱情矢志不渝的誓言，正是学生最容易去关注也是最想去了解的内容，让学生对于诗歌产生向往之感。

以汤显祖的《牡丹亭》为例，不仅仅通过"原来姹紫嫣红开遍，似这般都付与断井颓垣。良辰美景奈何天，赏心乐事谁家院？……"这些优美诗句来感受，同时挖掘诗句中生死不渝的爱情故事，挖掘古人"情不知所起，一往而深，生者可以死，死可以生"的独特至情观，让学生了解诗歌除了抒情，也隐含了大量有意思的故事。以此再进一步培养学生对于诗歌的兴趣的同时，让学生认识到生活中的故事也可以用诗歌的方式来记忆与表达。

古诗即使再美再能激起学生的共鸣，二者之间也仍然存在一团迷雾，免不了有一定的距离感。似前两首诗般感天动地之诗句似乎过于高大上，所以之后呈上自己的拙作《与友人书》："微灯映夜幽，淡月伴人闲。扇舞舸轻起，蛾飞人浅眠。尔书忽至此，今恨遂得迁。莫叹独居远，君心吾意连。"让学生在对诗歌产生崇敬向往之余，了解到现代人亦能表达出古诗中的一点点韵味，认识到诗歌甚至古体诗也可以存在于自己身边，以此拉近学生与诗歌之间的距离。

接触古诗重点是让学生在说不清道不明的高雅文学中获得美感，让诗歌在其心中有一隅之地，培养兴趣。而真正付诸实践，带领学生去用诗歌表达自己的情感，记下自己的故事，还是要借助可操作性更强的现代诗歌。最后带领学生感知艾青的《我爱这土地》，并结合课堂上对教材文本的分析，让学生了解到这样的句子也可以是诗歌，了解到他们亦可以将白话文字用自己的方式进行组合，写出属于自己的诗歌。

实践证明，这一方法对学生还是起到了一定的作用。第一周的周记之中就发现有少部分大胆的同学已经着手去尝试，并且有的已经写得相当不错，如："他似乎走了，静静地，也不知道为什么？他似乎走了，悄悄地，也不知道还会不会回来？他似乎走了，轻轻地，也不知道他到底去了哪儿？"虽然从整体上来看质量有好有坏，但是已经鼓励少部分人让诗歌触摸自己的笔尖，表达自身的情感，走上通往"诗人"之路。

鼓励是学习现代诗歌写作的助推器。在评完周记后的第一节语文课，我马上就对学生写诗的情况进行表扬与鼓励，其结果大大超出了我的想象。第二周周记之中写诗的人数剧增，全班掀起了写诗热。纵使平庸的作品居多，但是已经让诗歌走向绝大多数人，写诗俨然成为同学们抒发表达的重要手段，大家似乎爱上了写诗。同学们写诗的热情越来越高涨，甚至一周交上来三四首诗。初时，整体而言平庸的作品居多，但是在不断的练习之中，诗歌的雏形与韵味越来越到位，同学们对诗歌掌握越发自如，有些同学俨然已经有了诗人的派头，写出了很多优秀的作品。如诗句："早起，秋雨已湿地，略带寒风。出游，带一把小伞，愉悦心境。见池，鱼戏莲叶间，笑面如童。眺山，雨染万山红，醉美心底。望天，细丝飘尽眼，接天连山。当归，不舍鱼云山，挥袖忍别。晚睡，入梦写此篇，秋雨甚美。"

模仿是学习写诗的重要方法。在同学们的周记之中看到了很多模仿其他诗歌的痕迹，《沁园春》《雨巷》《再别康桥》的影子都能在他们的诗歌中出现，而且上课所提到的反复的手法他们也经常运用于自己的诗歌之中。于是我趁热打铁，要求全班进行一次诗句仿写活动。他们写出了"那故乡的石桥，是渡河中的行者""不观玫瑰化残花，不闻雷鸣变呢喃，不管音乐与吉他"等诗句，这次诗歌教学的目的已然达到。同时，学生在学校中能读到的诗歌很受局限，教师需要给他们提供更多的经典现代诗歌作为仿写的模范，供其课余自发地去感受领会。

愿诗歌的文字能逃出课堂，跃上纸张，闯入学生的内心世界；愿能激励每一位学生勇敢地拿起笔，用笔尖去触摸诗歌，让心中的故事与情感能随之跃然于白纸之上。诗歌教学就是为了让学生爱上读诗，爱上写诗，携手诗歌走出课堂，引领诗歌融入生活点滴，将诗意渗入每一位学生的血脉之中，给平淡的生活乃至平庸的人生增添光彩。

"真语文"在课堂提问中的实践研究

贵州省铜仁市第一中学 雷雨

摘 要： 课堂提问是语文课堂教学的重要组成部分，也是艺术性很强的教学手段之一。在教学中它具有重要的意义和作用。恰到好处的提问，可以提高教师的教学质量，可以优化课堂教学环节，提高课堂教学效果，产生认知的冲突，促使学生积极思考。这些结果恰恰也是真语文的追求。

针对课堂教学中教师存在的比较突出的提问无效的问题，我就如何提高语文教师课堂提问技能策略，进行了一次探索，并归纳总结出课堂教学教师提问需要注意的方法及原则，使课堂教学更有效地达到"真语文"的目的。

关键词： 课堂提问 课堂提问技能薄弱探因 提问有效理论

课堂提问是艺术性很强的教学手段之一。恰到好处的提问，可以提高老师的教学质量。然而，在当前的课堂提问中存在着不少的问题，主要体现在以下几方面：在设计问题上，教师不能根据教学需要，不能用详细而准确的语言提出各种难度与深度合理的问题。在发问上"有问全答""有问无答"等现象严重；在候答方面，有的教师几乎不给学生思考的时间，常常是一个问题刚提出，就马上叫同学回答，没有留出时间让学生完善答案；在问题的反馈方面，有时教师对学生回答基本正确的答案没有给予有效的反馈，致使学生知其然而不知其所以然，有时对学生错误答案的反复追问只会增加学生的恐惧心理，这样的提问是无效的。

提问是教学活动中一种常用的基本手段，《现代汉语词典》中对"提问"的解释是"提出问题来问"（多指教师对学生）。钱梦龙先生认为提问就是有目的地设疑。课堂提问不仅能激发学生学习兴趣、锻炼学生语言表达能力、提高学生思维水平，而且能通过师生之间、生生之间、师生与文本之间的对话，使师生一起发现问题、探讨问题、创造性地解决问题。因此，语文课堂提问的有效性直接决定教师教学的质量水平。

有效的课堂提问可以优化课堂教学环节，提高课堂教学效果，产生认知欲，促使学生去积极思考，在这个过程当中才可能实现创新。有效的课堂提问，可以激发学生的思维活动，也能培养学生的思维性、独立性和批判性。在民主、和谐的师生关系的前提下，使课堂提问科学而精彩、有效而有趣，使学生喜闻乐答，课堂教学过程优化、语文教学质量提高之目标方可实现。

当前，语文新教师课堂提问技能薄弱主要体现在以下五大方面：在设计问题上，新教师不能根据教学需要，用清楚、详细而准确的语言提出各种水平的、难度与坡度合理的问题。在发问上"有问全答""有问无答""有问一人答"等现象严重。在候答方面，新教师几乎不给学生思考的时间，常常是一个问题刚问出，便立刻指明学生回答；没有给出足够的时间让第一个站起来回答问题的学生完善答案，就马上叫下一个同学回答。有时教师对学生回答基本正确的答案没有给予有效的反馈，致使学生知其然而不知其所以然；而对学生错误答案的反复追问只会增加学生的恐惧心理。

一、有效提问的方法

课堂提问是课堂教学的组成部分，好的提问能启发学生的思维，使学生的能力得到提升，因此，教师的提问要问得有技巧，问得学生愿意思考，问出学生的智慧和学习动力。从提问的方法看，我们需要注意以下的问题。

1. 针对教学内容提问

可以对学生理解整篇文章起关键作用或学生不易理解的某些词句和内容，在重点内容上提问。抓住这些内容提问，往往可以带动学生对其他内容的理解，起到事半功倍的效果。也可以从矛盾之处提问。有些课文的内容看起来自相矛盾，实际上却正是文章作者的匠心独运之处。引导学生读书前后联系起来，找出矛盾的地方，从此处提问，不仅可以化解学生的疑惑，而且可以使他们领会并学习到作者高超的写作技巧。

2. 抓住兴趣点提问

兴趣是最好的老师，同样一个问题，若变换一个角度或改变一下提问方式，使之新颖奇特，那么学生就会兴趣盎然。教师在设置讨论题时要特别注意巧妙，借以激发学生的兴趣。只有这样，在教学中才能发掘学生的潜力，充分调动他们的学习积极性。

3. 提问难度要适度

课堂提问必须做到难易适度。太难的问题使学生处于紧张状态，损伤学生的自信心，使学生产生恐惧心理，久而久之，学生不再积极主动地回答，而是尽量回避。太容易的问题学生又不屑于回答，没有启发性，学生回答时不动脑筋，思维仍然停留在原来的水平，这样的问题不能正确评价学生分析问题、解决问题的能力。掌握问题难易程度的原则是稍难但未超过学生的水平。对于难度稍大的问题，一定要精心设计，将其分解成一系列由浅入深、以旧导新、从易到难的梯度化系列小问题，使学生通过问题解答，逐步突破难点，把握要领，掌握规律。特别是针对不同层次的学生更要把握问题设计难易的分寸，使全体学生都能从解答问题中享受到获取新知识的欢愉与乐趣，从而使问题得以解决。

4. 提问方式要多样化

不同的课型使用不同类型的提问，一节课不同时段不同学生使用不同类型的提问。要做到这一点，教师必须要清楚提问方式大概有哪些种类，譬如："提示问""启发问""探究问""疏导问""激趣问""质疑问""迁移问""比较问""检索式提问""填空式提问""选择式提问"等，其问题本身已带有两种可能，只需学生做出选择。讲授新课时可以多用"提示问""激趣问""启发问""疏导问"；复习课可以多用"比较问""填空式提问"；教读示范课可以多用"启发问""疏导问""检索问"；文学鉴赏课可以多用"探究问""迁移问"。

对学习程度较低的学生，可以多采用"检索式提问""选择性提问""填空式提问""疏导问"，让他们也能回答问题；对于学习程度较高的学生，可以多采用"探究问""质疑问""迁移问"，进一步提高他们的思维品质。

教师进行提问时，学生要做出回答。学生在回答问题过程中的表现和对问题的看法是不尽相同的，对于学生的反馈信息，教师要掌握一定的原则，注意自己的态度，要注意倾听，要以和悦的态度去接受，并鼓励学生积极回答。

二、有效提问应遵循的原则

随着课题研究的不断深入，在理论学习、课堂实践、深入钻研的基础上，我总结出中学语文教学中有效提问应遵循以下几个原则：

①教师提问要有明确性，表述要清晰；

②教师提问要适度，提问不宜过多，不要挤占学生思考的时间；

③教师提问要有启发性，要有梯度，层层深入，便于学生思考、提升；

④教师提问要有民主性，面向全体学生，问题要适度；

⑤教师提问有耐心，要学会等待，给学生足够的思考时间和空间；

⑥教师要学会倾听，善于捕捉学生思维的火花，设计问题；

⑦教师的问题要有评价性，要学会有效评价，推动学生养成主动探索、

思考、归纳的习惯。

当然，本次课题研究仅仅只是一个开端，还有许多更为艰巨的任务和问题有待我在体验教学实践中去探索与解决。转变观念是一个艰难而复杂的过程，唯一的途径是教师对新理念的不断学习理解、实践反思、总结提高。当然，事物是在发展中不断地完善、充实、提高的，我们由衷地希望，通过教师的努力能够为促进教育事业更好更快地发展，为实现教育的现代化做出应有的贡献。

参考文献

[1] （美）布鲁克斯. 建构主义课堂教学案例 [M]. 范玮，译. 北京：中国轻工业出版社，2005.

[2] 孟庆南. 当代教学理论：概念、问题与原理 [M]. 长春：东北师范大学出版社，2006.

[3] 湖南省教育厅组织编写. 中学教育教学基本技能 [M]. 长沙：湖南人民出版社，2006.

[4] 董晨等. 新课程有效教学疑难问题操作性解读 [M]. 北京：教育科学出版社，2007.

[5] 董国华，龚春燕，等. 中小学课堂教学艺术 [M]. 上海：科学技术文献出版社，1998.

[6] 欧阳芬，赵卫胜. 农村课堂教学诊断 [M]. 长春：吉林大学出版社，2006.

[7] 孙春成. 给语文教师的 101 条建议 [M]. 南京：南京师范大学出版社，2003.

[8] 许书明. 语文四大名师研究 [M]. 北京：中国文史出版社，2005.

[9] 刘衍玲，吴明霞. 接受学习与课堂教学 [M]. 北京：人民教育出版社，2007.

[10] 潘新和. 新课程语文教学论 [M]. 北京：人民教育出版社，2005.

[11] 冯君南. 教学方式新思维："九字万能"建模与兼容教学法 [M]. 南宁：广西人民出版社，2004.

[12] 严永金. 最能激发潜能的课堂提问艺术 [M]. 重庆：西南师范大学出版社，2008.

[13] 李海林. 言语教学论 [M]. 上海：上海教育出版社，2000.

谈如何培养高中生语文学习的兴趣

贵州省铜仁市第一中学 谭必莲

摘　要：新课程改革背景下，对语文教学方法进行改革势在必行。从培养学生语文学习兴趣的角度出发，不同年龄阶段的学生有着不同的心理特点，我们须采取与其心理特点相适应的教学方法，把传统的教学方法和新课改的方法结合起来，才能激发学生兴趣，取得良好的教学效果。

关键词：高中生　年龄特征　语文学习　兴趣培养

新课程改革背景下，我们须采取与学生心理特点相适应的教学方法，把传统的教学方法和新课改的方法结合起来，才能激发学生兴趣，取得良好的教学效果。

一、老师要着重激发学生的学习兴趣

1. 兴趣是最好的老师

浓厚的学习兴趣会让课堂焕发出生命的活力。在语文教学过程中，教师要注意提升学生对语文学习的主动性，让学生感受到学习语文的乐趣，要重视学生的情感体验，重视培养与激励学生学习语文的兴趣。在进行语文课堂教学设计时，教师应当注重加入激发学生学习兴趣这个部分，利用这个部分充分调动学生的思维，引导学生去感受语文的魅力。

例如，教师可以运用创设情境、设置问题、直奔主题、引用名言警句、运用成语、背古诗、讲故事、看图画、猜谜语以及听音乐等方式，让每一堂语文课都充满吸引力，让学生感受到语文课堂的想象力、活力与激情。通过激励学生学习兴趣的方式，能够让学生与教师之间产生情感共鸣，实现"亲其师，信其道"的目标，最终提升语文课堂教学的有效性。

2. 教师要真诚地热爱学生

爱是教育的主题，是成功的秘诀。教育之没有爱，就如同池塘没有水。我们要努力成为学生所喜爱的教师，将自己的爱心与真心献给学生，让学生真切地感受到教师对自己的热爱，让全体学生沐浴在爱的阳光与雨露下，以教师对学生真挚的爱来换取学生对教师的热爱，以这种积极的情感来拉近师生距离，进而转移到对学科的学习态度上来。

3. 教师要平等地对待学生

一是教师要尊重学生。学生不是成人的附属，而是与教师一样平等的学习主体，教师要从高高在上的讲台上走下来，成为与学生平等的学习主体，尊重学生，与学生一起积极而主动地投入到教学活动中来。二是教师要公平对待学生。学生因先天与后天因素的影响在学习上存在一定的差异性，教师不能单纯地以成绩的好坏而评价学生，成绩好而喜，成绩差而厌，而是要一视同仁，体现公平公正，对全体学生充满心理期待，客观评价，让学生感受到教师的公平与公正。

4. 教师的语言要幽默风趣

语言是人交际的重要工具，语文教师的语言一定要富有文采，因为在课堂教学中，教师如果讲得有声有色，诙谐幽默，学生自然也愿意听，乐意听，从而使教学质量得到提高。魏书生老师的课，总是运用轻松愉快、幽默风趣的语言使课堂增色不少，每堂课都让学生有笑声、有掌声。这种良好的课堂氛围，自然能够激发学生的学习兴趣，提高其学习兴趣并促使其快速掌握相关知识。可是，现在有的语文教师讲课语言贫乏枯燥无味，总是不停地在黑板上长篇大论书写，这样的课堂学生自然提不起兴趣，不想听也不愿意学，打消了学生学习的积极性，抹去了学习语文的信心。所以教师一定要让自己的教学语言文采飞扬，诙谐幽默，从而激发学生的学习兴趣，提高教学质量。

二、调动内外因素，激发学生学习语文的兴趣

孔子曰："知之者不如好之者，好之者不如乐之者。"兴趣是学好语文的先决条件，有兴趣，才能高高兴兴地去学，变"要我学"为"我要学"。即使遇到困难，也能自觉钻研，加以克服，并把它当成乐事来做。

第一，通过各种途径，加强学习目的的教育。兴趣的形成和巩固，要建立在明确的目标基础上。要利用各种形式，在潜移默化中使学生懂得学好语文的重要意义，进而使他们明确学习目的，把语文学习与个人前途、家庭利益、国家四化建设、民族命运联系起来，为自己学不好语文而内疚、自责，从而激发学生学好语文的动机，使消极因素转变为积极因素。

第二，以语文教师自身的教学实践激起学生的共鸣，进而感染学生，逐步形成学语文的兴趣。如教师和蔼可亲的教态，善于控制和表达自己的

情感，主动创造民主、融洽的课堂气氛等。在教学过程中，教师要努力创设使学生有美感享受的情境，调动学生的情感，引起学生的注意，在其乐融融的气氛中获得知识、陶冶情操；要充分发挥教材本身的情感和美感作用，并辅之以教师得当的教材处理和动情的朗读引导、恰当而富于启发性的提问、清晰美观的板书等。久而久之，学生就会欢迎语文课，喜爱语文课，学语文的兴趣也将会日益形成和加深。

第三，创造条件，让每个学生都有发挥的机会，从而激发对语文的兴趣。如组织学生出小组墙报、班级黑板报、办手抄报、讲民间故事、成语接龙、答记者问竞赛等。事实上每一位学生都有其特长和优势，有的字写得清楚、工整，有的普通话讲得标准、流利，要让他们尽情发挥其在语文方面的点滴特长。教师还要及时发现学生细微的进步，及时进行客观、公正的评价和鼓励，并与其他同学一起享受成功的快乐。当学生要完成一项任务之前，教师要估计到他们会遇到的困难，并及时给予热忱的启发式的指点和帮助。如果说存在"兴趣—克服困难—成功"的公式，那关键一环就是"克服困难"，教师必须把好这一关，不能包办代替，更不能袖手旁观。

三、老师要营造文学艺术浓郁的学习氛围

语文与艺术是密不可分的，许多著名文学艺术家在语言的运用上都非常讲求艺术性。教师在语文课堂上所营造的文学学习氛围对学生所起到的潜移默化的影响是不可忽视的。比如教师在讲解课文时，不要先急着解释作者所要表达的思想感情，而是先通过声情并茂的朗读，让学生自己体会到作者波澜起伏的感情，体会文章中语言运用的独到之处。同时，教师要尽量淡化"照猫画虎"照搬教材枯燥内容的旧模式，从而真正提升学生文化基础，提高语文教学效率。

第一，创设良好的情境激发学生自主参与课堂学习。教师创设问题情境的时候要根据学生的兴趣认真去进行考虑，将较为具体形象的设问留给学生，作为新知识学习之前的准备。教师也可以在教学中的重点难点或者关键之处设计一些问题，帮助学生打开思维的空间。应进一步注重语文的应用性特征，加强与社会发展、科技进步的联系，加强与其他课程的沟通，更新内容，以适应现实生活和学生自我发展的需要。不但要使学生掌握口语、书面语交际的规范和基本能力，还要帮助学生养成认真负责、实事求是的科学态度。但是教师需要注意，在问题的创设中要尽量简单明了，次数不要多也不要转弯抹角。语文与政治、历史两门学科有着很深的联系，

只要教师善于去发现和思考，让学生在学习课文时能用不同眼光将文学与历史联系起来，课堂教学的有效性也将得到提高。

第二，发展丰富的课堂内外活动发挥学生主动性参与学习。教师可以在课外时间组织学生开展一些课外调查活动，让学生通过参与活动去激发其内在的学习潜力。在参与活动的过程中，学生可以去收集各种各样的资料丰富自己的知识储备，通过角色分配可以更好地展现自己。教师还可以让学生去参加各种征文活动，以此调动学生的竞争意识。

第三，要用大量的课外阅读激发学生学习兴趣。语文学习重在积累，多读书是培养学生语文兴趣的关键。笔者认为应引导学生多读一些世界名著感受经典作品的艺术魅力。读的时候，教师要引导学生注意力集中，口、眼、心并用，大脑也要跟着思考，读到好的地方要记忆，多借鉴名家作品的优点。经过了大量阅读之后学生的阅读兴趣会大增。阅读是吸收，写作是倾吐。两者相辅相成不可分割。教师要引导学生在读的过程中多写随笔、读后感，也可以模仿一些作者的写作风格，不断地博采众长，最终形成自己的一套写作风格。写完作文之后，一定要注重修改，从段落到结构、从字词到句子都要认真修改，时间一长学生的写作水平一定会有大幅提升。

总之，调动学生学习语文的兴趣，就要充分利用、发挥学生的主观能动性，教师辅以恰当的引导，变"要我学"为"我要学"，才能取得事半功倍的效果。

参考文献

[1] 张阳宏. 强化语文教学中的情感教育推进实现新课改目标 [J]. 东方企业文化，2015 (15).

[2] 潘建玲. 关于高中语文教学中学习兴趣的培养 [J]. 考试周刊，2007(51).

[3] 胡楠. 把握年龄特征, 激发学习兴趣——浅谈高中生语文学习兴趣的培养 [J]. 中学语文，2010 (24).

让语文教学"自然美"

贵州省铜仁市第一中学　田婷

进入新世纪，随着新的语文课程标准的制定及语文课程改革的深入推进，语文的重要性日益凸显。《全日制义务教育语文课程标准》指出："语文课程致力于培养学生的语言文字运用能力，提升学生的综合素养……语文课程对继承和弘扬中华民族优秀文化传统和革命传统，增强民族文化认同感，增强民族凝聚力和创造力，具有不可替代的优势。"纵览古今，无论是古人留下的有关语文教育的宝贵经验还是新时期对语文课程性质和功能的定位都告诉我们：语文就是"语"和"文"，就是语言文字的运用，就是生活、工作和学习中的听说读写活动以及文学活动。语文课就是要培养学生的语言文字运用能力，使语文的工具性和人文性相统一。

而时下一些语文课则是承担着很多语文之外的任务，语文教师除了教语文，还要"教"思想品德、政治历史，甚至美术、音乐、体育。也有很多教师在语文教学过程中，过多依赖多媒体的教学方式，将一堂课的三维目标和重难点呈现，并在导入新课后，让学生自读课文，积累语言知识，识记一些字词，接着就是分析课文、重点词句赏析、文章内容把握、写作技巧提点等老生常谈的方法分步骤展示在多媒体上。教师课件做得很精彩，学生上课看似轻松，却完全成了一个被动学习的奴隶。再加上在应试教育的大旗下分数举足轻重的地位，很多语文课便成了学生答题技巧的加工厂。教师将一篇妙趣横生的课文肢解成为一节节无血无肉的"骨架"，整堂课几乎都是答题技巧、解题方略等急功近利的知识点。当然，除此之外，也有很多教师一直疑惑着：以上的雷区我都未曾踏入，一直小心谨慎地保持我的课堂正规模式化的教学，但为什么依然枯燥乏味，更遑论其乐融融了？这看似严守规矩的背后便是故步自封的恶性循环。一节课到底要用哪些教学凭据、教哪些内容、问几个问题、采用哪些教学方法、达到什么样的教学目的，教师心中无底。课堂上设置的问题毫无启发性，更谈不上建设性，这样只能让学生学习语文的兴趣越来越低，离语文越走越远。而常常被我们看重的具有最高学术价值的公开课也难逃伪语文课堂的作秀表演。为了使公开课完美无缺，教师事先多次反复练习，每句话、每个动作、每个表情都格式化，甚至在音乐和画面的烘托下无节制地抒发情感。

其实，类似这样"时髦而虚伪"的语文课堂和语文教学在语文教育中普遍存在。面对学生所具有的联觉本能和创造需要被扼杀，语文学习成了枯燥乏味的技巧训练的现状，也有许多语文教学的权威者一呼百应，纷纷提倡语文教学的返璞归真，强调语文课应呼唤感性，呼吁广大一线教师要打造具有生命力的真语文课堂。

真语文强调回归传统，找回本真。其基本要求是：以语言为核心，以语文活动为主体，以语文综合素养的提高为目的；语文课一定要培养学生自然、健康的表达习惯，一定要培养学生自由、个性的心理品质，一定要培养学生独立创造的人格特征；语文课要让学生具备一定的逻辑思维能力，让学生热爱祖国文化，了解国学知识。

我们知道，语文教育包括教材、教学、评价、教师等若干方面，它们相互依存，相互作用，环环相扣，缺一不可。真语文实际上涉及教材研发、考试评价、教师培养、课堂教学等语文教育的诸多方面，而我们之所以选择课堂教学作为切入点，是因为相对而言，课堂教学对于教师来说自我调控的空间大一些，教材、教师、评价等方面则需更高层面的机构和更大的政策调整去解决。

高考作文与真情实感的关系探索

贵州省德江县煎茶中学　牟真贵

高考一向是一年一度的焦点，而高考作文更是焦点中的焦点。一张150分的语文试卷，作文就占了60分，真可谓"得作文者得天下"。纵观近十几年的高考作文，不难发现得高分者往往能在作文中记录真实生活的点点滴滴，用赤子之心去写赤子之情。

话虽如此，可是在高考考场上，大多数考生都是为写作而写作，空洞无物千篇一律。每年总是列举古有司马迁受辱励志、屈原跳江爱国、陶渊明淡泊名利，今有张海迪受难立志。共同的思想，似曾相识的话语，阅卷老师不免看得枯燥无味。

在高考作文中所呈现的这些"复制"现象，我觉得可以归咎为，他们没有用"心"去写作。在他们眼中的作文，无非就是列举一大堆名人事例，再用些华丽的辞藻去装饰，直到凑足800字就行了。这样所得的文章"华而不实"，从中感受不到作者的真情实感。所谓用"心"去写作，无非就是要将自己与文章融为一体，在立意正确的情况下随性写作，写出自己的本心，塑造生活中的真我形象，表达真情实感，而不是矫揉造作，做无病呻吟之态。

曾有两位学生告诉我，她们写随笔比较应手，老师的评价也比较好，说她们的作文充满小小的才气、才情，流动着几分灵气，报纸上已登载过，可就是每次的考试作文得分不高。其实这种现象在学生中还是比较普遍的，其原因就在于，随笔是学生自己随意写，对于命题、题材都不做太大要求，无外乎就是写自己生活中的所见所闻所感，甚至是写自己感兴趣的生活片段，有如生活那样自然流畅，而考场上的作文则是要读懂材料，揣摩题意题旨，确定写作方向，不少学生连立题关都难过，当然就出现了"编情节，说假话"，800字的作文草草写就，很难表达出自己的真情实感。针对这种现象，学生要学会题目的迁移、内容的联想，联想到自己身边发生的事，把设想要写的内容与生活接轨、重组，同时还要对自己已经积累的一些素材进行深度挖掘，剖析里面感人的事件，表达内心的真情实感，用真情感动他人。

在高考作文中经常会在不同的考生试卷上看到相似的情节故事，一提到亲情，好多学生就会写：在一个风雨交加的夜晚，我发烧了，爸爸妈妈冒着大雨把我背到了医院，结果我病好了，他们病倒了。诸如此类，只要提及某个话题，总会看到发生在不同考生身上的共同事例，这让阅卷老师不禁惊呼作文的相似度，最后得分自然也不会高到哪里去。其实作文所要呈现的就是考生的情感和态度，考生只要能够做到写真人真事，表达真情实感就行了。而切题就考验了学生的另一个能力，就是前面提到的题目的迁移和内容的联想。

高考作文为什么会花样百出，可能与传统的教育模式有关，但也与学生从小养成的陋习有关。现在的小学生从小就会买许多作文书来看，对此我并不反对，相反我是很赞同学生多看点作文书的，从别人的故事想到自己的故事，从中获取灵感，寻找一种写作方式。但是不少学生看完之后并不会去思考，就仅仅是把它当作故事一样，看完就看完了，到了考试的时候，把在作文中看到的故事照搬，或者稍加改动。又或考到了一篇与自己曾经看到过的相似文章，直接将别人的文章转述一遍就成了自己的。这样不加以思考的写作方式还被美其名曰"模仿"。正是由于这样的模式导致了在考场上会出现如此多的相似文章，此类文章没有自己的思想与情感，本人是很反对的，叶圣陶老先生就明确地提过，作文的目标是"训练思想与培养感情"。对于此类文章我觉得顶多可称之为"套作"。模仿并不是连思想都是别人的。看别人的文章，好的写作手法，好的行文构造，是可以模仿的。看了别人的故事，我们应该联想到自己身上发生的故事，来表达自己的情感，也可以以自己的口吻去述说别人的故事，来表达自己的看法与深刻见解，而这些也都是自己的真情实感。要记住，思想与情感是不能模仿的。我们所能模仿的只是一些写作方法上的固有模式，这只能是写作的"看山是山"层次，达不到"看山不是山"的境界。

更有甚者，将写作中胡编乱造故事情节的做法，美其名曰"虚构"，这一做法不禁让人反感。文学创作上的"虚构"是以"生活真实"为基础的"艺术真实"，如鲁迅先生的《狂人日记》、孙犁的《荷花淀》。他们的文章都有特定的社会背景，是以特定社会背景下生活中发生的事件为材料来进行创作的，在文章中有自己的爱与憎，有自己的思想态度和情感价值，这岂是胡编乱造所能相提并论的。

"为赋新词强说愁"，只会让人觉得矫情，"假、大、空"的东西又会让人觉得厌烦。白居易说过："感人心者，莫先乎情。"要想打动读者，就得在文章中抒真情，写实感。那么如何在文章中表达自己的真情实感呢？

写作来源于生活，对于如何写出真情实感，我有四点建议：第一，写真人真事，最好是亲身经历；第二，通过细节描写，塑造人物个性；第三，行为结构严密，不能松松垮垮，想到什么就写什么，能够用到一些对比、欲扬先抑等之类的写作手法更好；第四，展开议论，表达自己的真情实感，升华主题。"登山则情满于山，观海则意溢于海"，带着感情去写，将自己的感情注入每一个文字中，情要真，情要浓，这样的文章必定字字动人心弦。

真实是文学作品的生命，感情是文学作品的血肉。一篇有血有肉的文章定能打动人心，一篇富有真情实感的高考作文也定能打动阅卷老师的心。

我感受之"真语文"

贵州省玉屏民族中学　罗康锡

当今全球，全国，全区，全县，全校，都在兴起各种各样的教学模式。学校领导的频繁外出考察，使得接触不同教学模式的机会增多，这也从一定程度上为学校及学校语文老师改变教学模式提出了更高的要求。但并不是别人的东西拿来就可以用，而是要根据具体情况，有选择地汲取经验，绝不能不顾实际地照搬照抄。为此，我想从如下方面来谈谈"真语文"。

一、更新不换代

现代化教学手段的出现，使课上声音美妙，头像清晰，风景优美，学生是频频鼓掌，听课教师也神清气爽，更有领导以此为教学模式要全校教师学习，争相模仿。仿佛学校只要不会现代化教学手段的老教师都要被"流放"一样。我承认课堂上这道大餐，足可以让老教师享用一辈子了，但是餐桌上的大菜不一定每个教师都能消化，我们都知道年青人喜欢甜点，老年人喜欢白开水，甚至是苦咖啡。如果非要让老人去吃甜点，小孩去喝咖啡，结果你自己想想，反过来又想想，传统教学手段也未必不好，师传生受，孔夫子的教育还成就中国几千年以来的名家，试想我们现代的教育模式能成就几千年以后的名家吗？但是回过头来又想想，要是现在的学生不"喝咖啡"，教师非得用"咖啡"教学，我想效果可能也不会好。为此，教师可以让学生饱餐饕餮之后，再来一点青菜萝卜，让学生饱中感到饿，在饿中想到饱。为了我们的学生，为了教师教育教学的宗旨，我认为在更新教育教学手段的同时，也切不可以摒弃传统，一味求新，可更新但不能换代。

二、迎新不弃旧

新的教育教学理念，要求教师上有效课堂，上高效课堂；否则听课教师不满意，听课专家也不满意。如果把新教学理念看成我们的新衣服，把传统教学理念当成旧衣服，按理说有了新衣，就不要旧衣服了，破旧立新，但谁都知道新衣服别人看着舒服，至于自己穿着舒服不舒服，是否花了血本购买的那别人就不清楚了。旧衣服吧，穿着舒服，只要包里有钱，走在街上也气定神闲。但如果是在舞台上，穿旧衣服不适合；如果去扫大街，穿新衣服不合适。到底穿旧穿新，还得看场合，看观众，看对象。特定时间，特定地点，特定人物，特定事件，穿特定的衣服。为此，我们不必再在新旧教育教学理念上去争执了。

三、自我不忘"我"

当今教师，每天三点一线，天不亮来学校，深夜才回家，也算兢兢业业了。为此，教师上课也心无旁骛一言堂，把自己带进了书里，却把学生的心思带到了周公之境。教师"自我"以至于"忘我"，学生"忘我"以至于"自我"，如无教师在教室一样。还原诗文，进入诗境，未尝不可，只是进去的时候顺便把学生带上，不要忘了"我是谁，我来干什么"。不要以为教师教了《逍遥游》就可以逍遥了，当然把学生带到一种审美的高度，那是可以的。

这就得从语文课的功能上说说了，语文课如果只是几个公式，几个定律，几个应用题，那语文真是枯燥无味，不学语文可能还好些。语文课上的听、说、读、写是基本要求，最高境界是那一份让学生顿悟的至乘化境，那一份美好享受就如"众里寻他千百度，蓦然回首，那人却在灯火阑珊处"的心灵震颤。如果语文课上能让学生经常感受到心灵的震颤，那将是妙不可言。那才是真正意义上的"自我而不忘'我'"。

总而言之，我心目中的"真语文"，就应该是符合学生学、教师教的一切有益师生教与学的一种思想，一种理念。在当今各种"教学公式"、各种"教学模式"、各种"教学风格"满天飞的形式下应保持的一份还原语文之"真"的"真语文"。尤其在当今信息瞬息万变、祖国面貌日新月异、人民生活阔步向前之时，作为传承中华文化主力军的语文教师，我们的语文之"真"不能赶时髦，我们的民族文化之"真"不能赶时髦。但我们可以在赶时髦时，更进一步地来感受"真"，感受那一份在师生融洽的课堂中更新而不换代、迎新而不弃旧、自我而不忘我的"真语文"之优美交响乐的齐奏合鸣吧！

"真语文"——对语文学科工具理性的回归

贵州省铜仁市民族中学　薛振霞

摘　要： "真语文"理念主要是针对当下语文课程过于强调人文性与学生的主体性而引发的一系列偏颇与危机提出的。它强调以语言学习为核心，是对如何更好地统一语文的"人文性"与"工具性"的尝试，是语文学科向前不断发展的一种求真务实精神的体现，可以说是对语文课程工具理性的回归。在语文课堂上，只有将有为课堂（有意识的指导行为）与无为课堂（无意识的感召行为）两种方式充分结合，有所为有所不为，语文学科的工具性与人文性方能到和谐地统一。

关键字： 真语文　工具性　有为课堂与无为课堂

一

"语文"一词，作为学科名称，始于 1949 年。从语文独立作为一门课程以来，关于语文课程的问题，即"教什么""怎么教"的讨论从未间断过。

纵观自 1949 年以来语文学科的发展，教学大纲对语文学科的定义也历经周折。自语文单独设科至 20 世纪 90 年代，语文学科的工具性长期处于关键的位置。直到 20 世纪 80 年代，教学大纲依然将语文学科定义为从事学习与工作的基础工具，90 年代左右，开始有所转变。

其中，最大的一次转变是在 1992 年，因为在 1992 年，语文学科的人文性首次出现在大纲中。《九年义务教育全日制小学语文教学大纲（试用）》指出：小学语文是义务教育中的一门重要的基础学科，不仅具有工具性，而且有很强的思想性。此后，语文学科的人文性被越来越重视，直到 2011 年新课标中对语文课程丰富所做的定义，更加凸显了人文性的重要性。2011 年的语文新课标指出："语文课程是一门学习语言文字运用的综合性、实践性课程。义务教育阶段的语文课程，应使学生初步学会运用祖国语言文字进行沟通，吸收古今中外优秀文化，提高思想文化修养，促进自身精神成长。工具性与人文性的统一，是语文课程的基本特点。"

"真语文"一词是 2012 年以来出现的新名词，同样也是基于对语文学科性质的探讨而衍生出来的，是语文学科向前不断发展的一种求真务实精神的体现。"真语文"理念的提出，以 2012 年《聚龙宣言》真语文大讨论活动为肇始，以王旭明为真语文下的界定为代表，王旭明在《让语文回到起点：姓语名文》提出："真语文就是要以语言为核心，以语文活动为主体，以语文综合素养的提高为目的。语文课一定要培养学生自然、健康的表达习惯，一定要培养学生自由、个性的心理品质，一定要培养学生独立创造的人格特征，让学生具备一定的逻辑思维能力，让学生热爱祖国文化，了解国学知识。"

"真语文"理念主要是针对当下语文课程存在的偏颇与危机提出的。偏颇之一是对语文"人文性"的过重强调，自 20 世纪 90 年代以来的语文课改，一直强调语文课程"人文性"的重要性。语文新课改凸显人文教育，主张语文教学要铸魂立人，这无疑是颇具战略眼光的，因为，教育最终是对人的成长教育，同时，语文学科本身就具有天然的人文性。然而，近年来，对于"人文性"的强调似乎走向了一个极端，各种看似颇具创意的语文课程，诸如"诗意课堂""环保课堂""生命课堂""人文课堂""爱心课堂"等如过江之鲫，好似语文课堂能够解决人的发展的一切问题，这个极端的倾向，导致语文课堂具有了空泛无物、华而不实的特征。

偏颇之二是"以学生为中心"课堂实践走向极端。其中，较为典型的诸如"杜郎口"教学模式，它在一定程度上提高了学生的语文水平和能力，很好地解决了传统教育模式"一言堂""满堂灌"的弊端，然而，一些跟风的做法却让这理念走向错误，出现了热热闹闹的课堂，如"表演"型课堂、"游戏"型课堂、"豪华"型课堂，等等，甚至出现了无师课堂，学生是成了主人，但也成了一群无人引导的"散养之徒"。长久以往，必将影响学生的素质。

作为进行母语学习与教育的重要阵地，语文教学担负着引导学生掌握语文知识，培养母语运用能力，训练思维，养成习惯的重任。语文课堂的失真与作秀，必然带来语文教学本质的脱离，即语文教学偏离了基本的语言教学与应用。放弃了听、说、读、写语文的教学优良传统，使语文课缺少了语文味，甚至演变为伪语文。

二

"真语文"理念的提出，正是在人文性被过度强调的大语境下提出的，它强调以语言学习为核心，是对如何更好地统一语文的"人文性"与"工具性"的尝试，可以说是对语文课程工具理性的回归。

那么，在"真语文"的语境下，我们究竟该如何理解"语文"二字呢？笔者看来，从字面来看，可以浅显地表述为"语言文字"，但绝非仅限于此，"语言文字"仅仅只是浮出水面的冰山一角，"语文"所承载的内容才是冰山的主体，它囊括着它所能表述的一切，存在于生活的各个方面：存在于文化中，存在于经济中，存在于法律条文中。然而，为"语文"下如此宽泛的定义，是不是一种不负责任的表现呢？在这里，我们要注意，"存在于生活"与"等同于生活"远非一个概念，语文与法律不同，但是法律条文的严谨性和表述准确性却与语文精密相关；语文与经济不同，但是在一场交易谈判中，却常常需要运用到语言的使用技巧；语文不等同于历史，语文不等同于道德说教，可是在它们之中无处不存在着"语言文字"的影子。可以说，语文虽然不等同于生活，但它如信仰一样深深地烙印在其灵魂上。而根据二元论的二分法，世界万物的存在方式分为物质的存在与精神的存在，语言文字的使用亦可分为正确使用与艺术使用。于是，我们可以这样表述语文这个概念：何为语文，语文无处不存在于生活中，其形态表现为语言文字的使用，其中包括语言文字的正确使用与语言文字的艺术使用。而语文课程的根本任务则在于，正确地引导学生在生活中能够正确地与艺术地使用语言文字。首先，每个时代有每个时代规范的语言文字，正确地使用语言文字是一个公民适合于时代要求的基本前提。其次，艺术地使用语言文字，而这个层面的追求则如浩渺烟海，毫无止境，因人而异。

三

鉴于对工具性的强调，自然会有人担心走向工具异化的极端，会有人发问："语文的人文性何在？""语文的育人功能何在？"尤其是在近年来，"关注人文"愈来愈明显地成为中学语文教学的主流话语，很多人对"咬文嚼字""精雕细刻"式的教学口诛笔伐。然而，在笔者看来，锻炼与培养学生语言文字的使用能力才是语文课堂的中心任务，至于思想教育、审美陶冶等人文教育则属于派生任务。

与此同时，语文教学可以分为两种行为，一种是有意识的指导行为（有为课堂），一种是无意识的引领行为（无为课堂）。在有意识的教学行为中，语文教师可以就语言文字的使用问题上与学生共同分析，取得进步；在无意识的教学行为上，教师的努力只能付诸教材的选择，选择那些有助于培养积极向上思想与健康审美情趣的作品，将其作为分析语言文字使用的载体，而人文性的教育就恰恰在这种无意识的展示行为中完成，人文教育的功能难以理性地强加，只能在无意识的浸润中完成。有意识的道德与政治说教及规范学生的三观的任务，让其在政治课上完成。正如同一篇优秀作品对读者真善美的感召，绝非是赤裸裸地说教，而大都以一种无意识的行为精明地隐藏于"引起读者之同情眼泪"的过程之中。一堂优秀的语文课堂，在展示、分析、讲解各种优秀的作品之语言文字的使用现象的同时，对于真善美的追求已悄无声息地浸润于学生的灵魂之中。正是在语文课堂的这两种行为——有为课堂（有意识的指导行为）与无为课堂（无意识的感召行为）相结合的过程中，语文学科的工具性与人文性得到了和谐的统一。

参考文献

[1] 张孝生．"大语文教育"刍议 [J]．河北师范学报，1996(1)．

[2] 余映潮．学生活动充分，课堂积累丰富 [J]．中学语文教学参考，2000(8)．

[3] 汪潮．对"语文味"的深度思考 [J]．福建教育，2008(8)．

[4] 程少堂．从语文味到文人语文 [J]．语文教学与研究，2013(4)．

[5] 唐惠忠．在"咬文嚼字"中上出"语文味"[J]．中学语文教学参考，2014(4)．

[6] 王旭明．让语文回到起点：姓语名文 [J]．语文建设，2013(4)．

[7] 余映潮．阅读教学艺术 [M]．西安：陕西师范大学出版社，2005．

[8] 钱理群．经典阅读与语文教對 [M]．桂林：漓江出版社，2012．

"真语文"课堂之美

贵州省天柱县第二中学　潘盛洋

我们越来越感慨：现在的语文课变得繁花似锦，变成轰轰烈烈，变为声、光、电的"综合艺术"了，往往让听课的人感到眼花缭乱、应接不暇了。毫无疑问，这种多媒体技术在课堂中的运用，创新了教学手段，丰富了课堂内容，增加了知识载体，自然有它的优势和存在的土壤。但有的专家就尖锐地指出，上课像演戏，需要学生配合教师，跟着教师的感觉走，而忽略了学生的想象力和思考力的培养。的确，语文就是"语"和"文"，就是语言文字的运用，就是生活、工作和学习中的听说读写活动以及文学活动。所以，我们在上语文课时，一定不能丢掉的就是"语文味"，用福建特级教师陈成龙的话说就是，教师教的必须是真语文知识，不要在语文课上展示音乐知识、政治知识、美术知识，干了别人的活，荒了自己的田。同样，贾志敏全力支持王旭明先生倡导的"真语文"，要真教，让学生真学、做一个真人。课堂教学不需要精彩，而只是一个循序渐进的过程。一步一个脚印，扎扎实实地教学生识字、写字和写文章、做人。

"真语文"是相对于假、大、空的"假语文"而言的一个概念，就是在课堂中真真实实、实实在在、简简单单地通过听、说、读、写的训练，来培养语文素养的教学过程。王旭明先生说：真语文就是语文；真语文强调回归传统，找回本真。其基本要求是：以语言为核心，以语文活动为主体，以语文综合素养的提高为目的；语文课一定要培养学生自然、健康的表达习惯，一定要培养学生自由、个性的心理品质，一定要培养学生独立创造的人格特征；语文课要让学生具备一定的逻辑思维能力，让学生热爱祖国文化，了解国学知识。"真语文"延续和发展了几千年，它的魅力和活力是显而易见的。"真语文"具有独特的美，这是其他形式的教学手段、其他学科的结构特点所无法比拟的。

一、和谐的课堂氛围

在"真语文"的教学环境中，师生是一起的，教学是一体的，目标是一致的，要求的是井然有序、宽松愉快的课堂秩序。可以为一个问题而争论不休，也可以为一个答案而拍案叫绝；可以为一个成语而冥思苦想，也可以为一句名言而感慨万端。教师引导学生为实现教学目标展开教学，他可以跟学生开玩笑，可以鼓励学生，可以提醒学生。在这个过程中，促进了严肃与认真、宽松与严格、热情与冷酷的有机统一，使教师教的主导作用和学生学的主体地位同步兼顾，构建了和谐的课堂氛围。"真语文"讲究的是实在的东西，不需要花哨的东西来辅助和装饰，学生看到的也是实在的知识，因此，他们的记忆是长久的、深刻的。

二、平等的师生关系

在"真语文"的教学中，尤其要求语文教师具有功底扎实、知识全面的"硬实力"，以及亲和、风趣、幽默表达的"软实力"，这样学生才愿意参与、乐于接受、乐于尊重，正如孔子所说的："亲其师而信其道。"而教师的综合素质，为构成平等师生的关系提供了前提。在"真语文"的教学中，少了课件、视频、电影等这些因素的束缚和影响，让教师直接走下讲台、融入课堂，与学生打成一片，这就为建立平等的师生关系提供了可能。在传授知识、分析问题、讲解方法的过程中，必然要求教师要放下架子，扩大"非权力"的影响，充分调动自己的人格魅力，彰显亲和力，提高专注度，循循善诱、谆谆教诲，语重心长、苦口婆心，这就为建立平等的师生关系提供了保证。另外，教师要以学生为主体，以人为本，进行人文关怀，尊重学生，让学生有人格尊严，表扬学生，肯定学生，让学生有存在感、成就感，这就为构建平等师生关系提供了条件。而平等的师生关系对学生思想和心理的培养是至关重要的，对学生的影响也是不小的。

三、智慧的语言艺术

第斯多惠说："教学的艺术不在于传授的本领与知识，而在于激励、唤醒与鼓舞。"作为"真语文"的课堂组织，课堂教学靠的是口耳相传，不管是"传道、授业、解惑"，都离不开口语表达，而且教师语言修养的高低会对学生的语文水平有潜移默化的作用。所以，在"真语文"背景下，教师的语言表达是无比重要的，而正是这个要求，让我们的语文教师在一定程度上的教学语言比其他学科更具有美感。

四、美观的板书设计

板书是指教师和学生根据教学的需要，在黑板上用文字、图形、线条、符号等再现和突出教学重要内容的活动。板书设计主要是根据教学内容，抽取其关键词句按一定的逻辑关系和逻辑结构方式组成一个有机联系的板书整体的过程。合理的板书设计，是教师教学思路的体现，符合教学内容，使教学内容条理化、系统化、具体化，让学生容易记住，印象深刻。"真语文"课堂没有音像、视频、图片的穿插，必然要求教师在课堂中要加大板书设计的力度，力求让板书起到应有的作用和效果。大多数语文教师本身在书写方面有一定的优势，如果能根据课堂内容和知识，做精心的准备和规范的书写，不但可以展现自己的才华，更利于学生吸收知识，利于培养学生良好的书写习惯。漂亮、美观、简约的板书，本身也是培养学生审美情操的重要方式。

语文出版社社长、"真语文"倡导人王旭明呼吁：语文的现代化要坚持以语文为主、现代化教学手段为辅的原则；各级领导和专家，能够支持语文教师做出真语文探索，给他们鼓励，给他们各种荣誉，给他们提供各种便利，为弘扬真语文做出贡献。《全日制义务教育语文课程标准》指出："语文课程致力于培养学生的语言文字运用能力，提升学生的综合素养……语文课程对继承和弘扬中华民族优秀文化传统和革命传统，增强民族文化认同感，增强民族凝聚力和创造力，具有不可替代的优势。"纵览古今，无论是古人留下的有关语文教育的宝贵经验，还是新时期对语文课程性质和功能的定位都告诉我们：这与真语文的理念高度一致，完全相同。

"真语文"自有它的舞台，"真语文"自有它的美感。虽然现代化的教育手段在语文课堂中也具有重要作用，但"真语文"根基稳固，延续如此漫长岁月而生命力不减，是不争的事实。我们要坚守"真语文"的阵地，大胆用"真语文"的思想来指导教学。去发现、挖掘、培育"真语文"的美，按照语文的教学规律来上课，真真正正地教学生阅读，实实在在地教学生写作，避免"假、大、空"，摒弃华而不实。原国家教育委员会副主任、国家总督学柳斌说：学生写作要本着"写真就好，有情更佳，扬善则美"的原则。他希望，真语文大讨论推动中小学语文形成求真务实的风尚，从而把语文教真，把语文教实，把语文教好。

我，这样教语文

贵州省铜仁市第八中学 彭永武

孔子曰："不愤不启，不悱不发。"润物无声，濡沫涵养，谁关注了生活、留意了生活，谁就抓住了语文的根。教学目的无非是培养高素质的人才，教师在教学过程中要合理地优化课堂教学结构，讲出个性化的语言风格，道出精彩的文本意蕴，为学生展示一个既得天独厚又异彩纷呈的世界。给学生以思考和启迪，促使学生积极学习、主动发展。

一、生活就是语文，给学生以灵性

教学无非就是把自然的人培养为社会人，能思考、能生活、能延续生命、能让生活丰富多彩而已。并非人人都能成为科学家、高层领导、千万富豪。社会的主流还是建设中国梦的广大基层而有生存技能的劳动者。各有各的生存之道，三百六十行行行出状元。有人善于口语传情，有人善于布局谋篇，有人善于遣词造句，有人长于书面表达，都有自己的闪光之处，都已具备了运用语言文字的基本能力。对于语言的表达和使用，特别是母语的丰富性，只是取决于风俗习惯和方音语系的规范罢了。语文学习无差生可言，有的只是语文能力处于不同层次上的一个群体。只要给学生正确的方法指导和足够的时间沟通交流，他们都会融入在语言教学的规范化洪流之中，丰富和发展语文教学。

思维是从吃惊开始的，兴趣则是以需要为基础。语文教师要不断变化着"奇""新""疑""趣""情"激发兴趣，精心设计课堂艺术，引导学生自己创设问题情境。语文教学始终要把全班同学感兴趣的思维放在认知的首位。语文的作用是在学生毕业后的 10—20 年，甚至终身有用的效能之上。生活不是眼前的利益和苟且，还有几十年的钟爱和热情。它具有诗一样的美丽和魅力，滋养、化育着人类年轻的生命。每一个学生都是感悟生命的思想者。不要拘泥于三尺讲台的价值，不要单调地重复人云亦云的狭隘的书本知识。让兴趣立体化，成为滋养生命、融入血脉的精神力量。面向全体学生，设计出灵活多样的教法，使每一个学生都享受到成功的喜悦。

指导《红楼梦》阅读时，强调学生切不可简单地停留在所阅读过的、听说过的认知表面，要用自己的视野和摸得着的立体的思维去解读每一个人物，分析每一件事。这样，人物才能在心里鲜活，引导他们认识"贾宝玉，乃真君子也"，薛宝钗是努力在追求符合那个时代最完美的女性，而不是林黛玉对立面的横刀夺爱者。把阅读的内容、形式、过程与生命融为一体，求真理、学真知、动真情、说真话。

二、授之以"渔"，学生自我探索和发展

语文教学一路走来，风雨兼程，仿佛人人都是语文专家，人人都能教好语文，这是对语文的亵渎，是对中华几千年文化的贬斥。俯瞰语文教学的各种主张，不是单纯的行动和方法，而是建立在科学的语文观和教学观之上的语文素养：着眼的不是教师的教而是学生的学，是在掌握核心知识和技能后成为真正的中华文化的自觉阅读者、积极的思想者、脚踏实地的实践者、生命多彩的引领者、灿烂文化的传承者。树立语文学习的"大语文"观，要放眼社会，放眼生活，处处留心皆学问，促进学生作为一个主体人的幸福生活和可持续发展，形成自己独到的学习方法，进入语文学习的自由王国取得理想的成绩。

身居蔚蓝天空之下的贵州人，对青山绿水、鸟语花香、高山深涧、云雾空蒙，早已司空见惯，不足为奇，独处幽居的孩子，早已厌倦田园生活，向往都市的繁华，于是在学习《归去来兮辞并序》时，我一扫常规对景物的欣赏，改成了对陶渊明人物形象的分析。解读他几度为官，几度退隐，生活在矛盾痛苦之中，内心深处蕴藏着的是一种理想破灭的失落，一种人生若幻的绝望。一石激起千层浪，让学生学会思考、学会担当。

"课文只是语文学习的例子。"叶圣陶老先生点石成金的话语，提出了语文教师要充分认识到教材特点，灵活运用，把握教材整体性，充分发挥教材的典范作用，提高学生语文综合能力。教学的核心是培养学生独立思考、创新意识精神，语文教学也就给学生留下了成功的内在动力。扎实的基础固然重要，语文的涵养更能使学生终身受益，而不是高考之后的"一无所有"。我不是煽情，我只听从于我的内心，语文课堂是灌入真情、情感丰盈的生命课堂。

三、拓展课外知识，开阔学生视野

高中学生正处在生理和精神成长的关键时期，思维勃发、思想丰盈，智慧课堂成为承载生命意义的重要载体。教学过程就要智者聪慧、仁者善良，不是程序化的机器，是活跃的多棱角、多问题的内生动力的真实课堂。语言文字博大精深，中华文明源远流长，伟人辈出，如屈原、李白、杜甫、文天祥、陆游、鲁迅等，他们的爱国豪情充塞着青年学生的胸腔。教师要挖掘课文内涵，让学生从中领悟认识事物、分析问题的方法。

语文教学的重点就是给学生留下良好的行为习惯。春花秋月，斗转星移，草长莺飞，圣哲贤人，翰墨飘香，琴韵经书，无一不在。心有灵犀，触类旁通。语文就是一粒种子，她的使命是生长，依照自己的方式，朝着光明的方向，努力地生长。为了永葆这一粒种子的尊严，我们要不断地汲取，不断地修正，不断地完善。"晚间新闻"让你"坐地日行八万里，收揽天下大小事"；"经典"教你"知礼""做人""修身、齐家、治国平天下"；"自然"给你智慧启迪，和谐共生，敬畏生命。

在教授《囚绿》时，我是这样设计教学的，紧紧围绕"鲜活的生命"，从课本到实物"盆景"，再到达芬奇的《向日葵》，即不屈的"生命"、顽强的"生命"、活跃的"生命"、丰富的"生命"、灿烂的"生命"。拓展视野，举一反三，触类旁通。

四、语言的情怀和厚重

语文教学在于运用灿烂的文字，表情达意，进行沟通交流。课文只是范例，是导游图，准确使用语言才是最终目的。语言运用的基本能力和写作技巧是学生写好作文的基本条件，有丰富的思想、高尚的品德，学会思考，学会做人，尤为重要。

情怀是写作的动力。"文以载道"，言为心声，语言是心灵的外化。写作体现一个人的精神归旨，是人生社会感悟、生活阅历和语文教材的日臻完善的有机结合体。人生的多元解读和深度的情怀，决定了你生命的厚度和深度。灵性的超然和耕耘的守候，决定了写作源泉的深邃和诗意。教会学生用情怀感悟生活，对学生来说是一生中最有价值的本钱。生活中充满了哲理，认真反思生活，可净化灵魂；密切关注社会生活，可了解并认识社会。课堂教学中不断提出问题，并引导学生积极思考，将极大地丰富他们的思想。

在《边城》的教学后记中我写下这样的文字：生活的灵性，仿佛一群活泼可爱的孩子，宛如一朵朵美丽多姿的鲜花，又似一曲曲奏出旋律的音符。情怀是通向成功大道的一盏明灯，是通向成功彼岸的一艘帆船，是通向成功苍穹的一双翅膀。厚度恰似一个民族的最初 DNA，切不可割断自己的血脉，要我们的子孙辨识我们是他们的祖先。若情怀是现代版的时尚潮流美女，厚度则是沈从文先生笔下淳朴的村姑。

诚然，有时主观臆断，忽略了学生的知识层面，就像要求一只手五指一样整齐，刚好形成了残疾；有时对课文的理解停留在肤浅的表象，认为文章简短或是直言通透，就大而化之，敷衍了事。殊不知：一分耕耘一分收获，一分探索一分收获。只要努力去工作，积极去探索，一定会迎来语文教学灿烂的明天。

真语文之我见

贵州省沿河第三高级中学　宋汉成

　　中华汉字，记载着我们民族的物质和精神的历史，蕴含着中华民族独特审美性格的精灵，沉淀着中华五千年的古老文明，蕴涵着博大而丰满的精神元素。真语文的学习，更应该走进其中，去解读、去品味、去领悟、去熏陶、去仰慕、去沉醉……多次在语文上的失败，让我懂得语文的重要性；在品味语文的过程中，我了解到语文给人的温馨。我作为一位高中语文教师，浅谈我的真语文教学想法。

一、激发学生学习兴趣，提高学生语文素养

　　语文是一门充满思想、充满人文精神、充满智慧的学科。在新课改的大背景中，培养学生的自主学习和创新能力，已成为教师关注的热点，讨论、交流、探究等学习方式已成为课堂的主流。我在语文课堂教学中，力求做到让学生学习变得鲜活，让学生学得兴致盎然，使学生在语文学习中享受学习的乐趣，从而发展学生的语文素养。

二、注意新课导入新颖

　　"兴趣是最好的老师。"在教学中，我十分注重培养和激发学生的学习兴趣。譬如，在导入新课环节，让学生一上课就能置身于一种轻松和谐的环境氛围中，而又不知不觉地学语文。我们要根据不同的课型，设计不同的导入方式。可以用多媒体展示课文的画面让学生进入情景；也可用讲述故事的方式导入，采用激发兴趣、设计悬念……引发设计，比起简单的讲述更能激发学生的灵性，开启学生学习之门。

三、培养积极探究习惯，发展求异思维能力

在语文教学中，阅读者对语言意义、语言情感、语言技巧的感悟，在很大程度上与学生的生活经历、知识积累、认识能力、理解水平有关。为此，在语文教学中，构建语义的理解、体会，要引导学生仁者见仁，智者见智，大胆地各抒己见。在思考辩论中，教师穿针引线，巧妙点拨，以促进学生在激烈的争辩中、在思维的碰撞中得到语言的升华和灵性的开发。教师应因势利导，让学生对问题充分思考后，学生根据已有的经验、知识的积累等发表不同的见解，对有分歧的问题进行辩论。通过辩论，让学生进一步认识自然，懂得知识是无穷的，学习无止境的道理。这样的课堂，气氛很活跃。开放的课堂教学给了学生更多的自主学习空间，教师也毫不吝惜地让学生去思考、争辩，真正让学生在学习中体验到了自我价值。这一环节的设计，充分让学生表述自己对课文的理解和感悟，使学生的理解和表达、输入和输出相辅相成，真正为学生的学习提供广阔的舞台。

四、重视朗读品评感悟，让课堂教学"活"起来

高中语文课本中的每一篇课文都是文质兼美的佳作，其美妙的语境描述、精妙的语言运用、深邃的思想表达、独到的见解阐述，都是引导学生感悟的重要内容。而由于课堂教学时间的有限，课文中的精彩之处很难引导学生一一感悟，为了使这些精彩给学生留下整体印象，我们可以在阅读中抓重点，引导学生对语言文字反复诵读，以悟出语言丰富的形象内涵、意义内涵、情感内涵。同时，在学生有所感悟的基础上，引导学生居高临下地对课文进行品评，在品评中深化理解，升华认识，填补空白。

学习语文，决不是一朝一夕，也不是"三天打鱼两天晒网"，而是一个日积月累的长久过程；提高语文成绩，并不是拘泥于做习题，也不仅限于呆呆地背课文，而是一个长久"储蓄"的历程。在积累和"储蓄"的漫长过程中：应该承认自己的平凡，但决不苟同于平庸；可以默守平淡，但时时不忘为自己喝彩——做一株幽香的百合，绽放在真语文的花海！

"真语文"在高中阶段的教学运用

贵州省铜仁市第一中学 杨易

"洗尽铅华呈素姿，返璞归真为语文。"

语文，一个长久不衰的话题，语文教学，更是永远不变的重要。如今，随着新课改的推进，一个词语逐渐出现："真语文"。

一、什么是"真语文"

"真语文"，就是语文教学不搞花架子，倡导提高学生听、说、读、写的能力，以学生为主体，让学生多读、多写、多思考，做到真正意义上的回归。

我认为："真语文"就是把学生和语文糅合在一起，形成一体，让学生和语文一并成长，并且能够从根本上培养学生的一种文学情怀。而其运用，需要脚踏实地，从实际出发，回到源头，不搞花架子，是一种返璞归真的语文教学。如《装在套子里的人》：

导入部分，教师提问："同学们，你们知道什么是'套子'吗？"

学生回答："……"

教师又提问："那你们知道人被装在'套子'里面是什么感受吗？思考并互相讨论一下。"

学生思考并讨论了一会儿，回答了问题。

最后，教师说："那我们今天就来认识认识这装在套子里的人——别里科夫。"

在这个课例中，教师提了两个问题，做了一个总结。但是，这两个问题并无太大意义。"什么是套子？"这种普遍性提问无明显针对性；"装在'套子'里是什么感受？"本是可以引申到其社会背景的，却毫不理会它，让这个问题又无效了。这就是一种课堂提问的无效化，这就是"假教"，这就是有悖于"真语文"的教学。

其实，本文可以从社会背景着手，然后回到生活，最后再进入课文。这样，就让学生迅速地进入了课堂。这样的教学就是有效的，做到了课堂提问有效化，这样的教学才是"真语文"。

所以，"真语文"就是要去掉浮华、去掉花架子，要去搞实际的东西，真真切切地让学生有所收获，只有这样才能使语文教学得以"仰望星空、脚踏实地"地前进。

二、"真语文"与新课改

新课程标准的三维目标是知识与技能、过程与方法、情感态度价值观。同时要求，教学要以学生为主体，无论课上、课下，学生为主体的教学模式不能动摇，具体方法根据具体问题而定。

"真语文"强调的是"真"，强调的是语文的本真，进行"真语文"的教学，是为了学生能够更好地获得知识。

那么，由此看来，"真语文"与新课改是相辅相成的，所以，无论是遵循哪一种，"真语文"所强调的最本质的东西都能够得以实现，而且，既然是相辅相成的，那么兼顾起来就容易了许多。

三、"真语文"在高中阶段的教学运用

高中，是学生的一个敏感时期，当学生满怀力量地来到高中，想要为自己的未来和梦想拼搏一番的时候，语文却以最普通的形态出现在他们面前，他们就会有一些别样的要求，因为他们非常急切地想要拼搏高考，那么，这时，"真语文"就显得尤为重要了。

我们要让学生理解"真语文"教学、接受"真语文"教学，我们要用"真语文"最本质的东西去吸引学生，教师和学生共同发力，真真切切地让学生有所收获。我想，这便是"真语文"的目的了，只要做到这一点，"真语文"的效果就必定会在学生身上展现出来。

四、"真语文"于新教师在高中阶段的教学运用

新教师，这是刚刚从大学毕业的群体，这是发生了巨大人生角色变化的群体。这个群体，他们肩负着巨大的使命，他们是教育的"开始"，那么"真语文"就需要从这里开始，从这个最初的群体开始。

刚刚踏上三尺讲台，遇到的最大问题可能是教学理念和教学成绩的冲

突问题，照顾了教学理念，完成不了教学成绩；照顾了教学成绩，完成不了教学理念。这个时候，"真语文"站出来了：去掉浮华的教学外在，留下真切的教学内在，把最本质的东西传授给学生，让学生在语文教学的过程中有内容可学，只有这样，学生才会感知到语文的魅力，特别是高中语文的力量。

具体运用方法总结如下。

①情感诵读。像把书本上的文字印刻在大脑当中，从情感出发，去感知它，把书本上的文字变成画面印在脑海里。

②理解记忆。必须记忆到一定量的东西，以此为基础来培养学生的发展。

③知识巩固。学过就要巩固，语文尤其应当如此。

④知识运用。以做练习的形式来运用知识，同时加入趣味性，提升学生兴趣。

新教师作为一个特殊的群体，必须要有坚持，哪怕一时收获不了一定的成效，也一定要相信：是金子，在哪里都会发光！

总之，"真语文"，其实并不难，难的是一种坚持，一种对现实持之以恒的坚持；难的是一种执着，一种对未来满怀希望的执着；难的是一种追求，一种对梦想无畏无惧的追求。

"真语文"的本质探索

贵州省铜仁市第一中学 宋哲

我的课代表非常负责，她每天晚上都会发短信问我："老师，语文作业是什么？"所以，我现在每天都会布置一点语文作业。

昨晚，我到教室去布置作业，无意中看见黑板上密密麻麻写了"语文作业：下周一前背诵《逍遥游》全文、文言文翻译《孟尝君列传》、做每日一练的小练习、预习《滕王阁序》四五段的字词、摘抄读书笔记、整理课堂笔记！数学作业……英语作业……政治历史地理作业……"我的脑子一下子就炸锅了。不曾想，原来自己最热爱的语文，也变成了这样的形式出现在黑板上！我不禁思考：究竟什么才是真正的语文教育？

其实，要思考什么是真语文教育，就必须弄清楚一个概念："本质"。字典中界定，本质是指一事物区别于其他事物的根本规定性。即这种规定性要能够将这一事物同其他事物区别开来，不至于混为一谈。如同我们将科学分类，分为自然科学、人文科学与社会科学一样。语文之所以称为语文，而不是数学、英语，它内涵清楚，全在于它有不可替代的根本规定性。虽说人文社会科学都在研究人自身的发展，相互之间的关系妙不可言，但语文有区别于其他学科的根本规定性。

语文教育的本质是什么？这一本质问题的区分和界定并不容易。

有人说，语文教育是全面提高语文素养、重视感悟；

有人说，语文教育是学生自身的体验和情感；

有人说，语文教育要以终身阅读为习惯。

究竟何种言论可以作为指挥棒？

就我个人而言，语文教育区别于其他学科之处在于：不仅仅关注学生的高考，更要关注学生的终身发展。

所以，真语文教育是对学生灵魂的塑造。

一、真语文教育一定要重视成绩

语文教育是对灵魂的塑造，并不意味着忽略知识与成绩。

如今，高考仍然是最为完善的评价机制。那么作为学生的领路人，一定不能忽视的就是学生的成绩。无论是学生自己、学生家长还是社会关注，都只能以成绩来衡量教师和学校的业务水平。所以，为了学生能在社会上更好地发展，必须用高考这有利条件，将学生送进一所好大学，才能实现自己后续的教学理想。只有这一功利化的任务做得足够优秀，才能取得到足够的社会信赖，所以，真语文应该对学生成绩投以最高的关注。先将应试教育做好，再做素质教育。

二、真语文应该重视性格培养

语文教育是对灵魂的塑造，所以更应该重视性格培养。

现阶段高中生所开设的课程很多，但极少能关注到学生的性格发展。目前，中学生犯罪率、自杀率逐年上升，也许和学生性格有极大的关系。我个人认为，语文教育和其他教育最根本的区别就在于：语文可以培养学生的性格。

班主任经常会找到我，说："我们班××同学表现不太正常，麻烦您多留意一下。"果然，周日交上的周记中就记录了原因。语文周记确实是一个和学生对话的良好的平台，我经常给学生写很多的话来开导他们，帮助他们解决一些学习、人际交往或是恋爱情感等方面的困惑。现在经常有学生跑来，满脸神秘地说："宋老师，我要告诉你一个秘密，你一定替我保密，好吗？"

语文老师应该是和学生关系最亲密的教师角色，因为语文教师最能走进学生心里，最容易接触到学生的内心世界，这也决定了真语文教育必须承担起关注学生性格成长的重担，引导学生成为一个人格健全、性格健全的合格公民。

三、真语文应该重视精神世界的提高

语文教育是对灵魂的塑造，所以更应该重视精神境界的提高。

真语文教育对灵魂的塑造，绝不能仅仅停留在通俗意义上的分数与基础的性格养成，还应该追求更深层次的精神境界。

真语文教育，应该是借助语言文字工具，奠定人的精神根基。真语文教育，应该是人的"精神培植"，"丰富人的精神经验、丰富发展人的生命精神境界"，是一种"本民族文化的教化"。

庄子在《逍遥游》中教育我们要无所依附，很多教师戏谑地讲："其实庄子很傻，他无所依附的同时也在不断依附。"我却觉得这是庄子千年前对真语文教育提出的一点建议：让学生尽可能地精神自由，在自由开放的精神世界中汲取所需的任何营养。由此，培养自己独立的人格，学成后能回报社会，报效祖国。作为提高精神境界的引路人，教师汲取丰富的知识和养成高尚的人格就成了必需。

四、小结

这种真语文教育本质的观点，既不是"文以载'道'"，也不是"文以交际"，更不是简单的"'文''道'合一"。它可以概括为——"文即为道"！

真语文教育的本质，是成绩中的佼佼者，是对学生性格的养成，是精神世界极大的丰富和满足。

真语文研究

我们走过的风景

代泽斌 ◎ 编著

贵州省高中语文代泽斌名师工作室 ◎ 编

立己达人，和谐共生

一念天堂，一念地狱

中国书籍出版社

China Book Press

图书在版编目 (CIP) 数据

真语文研究. 我们走过的风景 / 代泽斌编著；贵州省高中语
文代泽斌名师工作室编. —北京：中国书籍出版社，2017.1
ISBN 978-7-5068-5979-0

Ⅰ. ①真… Ⅱ. ①代… ②贵… Ⅲ. ①语文课－教学研究－
中小学 Ⅳ. ① G633.302

中国版本图书馆 CIP 数据核字 (2016) 第 287284 号

我们走过的风景

代泽斌 编著　贵州省高中语文代泽斌名师工作室 编

策划编辑	李立云
责任编辑	李立云　魏焕威
责任印制	孙马飞　马　芝
装帧设计	黔策策划　杨　鑫　尚章会
出版发行	中国书籍出版社
地　　址	北京市丰台区三路居路 97 号（邮编：100073）
电　　话	（010）52257143（总编室）　（010）52257140（发行部）
电子邮箱	yywhbjb@126.com
经　　销	全国新华书店
印　　刷	北京振兴源印务有限公司
开　　本	710 毫米 ×1000 毫米　1/16
字　　数	637 千字
印　　张	35.25
版　　次	2017 年 1 月第 1 版　　2017 年 1 月第 1 次印刷
书　　号	ISBN 978-7-5068-5979-0
定　　价	126.00 元（全 3 册）

编 委 会

编 前 语

当前贵州省教育面临大力"转"和大力"赶"的双重任务，在这种背景下，省教育厅建立中小学、幼儿园名师工作室，由名师以专业引领的方式，发挥带动辐射作用，搭建促进中青年骨干教师专业成长以及名师自我提升的发展平台，对加快中小学教师内涵发展、促进教育质量、改革教师培养培训机制、实现贵州教育后发赶超意义重大。

根据《关于公布贵州省中小学幼儿园名师工作室成员和学员名单的通知》（黔继教办通〔2014〕4号）等文件精神，贵州省高中语文名师工作室由代泽斌主持。在他的带领下，团队核心成员和学员都有诸多感想和收获。本工作室将学员从开展研修活动、搞好学科建设、创设教学课堂、研修心得等方面介绍了各自的经历和做法，对如何做好教学工作起着一定的示范引领作用。

贵州省高中语文代泽斌名师工作室

序　言

三春不懈怠，秋收五谷香

代泽斌老师是贵州省铜仁第一中学一名优秀的语文教师，同时也是贵州省中小学教育名师、贵州省高中语文特级教师、省管专家、首届"贵州省高中语文名师工作室"主持人，曾先后获得过全国教育科学"十一五"教育部规划课题《提高课堂教学实效性的教学策略研究》总课题组、中国关心下一代工作委员会教育发展中心、全国教育专家委员会、全国中学教育科研联合体"教育部课题研究先进工作者"，教育部教师发展基金委员会"特色学校先进个人"，国家语言文字工作委员会"先进个人""全国高中语文名师大讲堂"客座讲师等诸多荣誉称号。

代泽斌老师是一位埋头苦干、潜心思索、勇于创新、收获颇丰的高中语文教育教学名师。《我们走过的风景》一书精辟地归纳和总结了他三年来作为"贵州省高中语文名师工作室"主持人对于高中语文教育教学的深刻领悟和独到见解，提出并回答了高中语文教育教学中"俗"跟"雅"两者之间的辩证关系："俗"即是主导学生老老实实地走进文本，"雅"即是引导学生学有所悟地走出文本。认为从"俗"到"雅"的这个过程，就是学生学好语文、感悟人生的过程；就是学生倾听从文本里所散发出来的细微声响，从而见微知著、享受语文带来的情理之趣和无比快乐的过程；这个由学生得"鱼"到获"渔"的过程，就是他的名师工作室先后95名跟岗学员成长成功的过程，就是高中语文教师教育教学提升乃至达到其最高境界的过程。

代泽斌老师在《我们走过的风景》一书中，总是不忘用自己的名师角色引领他的跟岗学员努力践行"不怕慢，就怕站"的工作与生活信条。他用自己对工作和生活的满腔热忱积极指导跟岗学员在高中语文教育教学中努力践行"硬心肠创业、软心肠济世""知识是战胜贫穷的最好利器""社会的文明与进步，靠的是知识和智慧"等思想，借以帮助学生树立正确的世界观、人生观、价值观和审美观。代泽斌老师既是众多年轻语文跟岗教师教学道路上的引导者，又是带领他们在教学过程中大胆实践、勇于创新的开路人。

代泽斌老师在《我们走过的风景》一书中，有他对语文教育教学"洛阳亲友如相问，一片冰心在玉壶"的真情；有他对语文教育教学"大道直如发，春来佳气多"的感慨；有他对语文教育教学"长安重游侠，洛阳富才雄"的豪迈；还有他对语文教育教学"寄语洛城风日道，明年春色倍还人"的自信与期待！

人们常说教育就像所有的河流之所以能汇入大海，有两点是必须的：一是总往低处流，二是遇阻则变通；人们常说教育有三样东西不可或缺——爱、善和智慧；人们常说教育是一棵树摇动另一棵树，是一朵云推动另一朵云，是一个灵魂唤醒另一个灵魂。作为"贵州省高中语文名师工作室"主持人的代泽斌老师，他简单平凡，同时又丰富伟岸。纵观代泽斌老师的《我们走过的风景》一书，我们不难发现在代泽斌老师一生钟爱的高中语文教育教学中广纳百川、有容乃大的低调与谦逊；从俗到雅、雅俗并包的变通与智慧。

作为"贵州省高中语文名师工作室"主持人的代泽斌老师，他要求跟岗学员做到的，自己首先做到了；他希望跟岗学员做到的，自己已经做到了。"立己达人，和谐共生"是代泽斌老师作为"贵州省高中语文名师工作室"主持人一以贯之的内涵理念。

教育是一个民族最伟大的生活原则，是一切社会里把恶的数量减少，把善的数量增加的唯一手段。作为"贵州省高中语文名师工作室"主持人的代泽斌老师所扮演的角色，他不只是给予他的学员与时俱进、永不落伍的教学技能，更多更为可贵的是给予他的学员对待高中语文教育教学所肩负的神圣使命和高尚情怀。代泽斌老师在课堂上是一个心态阳光的老师，他教出的学生全是一群积极有为的孩子；代泽斌老师在课堂外是一个乐于成就他人的奉献者。有道是："送人玫瑰，手留余香。"代泽斌老师正是这种把玫瑰送与他的跟岗学员，而自己收获快乐与幸福的人。

"三春不懈怠，秋收五谷香。"唯有众多像代泽斌老师这样心怀光明、乐于付出的奉献者，我们的国家才必然有着灿烂光明和无比美好的未来！

是为序！

（龙丽红　贵州省铜仁市教育局局长）

千淘万漉虽辛苦，吹尽狂沙始到金

——为代泽斌老师的《我们走过的风景》点赞

代泽斌老师是我们铜仁一中最具学者型的优秀语文老师，2012 年出版发行了他的第一部高中语文教育教学论文集《我的风景——一位西部语文教师教育教学的一得之愚》，曾任铜仁一中校长、时任铜仁市教育局局长的冉贵生在代泽斌老师的序言中对他有这样的评价：善思、善教、善育、善学、善写、善合作；2015 年出版发行了他主编的学生作文集《我们的风景》，这个集子收录了代泽斌老师从 2013 年至 2015 年（高一到高三）教过的两个班的学生优秀习作，从中可以感受到代泽斌老师的家国情怀和对教育事业的忠诚热爱，可以读到他的学生们凌云的壮志和成长的足迹；2017 年即将出版发行代泽斌老师的"贵州省高中语文名师工作室"三年来的研究成果集《我们走过的风景》，在这个集子里，收录了代泽斌作为贵州省高中语文名师和他的跟岗学员们在高中语文教育教学中大胆探索、勇于创新所取得的骄人成绩。

三年来，"贵州省高中语文名师工作室（主持人：代泽斌）"秉承"立足当下，着眼长远"的建设理念，以工作室跟岗学员为本，以校本教研为本，以教师教育教学工作实实在在的进步为本，服务于脚踏实地、拼搏进取、发展潜力巨大的本市及毗邻地区中青年教师，让他们得以快速全面成长；代泽斌名师工作室着眼于有发展潜力的中青年教师的内涵发展，苦练内功，内强素质，外树形象，确立团队目标，打造名师品牌，通过名师工作室的带动引领，一大批有发展潜力的中青年教师从代泽斌老师的身上学到关爱学生的高尚情怀，前瞻先进的授课艺术，扎实深厚的专业知识，严于律己的敬业精神；通过名师工作室的培训培养，众多有发展潜力的中青年教师学会了在反思中提高，在研究中成长，在磨练中升华，在探索中进步，在积识中成慧。

三年来，作为工作室主持人的代泽斌老师为铜仁一中引导和培养了4名特级教师和3名省级教育名师，5名省级骨干教师，27名市级骨干教师；工作室成员杨光福成为省级第二批语文学科名师工作室主持人，成员王玫君成为第十三批特级教师，学员黄开斌、陈卫华成为第十三批特级教师，工作室每位成员和学员都有学术成果在市级以上的报刊发表；工作室将成员、学员的"真语文研究"论文集命名为《风景中的我们》，将学员的教育教学反思命名为《回眸风景》，将学员的研修心得命名为《我们走过的风景》，这三部著作拟于今年底由中国书籍出版社出版发行。

三年来，正是得益于主持人代泽斌扎实深厚的专业素养、求真务实的人格魅力和前瞻先进的理念引领，工作室得以有效运行，稳步推进，成果不断，享誉铜仁。"贵州省高中语文名师工作室"通过主持人代泽斌的名师效应，做到培养一名名师，带动一门学科，引领一个团队，产生一批成果，使名师工作室真正成为了铜仁市及毗邻地区高中语文名师名家的孵化地。

三年来，"贵州省高中语文名师工作室（主持人：代泽斌）"秉承与时俱进、开拓创新的勇者精神，科学地阐释了代泽斌作为贵州省高中语文名师提出并践行的"立己达人，和谐共生"丰富的内涵发展理念。本着以体制机制建设为根本、以提升内涵建设为核心，以培养高中语文教育名师为使命，代泽斌老师积极争取省厅政策的大力支持、市局制度的有效保障和学校层面的指导落实，着力推进了"贵州省高中语文名师工作室（主持人：代泽斌）"培养工程的有效运行，最终实现了贵州省高中语文名师培养工程的既定目标。

著名作家萧伯纳曾说："你有一个苹果，我有一个苹果，互相交换，各自得到一个苹果；你有一种思想，我有一种思想，互相交换，各自得到两种思想。"代泽斌老师正是用丰厚的文化底蕴支撑起自己生命的人性，用高超的教育智慧支撑起自己生命的灵性，用宏博的课程视野支撑起自己事业的活性，用远大的职业境界支撑起自己事业的诗性。唯有将工作变成事业，才能发自内心去热爱，人生因教育而精彩，人类因教育而进步。"千淘万漉虽辛苦，吹尽狂沙始到金。"世间万物，只有拼出来的美丽，没有等出来的辉煌，代泽斌老师正是这种穷其一生将工作视为事业去执着追求，永无止境的大写的人。

"没有比人更高的山，没有比脚更长的路。"诗人汪国真如是说，我们祝愿并相信代泽斌老师在今后的事业追求中定会带给我们更多更大的惊喜！

（汪澍　贵州省铜仁第一中学校长）

目录

立己达人　示范引领

——记贵州省高中语文名师工作室主持人代泽斌

为了深入贯彻党的十八届三中、四中全会精神，充分发挥名师的带动辐射作用，促进中青年骨干教师专业成长，根据贵州省高中语文名师工作室工作计划，贵州省高中语文名师工作室于 2013 年 8 月应时而生。工作室以百年名校贵州省铜仁一中为基地，以贵州省教育名师代泽斌为带头人，在铜仁市教育局的关怀与支持下，在工作室所有名师、骨干教师及学员的共同努力下不断发展壮大。

睿智带头　勇于实践

一个名师工作室能否真正实现"名师引领、团队合作、全员提高、资源共享、均衡互补"的作用，带头人起着至关重要的作用。

代泽斌于 1986 年毕业于贵州师范大学中文系，是碧江区人大代表、铜仁市政协委员、省特级教师、省管专家。

教育名家钱伟长说："你不上课，就不是老师；你不搞科研，就不是好老师。"在学员心目中，代泽斌不仅重视教学研究，而且注重经过研究探索与理性思考之后的课堂实践，他的"少教多学"理念很接地气。他在课堂教学中充分体现出他对语文教学研究的深入、透彻，学识素养极为深厚，让学员们感受到了名师风采。

在学员们对问题感到困惑时，他总是及时指导学员解决问题，引导学员们思考应当应用什么样的教学方式；当某些学员把课堂搞得热火朝天、掌声一片的时候，他及时出来指导，"这不是真正有效的课堂，真正的课堂应是花开无声、静水深流。"

在培训期间，代泽斌指明了语文教学要努力的方向，"在语文课堂中，教师要善于引导学生通过文本对社会现象进行理性思考，让文本知识联系生活、服务生活，创设生动的课堂教学；要辩证地看待新课改理念下的学生课堂活动。"

研修活动　丰富多彩

　　为使名师工作室充分发挥促进教师专业成长、培养名师的使命，使其真正成为学校教育资源的集聚地和骨干教师交流的舞台、成长的摇篮，代泽斌首先以体制机制建设为根本，切实保障高中语文名师培养工程的顺利实施，并积极争取省厅政策的大力支持、市局制度的有效保障、学校的具体指导落实。

　　工作室先后制定了明确的工作制度、学员管理制度和经费管理制度，每次活动都有方案和后期跟踪指导制度，并有过程记录，建立健全了工作室文件资料、档案管理制度，每期学员到校研修均召开启动会、汇报课总结会、研修结束总结会以及外出培训工作会。

　　工作室以提升内涵建设为核心，着力推进高中语文名师培养工程的有效运行：工作室本着"立足当下，着眼长远"的建室思想理念：一方面狠抓精品课程建设，着力打造有效特色课堂，推动语文有效教学；另一方面努力实现人的发展，着力培养教学名师。

　　工作室根据名、特、优、德的宗旨和协同合作、终身学习的理念，采取了灵活多样的工作方式，利用成员协助主持人的方式开展工作和参与研修活动，通过学员外出培训、指导学员认真研读教育名著，促进学员专业成长。

　　截至目前，已有 25 名学员参加了外出培训活动，所有参与的学员都研读了《读书成就名师》《静悄悄的革命》等教育读本，在成员与学员中树立终身学习的理念。

春华之后　收获秋实

　　"一分耕耘，一分收获。三年来，名师工作室主持人、成员、学员上下一心，不懈努力，和谐共进，通过一系列的教学教研活动，取得了累累硕果。"采访中，代泽斌如是说。

　　自代泽斌担任省名师工作室主持人以来，先后获得国家注册三级心理咨询师、市管专家、省管专家、省第七届民族团结进步奖；在市级以上报刊发表了近 20 篇文章；辅导学生在《铜仁日报》上发表文章近 50 篇；担任全市初中校长培训班、铜仁学院全市中小学骨干教师培训班、铜仁电大中小学骨干教师培训班的培训教师，一共引导和培养了两名特级教师和 3 名省级教育名师，5 名省级骨干教师，27 名市级骨干教师等。

　　三年来，在工作室成员的培养中，每位成员均有学术成果发表在杂志或报刊上，都出色完成了工作室安排的辅导学员等工作，积极参加了工作室组织的送教下乡、骨干教师培训、学科业务培训等教育教研活动，获得了各项殊荣。其中，成勇于2014年被评为铜仁市"优秀教师"；王玫君于2014年荣获铜仁市优质课竞赛一等奖，并被评为铜仁市"教育名师"和省级骨干教师；杨光福承接全国教育科学"十二五"规划教育部规划课题"'少教多学'在中小学语文教学中的策略与方法研究"课题的研究工作，有论文近10篇在国家、省、地级刊物上发表，获国家、省、地级一、二、三等奖等。

　　三年来，名师工作室共有95名学员顺利结业。在工作室跟岗研修期间，每位成员都积极努力地完成了工作室安排的任务：发表一篇学术论文、上一节汇报课、开发2节优秀课例等诸多荣誉。

　　　　　　　　　　　（本文载2016年10月21日《贵州民族报》第11版）

　　代泽斌：中学语文特级教师，国家注册三级心理咨询师，"贵州省中小学省级教育名师"，获贵州省首届"青年科技创新人才奖"和贵州省第七届民族团结进步奖。铜仁市市管专家。铜仁市家庭教育专家。贵州省首批高中语文名师工作室主持人，省管专家，碧江区人大代表，铜仁市政协委员，民革铜仁市委委员，铜仁一中教科所主任。

积极进取　行成则立

——记贵州省高中语文名师工作室成员龙黎明

"教师的发展需要活动，活动需要载体，名师工作室给我们提供了许多机会，开阔了教师的眼界，提升了思想境界，提高了教师的专业水平，更学习了先进的教育理念，为教师的专业发展提供了理论与实践的帮助。"这是龙黎明参加贵州省高中语文名师代泽斌工作室的深切感受。

名师引领　提升教师专业素养

在采访中，龙黎明谈到，自进入名师工作室以来，先后多次参与名师工作室组织的培训活动，特别是聆听专家们的讲座，自己在思想方面提升不少，也学习了先进的教育理念。在聆听代老师的讲座中，让他认识到教师要接纳我们不能改变的，努力改造我们能改变的；有勇气去坚持符合人性和教育规律的教学。

"在聆听铜仁市教育科学研究所主任、特级教师唐文健的讲座后，我们学会了做课题的方法，更明白了做课题的意义。教育教学离不开教育研究，它能提升语文教师的人生境界，推进语文教育理论建设，推动语文课程改革，促进语文教育文化不断发展。"龙黎明参加这个团队后感慨地说。他认为要成为名校名师，必须加强教研活动，于是他先后参加了思南中学组织的跨界跨学科教研活动、铜仁一中举办的名师工作室教研活动。通过名师讲学、同课异构、观课议课、专家指导等形式探讨语文教学得失，发现自己存在的不足，丰富教学经验，提升自己的教学水平。

龙黎明说："通过各种教研活动，成员的教学水平得到明显提高。借此，我们学校与多所学校建立友好学校，教师去友好学校交流学习，让教师走出去，开阔教师的视野，到活动中去磨炼自己，去提升自己。同时积极开展集体备课，发挥集体的力量，集思广益，在讨论中碰撞出智慧的火花。老教师与青年教师结对，一对一指导，通过观课议课，反思评价，促进青年教师专业成长，提高教育教学能力。"

建设学科　提高语文教学质量

龙黎明说，自参加工作室以来，通过参加各种学习教学研讨，明白了教学常规是教学质量提升的基本保障，抓好常规，是语文教学的基本要求，是教师教学水平提高的有效措施。他根据本校实际情况，全面了解学生，针对具体情况因材施教；认真做好备课工作，课前要研读教材，吃透教材，把握教材的重点，做到提前备课，精讲精练；每月由教务处定期对教师的备课情况进行检查并及时反馈。

"走出去，请进来"是教师专业发展、提高教学质量的重要举措。龙黎明介绍，他们学校每年邀请北京专家来对高三教师进行专业引领，帮助解决教学疑难。通过专家的听课、评课，老师们对语文学科的认识有了进一步的提升，明白了新课改形式下的语文教学方法以及具体有效的语文教学手段，专家们提出了诚恳的意见，老师们获益匪浅。

"走出去，请进来，不仅拓展了教师的视野，而且解放了教师的思想，为教师的专业发展提供了平台。"龙黎明如是说。

行成则立　努力成就未来

百年大计，教育为本。搞好教育，是教师不可推卸的责任，教师的专业素养影响着教育的质量，一名优秀教师是教育发展的保障。"不怕慢，就怕站"，要想成为一名优秀的教师，就要"动起来"。名师工作室就给教师提供了这样一个学习提升的平台。

他告诉笔者，作为教师，要心先动。把教育事业当成自己毕生的追求，认真对待教育，用心对待教育，点燃自己的教育热情，要对教育负责，对社会负责，树立正确的思想道德观。其次要身动。"流水不腐户枢不蠹"，自然界的万事万物都是运动不止的，要想不落后，有进步，就要动起来。作为教师和教育工作者，要勇挑重担，认真完成身边的工作，积极参与各项活动，在活动中锻炼自己、提升自己、展示自己。要进行广泛的阅读，在阅读中感悟名师大家智慧的力量，提高自身专业素养，提升自己的思想境界。

（载 2016 年 10 月 21 日《贵州民族报》第 11 版）

龙黎明：松桃民族中学校长，语文高级教师，市级骨干教师。

情系山乡桃李园

——记贵州省高中语文名师工作室成员陈谋韬

"2013年我有幸成为贵州省高中语文代泽斌名师工作室成员,有了更多学习机会。回望来路,倍感艰辛,也收获颇丰。"在采访中,沿河自治县官舟中学校长陈谋韬谈起参加名师工作室感慨良多。

他说,根据代泽斌名师工作室的安排,在沿河自治县成立了以沿河官舟中学为主阵地的沿河研修小组,小组成员辐射到沿河民族中学和沿河二中。

在明确指导思想、成立领导机构、制订活动开展计划和研修目标后,他们与学校教科室密切合作,采取了相关具体措施,以研修小组的一系列活动为载体,指导其他学科组开展各项教研活动。

在工作开展过程中,他联合教科室与兄弟学校申报继续教育县级培训,举办了沿河第三片区多学科课堂教学竞赛活动,组织学员参加代泽斌名师工作室赴印江、思南和德江的送培送教活动,并担任议课指导教师,派人赴上海参加第七期全国语文名师成长大讲堂培训,派人赴铜仁一中跟岗研修。

随着一系列活动的开展,让学员们开阔了视野,取得了真经。学员得到多方面的成长和锻炼,取得了较好的成效。

陈谋韬说:"三年来,我通过名师工作室平台得到了很好的成长和锻炼,开阔了视野,增长了见识,发展了专业,增强了做教师的自信,获得了职业幸福感。"

他说,2015年6月随代泽斌老师率领的名师工作室团队一行赴上海参加第七期全国语文名师成长大讲堂培训。聆听了语文出版社社长王旭明针对当前语文教育的不良现象的发言,并与参会老师们进行了交流互动。这次培训除了听到精彩的学术报告,观摩了专家们的示范课,了解到发达地区中小学语文教学的现状以外,最大的收获是领略了钱梦龙、贾志敏两位语文界前辈对语文教育的那份执着。

三年来,陈谋韬每学期均获学校教学奖励,2014年5月获铜仁市高中教学质量学科教师评比二等奖。2016年所任班级高考成绩优异,人均分101.4,及格率达96.8%,远超省人均分和及格率,指导学生参加作文大赛频频获奖。2014 年、2015 年连续组织学生参加第 21、22 届中华圣陶杯中学生作文大赛获指导二等奖 2 人次、三等奖 5 人次；组织学生参加第 17、18 届"语文报杯"全国中学生作文大赛指导省一等奖 2 人次，省二等奖 3 人次，省三等奖 3 人次。2014 年他申报的县级课题《高中语文"少教多学"教学策略与方法研究》，实验效果良好，已经结题。2014 年、2015 年分别有《〈岳阳楼记〉三美》和《农村中学语文教师要树立"大语文观"》两篇教研论文发表在《语文周报》上。

（载 2016 年 10 月 21 日《贵州民族报》第 11 版）

陈谋韬：沿河官舟中学校长，高中语文特级教师。

语文课堂的艰难取舍

——记贵州省高中语文名师工作室成员王玫君

"一念天堂，一念地狱。这是众生兼知的一条佛教慧言，也适用在我们在语文课堂遭遇种种尴尬之际。每每我们精心预备的课堂不能让自己满意、让学生尽兴时，我默念此言，便会豁然开朗。"这是在采访中，贵州省高中语文名师代泽斌工作室核心成员王玫君谈到语文课堂的艰难取舍时的感言。

语文学科对语言的建构与运用、思维的发展与提升、审美的鉴赏与创造、文化的传承与理解提出了自己的核心素养观。可以说，它像一块悬挂在我们前方的领路牌，指引着我们前进的方向。

王玫君说："我曾尝试引入悉尼大学校训'繁星纵变，智慧永恒'和北京大学的宣传语'如传世的青花瓷，自顾自美丽'，和学生一起畅谈美的多样性；我也听学员在'花自飘零水自流，一种相思，两处闲愁'中抓住'一种'和'两处'，以看似训练思维的方法入手赏析语言；我总是不忘汉字文化的魅力，比如曾让他们从'草'的本义去联想'草稿、草草、草率、潦草'的关系。这些课堂的片段都深受学生喜欢，因为我知道，坚守语文的核心素养观，一定是真语文的回归。"

这些生命的感悟似乎不再停留在"儿童视觉"，但是如果我们调动他们中考完后轻松而又无所事事的生活体验，唤起他们身边那些百无聊赖的周围人的生活积累，我们一样可以在赋予他们儿童视觉的同时，发展和提升他们的思维品质。

所以，面对高高在上的学科素养的要求，我们要充满自信，我们青春年少的学生有认识世界和表达感受的冲动以及欲望，只要我们能从生活中来，到课本中去；或者从课本中来，再回到生活经验中去，就可以帮助他们搭建认识的"脚手架"，从儿童视觉出发，积累最丰厚的学科素养。

平等、民主的师生关系是以课堂的平等交流来实现的。但是，究竟是由老师把学生带进预设的情景，还是由学生带领老师进入他们内心最真实的文本体验呢？

传统的教学法和新课程理念均有各自的教学观念，而且不同的观念也带来了不同老师的不同教学习惯。

她说，我们的课堂还真可以先由学生来发问，我们要他们的独特视觉，要他们最真实的文本体验。其实很多时候，我们并不比学生聪明，特别是在我们自己陌生化地、细细阅读教材的过程中，我们会发现，我们有疑惑的地方也正是学生的疑惑之所在。

当记者问道，什么时候需要老师来提问呢？

她的回答是，当学生觉得没有问题后，我们就要在看似没有问题的情况下提出问题，教他们从看似没有问题的地方发现问题，培养他们研读的习惯。教师只有通过吃透教材，才能提出学生需要解决的问题，也只有吃透教材，学生提什么样的问题我们才能回答。

"无论是学生提问，还是老师来问，我们都应当记住，我们的任务是培养学生独立思考的科学精神，让他们说出自己的话语，体验思考的快乐，一个个独立的思考，一个个自由的言说，才能造就一个个民主、多元、丰富的世界。"王玫君如是说。

基于教学时间和教学空间的有限性与学生发展目标全面性的矛盾，也基于学生生活世界、社会经验的有限性与人类生活经验和生活世界的无限性的矛盾，我们的课堂必须有所选择、有所放弃，在有所不为中"有所为"。

王玫君说，和学员听过苏州专家范讲绘本《活了一百万次的猫》的一堂课。上绘本，很新鲜！这个教学资源开发得好，我庆幸自己又有了一个学习的机会：简单的图画与简洁的叙事可以衍生出普遍的哲理，老少皆宜，大家可以各取所需，老师可以深入浅出。犹记那堂课老师带领学生一起关注到了文本的最大特点：铺排，学习了映衬、类比、对比的方法，也带领学生领悟了人生意义之自我实现的需要。

"一念天堂，一念地狱，在这样的旅程中，让我们做一个快乐的导游好了！"这是她对对语文课堂艰难取舍的一些思考与感悟。

王玫君：铜仁一中高中语文高级教师，市级教育名师，省级骨干教师，国家级普通话考试测评员。

就做那根苇草

——回顾我的研修之路

贵州省毕节市教科所 杨文黔

　　笔者从小立志当老师，也终偿夙愿。20年的时光转瞬即逝，回顾自己的研修之路，是在回顾自己的成长之路，也是在回顾自己的心路历程。记得帕斯卡尔说过："人是一根能思想的苇草。"思想的自由成为自己所追求的一种生存姿态，但追寻这种姿态的过程无疑是艰辛的、昂贵的。

孤　独

　　刚踏入教坛，自己所在的学校是一个城郊三类学校，教学楼的台阶上永远有厚厚的一层学生双脚刮在上面的黄泥块。还记得他们的语文平均分是44分，老师们戏称"打瓜卖的学生！哪个学校都不要的学生才到这里来。"在那里从教八年，我从来没有听说过市里有关教学的任何比赛，往往在时隔一两年后才听见某某老师优质课比赛得了几等奖，信息在哪里被阻隔了呢？八年来，我没有参加过任何有关教育教学方面的活动，学校教师专业化成长的集体无意识和对青年教师成长的淡漠，让自己一直处于散漫的无人问津的"自然成长"状态。没有出现成长的"关键人物"，没有发生成长的"关键事件"，完全依靠学生家长的需求和自律的学习坚守着、支持着向前走。那种感觉真的是独自在黑暗的隧洞里蜗行摸索！八年最好的青春年华，自己失去了成长为一名优秀教师的机会；失去了专业发展最关键的八年，没有归属感的自己非常孤独，最终萌生了逃离的决心。

迷　茫

　　我终于通过招考，进入市级教研员行列。教研，这完全是一个崭新的领域，一本教育教学理论书籍都读不下去的自己，发现自己擅长的东西似乎都用不上，只能重新来过。曾经拿着笔记本，跑去天真地问领导什么叫"视导"；曾经专门去问办公室主任，虔诚地记下怎么写简报；曾经自己掏腰包，买回一摞摞全国语文比赛的光碟一节节一遍遍回看；曾经一开会就手心里全是汗，遇到领导就有逃跑的冲动……

就一个语文教研员，这是一个市级教研机构的尴尬，无法言说。没有同学科合作伙伴的支持，新手上路，想依葫芦画个样都困难，而且学科间研究往往处于封闭状态。更苦恼的是，自己总被大量的非教育教学研究事务缠绕，自己这个教研员逐渐沦为其他科室行政事务的救火队员。一段时间以后，发现自己退化为脱离实践研究的非专业活动组织者，课堂变得很遥远、老师和学生们变得很陌生、成功和希冀变得很模糊……没有位置感的我陷入角色意识缺失的状态中。这条路要怎么走下去，前方的那一点亮光在哪里？所幸自己喜欢看书的习惯一直坚持下来，算是还存有一丝微光。

停 滞

大大小小的活动中积累起来的活动经验和组织能力的提升，让我阴差阳错地被调到另一个部门，做了1年的局办秘书。这个岗位的优点是终于熟悉了职能部门的运作，不再鄙薄行政工作，端正了自己的心态；而且个人的组织和协调能力确实得到了锻炼，但是对于自己的专业来讲，则是不利的。

因为脱离了教育教学的现场，教学研究必然走空，个人专业发展自然会进入停滞期。但从宏观上来说，也看到领导层的理念和意图会在多大程度上影响一个地方教育发展的走向；当然也感受到如果执行力低下，再好的顶层设计也毫无价值。

渐 悟

紧接着，又是四年的教师教育工作。个人的工作状态可以说是只顾埋头拉车，没有抬头看路；渐渐成为行政命令的传声筒、行政事务执行的机械手臂。但是，有一个意想不到的收获是：眼界宽了，看问题不再紧盯着自己，思路开始在实践的磨炼中活跃起来，也回头审视了教研工作的现状。毕节是穷区办大教育，历史欠账大，到2015年，全市已有近9万名专任教师，农村教师占了大半，而且还处在增量的阶段。每年大规模的以特岗招考的方式补充新教师，教师提升任务繁重。区域教师培训和教科研活动尚处于理念普及和制度初建阶段。资源分配极不平衡，城乡之间、学校之间差异巨大，惊觉自己以前的教研更多是在围绕优秀学校打转，习惯锦上添花，而非雪中送炭。帮助、扶持教师专业成长的研修制度构建不足，平台搭建不够。最深的感触是觉得作为教育工作者，真是任重而道远，教研工作如果不放到这样的背景和话语系统里，那么所有的活动都是自说自话。

艰　难

又回到教研员的队伍里来，感觉似乎从来没有离开，悄悄地对比一下，自己的优势只剩下爱读书和"有点想法"了。自己必须保持专业的优势，保持思考不辍；必须得和名师、杰出人物对话，保持自己精神世界的吐故纳新。同时，还应当推动身边的语文老师们读书。岂止老师和学生是教学相长的关系，自己与教师之间的关系也是"研学相长"的关系，必须沉到一线，倾听他们的话语，只有让这些经过培训、教育、改造的"沉默的大多数"的老师确立在研修中的主体地位，才能让他们在研修中找到自己专业和精神的归宿。

因为这些都是自己缺乏的，越是缺乏越是渴望，越是渴望就越觉得很重要。

近五年批准的外出参加的高端一点的培训只有1次，于是削尖脑袋去争取各种培训学习机会，实地学习争取不到，网上也行。于是争取到在网上学10个月的国培；于是努力进到贵州省高中语文代泽斌老师的名师工作室，艰难之中总算为自己节省出一点空间，呼吸到一点新鲜空气。因为我深信一个不能自我教育、自我培养、自我发展的人是根本没有资格去发展他人的。

在代泽斌老师名师工作室的研修中，专家的讲授、与老师们深入接触和切磋所得，同自己20年的教育经历发生化学反应后，催生出新的认识：

——没有对自己职业生涯和专业发展的规划，研修就会缺乏方向；

——只有在行动的过程中才会发现人与事之间的真实关系，只有做事情才能找到想知道的真相，只是纠结毫无用处；

——只会整天埋首工作而生活毫无乐趣的人，事业上也会早趋衰落，因为缺乏多量的各种不同的精神刺激与养料，单调必会摧残活力。

修　行

我可以做什么？我有时会对周围的一切乃至对自己都感到非常失望。虽然自己有着浓烈的向上成长的渴望，但在与未知的对抗中却缺少坚决与愉悦，勇于自省却永远任性。

　　研修就要回到教师身上，要理解教师的内心生活，因为良好的生命状态与心灵生活才是优良教育教学的源泉。

　　理想的研修之路是走向自由平等、开放和谐的心灵对话。在这条道路上，忘却世俗的纷争与算计，坦诚相见、开诚布公、自由争鸣的景象随处可见，不凌驾于人、百花凋零，不一锤定音、百鸟噤声，只有这样才能构建合作共进、同伴互助学习的共同体。打造教育教学思想交流研讨的平台，开辟出教育智慧与艺术探讨的自由天地。在此基础上，分析综合、梳理归纳、融会贯通、荟萃精华、集思广益，才能实现基于"问题、合作、对话"的研修形态。你的问题变为我的问题，我的观点化为你的行动。他的方法成了我的借鉴……思绪、思维、思想自然而然地得到舒展、迸发。

　　或许，我无法得出一个完美的结论，但我可以在思考中将心灵聚集到一种热烈纯净的空气中，实现"内心的敞亮"，希望单数的"我"与复数的"我们"相遇相融，不想羞涩地等待别人去发掘，希望能够在研修之路上好好地生长、发芽、抽穗、拔节。

　　所有想完成的美好事物，没有一件是可以迅速完成的——因为这些事物都太难、太复杂。在现实面前，心很大，但步子只能是"毫厘推进"：在工作中，懂得权衡利弊、研究得失、分析可行，不把所有特别合意的希望都放在未来，从当下一点点做起，一点点改变。

　　成长不能代替，发展只能亲历。

　　易卜生说："你的最大责任就是把你这块材料铸造成器。"我的起点太低，所以不用担心差距，接下来要做的，只是让自己从蒙昧中一点点解缚出来，这是一个穷尽一生也完成不了的工作，想到这点心里就踏实了。

　　就做那根苇草如何，尽管脆弱，但它在思想，所以它存在。

风景这边独好

——我走过的研修之路

贵州省玉屏民族中学 罗康锡

王国维读书三境：一境是独上西楼，望尽天涯路；二境是衣带渐宽终不悔，为伊消得人憔悴；三境是众里寻他千百度，蓦然回首，那人却在灯火阑珊处。我想用这三境来概括我的研修之路颇为合适，因为他在诠释读书所得的同时，更进一步地诠释了读书过程的艰辛。在自己漫漫从教的征途中，如果没有清晰的思维引领，我就不知道何去何从。现拟三篇，权且作为自己的思维引领。

【现实篇】从教路漫漫，天涯路何方

当今社会，人心浮躁，高铁高速，却没有几个人常回家看看；人心冷落，感情淡泊，手机拉近了远隔的距离，但生活在一起的家人，每天回家坐在沙发上，却彼此都在玩手机，有人说："人生最远的距离不是远隔天涯，而是你坐在我的对面，彼此却在玩手机。"

难道现在的浮躁就好，冷漠就好吗？

想想过去的一台电视，一村人都在看，看后一村人都在讨论，讨论后一村人又看，我相信今天的人们可能对过去的那一两部电视剧还记忆犹新吧！

再想想小时候被老师批评后，背诵的篇目却历历在目。

再想想过去的春游、秋游，那时候老师兴奋，学生活泼，其乐融融。

今天，有几辆车去郊游，出事了，全国学生不准郊游；学生最喜欢吃的土豆，有几个学生吃了不舒服，全国学校食堂不准进土豆了；运动会标枪危险，学校运动会上就取消了标枪项目……

以此类推，学校有几个学生感冒了，似乎全校就该停止上课了，哪天要是有学生在床上生病死了，全国学生就不应当睡觉了。

中国改革开放，需要付出代价；中华人民共和国的成立更是付出了沉重的代价。

教师的成长、学生的成长，如果只是温室的花朵，这也不行，那也不行，或者是部分领导认为的这样才行，那样就不行，请问学生的个性何在、教师的个性何在、以人为本的理念何在？

当我们往前走得艰难的时候，咱就不能回忆历史，从历史中总结经验教训？

我们教师将何去何从，前途何在，如何走完自己的教师生涯，是永远做个教书匠，还是勇敢前行？为后人留下宝贵的经验呢？

【探求篇】求教路茫茫，不悔人憔悴

以前是教给学生一滴水，老师就得是一桶水；后来是教给学生一桶水，老师就得是一个湖泊；再后来又回到教给学生一滴水，老师就得是一泓清泉；再后来，教师和学生就不再是点与面的关系了，而是共同进步的关系。

但现在教师是方法，是指导，是引导，是与学生的合作伙伴关系，再不是权威，而且也要教学生不要过于迷信权威，要敢于质疑、敢于创新。

教师要教给学生方法，培养学生终身学习的习惯。

有专家搞目标教学，全国开始目标教学；有人搞圆桌会议式学习，大家都搞好；有人搞导学案，大家都来导学案；总之领导认为可以，或者是领导出国回来后，国外行，回国也行，当然学校也行。至于能生存多久，那可不是领导考虑的问题，因为等到不行时，领导已经调走了。领导就是权威，就是专家，就是教育教学方法，最先进的教育教学方法。

有人认为上课要教案，形同虚设，浪费时间，应付检查；于是又全盘否定教案，上课不要，又全部来搞学案；又分为预习案、教学案、巩固案。

有的教师全部照教辅书讲，有领导说资料只会让教师变懒，于是领导又说，要把所有资料书烧掉，教师自己来做，不知为什么总顾此失彼。

有教师讲，学生是训练出来的，必须题海战术。

教师教育教学生涯，能否招招制敌，或是一招制敌，或是一劳永逸，有吗？在哪儿？你能教给我吗，我能学会吗？领导说能教，我却说学不会。领导聪明，我是很笨，不然也不来教书了。是这样的吗？再后来进入铜仁一中，再到思南民中，再坐镇石阡三中，再回味凯里一中，再辗转到上海嘉定一中，见到钱老。这一路走来，我的教育教学方法何在，我学他们，学不了。不学好像又都需要学习，如果停止教书从头跟着大师学，好像又余生不够时间花。再后来想想唐僧学谁了，学他自己就够了；钱梦龙老先生学谁了，做好他钱老就够了；代泽斌学谁了，做代老就足够了。在跟随

代泽斌老师这一段时间里，我发现谁也不像，却越像自己了，有时和别人在一起，并不是像别人，而更是自己了。

【感悟篇】寻教千百度，风景这边好

小时候，家里穷没有鞋穿，我很羡慕别的小朋友，有鞋穿，有书包背，过年有鞭炮放；上中学的时候，每个星期才能回家一次，而且要走几个小时，二十多公里的路程，我很羡慕镇上的同学，每天都可以回家，每天都可以吃上可口的饭菜；上师范的时候，每个学期才能回家一次，只会学习的我，我不再很羡慕他们的成绩，也不太在乎自己的成绩，再后来，我是孩子王的小学教师，再后来我成了初中教师，再后来我就成了高中教师，直到现在。

后来我参加了代泽斌老师的语文名师工作室，走过市里各种类型的学校，见过不同的山山水水，在石阡一个叫尧上的风景区，突然，我发现来此观光的行人，只想着去一个叫做瀑布的风景点，我的同行之人，也是如此，我却放慢脚步，欣赏沿途风景，用手机这里拍拍，那里照照，心里总想把远处高山上的风景拍下来，结果总是事与愿违，拍得不好，风景也很糟糕。我索性停下来，再拍再照远处的风景，结果还是不理想。后来，再顺着小溪往同行之人所向往的瀑布走去，沿途我不再拍远处的风景，因为要注意脚下，只能拍拍近处的风景，这里是小桥，那里是流水。这里有几对小青年，这里是字画、古木，这里凉爽宜人，来时所带的雨伞也觉得非常多余，心里想在这样美景里就是被雨水淋湿一回，也算得上是人与自然的亲密接触。想着，人有时候总是自以为是，其实面对大自然，面对身边的风景，我们只能享受，也只需享受。再后来，我身边的美景渐渐多了起来，这里的流水是那样亲切自然，这里的小桥是那样相得益彰，这里的一草一木，那里的一花一石，这里紫萝藤蔓，那里枯木参差，都进入了我手机照片里，也进入了我的心里。突然心里觉得，身边的风景就是美，什么也比不了。

一路走来，我见过最著名的钱梦龙教师，见过出个几个总理的嘉定一中，我见过明珠塔，世贸大厦，体验过高铁速度，品尝过繁华的激情，感受过……但这些是他们，和我有什么关系。我能选择他们吗，我能拥有他们吗，我能叫他们父亲吗，我能叫他们母亲吗，我能一辈子跟着他们吗，我不能。如果有一天，我们离开自己的学校，会不会有学生叫老师；如果有一天，我们离开教室，会不会有学生喊"老师休息"；如果有一天，我们不认父母而离开，会不会有其他父母的施舍，叫我们"儿子"。也许世界上并没有那么多的"如果"，但请允许我说一声，母亲我还是你的孩子，

可爱的学生我还是你们的老师，仁厚的校园我还是你的教师。

我沉醉于身边的风景，风景这边独好！我寻求千百度的教学方法，回过头来，原来就在身边。有人说会看世界新闻的人是政治家，会看中国新闻的人是中国通，会看本省新闻的人是领导人，但是我要说会挖掘能挖掘身边新闻的人才是真正的天才。以此类推，我感悟能整合自己身边教育教学资源的教师才是教育界的智者。当然，作为普通教师的我，成长永远在路上。

在工作中学习　在学习中工作

——我走过的研修之路

贵州省铜仁市松桃县第三中学　杨跃

古人云：活到老，学到老。

"不怕慢，就怕站。"代老师如是说。

"君子敏于行。"龙老师如是说。

人生，就是不断在路上的过程。

人生，就是在不断学习、自我挑战的过程。

作为一名只有七年教龄的新教师，我喜欢学习，渴望与专家面对面进行交流，接受专家的指点和引领，期待在学习过程中成长。2015 年，有幸加入贵州省高中语文代泽斌名师工作室，回想第一次聆听大师的谈笑风生，回想第一次接受专家的引领，让我茅塞顿开。回想研修路上的艰辛与收获，品味着研修路上的喜悦与快乐……

付出——收获之基

2015 年 10 月 17 日，第一次参加贵州省高中语文代泽斌名师工作室活动，让我如沐春风。这次活动像炎炎烈日来了一场及时雨，让我的心灵再次得到了洗礼，像观音菩萨手中的玉净瓶，瞬间让我茅塞顿开。

这一次，悉心聆听专家的专业理论，让我明白师德与能力并重。这一次，悉心聆听专家的专业理论，让我明白理论须与实践相结合。这一次，悉心聆听专家的专业理论，让我明白近期目标与长远目标的有机统一。在这里，我及时补充遗失已久的专业素养。在这里，我可以面对面地与专家、教授进行交流，他们则不厌其烦地为我释疑、解惑。在这里，我们可以摒弃城乡之间的差别，摒弃年龄的差异，实现平等交流。在这里，我们可以在自己的学习园地里尽情诉说教学中的苦与乐，尽情分享教学中的甘与甜。在这里，我们可以畅游所有学科优秀作业、感言、简报，从不同学科中汲取多种"维生素"，及时补充体内的营养。在这里，轻轻一点，优秀教师的一篇篇富有创新的文章、一句句富有哲理的教育名言将我的内心再次净化。

在这里，"取人之长，补己之短"这句名言得到了充分的诠释。

学习——提升之本

坐井观天可悲。

但坐井不观天更可悲。

社会是变化发展的，人要想在这个日新月异的社会里立足，必须适应社会发展的需要。作为教书育人的一线教师，更需要把握科学的发展观。那么作为老师，如何跟上发展的时代潮流呢？我认为可以从阅读开始。因为：改变，从阅读开始！

有这么一个故事：弗雷德里克·道格拉斯还是个小黑奴的时候，他的女主人就开始教他读和写。许多年以后，道格拉斯成为美国黑人最重要的人物之一，当了几任总统的顾问。这时，他还记得当年男主人怒气冲天的情景，男主人咆哮着："……要是你教会了他读和写的话，那就留不住他了，他将永远不适合当奴隶了。"

道格拉斯说："平日里，女主人耐心的教导没有从根本上打动我，倒是这些话深深地打入了我的心，它一下子就点亮了我的心灯，触动了我沉睡的感情，一个深刻的认识产生了：原来'读与写'是由奴役通向自由的通道。"

阅读和写作，这是挣脱奴役之路的途径——不但使自己不再受奴役，也为那些受奴役的人呐喊。让更多的人成其为人，让更多人通往自身的解放之路，这就是学习的意义之所在，这也是人生的意义所在。

雨果说：人类所需要的，是富有启发性的养料。而阅读，则正是这种养料。

余秋雨说：阅读最大的理由是想摆脱平庸，早一天就多一份人生的精彩，迟一天就多一天平庸的困扰。

如果能多读一篇文章，如果能多读一本书，我想一定能丰富我的知识结构，丰富我的思维视野，哪怕改变的只是一丁点。

行动——完善之途

可持续发展是当今人类社会发展的必由之路，而我们要发展自己，就必须付诸实际行动。

苏霍姆林斯基在《给老师的建议》的书里这样说："读书不是为了应

付明天的课，而是出自内心的需要和对知识的渴求。如果你想有更多的空闲时间，不至于把备课变成单调乏味的死抠教科书，那你就要读学术著作。"

著名语文特级教师李镇西曾经问过苏霍姆林斯基的女儿苏霍姆林斯卡娅："您认为您父亲在教育理论上最大的贡献是什么？"她的女儿不假思索地回答："正是我父亲，第一个将'人性'引入了苏维埃教育！"

而我通过一系列的学习、研修，不断地积累进步，并于2015年荣获县政府表彰的优秀教师，这些都是通过行动换取的。

我深信：行动带来提升，坚持带来奇迹。

坚持——成功之门

荀子说：不积跬步，无以至千里；不积小流，无以成江海。

有人说：在某一件事上，如果你能积累1万张卡片，那么你将成为这方面的专家。

坚持一课一反思，坚持每天一教学随笔。

在坚持的路上，一定有苦，也一定有累。但苦与累以后，就会迎来喜人的累累硕果。

一直在反思、一直在思考：为什么我不能成为名师，为什么我不能成为专家？其实道理很简单，就是自己没有去做，没有去坚持。

想到了，就去做。

坚持做，肯定有收获。

最美的风景不一定就是有花有月，在教书育人这条路上，同样有最美的风景；最高尚的道德不一定非是蜡炬成灰，在教书育人这条路上，只要有教育情怀，你就是最高尚的人。

让我们在工作中学习，在学习中工作，不断地提升自己，在最美丽的事业里体现我们的价值。

且行且修且成长

——我走过的研修之路

贵州省铜仁市民族中学 张桂霞

曾子曰："吾日三省吾身。"2014年12月，我作为一名处于高三忙碌之中的一线教师，有幸参加了贵州省高中语文代泽斌名师工作室组织的多项教育教学活动。正是一次次难得的"三省之会"，让我在全方位的课堂观摩活动中反观自身，三省而知自身之长短矣。作为受益者和参与者，现将学习收获总结如下。

"不怕慢，就怕站。做一点，是一点；做一点，得一点。"这是工作室主持人代老师的口头禅，也是对我们每个学员的谆谆教诲。他鼓励我们说："作为一名教师只要不肯停下自己的脚步，就会不断提升。再一点点地积累，你的收获就会变得丰硕。"鞭策之言语重心长，如醍醐灌顶，又让我重新找回往日的激情。再回想起余映潮老师的"每天做一点""走一步，再走一步，一直向前走"，不就是荀子所说的"不积跬步，无以至千里；不积小流，无以成江海"的深刻含义吗？代老师是个长者、良师、益友，对我们每个学员的教学理念和课堂教学模式帮助很大，我受益匪浅。

众所周知，课堂教学是一种全方位的教学艺术，需要老师与学生的历时性和共时性的教学互动，从而使我们的课堂打破僵化的封闭的局限，在新课堂改革的背景下成为开放的、绵延的有效空间，师生共同进步。这在《有效课堂教学策略》一书中有着非常详尽的演绎，从现代发展理论出发，分析了现代教学理念的重要精神内核，具体分析了从备课、说课、上课、听课、评课到反思性教育的诸多方面，读者看后会受益匪浅。那么如何在课堂外，发挥自身做课题的创新能力呢？名师邵永海先生曾说："若想给学生一杯水，自身先有一桶水。"这道出了一个优秀老师提升自身业务素质的必要性，这也是教学相长的重要前提。《教师如何做课题》便道出了课题研究的价值以及具体方法，这是以研究者的高标准来激发我们中学教师的创造力和热情。

所谓研究者，也是老师和学生面对无涯学海所共享的身份以及在教学过程中的平等和责任。其实，真正做起来并不容易，我也遇到过相当多的困难，但通过理论与实践相结合，我也逐渐懂得课题研究的真谛：知行合一，师生双方都体会了彼此的点滴辛劳，从而获得更深入内心的沟通。而我多次聆听过语文名师余映潮先生的讲课，他在《致语文教师》中再一次触动了我的内心，他从成长、教学到治学等方面都讲述了身为语文教师的独特智慧，教师无论是作为知识的传授者还是个体成长的反思者，都需要齐头并进、教学相长，方能增益彼此的智慧。除去师生智慧的相互增进，《名师培养学生好习惯的有效途径》中深入探讨了教育的根本目的不在分数的多寡，而在于培养"人"，使受教育者在教育过程中不断提高个人的修养，得以健康成长。我不禁想到，所谓"人之教育"对于"以文载道"的语文课来说显得尤为重要，北大著名校长蔡元培先生曾如此批评学生的不良学习状态："平时则放荡冶游，考试则熟读讲义，不问学问之有无，惟争分数之多寡。"在考试给予老师无边的竞争压力的同时，学生所修习的知识及其所承载的学问、才华和德性才是健康人性成长之必需的养料，我们的语文课堂不只是教授语言文学基本知识，更是在领略名文中把握古今中外相通的赤子仁心，增益此身所未能经验者。作为教师，我们也是最大的受益者。

正是基于对这些书本中真知灼见的认同，参加名师工作室的各种学习才如此触动我的心灵，如今回忆其中的点点滴滴，才发现有益的细节非常多。每次步入铜仁一中的校园，扑面而来的就是熟悉的气息，源于我多次来此聆听优质课的经历，这在我的教学生涯中是一个重要契机，就像我也作为学生参与到课堂学习中一样。首先，主持人也是我们耳熟能详的语文名师特级教师代泽斌老师，他落落大方地简要介绍了前来授课的石建刚、陈月冰、谢伦三位老师，并且高度评价其授课经验和艺术，于是在轻松愉悦的气氛中开始了整堂课的精彩演绎。

授课老师石建刚讲授的是苏轼的《念奴娇·赤壁怀古》，他的设计运用了全新的教学理念，紧跟教改步伐，呈现了非常有力的研究性教学倾向，我与同伴杨秀华老师都感到十分新鲜有趣。在他的感染下，铜中学生也展现了前所未有的积极性，踊跃地举手参与到研究性讨论当中来，同时体现了不同学生的创造力。印象深刻的有黄伟同学、张帅同学，他们思维活跃、勇于发问，对本堂课主要问题的把握十分清晰，看得出来在课堂之外的自主学习精神和努力程度，并不仅限于课堂一时的学习，而是具有与老师和同学共同研究探讨的主动性，这是我们一般学生所力不能及的。相信这样的学生必定是研究性学习中的佼佼者，乃至到大学后也能有所建树。

课后，我们几位老师是这样评价石建刚老师的课的：课堂生动流畅，既有"闲庭信步"的从容，又有"东逝长江"的豪情，较好地凸显了教学的三维目标。石老师能紧扣文本，以学读、析读、品读、评读等各种朗读为主要的教学手段，让学生的语言和朗读技能得到充分训练。同时，通过朗读，既提高了学生分析文意、品赏文情、边朗读边点评的能力，又丰富了学生的情感体验和精神世界，也提升了他们的欣赏品位与审美情趣。该节课充分展示了朗读课的无穷魅力。

石老师用宏大豪放的《三国演义》主题曲导入新课，奔放的音乐旋律把学生完全带入了文本的意境中，这种教学情境的创设有助于学生更好地把握文本的声韵、节律和气质之美。加上多媒体背景画面的渲染，进一步加深了学生对文本思想感情的理解和领悟。

这节较为成功的朗读课，让我反观自身，明了自己上朗读课的不足，真是三省而知自身之长短矣。

豪迈激情之未尽，微润不露的春风又拂来，这是陈月冰老师为我们呈现的一节真味的语文课。通过紧扣文本，投入情感，即使不用多媒体，也能收到较好的课堂效果，我也从中发现了教学中新的可能性。

课后，我们这样评价她的这节课：陈月冰老师的课像春风拂来，柔意缠绵，微润不露一般，把学生的情感自然带进了文本的情境之中。授课过程顺畅自然，课堂上陈老师紧扣文本进行朗读与分析，把李清照的似水柔情、长思难绝之情，清晰地展现出来，可谓情润之处，无时无刻不传递出主人公对丈夫的相思和期盼。"才下眉头，却上心头"的人间挚情，又怎一个"愁"字了得，学生在这种真情的氛围中，体会到了人性的纯美、真情的无价，在情感态度和价值观上也得到了提升。另外，陈老师以抓词眼"愁""长""凉""瘦"为教学方法，贯穿每个教学环节，既让学生轻松自如地掌握了文本的时间、地点、情感，还教会了学生如何通过"炼字"去把握文本思想。

总之，这是一堂较好的朗读炼字课和情感碰撞交流课，让我对课堂教学过程的推进也有了新的感悟。

而谢伦老师上的是《定风波》一课。我对谢老师这节课的整体感受是，有"黄河之水天上来"的豪情与洒脱，也有周华健歌声的欢快与愉悦，还有赵本山的"这个可以有"的风趣和沉稳。《定风波》一课的教学过程流畅、教学环节完整。他在课堂推进中把朗读、欣赏、比较阅读、拓展延伸和学后感悟等环节融合得较为自然，强化了学生的思维深度，拓展了学生的思维广度。通过与《赤壁赋》《念奴娇·赤壁怀古》的比较阅读和点化，学生感受了作者从以前壮志难酬的苦闷到今日《定风波》中的镇定旷达。

这既是作者经历了灭寂、无靠后对人生世事的深刻省悟，更是作者遭遇挫折成熟后的乐观表现。学生从中也领悟了挫折与成熟的内涵，和怎样面对挫折的人生态度，这是很好的情感体验与升华。

这是一节极富激情的课堂，我已受益匪浅。其他多节优质示范课，在此就不必一一赘述了。

近一年来，工作室围绕着教学和科研开展了一系列活动，充分发挥了"工作室"的引领、示范、辐射作用。在教育理论的学习中，我更新了教育观念，孜孜不倦地学习现代课堂教学理论；在教学科研中，开阔了视野，迈开了教师专业化成长的坚实步伐；在各种学习观摩中，我们相互取长补短，努力丰富自己的教学技巧；在汇报课展示活动中，我精心设计课堂细节，努力建构优质课堂；在每次"工作室"的"送教"活动中，积极参与，认真备课，力求实效。

每一次活动，我就提高一点；每一次活动，我就成熟一分；每一次活动，我就接受一次洗礼；每一次活动，我都有新的改变；每一次活动，我都有新的收获。反观自身，三省而知自身之长短，知长短而后奋进，这也是我在教学生涯中特别向往的。

我走过的研修之路

——跟岗研修与我同行

贵州省铜仁市第十五中学 敖海洋

2014 年 10 月 12 日至 2014 年 11 月 2 日，我有幸作为高中语文代泽斌工作室第二期学员，跟随铜仁一中代泽斌老师研修学习，无论是跟岗研修期间，还是返岗自助研修，自己始终以积极主动的态度、勤勉虚心的作风，一路与研修同行。

一、更新教育教学理念

跟岗学习期间听取铜仁一中代泽斌、王玫君等专家的优质课和专题讲座，他们先进的理念、睿智的思想、敏捷的思维、广阔的眼界令我折服。导师团队的各位导师，既给青年教师的成长提供了宝贵的经验，又对某些教学现象做了深入而中肯的评析，让我从不同角度了解了语文教学的理念和课改的形势和要求，使自己的教育教学理念得到了更新。

作为真语文的践行者应当有勇气进行改革，做一些有益的尝试，从而推动语文教学改革，最终为找到一条适合中国的语文教学之路做出自己的贡献。通过跟岗学习，我进一步明确，对于教材，教师应当有清醒的认识，教材是教学的辅导材料，教师要利用教材服务于教学，要克服教材本身的限制，大胆取舍。如果处理教材时面面俱到，教师就成为教材的"传声筒"，丧失教师的作用了。教师还应当在内心清楚自己的教学理念是什么，怎么用自己的教学理念来解决重难点，服务于教学。

语文教师要清楚语文自身的特性，要知识广博一些，最好能成为一个杂家，可以旁征博引。关注社会就是关注学生，就是给予学生更多的知识传递。教师只有给予学生不同方面的知识或情感刺激才可能真正激发学生的学习兴趣，成为学生的良师益友。

二、提高教学理论水平

二十天的跟岗学习，在这期间，我们跟岗学员与许多名师、专家接触交流，全身心地投入到代泽斌老师让大家学有所得的各项活动中。成勇老师的"谈中国诗"、代泽斌老师的阅读教学交流课、高考复习研讨课，王玫君老师的作文指导课，让我领略了他们风格各异的教学方式和先进的教育理论；在导师代泽斌的指导下，我们学员之间还交流了课题研究，研讨了各种教学模式并各自上了汇报课。

通过跟岗学习，我自己的理论水平也得到了一定程度的提升：一是接触了众多名师的先进理论，专家们内容详尽、细致入微而又高屋建瓴、见解独特的讲解，让我如获珍宝，使我开阔了知识视野，增强了理论底蕴，提升了专业素养；二是通过写作学习心得和反思，使自己的感性认识上升到理性的思考，并将思考转化为文字表达出来。这些理论就在自己的头脑中留下了深刻的印象，并转化为自己的思想。

跟随几位导师学习，我更加明确教师要在讲课本的同时将眼光向外拓展，通过空间的拓展给予学生一种意识：我们需要走出课本，课本之外的天地很精彩。这种帮助学生进行探究性学习的方式方法对于培养学生全方面素质的发展至关重要。

三、加强教学实践能力

代泽斌老师关于语文价值的研究是我在学校大力宣讲的重点。我们总是就语文来思考语文，甚至就高考来思考语文，却忽视了把语文放在"人"的层面来审视。语文教学就其本质而言，是一种全方位的素质教育，它直接指向人类最一般的素质。

代老师是少有的、能看透语文独特价值的人，也是窥探到了一些语文教育问题本质的名师，代老师真正深刻认识了语文的生命价值。代老师的语文教育研究，使我们从语文"道"的层面获得了科学认识，能科学引导语文教学。

在这期间，我总共听了二十二节课，这些课一是特级教师的示范课，二是铜仁一中高中语文组老师的课；三是跟岗学习的学员的汇报课。可以说，这些课各有千秋，授课者各有特色，让我深受启发。从不同的教学设计和课堂运作中，我学到了许多技巧和智慧，因而自己的实践能力也得到了提高。

四、提升了教研能力

教研就是需要教师共同去研究、探讨如何去教学的，并形成相关的教学资源。通过名师工作室的跟岗学习，本人的理论水平也得到了一定程度的提升：一是接触了众多名师的先进理论，专家们内容详尽、细致入微而又高屋建瓴、见解独特的讲解，让我如获珍宝，使我开阔了知识视野，增强了理论底蕴，提升了专业素养；二是通过写作学习心得和反思，使自己的感性认识上升到理性的思考，并将思考转化为文字表达出来。这些理论就在自己的头脑中留下了深刻的印象，并转化为自己的思想。

听了代老师和工作室成员们的课后，在很多方面使我茅塞顿开，给我印象最深的是怎样运用生本理念上好每节课。做教研并不是一件简单的事情，策划和组织的程度直接影响到教研活动的有效性。例如，在我们的集体备课方面，有时候由于工作繁重，在集体备课时有时只是流于形式，而没有建立一个完善的集体备课制度，因而使得集体备课的有效性不大，反而加重了教师的负担。在教学反思方面，正如代老师等名师所说的，有的老师的反思是在介绍上课的每个环节及意图多于对这节课的再认识，只是为了反思而反思，没有提出有价值的问题及解决问题的方向，根本起不到反思的作用。

教师要成为学生获取知识的引导者，要帮助学生掌握获取知识的渠道，作为语文教师要改变自身的角色，要成为学生获得知识的引导者，而不是一个完全的给予者。

五、思考、践行助推前行

在一堂堂的观摩课、优质课后，在经历一次次的提升培训后，我更加注重思考的作用，同时以践行作为提升的助推器。通过观摩课、公开课、优质课的展示和多层次的交流，让我更加明白作为课堂驾驭者的我们要在课前认识学生原有的经验上来预设教学，要对学生的课堂表现和学习效果多多用心，思考学生的课堂反应、思考教学的效果、思考课堂的突发事件、思考自己的教学行为，是学生笨，还是老师方法不对头，思考……当思考中的问题都得有效的解决或者是总结出有效的方法，然后把这些思考作为自己以后教学工作的一面镜子，老师只要做到这一点，思考就成法宝了。

通过践行的事实证明，越是关注"学生"和"学生学情"的课堂，教学效果就越好。教学的着眼点不仅仅在于教师"怎么教"，而需要关注的更多是学生"做什么、怎么做"。教师的教学行为要由研究自己的"教"转变到指导学生的"学"，重点研究学生的问题在哪里，产生问题的原因在哪里，怎么让学生通过做什么和怎样做，从而克服学习的障碍，克服能力发展的障碍，达到自我发展。在跟岗学习中，我们学员发挥了集体的智慧，互勉共进，一起讨论、一起研究，在思维的碰撞中学到了很多知识。

　　总的来说，在以后的工作和学习中，我将更加注重研修的广度和深度，以研修更新教学观念，实现语文教学的本质，与现代教学技术接轨，提升自身素质以适应现代社会的发展，在教育教学中实现教学的本质，实现语文教学的本质。

我走过的研修之路

贵州省玉屏民族中学 陈慧

2014年10月12日至11月2日，我有幸参加了贵州省高中语文代泽斌名师工作室跟岗研修的学习，代老师早在2004年就被贵州省人民政府评为"中学语文特级教师"，2009年被贵州省教育厅授予"贵州省中小学省级教育名师"，2009年又被贵州省人才工作领导小组评为贵州省首届"青年科技创新人才奖"，2010年参与教育部"国培计划"培训后成为"国家级培训者"。《高考核按钮》命题与研究中心特聘编委编审，《语言文字报》高级教研员。能跟着代老师一起学习，我深感荣幸。

在代老师的精心安排下，我很幸运地聆听了苏州教科院专家的讲座和铜仁一中名师的讲课，从他们那里，我学到了很多，他们把研究成果无私地分享给大家，这使我的视野得以开阔，思想得到启迪，思维得到激活。在铜仁一中的20天时间里，我接触到了幽默风趣的语文组组长成勇老师，课堂教学激情四溢的王玫君老师，温文尔雅的周哲光老师，还有跟我一起战斗的铜仁一中沉稳绅士的罗明星老师、热情可亲的王加蓉老师，铜仁八中工作认真负责的肖庆林老师、思维缜密的田洪翔老师，铜仁四中不辞辛劳的敖海洋老师。还有很多叫得出名字或是叫不出名字的，给过我们这次学习关心的领导和老师们。幸会这么多可亲可敬的老师和朋友，我有一种说不出来的幸福。

这段时间我们的学习生活是很充实的：听了一次苏州教科院沈中教授《对文本解读的一些思考》的专题讲座，听了代泽斌老师的8节示范课，铜仁一中老师以及跟岗学员的14节课，撰写跟岗日记近万字。在代老师的班上上课6节，批改试卷4次，还在铜仁八中为铜仁城区部分学校语文老师上了一节录像示范课。看理论书籍5本，写读书笔记2篇，设计了2节优秀教案，并完成了一篇教学论文。

记得爱因斯坦在《论教育》中有一句话："教育就是忘记了在学校所学的一切之后剩下的东西。"套用一下，跟岗学习的最大收获就是忘记了两个月前的具体细节后给自己带来的触动和改变。我觉得最大的改变就是，通过这次学习，我找到了人生和教育教学的路标。

在这 20 天的跟岗学习时间里，让我感到最幸运的就是能师从德学双馨的代泽斌老师。他说："我们语文老师要教就教'真语文'""在教学过程中，应遵循语文教学的规律：学生喜欢的要坚持，自己喜欢的要坚持，有效果的要坚持。"代老师是少有的一位能看透语文独特价值的人，也是窥探到一些语文教育问题本质的名师，代老师真正深刻认识了语文的生命价值。代老师的语文教育研究，使我们从语文"道"的层面获得了科学认识，能科学引导语文教学，我们是教一大群人。

事实证明，越是关注"学生"和"学生学情"的学科和教师，教学效果就越好。研究学生、提升个别指导能力才是中学教师的核心工作和价值发展方向，教师必须认真研究自己面对的学生个体。从我个人角度来讲，这方面做得还不够。教师的着眼点不是在教师"怎么教"，而是在学生"做什么、怎么做"。教师的教学行为要由研究自己的"教"转变到指导学生的"学"，重点研究学生的问题在哪里，产生问题的原因在哪里，怎么让学生通过做什么和怎样做，从而克服学习的障碍，克服能力发展的障碍，达到自我发展。应当说，跟岗结束回到学校后，我依然在学习代老师的研究成果，在宣讲代老师的经典理论，并将它们借鉴运用到教育教学中。

记得有人说过这样一句话："培训是一种唤起、激发教师自我发展的愿望"。的确如此，专家的讲座、名师的讲课都让我耳目一新，他们的思想理念、知识经验、谈吐风度深深地吸引了我。他们的每一堂讲座或讲课都激起我的头脑风暴，迫使我每天都在不断地思考、理解并惊叹着。

为期二十天的培训，时间虽短，可我们几个跟岗学习的学员却印象深刻，很多人用四个字来形容这次学习的感受，那就是"受益匪浅"。通过培训，我感受到了大家的风采，体会到了教学的真谛，领悟到了人生的哲理。在新教改实施以来，我心中有许多困惑，通过这次学习，使我茅塞顿开。在这次培训中，最让我们全体学员折服的是铜仁一中老师们强烈的事业心和责任感以及敬业精神，无论是已在教育战线上辛勤耕耘了二十多载的老教师，还是刚刚走上工作岗位的年轻的新生代的讲课，既精彩又充实，这些无不让我感到由衷的钦佩。那么就让我在这里总结回顾一下我们此次学习的点滴所得。

第一，学会反思。在学习中听老师们的讲课真的感觉是一种美妙的享受，课后老师们也在讨论"反思"这个话题。我想，我每天都在工作着，有着广阔的实践基地，却很少去思考。就如同一头老牛，只知"低头拉车"，不知"抬头向前看"。这样的工作是盲目的，更是徒劳的。即使知道"抬头向前看"，却很少"回头看自己留下的脚印"是什么样的。不善于总结反思，我们即使发现问题，也懒得去分析问题、解决问题。所以，长时间以来我们只能是原地踏步。通过这段时间的学习，我深切地感受到：一名教师只有善于反思，才能在实践中发现问题、分析问题的成因，寻找解决问题的方法，才能不断超越自己，由狭隘的经验型教师成长为理性的学者型教师，才能促进学生的成长和教师的自我发展。

第二，养成经常读书的好习惯。读书的作用不言而喻，只有读书，有选择地读书，才能博识，才能在迷茫时找到方向，在痛苦时汲取力量，在浮华喧嚣中保持一份宁静。读书是提升语文教师人格魅力的最佳方式。而为师者，更肩负着提高学生语文素养的重任。所以，我们语文教师要读书，更要读与语文教学相关的书籍。我们要牢记：忙，不是不读书的理由；读书不能等，就在现在；有书相伴，是幸福，引领学生在书海中遨游更是幸福。在学习的时间里，我如饥似渴地阅读了代老师为我们准备的《致语文教师》《读书成就名师》《教育魅力》《教师专业发展的4项基本技能》《教师如何做课题》等优秀书籍，大有一种相见恨晚的感觉。

第三，教育教学理念的改变。通过对理论知识的学习，我逐步更新了教育教学观念，进一步认识到课程标准应当是一个基本标准，是绝大多数学生通过努力能够达到的；现代化的教育不是精英教育、选拔教育，其内容和要求应当是基础的、有限的和具有发展性的，不能任意扩大、拔高；学校教育不是终结性教育，其课改要给学生全面而丰富的发展留有充分的时间和空间，应有利于学生自主、多样、持续地发展。同时，我深深感到，我们只有与时俱进，恪守师德，勇于探索，敢于创新，尊重学生，具有丰富的专业知识和技能，才能成为名师。

第四，更为系统地掌握教育教学理论。对于我来说，这样的学习非常及时，平时忙于教学，很少有机会静下心来读书，来到这里聆听了几位名师的教诲，挤时间阅读了相关的专业书籍，记了厚厚的笔记，使我对教育教学的理论与方法掌握得更加系统，使我感到比原来站得高了，看得远了，有一种"天更蓝、地更绿、水更清"的感觉。短暂的二十天的学习，使我对一些教育观念的理解更加深刻；对教学理论的认识更加明晰；对开展教研活动的方式更加明确；对投身教育改革的激情更加充沛。

代老师说，跟岗只是一种手段，只是一个开端，在今后的教学中还得不断学习、探索，勤耕不辍。是啊，对于老师们给予的清泉，我要让它细水长流。我明白了，学习后有的是无尽的责任，悬历史教育之重任于肩。这次培训使我补了元气、添了灵气、去了娇气，焕发出无限生机。真正感到教育是充满智慧的事业，深刻意识到自己肩负的责任。写在纸上的是思想的足迹，化作动力的是思想的延伸，我得到的是人格的提升、生命的升华，愿这次跟岗学习成为我重新跋涉的新起点。

我走过的研修之路

——跟岗研修助我成长

贵州省铜仁市第十五中学 舒芳

2015 年 3 月 8 日至 2015 年 3 月 29 日，本人有幸作为高中语文代泽斌工作室第三期第一批学员跟随铜仁一中代泽斌老师研修学习，二十天的集中跟岗学习，我受益匪浅，收获颇多。返岗之后，我始终以高度的热情投身到研修学习之中，现就我走过的研修之路总结如下。

一、研修使我对教师的启发作用有了更为深入的认识

学生的思维是从问题的设置开始的，如果把学生的大脑比作一泓平静的池水，那么教师富有针对性和启发性的课堂提问就像投入池水中的一粒石子，可以激起学生思维的浪花，启迪学生的心扉，开拓学生的思维，使他们处于思维的最佳状态。在教学工作中，教师应当根据教学需要，从不同角度、层次和要求提出问题，引导学生思考，使其更好地理解学习内容。这样，就可以使学生在掌握知识的同时发展思维能力，提高思维的积极性、灵活性和创造性。

在语文课堂上经常可以看到教师满堂提问，学生要么不想答要么无话可答，甚至不予理睬、自顾遐想，教师只能自问自答。

在众多语文教学方法中，课堂提问的诱导启发艺术显得尤为重要，课堂提问能充分唤起学生课堂学习的兴趣，是激发学生创造性思维的良好教学手段。因此，教师怎样从学生实际出发，根据学生的知识水平与心理特点，把握教材的焦点来精心设问、发问，找出能诱发学生思维的兴趣点来问，使提问真正问到点子上。处理好在应用提问法时应注意的原则和策略，那么，就能收到事半功倍的效果，使"提问"这一课堂教学中古老而常青的方法，在语文素质教育中更充分地发挥其重要作用。

通过听取铜仁一中代泽斌、王玫君、徐银平和王加蓉等老师的专题讲座和优质课。他们睿智的思想、敏捷的思维、广阔的眼界令我折服，他们能给予学生不同方面的知识或情感刺激，真正激发学生的学习兴趣，成为

学生的良师益友。

二、研修使我对教师的有效提问有了更为深入的认识

二十天的跟岗学习，我们跟岗学员与许多名师、专家接触交流，全身心地投入到代泽斌老师为了让学员学有所得的各项活动当中。王玫君老师的"作文指导与讲评"、代泽斌老师的文言文专题复习研讨课，王加蓉老师的文言作品赏析，让我领略了他们风格各异的课堂。

在众多的观摩课、优质课、汇报课中，导师们都强调了一个核心即有效问题的设置。问题的设置必须遵循如下原则：一是概括性原则，提问是引语，不是讲授主体，语言不能烦琐冗长，要精练、概括，尽快进入新课轨道，要起到画龙点睛的作用，而不是画蛇添足，时间掌握上要恰如其分。二是趣味性原则，提问要灵活多样、巧妙新奇，语言简洁精练，生动形象，同时，要注意经常交换提问形式，学会灵活运用。三是启发性原则，提问的设计要有针对性、启发性、可接受性。"针对性"是指根据教学目的，围绕重点、难点来设计；"启发性"要能引起学生的思索；"可接受性"是指问题的设计要难易适度，切勿高不可攀或不言自明，一定要针对学生的年龄特点、心理状况、知识、能力基础以及爱好兴趣的差异程度等来设计。四是思想性原则，语文教学与育人紧密相关，为此，提问还应注意思想性，避免低级趣味。再者，根据学生的心理特点与教学内容灵活设计、巧妙运用，不能为设计而设计。

课堂教学是一个整体，提问环节是其中的一个有机组成部分，精心设计与巧妙运用提问，必须与课堂教学整体和谐，不能为了强调提问环节而忽略课堂教学整体效果。这就要求教师在提问时要精心联系教学实际来设计，力争用最少的话语、最短的时间，迅速而巧妙地缩短师生之间的距离以及学生与教材之间的距离，将学生的注意力集中到听课上来，为优化课堂教学、实现学校的培养目标而服务。

课堂提问要突出对学生思维敏锐性的培养，我们的课堂经常会出现：学生对不感兴趣的话题，在课堂上要么偷偷讲话，要么睡觉，要么呆头呆脑反应缓慢。这种学习状态反映出上课内容是枯燥乏味还是讲得过于平淡或是其他方面的问题。教师要及时调整方法及策略，否则这堂课就会以失败而告终，通常可以采用"跟随式"提问法、设疑提问法等。

古希腊哲学家亚里士多德认为："思维自疑问和惊奇开始。"提问是教师帮助学生解决问题、建构知识的方法。思维活动从问题开始，并在寻

求问题的解答中深入和发展。在上课的起始阶段，提问能把学生引入问题情境，激发其探索的欲望。在课堂教学中，提问会使学生的注意力处于高度集中的状态，同时引发进一步探索的动机。或独立思考，或相互讨论，使课堂教学秩序静中有动、动中有静，但都朝着一个共同目标驶进。良好的教学提问既是一种镇静剂，又是一股凝聚力，它能够保证教学活动的顺利进展。

三、研修使我对多读书、丰富自己的知识、提高自己的修养有了更深的认识

专家导师们的课堂和讲座，给予我专业引领和智慧启迪，给予我思想的触动和精神的洗礼，导师团队独具匠心的教学艺术让我深深地感受到，作为教师，一定要具有扎实的技术技能和深厚的文化底蕴，同时要具有丰富的教学经验，才能在教学中获得成功。

作为语文教师的我们需要的不仅仅是书本上的专业知识，更需要的是渊博的知识、教育的智慧，我们要改变的是过去的老师的形象，我们要做一个有智慧、有爱心、让自己快乐也要让学生快乐的人，要想让自己的课讲得更好，更加吸引学生，就必须提高自己的个人素质。只有课堂上的生动语言和有深度的提问才能吸引学生、激发学生的学习兴趣。只有提高自己的文学修养，才能讲出生动的一课。由此，我更加认识到必须多读书、读好书。专家导师们都读了许多课外读物来丰富自己的知识，我也从中立志要多读书来提高自己各方面的素质，努力让自己成为一名优秀的教师。

四、研修使我对教学方法的思考和探究，改变课堂，创造多彩课堂有了更深的认识

在跟岗学习期间，我总共听了二十节课，这些课一是特级教师代泽斌的示范课，二是铜仁一中高中语文组王玫君、王加蓉、罗明星等老师的课；三是跟岗学员一中周哲光、八中何淼等老师的汇报课。可以说这些课各有千秋，授课者各有特色，让我深受启发。从不同的教学设计和课堂运作中，我学到了许多技巧和智慧，因而自己的实践能力也得到了相应的提高。

教师必须在教学方面提升自己，一个优秀的教师上课不会单一，而是会有多种多样的课堂方式。只有形式多样的课堂，才能更好地吸引学生，让学生喜欢上课，从而在各个方面提高自己的水平。这就要求我们要关注学生，关注学生能学会什么，是否发展了。这也就要求我们的教学是面向全体的教学，我们的教学要采用更多的学习方法、教学方法，这里说的方法也不仅仅是单纯表面意义的活跃，而是要看课堂有没有深度，好的课堂应是有生成感、推进感的课堂，教师不仅仅准备给学生什么样的挑战，还要看学生能提升什么、突破什么。我们要使课堂变成思维的舞蹈者，同时我们还应当在科学理念的指导下改革教学方法，老的教学方面已经不能适应新的社会需求了，同时也不可能满足我们新一代的学生了，所以作为当代的老师不能只满足于目前的状态，应当从现在开始学会适应社会、适应学生。

通过这次跟岗学习，我将不断总结和反思，良好的学习态度和风气意义深刻，潜移默化地引导着学生学会做人、学会学习，比如在课前要求学生背诵古典诗词和经典的篇目。跟岗研修给我提供了一个学习平台，使得自己得以提升。在接下来的学习和工作中，我将一如既往地认真学习、努力探索，以求取得长足的进步。

风景这边独好　风中徐行

——我的跟岗研修之路

贵州省万山民族中学　杨秀华

　　当《铜仁市教育局中小学教师继续教育工程办公室文件》（铜继教办通［2016］1号）发至办公桌上，看到"关于开展代泽斌名师工作室教学研讨活动的通知"的内容时，我很自然地对参加贵州省高中语文名师工作室（代泽斌）的跟岗学习进行了回顾。两年半的时间，说长不算长，说短也不短了。但这一路走来的点点滴滴，却历历在目，如在眼前。

　　还记得2013年8月，在铜仁市骨干教师培训会上，代老师通知我将作为贵州省高中语文名师工作室（代泽斌）的学员进入工作室跟岗研修，我很兴奋也很惶恐。坦诚地说，我从来没有奢望有这样的机会得到代老师的悉心指导，代老师作为铜仁一中语文学科的带头人，不仅是铜仁语文学界的"领头羊"，也是贵州省语文教育战线的排头兵，能够近距离地获得代老师的指点、帮助，这是我作为一名高中语文教育工作者的幸运。但同时，对于进入工作室跟岗研修会对自己产生什么样的影响，研修之路怎么走，研修的结果怎么样，自己心里则忐忑不安，因为我一向对自己的教学不自信，对自己的工作不满意，为自己的发展不清晰，时时在纠结与彷徨中自责。我担心，跟岗研修结束之后，如果自己得不到应有的成长，如果完成不了工作室的学习任务，如果达不到省厅的培训要求，我将如何面对自己，怎样面对代老师，也会对不起各级领导的良苦用心和大力培养。

　　所幸自己并没有懈怠，或许正是因为有了这样的担心和渴望，所以在跟岗研修过程中，从来不敢怠慢，踏踏实实地学，认认真真地做。尽管实际跟岗只有二十天，但代老师为了跟踪和考查每个学员，把工作室成立以来的三年时间都规定为学员学习的区段，当全省其他工作室的学员跟岗研修结束而学习也随之结束后，我们工作室的所有学员还不断地接受代老师的督察，我认为我们是幸运的。特别是我，作为第一期学员，早在2014年4月就完成跟岗学习，但这之后的两年时间里，我还经常随代老师外出考察交流，时常得到代老师的指导，不断地聆听专家讲座，常常与各校同行切磋，让我有了不少收获，也让我得到不断成长。

曲指数来，已是两年半的时间。因为有了代老师的悉心指导，有了同人的热心帮助，我的跟岗研修之路走得还算顺利。在这次工作室开展总结活动的时刻，我对这一学习过程作如下小结。

一、跟岗学习过程

名师工作室于 2013 年成立，我是这一年的 11 月在铜仁市骨干教师培训会上得到通知被选入工作室学习的，而具体跟岗则是在次年的 3 月份。第一期学员 15 人，我与铜仁民族中学的张桂霞老师、松桃孟溪中学的杨春雪老师作为第二批学员同批学习，时间是 2014 年 3 月 31 日—4 月 20 日。由于我离铜仁仅半小时的车程，加上本人在校担任两个班的语文教学任务，在征得代老师的同意后，我半天时间在本校上课，另外半天赶赴铜仁一中听课。这样，两不耽误，既没影响本校的教学，又按时完成了跟岗学习任务。

跟岗虽然结束了，但代老师并没有放松对我们每个学员的跟踪考查。7 月份组织了第一期学员赴北京参加"全国名师大讲堂第三期"研讨活动，在这里聆听了柳斌、方青卓、郭永福、饶杰腾、王旭明、张世平、翟小宁、刘艳华、窦桂梅等大家的精彩讲座，感受到了名师别具一格的风采；2013 年 10 月受代老师指派，到北京参加了"全国中语会第十届年会"；2015 年 10 月，我和第三期学员杨跃还受代老师邀请，赴毕节与贵州省名师工作室（杨永忠）开展跨市跨专业名师工作室交流研讨活动，与毕节民族中学语文、物理学界的同仁开展了广泛交流。在此期间，还受大方县三中校长宣善功的邀请（宣善功也是代老师工作室的学员），我们一行又赴大方县三中访问，代老师为三中学生开展讲座，我和杨跃也各自为该校学生奉献了一堂公开课，此后还赴六盘水与贵州名师工作室（朱家彦）在六盘水一中进行工作研讨；2014 年 8 月和 2016 年 1 月，两度随代老师走访铜仁市各县区，考查各位成员和学员的工作与学习情况；从 2013 年至今，每当工作室在各县开展活动，我基本上都是参与的，先后参加了铜仁民族中学、玉屏中学、松桃盘信中学、孟溪中学、石阡华夏中学、江口中学、印江中学、万山区民族中学、思南县民族中学、铜仁一中等各种送培适教和教学交流活动。在这些活动中，我不仅结识了众多专家，也结交了许多语文界同仁，促进了我自身的成长，对我的教育教学有很大的帮助。

二、严格要求，认真学习

在跟岗研修期间，代老师对我们每个学员都提出了严格要求：一是认真及时听取铜仁一中优秀老师的授课，主动争取向年轻教师学习，不拘形式，随时推门任意听课；二是学员之间要广泛交流，包括学习、工作、交流、读书、为人等各方面，从交流中发现和吸取别人的长处；三是保质保量完成培训任务，具体说来就是听课不少于 20 节，教案设计不少于 6 节，上课不少于 2 节，另外还要上 1 节汇报课，同时要写出学习心得，整理这期间的读书笔记，培训跟岗日记也不能落下，并要完成一篇教学论文。

为了帮助每位学员快速成长，代老师向每位学员赠送了一批书籍，都是关于教师成长和名师培训的。我被深深地吸引了，不仅在培训期间认真阅读这些书籍，就是在跟岗结束之后我也还在细细咀嚼它们的精华：代老师的专著《我的风景》中那"不怕慢，就怕站"的哲言让我顿悟人生成败在于是否奋斗；铜仁一中副校长刘大春的《高中生活中的个人知识》让我切实地体悟了什么叫"积土成山，风雨兴焉，积水成渊，蛟龙生焉，积善成德，而神明自得"的道理；余映潮的《致语文教师》在身体力行的说教中，验证了"耐力也是一种智慧"；李冲锋的《教师如何做课题》，告诉我们只有在课题研究中才能有针对性地提高自己；读方贤忠的《教师专业发展的 4 项基本技能》，进一步认识了备课、说课、观课、评课在整个教学流程中的有机性和关联性；张贵勇的《读书成就名师——12 位杰出教师的故事》，道出了成为名师其实就是需要有"阅读、反思、实践"这种持之以恒的毅力的秘密。而著名教育家于漪的《教育魅力》则从使命的角度对教师工作给予了倾情的评价，让我们为身为教育人而备感自豪。

2015 年 1 月，我们第一、二期学员的研修成果《涓滴集》得以汇编成册，我不时捧读，从里边看到了自己的差距，在里边发现了其他学员的许多长处。我时常在反思，我该怎么做，才能让自己的教学有长进，才能让自己得以更快成长。代老师编著的《我们的风景》，是他所教的 2015 届部分学生从高一到高三各次写作比赛和平时优秀创作的汇集，我读进去了，因为他们优秀；我的学生也读进去了，因为它太接地气了，同龄人读同龄人的文章就是那么亲切。此后，我还经常去代老师处请教、观摩，在他那里又得到一本王开东的《深度语文》，多好的一本书啊，教学实录，反思评价，文本剖析，可以说是一本语文教学研究方面的经典著作。

三、大胆实践，寻找不足

跟岗学习期间，我不仅广泛听取了众多老师的课堂教学，也主动站在铜仁一中的讲台上，为省级示范性高中的优秀学生上课，获得了与在自己学校上课不一样的感受。

借用代老师教课的班级，我先后在铜仁一中上过两次课。一次是在高二（24）班，用两节课讲授"先秦诸子散文"中孟子的《我善养吾浩然之气》。这个班级是高二文科唯一的一个实验班，并且是代老师一手带出来的，学生素质好、学习能力强、知识掌握全面，因此上起课来感觉特别轻松，只需教师点拨，学生就能举一反三，融会贯通。另一次是在高三（17）班，讲授的是高三复习课《句子的简明、连贯、得体，鲜明、生动、准确》，尽管这个班已是高三，和高二（24）班相比，却存在一定的差距，学生的自主性弱一些，回答问题不主动、不大胆，正确率也不算太高。

反思自己平时的教学，在教学中自己讲得较多，没有能实现教师主导、学生自主的教育理念，许多时候因讲的太多而剥夺了学生自主学习的权利，打击了学生学习的积极性。

非常遗憾的是，我在上学习汇报课时出现了严重失误。汇报课安排在铜仁市民族中学，讲授孔子的《论语》第一篇《天下有道，丘不与易也》。本来很有信心上好这堂课的，因为备课比较细致，心理准备也还充分，没想到这天听课的不仅有70多位学生，还有市内各学校高中的部分语文教师，黑压压的一堂，加上自己严重感冒，所以一上课就出现高度紧张，以致授课的逻辑性大打折扣，课堂气氛也没能调动起来，甚至课堂任务都差一点儿没有完成。但正是这一节不成功的汇报课，让我看到了自己的不足：缺乏自信，缺少创新。

发现了自己的不足，在以后的教学中，我尽力放下思想包袱，以真实的自我来展示真语文的魅力，于是我在各次观摩课活动中有了新的发现，我在大方县三中的示范课获得了成功，2014届我教的学生，创造了我校文科班高考语文平均分和一本升学人数的新突破。

四、在学习中收获进步

跟岗研修是一个短暂的过程，但坚持学习是一个长期的耐力运动。只有不断地学习、不断地总结，才能收获自己的进步。在这一过程中，一篇《培训让我看见了远方》是我对跟岗学习的深切体会，《从人物描写看〈水浒〉

的创作思想》在《吉首大学》学报第 35 卷第 1 期发表，《曲径通幽，殊途同归——〈岳阳楼记〉和〈醉翁亭记〉比较阅读》于 2014 年 8 月发表于《铜仁日报》，《基层教师也能参加中语年会》是我参加第十届中语年会的学习心得，《十月西行》则是我毕节之行的收获，发表在《万山红》上。

在教学中，我也有了一定的进步。除了 2014 届学生的高考成绩有所提升外，现在所带的两个班级，学生也明显比较喜欢语文课，我想学生之所以如此，不仅是教师人格的魅力，也是教师学识的影响。在我的指导下，创办了我校第一个文学社团"青果文学社"，并先后编辑出版了两期"青苑"社刊。

五、任重道远，坚定前行

在工作室的学习算是告一段落，但学习永远没有结束，我要感谢"贵州省名师工作室（代泽斌）"这个平台，在这里，我收获了友谊，收获了进步，收获了自信；拜了良师，交了益友，拓展了视野，发现了不足：我不虚此行。

同时我也知道，这次跟岗研修，仅仅是一次机会，是一个交流平台。名师培训只是一个起点，要想成长为名师，任重而道远。在今后的工作中，我将随时向同行学习，向学生学习，向知识问道，向真理迈进。

漫漫研修之路

贵州省铜仁市第八中学 侯胜红

（一）

对于教学，我的热情由来已久，记得还是读高中一年级的时候，有一次，语文老师课后布置一项作业，要我们几个语文成绩稍好的同学下去准备一节课，然后推荐一个准备得较好的同学上一节课，并且是上一节古文课。

接到这项任务后，好几个晚上我都兴奋得睡不着觉，脑子里满是上课的准备情形，怎样导入课文，怎样调动同学们的情绪，怎样把问题讲通、讲透。预设同学们可能会提的问题，想好作答的答案。答案也不能是白话文，而应用文言文来作答。

有时候，半夜睡不着，就干脆起来，摸着黑点亮了煤油灯。那时候山村的电灯是限时供电的，一到了十一点，整个小村便一片漆黑。夜，静悄悄的，偶尔有几声狗吠的声音传来，接着便是幽幽的沉寂。蟋蟀的恋语好像总有说不完的话，而纺织娘的弹唱刚结束了一支乐曲，停顿还没有片刻，便又演奏起另一首乐曲，说不清楚是 C 大调还是小夜曲，反正，那是一种带着狂热，同时又不乏痴迷的夜曲。这令我差点儿沉迷于其中，精神也随之徜徉得很远很远，渐渐地，精神恍惚了，干涩的眼皮也逐渐显得沉重，于是，整个夜色朦胧了……

但是，"于是余有叹焉，古人之观于天地、山川、草木、虫鱼、鸟兽，往往有得……"正当我即将要融入这幽暗的夜色之中时，一个声音又把我叫醒，对语文的热情又把我拖回煤油灯前。于是，如何开头，如何继续，怎样提问，怎样作答之类的问题便又从头到尾重新再构思一遍，其实对于这样的构思已不下十遍，可总觉得还是不够，生怕哪一处想得不够周到。有时，感觉已经考虑得很详细、很周到了，可第二天早上再在脑中过一遍，坏了，还是觉得不行，还是觉得不那么周到，还得再来一遍。

我们足足准备了一个多月，在这一个多月中，我们每天读古文，看古文，连写文章也用古文了，就差说话没有用"之乎者也"之类的文言了。

而当我们辛辛苦苦地准备了一个多月后，临到快要上古文了，老师病了，并且，比较严重，住了院。我们的语文老师也换了人。自然，那上课的事，便泡了汤。我们内心有十万个不愿意，多么想能够上一节课啊，那种渴望无以言表。

这可能是我生平第一次对教学的设想与构思，在那个时期，我好羡慕老师，羡慕老师的潇洒，羡慕老师的游刃有余。也许，从那时，我就做起了老师梦。只觉得老师是令人艳羡的职业，却并不去多想它的清贫。

（二）

后来，我如愿以偿地当上了老师，并且又回到山村教初中，只不过，山村还是那山村，但是地点不同，比以前更偏僻、更荒凉了。每个月68元5角的工资，除了买油盐柴米蔬菜之类的生活必需品，便剩不了什么钱了。但不管怎样，宁可抽2角5分钱一包的香烟，也一定要留下些钱来，去一趟县城的书店，买上几本有关于教学的书。订阅几本教学参考类的杂志。虽然生活很清苦，虽然环境很荒凉。

学校是建在一个小山坡上的。周围是农田，一条小溪半环绕着学校缓缓流淌。那些农田到了夏天便一片葱绿，与学校环绕的绿树相应衬。的确是满眼绿意，一阵风吹过，田里的禾苗荡起层层绿波，而校园的绿树也沙沙作响。那风中，透着禾苗与青草的香味，同时，还夹杂着丝丝柔爽的水汽。如果你是偶尔来此观光的话，那绝对感到的是一种舒适与惬意。可是，如果让你长期在这里生活的话，感觉又会不同。这里的风很大，特别是冬天，那风便没遮没拦地从那边山坳直刮过来，横冲直撞。风与砖墙上的缝隙一交合，便发出"呜……"的鸣叫声，低矮宿舍的顶篷，是用竹席铺就钉成的，风能钻进屋来。在竹席的顶篷上穿梭，动作大了，便弄得竹席"砰砰"作响。有时候，它能将人硬生生地从睡梦中惊醒。本来就不厚的棉被，再加上已铺盖了多年，早已板结，在这样的寒风中，我终于体会到那"布衾多年冷似铁"的滋味。有时，半夜里被寒风拽醒，窗外是呜呜的风声，风声之中还杂着不远处山林之中枭鸟的凄厉的叫声，身子在被褥之下都铁一般的冰冷。那滋味，又岂能只是"艰苦"二字所能涵盖得了的？

虽然生活艰苦，但我的教学热情却不减。虽然学生的语文基础很差，但我相信，只要我们师生共同努力，这群连汉语都说不好的苗家的孩子是有希望学好语文的。于是，我的课余时间，大部分交给了研究怎样帮助这帮孩子学好课文上来。这帮在大山里长大的孩子，虽说已上到了初中，可他们许多连汉语都说不流利。有几个同学，上课回答问题，开始是低着头闷声不语，后来没办法，只能用生硬的汉语夹杂着苗语共同表达，闹得哄堂大笑。同学们笑，他自己也笑。他也是实在没办法，小学时，老师用的是双语进行教学，即一边用苗语，一边用汉语。平时同学们都是用苗语进行交流，甚至连上其他课时，他们也用苗语进行交流。我们学校的苗族老师很多，而像我这样的汉族老师，则成了这里的少数民族了。如何改变这种现状，提高学生的语文成绩呢？为此，我进行了深入的探讨与研究。我先从每堂课的教学语言做起，除了教师使用普通话教学外，学生回答问题也要求必须用普通话。然后，我又从语文活动做起，每学期都在班级开展讲故事比赛、朗诵赛、演讲赛等语文活动，还组织了好几个语文课外活动学习小组，让学生们在活动中学会表达、爱上表达。不仅如此，为了让学生们爱上语文，使每一节语文课都能成为生动的课，我常常利用课余时间深研教材，探讨教学之路。

也算是皇天不负苦心人。这一届下来，中考的时候，我所带的这个班还取得了不错的成绩，学生们、老师们也都对我刮目相看，那一届毕业后，学校领导就直接让我连续带了两届的初三毕业班，直到我调出那一所学校。

（三）

我由衷地感激代泽斌老师。

长期在农村中学教书，长期的单打独斗，让那个曾经充满理想的毛头小子逐渐感受到了现实的骨感。我虽然热爱教学、钻研教学，深受学生喜爱，但却不曾改变什么。二十多年来，我不曾改变什么。只不过从一所农村中学改变到了另一所农村中学；只不过岁月的锉刀在脸上镌刻下了许多抹不掉的印迹；只不过那满头的青丝禁不住粉笔尘灰的渐染，慢慢地，先是白了鬓角，然后一点一点再白了开去，就连那焗发用的油膏，再也难以掩盖住那固执的白。二十多年来，岁月磨掉了我众多的棱角，也磨灭了那曾经不服输的锐气。偏僻的村庄造就了我的孤陋寡闻与狂妄自大。于是，我就在这孤陋寡闻与狂妄自大中消磨了自己的理想与激情，直到遇到代泽斌老师。

我是在一个同事的介绍下加入代泽斌名师工作室，成为名师工作室的学员的。之前，听同事介绍，代老师是铜仁一中的语文教师、贵州省特级教师，他的教学成绩相当牛。于是，我怀着敬意，试着递交了申请，没想到很快便得到了回复。

代老师是一个和蔼可亲的人。他是导师，可是从来不摆导师的架子，每一次见面，他总会含着笑迎上来跟我们握手。那种亲切，从那浓浓的热情中你便可感觉得到，我们几个学员深受感动。

代老师也很谦虚。他基本上年年带高三的语文，而且，每年他所带的班级的语文成绩，在铜仁一中同类班级的成绩评比中，总是名列前茅，并且，有时还会超出好几分，可他总说自己没什么本事。他总对我们说："只要你们多用心，多努力，成为名师并不是困难的。你们听我的课之后，你们就能感受到，像我这样的人尚且能成为名师，而要超越我那岂不容易？"他总是这么谦虚！毕竟，铜仁一中是省级示范性高中，贵州省重点中学，哪一个学科不是高手如云？他的教学成绩硬生生地要在同阶层中名列前茅，那是谈何容易的事！更何况有时还要超出好几分呢？那已不是一般的高手，而是高手中的高手了。不过，他比一般的高手更谦虚，比一般的高手更会鼓励人。也许正是如此，铜仁一中的许多语文老师也甘愿放弃自己高手的架子，拜于代老师的门下，成为他的名师工作室的学员。不仅如此，正因为他有不同凡响的人格魅力和丰硕的科研与教学成果，所以，他的名师工作室的学员远不仅仅限于铜仁市范围的语文老师，而且还有来自于凯里、毕节、清镇和省城贵阳等地的学员。老师不仅做到了墙内开花墙内香，而且还做到了墙内开花墙外香！

代老师对我们的研修既有宽松的一面，也有严格的一面。在名师工作室学习期间，既有跟岗学习的时间，也有学员互助、自主研修的时间。跟岗学习期间，学员可以选择多位导师进行学习，而学员互助、自主研修，看似自由了许多，可实际上，老师会布置很多作业，时时监控，确保学员自主学习而不散漫。老师时常要求学员多读书、多写作。他总说："我们老师教了那么多年的书，积累的经验不可谓不多。如果能把这些经验进行提炼、加工，也许就能成为一篇很好的论文。可是，我们很多老师平常总是疏于动笔，结果，再好的经验只能烂在自己的肚子里，而成不了论文，于教学不能产生影响。事实上，很多名家之所以能成为名家就在于肯多想、多写。"老师对学员第一个要求就是多读书、多动笔。记得刚到名师工作室报到时，老师就给每一个学员发了一个学习包，包里是一大摞学习材料。有教育名家的著作，也有代老师自己的著作；有提升教育理论水平论著，也有教人如何写论文的教程。代老师的良苦用心，可窥一斑！

代老师经常为我们主持开展多项活动，让学员在活动中锻炼，在活动中成长。他经常组织我们开展送课下乡、学员研修汇报等活动。每一次活动，老师都会有明确的目的和要求。例如，2015年4月的一次送课下乡活动，就充分体现出这样的特点。

2015年4月14日，在代老师的带领下，我们名师工作室铜仁城区的学员们，来到玉屏县民族中学开展送课下乡活动，活动由铜仁名师工作室的学员铜仁一中的周哲光老师和铜仁四中的舒芳老师各上一节课，采用的是同课异构的方式，课题为《春夜宴从弟桃花园序》。学生为玉屏中学同一层级的两个班的学生。两位老师，分别从自己选定的角度执教同一篇课文。两种课型，两种风格。铜仁一中周哲光的课，很大气，拓展延伸得很宽，放得开，也收得拢。而铜仁四中舒芳老师的课，比较注重学生的基础，扎实而落到实处。在议课环节，代老师反复强调，现在我们要由以前的听课评课而改换成观摩课。名称发生了变化，那么意义自然也要发生变化。过去的听课评课，有听取和评价之意，有居高临下之感，而今改为观摩课，则要有欣赏与讨论之意。欣赏别人的课堂艺术，共同讨论课堂中存在的优点与不足，共同讨论同一问题不同的表达方式及其效果。这样，就拉近了授课者与观课者之间的距离，改变了过去的指指点点为共同探讨议论。老师要求，议课者，不能只是单纯地提出授课者的不足，而应从授课者的角度去探讨这样的授课方法能否还可改进？去探讨这种鉴赏方式是否可行。这样，授课者谈自己的设想，处理课堂的方法，观课的人谈自己的感受、自己的看法，甚至提出不同的主张。在代老师的指导下，我们名师工作室的学员与玉屏中学的老师们一起，对两位老师的课进行了热烈的讨论。方式变了，讨论的方向也变了，让每个讨论者都在讨论中设身处地去设想自己在上这一节课时应当如何做。这样，更能让观课的老师通过自己的观课进而检查自己的教学。这既是议的过程，也是提升自己教学能力的过程。通过这样的观摩课，我们的教学能力得到了提高。

（四）

2015年6月28—29日两天，我们一行在代泽斌老师的带领下，前往上海市嘉定区参加"真语文活动系列之七——全国语文名师成长大课堂"学习活动。活动虽然只是短短的两天，但是，每天聆听专家教授的谆谆教诲，顿觉茅塞顿开、受益匪浅。之前的自己，仿佛是只迷失了方向的小船，突然间看到了希望的灯塔，那种欣喜若狂之情，是难以用语言来描述的。之前对语文教学的种种疑虑、对语文教学的各种担忧以及内心的那些莫名苦闷，都得以迎刃而解，暂时抛却。内心更坚定抱定宗旨：简简单单，教真语文。抛掉花哨的教学模式，回归语文教学的本真，让自己在真语文教学的道路上坚定地走下去。

28日上午，我们有幸聆听了语文大师钱梦龙老师的演讲，观摩了真语文大师贾志敏老师的一堂作文课。

钱老八十六岁高龄了，仍然精神矍铄，对真语文抱着莫大的热情。他对那些形形色色的假语文教学报以极度的愤慨与蔑视，对假语文教学进行了尖锐的批判，他以《简简单单教语文》为题的演讲，深入浅出、语重心长地教育我们后辈，语文教学要回归语文教学的本真，要以学生为主体，要着力培养和提高学生的语文素养，不要仅仅停留在语文的工具性与人文性的争论上，做无谓的纠缠。他语言幽默，妙语连珠，不时激起听众阵阵会心的笑声，让人不得不佩服钱老语文功底的深厚。他对我的影响力是强大的，我相信，在我未来的语文教学中，钱老的精神一定会成为一个高高的标杆，矗立在我教育教学的追梦之路上，成为我一生追求的目标。钱老的演讲字字珠玑，能穿越时空，透人心脾，直达人的灵魂深处，一场演讲下来，让人感觉不到时间的流逝，仿佛仅仅只在一瞬间，演讲便结束了，让人意犹未尽。多想能够再把这时间的长度和宽度延长增加一些，让自己的心灵与高贵的思想和闪耀的灵魂有激烈的碰撞和亲密的接触，让自己如坐春风之中。但，我知道这是怎样的极度自私，钱老毕竟八十六岁高龄了，一场演讲下来，就是近两个小时，这是多么难能可贵啊！

贾志敏老师的作文课让人眼前一亮，原来真语文的"真"就应该这样，你看他将几句的看图写话，引导学生扩充为一篇生动形象的大作文。没有任何虚空的花架子，有的只是循循善诱，有的只是方法指导，有的只是鼓励与鞭策。短短的一堂课结束了，学生就已经掌握了作文写人记事的方法，学生就已经掌握了作文应当怎样写才生动、形象。难怪有专家和老师感叹道：多想一下回到小学时代，成为贾老师的学生！

贾老师的"真"，还表现在他对学生真诚的爱上，学生答得很优秀，可以得到老师的奖励；学生回答得粗线条，不够细腻，则会得到老师悉心的指导，如果学生回答的仅仅是对别人答案的简单重复，则会得到老师严格的鞭策。贾老师的"真"，更表现在他对语文情怀的真诚上。贾老师已经七十多岁了，并且身患癌症多年，病魔已经将他的眼睛摧残得近乎看不见了。可是，对语文的真情怀使他放不下对语文教学的热爱，他不顾病痛，以顽强的毅力与癌症作生死之斗，这是怎样的一种伟大啊！你看他虽身形极度消瘦，可精神却异常饱满，上课时的那种亲和力、那种感染力呀，怕只有像贾老师这样具有高尚品格的语文教学的大师才能具有！贾老师是我们后学者一生学习的榜样！

之后，我们聆听了华东师范大学周宏教授、上海师范大学郑桂华教授、上海大学李白坚教授等专家学者们的专题讲座，观摩了他们的教学课例。通过学习，拓宽了我们的语文教学视野，增加了我们的语文知识，提高了我们的理论水平，提升了我们的教学能力，使我们感受到了真语文的无穷魅力。同时，也坚定了我们朝着真语文方向更加努力的信心！我一定在今后的语文教学工作中，以钱老、贾老的精神为指引，沿着真语文之路，坚定地走下去！

研修之路固然漫长，但回想起来，之前自己仿佛总是在黑暗中摸索，没有方向。宛如一只无头的苍蝇四处乱撞，四处碰壁，虽耗磨了自己的青春，却看不到一丝的希望，找不到出路。直到遇到代泽斌老师，我才依稀看到了希望，我要说，我感谢代老师！

名师相伴　助我成长

贵州省玉屏民族中学　潘志

身为一名高中语文教师，似乎一直以来我与"学习"朝夕相伴。然而，在十几年如一日的备课、教学、批阅中我却与"学习"渐行渐远。看似忙碌充实，实际缺乏时间继续学习、思考，于是我渐渐安于"维持"现状，失去了最初的激情动力与源泉，这与"源之不深而欲其流之长"的愚者何异？因而，我日渐体会到教学应不断突破固有"习惯"，唯有注入"活水"，方能不竭。

2014年4月，我很幸运地加入了"贵州省高中语文代泽斌名师工作室"，时间在繁忙和有序中悄然而过，虽然在名师工作室为期20天的跟岗学习早已结束，但我深知，新的学习才刚刚开始。回顾自己加入工作室学习的点滴，我时刻感受到加入这个集体给我带来的欢乐与收获，也让我在这个团队中在名师们的悉心指导下一步步得到成长。

一、加强理论学习，提升专业素养

记得刚刚报到学习的第一天，代泽斌老师在发放相关教学资料时，还给了我们学员一摞厚厚的专业发展书籍，并语重心长地告诫我们：教师的教学要走向成熟，教育教研能力想要得到提升，是需要加强个人教学理论学习与积淀的，希望每个学员在教学之余能够多看书、多学习，加快自身的成长步伐。

代老师的话点燃了我理论学习的热情，让我反思自己的过去。长期以来，我对理论学习重要性的认识还不够，认为教学主要就是研读教材，上好课就可以了。认为理论学习对工作实践没有什么帮助，作用不大，因而在日常工作中缺乏理论学习的动力。通过跟岗研修期间学员向老师请教、学员与学员交流、学员个人自修的多种形式进行理论学习，我越来越明显地感觉到教育理论现在已经走过了简单、片面、零碎的经验水平阶段，具有较为严谨的科学理论体系。它是许许多多教育理论和实践工作者用智慧和汗水共同浇铸的宏伟大厦，集中反映了当代教育发展的最高水平，体现了时代精神。不断地学习将大大提升我的教育教研能力，提高工作热情和自信，搞好教育教学工作。

二、加强听课、上课，不断增长智慧

在名师工作室学习期间，我有幸聆听了几位专家老师的课。各位老师的课就像丰盛的大餐，让我回味无穷：代泽斌老师对课文内容独特的处理方式，使我明白了"教无定法"的道理；郑孝红老师自然的导入，信手拈来，凸显了他扎实的教学功底；成勇老师巧妙利用手中的教学资源来实现课堂教学效果的最优化，让我耳目一新；王玫君老师的充满激情，具有较强感染力的课堂令我久久难忘。总之，这些老师的驾驭课堂教学的能力使我大开眼界，也深深感到了自己在课堂教学中的青涩与不足。

为了上好学习期间的研修课，我从备课开始，就不断向其他老师请教，听取其他老师的建议，不断对自己的教学设计进行调整，还在课余时间与学生进行交流，了解他们在学习中的一些困惑，希望能使自己的备课呈现动态的特点，将学情摸清、备足，让每堂课都能有所得。在准备汇报课时，因为是一节选修教材的作文课，自己心里也没底，看到我的紧张，代泽斌老师除了在上课方面给予了我很多帮助外，还用他的鼓励支持着我，虽然最后汇报课还存在很多不足，但就我自己来说，二十几天的跟岗学习已经让我受益匪浅。无论是在教育理念上的更新，还是在具体课堂教学中的进步成长，我欣喜地发现加入工作室，为我几近枯竭的教育教学注入了新的能量。

跟岗研修结束后，我重新以饱满的热情投入到日常教学中，结合自己的课堂教学模式，认真钻研教材，潜心研究教法，分析教材的重点、难点，认真备好每一堂课。在课堂上，我能运用先进的教学理念开展教学，重视调动每位学生的学习积极性，体现学生的主体地位。重视对学生的引导，教会学生学习策略，减轻学生的学习负担，并注重培养学生的创新精神和实践能力，体现出教师的指导作用。我以自己对学生的尊重和对工作的认真负责，赢得了身边老师和学生的信任。

三、名师专业引领，助我快速成长

名师工作室为我的专业成长提供了机会和平台。在名师工作室的引领下，我获得了不断前进的动力，从更大程度上激发了自己的潜力，在进入工作室学习以来的这半年多时间里，我由以前懒于总结整理到现在勤于发现总结，不断学习、反思，让自己在一定程度上得到了提高。同时作为一名市级骨干教师，我深知自己肩上的担子很重，师德要模范、班级管理要优秀、教育教学成绩要突出……在不断地学习当中，我时刻感到自己的不足。因此，我积极利用空余时间阅读学习先进经验和新的教育理念，不断充实自己，以便更好地进行教育教学实践。

跟岗研修期间，我积极参与各类教研活动：上课、评卷、听课、评课、听讲座。2014 年 4 月，与代泽斌老师一行赴万山民族中学，为高三毕业班举办了两节高考语文复习备考讲座；在玉屏县教育局的组织下，后来在玉屏民族中学为全县高中语文教师呈现了一堂《合欢树》县级示范课；让我印象尤其深刻的是，5 月 4 日，在德江县团委的力邀下，我跟随代泽斌老师来到了德江县，聆听了代老师为德江一中、二中高中所作的题为《在乎自己定慷慨——与德江 2014 届高三学生共勉》的专题讲座。代老师针对高三学生临考前存在的心理压力问题，做了有效的心理疏导，并对语文学科的备考进行了指导。一天下来，四场讲座，场场爆满，代老师精彩的讲座得到了听讲师生们的一致好评。从代老师身上，我看到了作为老师的人格魅力和价值之所在，这一切都成了激励我不断前行的动力。

近三年来，除了跟岗研修期间得到工作室各位专家老师的指导外，跟岗结束回到所在学校，因为我校郑孝红老师也是工作室成员之一，更是在日常教学中得到了郑老师的不断指点，他在繁忙的工作中多次抽出时间听我的课，对我进行专业指导。大到一节课怎样设计课堂更高效，小到课堂中一句话的语文术语、教学 PPT 的准备及使用等课堂细节，使我一步一步在课堂教学中成长起来。

四、不断加强学习，确定努力方向

一直以来，我在教学实践中不断反思、不断总结，并找出自己的不足，明确未来努力的方向。

1. 提高课堂实效性，向 45 分钟的课堂教学要效率

在整个教学过程中，无论作为施教者的教师，还是作为受教者的学生，哪个环节是至关重要的呢？我想一直战斗在教学一线的教师都能准确地回答出，那就是课堂教学的 45 分钟。因为课堂教学是整个教学工作的中心环节，是实施素质教育的主要渠道。而且通过实践证明，学生之间学习成绩的差距，首先是在课堂听课效率上拉开距离的。因此，如何有效地利用

课堂教学时间，如何尽可能地提高学生的学习兴趣和学习效率；探讨课堂教学的有效性，探讨有效的课堂模式，将成为我今后能力的目标和追求。

2. 多总结，加强反思，将工作中的经验形成文字，提高教研科研能力

过去我们常说："要给学生一杯水，老师就要准备一桶水。"现在老师只有一桶水已经远远满足不了学生的要求，而且这桶水是不是已经过了"保鲜期"还值得考虑。因此，"一桶水"应改为"长流水"。作为教师，我不能再像以前那样，"我教你学"，而应是"你学我导"，有时还要共同探讨、教学相长。想要懂得教育规律，提高教育理论水平，更好地从事教育工作，就需要了解教育发展的趋势，不断更新教育观念，改进自己的教育工作。转变教师的角色，是教师从"经验型"转向"科研型"，从教书匠转向"学者型"的必要途径。作为一线教师，我有许多鲜活的教学案例，在教学中想要不断进步，就要加强学习、不断反思、注重总结，将零星的教育体悟上升到理论高度，促使自己不断提高。

3. 多学习、多交流，提高自身素质，增强业务能力

现在，终身学习已成为 21 世纪衡量一个社会文明程度的尺度和评价一个国家健康发展的标志。现代社会，是知识经济的时代，信息涌流令人眼花缭乱。有些教师毫无思想准备，也无应对之策，茫然不知所措，只好随波逐流，混天度日；有些教师知识老化，观念陈旧，反应滞后，不能及时"接轨"时代，虽然年纪轻，却被自己淘汰了。学习是无止境的，即使有很高学历的人，也需要不断地"充电"。因为一个人的知识能量总是在不断地释放和消耗，因而也必须不断地补充和储备。我在今后的学习生活中，还要不断加强学习，增进交流，使自己随时保持"活水不断、常流不绝"。

能有机会参加工作室是我的幸运，来到这里，通过学习，我深深体会到"学然后知不足"。通过反思，我发现想成为一名专业化的研究型教师还有很多路要走。"让学习成为自己的习惯"是我下一阶段的目标，只有做学习型的教师，才能不断超越自我，使自己的工作更扎实、更有效、更完善、更优秀，从而逐步实现人生的价值。未来我将更加严格要求自己，努力工作，发扬优点，弥补不足，开拓进取，多向专家老师们学习、多与学员们交流、多加强自我学习。我将用我的实际行动尽职尽责地做好工作，成为一名优秀的学员。

虽然短短二十天的跟岗研修已经结束，但因为有名师相伴、相携，我深知新的学习才刚刚开始。但正如代泽斌老师所说的"不怕慢，就怕站！"我相信，只要努力，就会迎来不断的自我成长！

岁月如歌，不虚此行

——我走过的研修之路

贵州省万山区民族中学 吴新平

跟岗学习阶段，我站在蜚声全国的黔东名校的校园里，感受着开阔的空间带来开阔的眼界，心旷神怡，思潮澎湃。面对铜仁一中师生高昂的斗志，工作室主持人代泽斌老师的名家风采，铜仁一中名师的热情帮扶，无不让我感叹自己的幸运。人生往往需要一个机会，我庆幸自己可以跻身于代泽斌老师名师工作室学员之列，与铜仁一中优秀教师，同期学员近距离谈教学、谈感想、谈学习，我仿佛此刻正站在新的征程中，蓄势待发。

一晃眼，二十天过去了，一转身近两年过去了，可是 2014 年 4 月 20 日至 5 月 10 日这短短的二十天，我经历了前所未有的高强度学习，分享了铜仁一中的优质教学资源。全身心地投入到代老师精心安排的各项学习活动中，感受名校沐化，却仿佛发生在昨天。

跟岗学习内容丰富，形式多样，虽苦犹乐。

跟岗研修结束，这不是终点，而是新的起点。

回顾培训的日子，零距离地聆听代老师的讲座，学习他的教学智慧，犹如醍醐灌顶，受益终生，它将长时间影响和激励我努力前行。

一、感激

代老师把我们同期学员的食宿安排得周到贴心，工作室的阙万松老师也为我们跟岗培训做了大量工作。进入名师工作室第一天，代老师就对每个学员提出了严格要求：一是认真及时听取铜仁一中优秀老师的授课，主动争取向老师学习；二是学员之间要广泛交流、学习、工作、培训、读书、为人等各方面，从交流中发现和吸取别人的长处；三是保质保量完成培训任务，达到研修培训的目的，具体说来就是听课不少于 20 节，上课不少于 2 节，另外还要上一节汇报课，教案设计不少于 6 节同时要写出培训学习心得，整理研修期间的读书笔记，跟岗培训日记也不能落下，并要完成 2 篇教学反思、1 篇教学论文。

　　为了帮助学员快速成长，代老师还赠送了我们一批书，都是关于教师成长和名师培训的。代老师尽管很忙，但却安排我作为他的培训对象，真是三生有幸，20余节常态课，其渊博的学识、过人的涵养皆令人折服。其和蔼的面容、亲切的言语，让我真正感到了他的人格魅力。

　　跟岗培训的内容，有教学技能方面的培养，有开阔视野的参观学习，有理论学习的讲座，有教学方面的反思评课等，这些培训内容非常系统，对于我们这些偏僻学校的老师来说，既前沿又实用。20天一晃而过，我感触很多，言语已无法表达，更多的是留恋和感激，感谢代老师，感谢铜仁一中指导过我们的所有老师。

二、自身的进步

　　回想起来跟岗培训之前，我在原单位的工作都是按部就班，非常有规律，工作压力都不大，学习理论的热情也不高。但来到代老师的工作室后，一直到现在，每天的工作都安排得满满的，这一学年来，学校安排了坐班，从早上7∶00到晚上10∶00（除中午两小时休息），几乎都是工作学习时间，有时备课，有时写反思，有时读书，有时查阅资料，有时和办公室的同事交流等，收获颇丰。

　　——我在工作之余阅读了余文森老师的《有效教学的实践与反思》，于漪老师的《致语文老师》，通过阅读和吸纳，进一步充实了自己，拓展了视野，让自己学会站在理论的高度思考教学，去体会耐力是一种智慧，提高了自身的教学素养。

　　——捧读了于漪老师的教育专著《于漪语文教育论集》，触动很大，于老师在论著中主张：语文教学一要挖掘文章内在的思想性，揭示其蕴含的深意；二要重锤敲打关键词句，使它们发出耀眼的火花；三要变换提问的角度，选择最佳入口处，激发学生的感情，这几点主张，从理论上给了我很大的启发，使我在语文教学中，不再是盲人摸象。

　　——这一阶段，我反复阅读了代老师的《我的风景》及《我们的风景》（学生作品），细细咀嚼，"不怕慢，就怕站"的哲言让我顿悟人生成败在于奋斗，"生活不因你有良好意愿而不出现逆风骤雨；也不因几个丑陋的灵魂的消逝而变得和善温存些，生活就是硬生生地活。用心教书，是在教心，是在自我反思与进步。"这些智慧之语，让我钦佩，还有代老师编辑的学生作品《我们的风景》，我反复阅读、反复深思——什么是语文？什么是教师？为什么要做语文教师？在这里我从行动中找到了答案。

三、在参照中找寻努力的方向

大海没有舵手无法航行，万物没有太阳无以生存，而我已经走进了代老师的名师工作室，已成为名师府下的一株小草，在这大地回暖的季节里，和煦的三月和吹面不寒的春风，让我看到了阳光，有了成长土壤，按照工作室的宗旨，明确了自己努力的方向。

①加强学习，加强自身基本功的训练，课堂上做到少教多学，精讲善练，注重对学生能力的培养。

②在教学中积极反思，从反思中认识自己的不足，及时总结，加强反思的能力，将平时积累的经验、有价值的思考及时记录下来，以便更快地提升自己。

③多一些敬业精神，对成绩并不优异的学生多些关心，多点爱心，再多一些耐心，以欣赏的目光看待每一个学生，以舒展的心灵引导学生，引导学生在知识的天空里翱翔。

④多一点变通，教学方法多样化，以学生为主体，促进学生个性化发展。

⑤在教学上下功夫，努力使自己任教的班级学生的成绩在原有的基础上有更大的进步。

⑥多读书，多思考，永远做一个读书人，以此自勉。

代老师名师工作室不仅为我们提供了提高自身素质的空间，也成为我们互相学习、互相促进的大家园，在这个"心中有你，心中有我，你我共生共荣，共同发展，共同进步"的大家园里，我们找到了自己前行的方向；在这个大家园里，我们体会到了互助共进的热情；在这个大家园里我们更领略了名师的风采。"扬帆起航，路就在脚下。"跟岗研修培训虽然早已结束了，但是我们的学习工作永远在路上，我们将严格要求自己，脚踏实地，努力工作，力争成为代老师名师工作室的合格学员。

亲近一种新的思想，走向一种新的高度，人生需要一种追求，更需要一种精神，我愿追寻着名师的足迹，一如既往地在书山上攀登，无怨无悔地在教海中泛舟。岁月如歌，不虚此行！

革新教育理念　改进教学方法

——代泽斌名师工作室学员跟岗研修之路

贵州省铜仁市第一中学　田红卫

2015年3月29日，在代泽斌老师的召集下，我正式参加代泽斌名师工作室跟岗研修培训学习。下面对跟岗研修的进程和总的学习感受作出整理，以供同仁探讨和指正。

一、具体跟岗进程和感受

代泽斌老师首先安排了20天跟岗学习中的任务和目标，培训流程包括参加培训，观课议课，学员汇报课。代老师还要求我们阅读大量教育教学方面的著作，有《教育魅力》《读书成就名师》《致语文教师》《教师专业发展的4项基本技能》等等。代老师强调要注重理论知识的落实，理论是指导实践的快捷途径。代老师又强调了这次活动的重要性，叮嘱我们认真对待。

4月1日上午，我在铜中新校区听了成勇老师的一节课《祭十二郎文》，这节课使我受益匪浅，成勇老师以其浑厚而富有情感的朗诵，打动了在场的所有人，一篇感人肺腑的祭文，情感自然流露在人们面前。成勇老师发散式的阐述，将文本和生活实际紧密结合在一起，并举了自己的亲身经历和失去同胞兄弟的痛苦，使学生在情感的陶冶中受到教育。

4月6日上午，我在铜中新校区听了王加蓉老师的一节课《种树郭橐驼传》，王加蓉老师业务水平扎实，对古汉语知识有着深入的研究。一节课知识点环环相扣，将人物传记的特点和风格展现在学生的面前，学生在掌握知识点的同时又明白了许多做人的道理。

4月8日上午，我在铜中新校区听了李龙兵老师的一节课杜甫的《秋兴八首》其一，李龙兵老师注重新课程理念的贯彻和落实，真正做到了一堂课以学生为主体、教师为主导的新模式。学生在自主探究中得到成长，李老师四两拨千斤的点拨，更使学生醍醐灌顶、受益匪浅。

4月9日上午，我在新校区高二（22）班上了一节汇报课——《庖丁解牛》，得到了代老师和其他名师的指点，受益匪浅。

4月14日，我们学校一行五人（代泽斌、李龙兵、田红卫、黄于兰、周哲光）与代老师所带领的名师工作室其他成员一起来到了玉屏中学，参加玉屏县教育局组织的高中语文有效课堂学科培训，并听取了周哲光老师承担的一节示范课《春夜宴从弟桃花园序》。课后，由玉屏教研室杨主任组织观课议课活动。在议课中，各位老师各抒己见，分别对上课内容、上课效果进行了深入探讨，并提出了宝贵意见。通过活动，我们认识到：一是议课的重要性；二是语文的价值要注意培养学生的情感、价值观，同时也要注重学生的基础，要迎接高考的挑战；三是要注意对学情的了解，因材施教，拉近师生之间的距离。通过这次观课和议课，我深感教育教学研究的重要性，在语文教学的路上我还得继续努力。代主任最后总结了这次活动的意义，并虔诚地发表感言："在教育的柔波里，我甘愿做一条水草。"

二、跟岗后的集中感悟

为期三周的跟岗研修学习中，我除了上面零星的感受，更有下面集中的体悟，现整理出来供同仁参考。

1. 尝试多种教学方法，创造多彩课堂

作为一名高中语文教师就必须在各个方面提高自己，尤其是在教学方面，一个优秀的教师不是上课单一，而是要有多种多样的课堂方式。只有形式多样的课堂，才能更好地吸引学生，让学生喜欢上课，从而在各个方面提高自己的水平。代老师曾说：一堂课下来，教师一定要明白在教学生什么，学生发展了没有，改变了没有，学生走出教室与走进教室有无变化。这就要求我们教师在备课的时候绝对不仅是在备教材，更多的是要关注学生，关注学生能学会什么，是否发展了。这也就要求我们的教学是面向全体的教学，我们的教学要采用更多的学习方法、教学方法，这里说的方法也不仅仅是单纯表面意义上的活跃，而是要看课堂有没有深度，好的课堂应是有生成感、推进感的课堂，教师不仅仅准备给学生什么样的挑战，还要看学生能提升什么、突破什么，我们要使课堂变成思维的舞蹈者，同时我们还应当在科学理念的指导下改革教学方法，陈旧的教学方法已经不能适应新的社会的需求了，同时也不可能满足我们新一代的学生。所以，作为当代的老师不能只满足目前的状态，应当从现在开始就学会适应社会、适应学生，就应在科学的理念指导下，改变教学方法。

2. 提升专业素质，注重自身发展

　　"教育教学要发展，教师自身的发展是关键。"这是代泽斌老师经常教导我们的话，代老师非常重视青年教师的发展和成长。在新的教育形势下，要求教师树立终身学习的目标，实现自身的可持续发展。学习不仅仅只是专业方面，还要扩充到各个领域，不断提升自身的修养和素质。首先，必须树立终身学习的意识，把不断学习作为自身发展的源泉和动力。其次，教师应把学习贯穿在自己的教学实践中，将学习与实际教学结合起来，努力探索新的教育教学方法。再次，在丰富自身专业知识的同时，广泛涉猎各种社会科学知识，从而更好地适应教学的需要，通过总结经验、提高自身，向更完善的目标努力。最后，要充分利用现代信息通信技术，不断扩大学习资源和学习空间，及时了解专业领域以及其他领域的最新发展动态，注重与其他教师和专家的合作探讨，教师要秉承终身学习的教育理念，以适应教育改革的浪潮。

　　总之，这次跟岗研修学习之路，使我感受到了名师的魅力，感受到了其他学员精彩的教学，开阔了眼界，给了我思想上的洗礼、理念上的革新、心灵上的震撼，使自己对教师这个职业有了重新认识，对于有效语文课堂的教学艺术、教研活动的形式等诸多方面也有了更理性的认识。在今后的教育教学实践中，还需努力做到扬长避短，求得师生的共同发展，促使教学质量的稳步提高。

名师助行，成长有路

——我的研修之路

贵州省德江县煎茶中学 王永塘

2014 年 11 月 23 日，我有幸成为代泽斌省名师工作室的跟岗学员。在工作室代老师精心的引领下，我按照工作室的计划，全程参与，认真研修，顺利完成了名师工作室学员的研修任务。本次研修，提高了我的语文素养，提升了我的语文教学能力，完成了我教学风格的华丽转变。

一、跟岗学习，名师指点得真传

在铜中跟岗学习期间，我们在课堂上观摩代泽斌老师的真语文课堂，课后阅读教学理论书籍，努力感悟语文教学真谛。此外，我们还主要观摩了成勇、王玫君、周哲光、王加蓉、王娜、阮晓霞、徐静、田俊杰等老师的课。

代老师是贵州省省管专家、贵州省高中语文名师工作室主持人。他工作非常繁忙，仍然为我们学员上了示范课《鉴赏诗歌形象》《高考专题——图文转换类题》，在玉屏民中作了《2015 年高考高三语文复习》的专题讲座。代老师上课，常分为三部曲：首先，是学习诵背古诗文，以巩固所学，增加知识底蕴；其次，是正课教学，在整个教学过程中结合学生的实际，紧扣考纲，力争学生学有所获；最后，是课堂训练。课堂气氛轻松，让学生在诵读、欣赏、训练中积累知识、陶冶情操、提升能力。

成勇老师是贵州省新课改指导专家组成员，铜仁一中"彭心潮基金优秀教师奖"获得者。我们观摩了成勇老师的《庖丁解牛》《六国论》等课。成老师上课，课前热身，或让学生背诵课文，或让学生表演才艺，多种形式培养学生的能力。赏析课文时，成老师边读边点，提问质疑，师生互动有趣。他注重引导学生，立足课文关键节点，古今中外、生活学习，科学哲学，旁征博引，娓娓而谈。语言幽默，于轻松之间启人智能，可谓循循善诱，有名师风范。

王玫君老师是贵州省语言文字先进工作者，国家级普通话水平测试员，对现代汉语的语音、语法、修辞学、口语表达有一定的研究。王老师尤其擅长演讲和朗诵，能以严谨的治学态度和丰富生动的课堂带给学生美的享受和人文精神。王老师的课，我们观摩了《高考专题——语言简明、连贯、得体》《高考专题——作文》等课。王老师上课也体现了铜中教学特色，课前热身古诗词背诵。在正式教学或讲解时，师生互动，点名或不点名让学生读自己做的答案，然后老师做小结，从内容和答题技巧上指导学生，真正体现了学生是主体、老师为主导的现代教学理念。

在铜中的跟岗学习，让我们见识并感受了名师的风采，名师们的教学风采让我们由衷地钦佩与敬仰，名师指点，得其真传，幸甚已哉！

二、同课优构，他山之石可攻玉

——11月26日下午到27日，我们名师工作室五位学员和铜中理科的六位教师在代老师的带领下，到玉屏民族中学，进行了同课优构教学活动。

——2015年6月，我参加了代老师名师工作室到思南民中的送教观课议课活动。

——2016年5月，我筹备组织了代老师工作室到煎茶中学的送教观课议课活动。

这些同课优构观摩课教学研修活动，让我开阔了眼界，对怎样采用同课异构最优化的教学设计实施教学有了进一步的认识，感受颇深，总的来说有以下几点。

①开展同课优构，可以促使教师深挖教材，优化教学设计，提高教学效率，形成自己的教学风格，从而促进教师专业成长。

②同课优构的教研方式，可以引发参与者智慧的碰撞，博采众长，明显提高教育教学水平与教学效果。

③同课优构课要从教学内容和教学方法两个维度分别分析语文教学"同课优构"之"同"和"异"及其联系，优在何处，探讨不同的教师面对同一篇课文如何确定教学内容和与教学内容相适应的教学方法。

总之，同课优构，它可以是自己在不同时间、不同班级上同一课文最优化的教学设计，也可以是同一课文不同老师间的同课优构，进行高中语文同课异构教学案例研究，为转变教师观念、促进教师专业发展提供了一种有效的方式与途径，在今后的教学工作中，我们要充分利用这一有效的教学研讨模式，促进自己和学校教师的专业发展。

三、名师讲堂，溯本求源真语文

2015年1月10日至12日，我们贵州省高中语文名师代泽斌工作室跟岗学员共17人参加了在北京举行的第六期"全国语文名师成长大讲堂"主题研修班。本期研修主题为弘扬传统文化，探究语文教育本真。培训为期三天，采用"论坛+主题研修+双向交流"的培训模式。主要收获有三：一是返璞归真，语文教学呼唤本真语文；二是用传统文化，点亮语文教育的星空；三是用学校文化，打造语文课堂之魂。北京教育学院附属中学李京老师为大家精彩奉献《我与地坛》的研究展示课。此次北京之行，与中国当代著名的教育家、名师、教授等的零距离接触，我深刻地领略了语文名师名家的风采，获得了巨大的精神财富，受益匪浅。

四、课题研讨，科研引领专业路

代老师编著了《我的风景》教学科研书，他用自己的经历告诉我们为什么做课题、怎样做课题。教学科研一切来源于教学实践，一切为了教学实践。科研的实效重在提高教育教学能力和质量。

此次跟岗，在代老师的要求下，我们都是带着自己学校的课题而来，并提交了教研论文。我就学校市级课题《中学教学有效课堂构建的策略研究》撰写了一篇教研论文《实施有效教学，构建有效课堂》，让代老师审阅指导，并就我今后的课题研究——《高中语文教学如何渗透传统国学》，向代老师做了汇报，得到了老师的肯定和指导。

五、自主研修，涵泳素养

自我研修，永远是教师专业成长的主要途径。在跟岗学习中，我认真阅读了工作室所发的研修书籍。此外，我还自行购阅了《人间词话》（王国维著）、《道德经》《论语》《论语智慧》（姚淦铭著）、《汉字书法之美》（蒋勋著）、《四书引论》《中国哲学史》（王邦雄等人著）、《周易全鉴》（东篱子编著）、《道德情操论》（亚当·斯密著、刘烨编译）、《经典即人生》（陈琴著）、《新原道》（冯友兰著）、《君子之道》（余秋雨著）、《金刚经说什么》（南怀瑾著述）等书籍。

自我研修，永远是教师专业成长的主要途径，教书人首先是一个读书人。腹有诗书气自华，读书悟道，教书育人，教师的应有修为！孔子曰："默而识之，学而不厌，诲人不倦，何有于我哉？"诚哉斯言！

好风凭借力，名师助我行。此次研修，我受益终身！

我将谨记教师教授知识、启迪智慧、传承文明、润泽生命的神圣使命，从名师工作室重新出发，永远在高中语文的教学道路上持续发展！

高中语文教学，不是职业，她是我一生的事业与追求！

我的研修之路

贵州省铜仁市第一中学 周哲光

随着语文教育科研的推进，我也有幸加入了代泽斌名师工作室，开始了我的研修之路。2015年3月，在代泽斌老师的召集下，我们七名学员（李建军、潘盛洋、游家亮、何淼、周勋、舒芳、周哲光）正式参加代泽斌名师工作室跟岗研修培训学习。

代泽斌老师组织岗前培训工作，他首先安排了20天跟岗学习中的任务和目标，培训流程包括参加培训、观课议课、学员汇报课。代老师还要求我们阅读大量教育教学方面的著作，有《教育魅力》《读书成就名师》《致语文教师》《教师专业发展的4项基本技能》等等。代老师强调要注重理论知识的落实，理论是指导实践的快捷途径，他又强调了这次活动的重要性，叮嘱我们认真对待。

4月2日上午，我在我校高二（7）班上了一节汇报课——《春夜宴从弟桃花园序》，得到了代老师和其他名师的指点，受益匪浅。

4月14日，我们学校一行五人（代泽斌、李龙兵、田红卫、黄于兰、周哲光）与代老师所带领的名师工作室其他成员一起来到了玉屏中学，参加玉屏县教育局组织的高中语文有效课堂学科培训，我承担了一节示范课《春夜宴从弟桃花园序》。课后，由玉屏教研室杨主任组织观课评课活动。在评课过程中，各位老师各抒己见，分别对上课内容、上课效果进行了深入的探讨，并提出了宝贵意见。通过活动，我们认识到：观课议课的重要性；语文的价值要注意培养学生的情感、价值观，同时也要注重学生的基础，要迎接高考的挑战；要注意对学情的了解，因材施教，拉近师生之间的距离。通过这次上课和议课，我深感教育教学研究的重要性，在语文教学的路上我还得继续努力。代主任最后总结了这次活动的意义，并虔诚地发表感言："在教育的柔波里，我甘愿做一条水草。"

2015年4月26日，贵州省高中语文代泽斌名师工作室赴印江民族中学开展教研活动，铜仁一中代泽斌主任，铜仁四中敖海洋、舒芳，铜仁市民族中学教师张春燕，沿河官舟中学、印江民族中学、印江一中的部分教师参加教研活动。铜仁四中敖海洋、舒芳，铜仁市民族中学张春燕，印江民族中学戴印华、冉隆前、代华强，印江一中杨通讽，铜仁一中张延德（物理）各自上了一堂示范课，课后大家进行观摩课及进行教研交流。

2015年10月11日，本人参加代泽斌老师在十五中举办的《立己达人，和谐共生》学科专题培训，聆听了代泽斌老师及其他专家的讲座。在代泽斌老师等其他名师的理念里，他们认为："教语文，要教出语文味，要构创神奇的氛围，把学生带进博大精深、绚丽灿烂、异彩纷呈的文学伊甸园；教语文，不要成为'教学参考书'的传声筒，也不要把自己的思想强加给学生，更不要把一篇完整的课文弄得支离破碎，要让学生带着自己的情感，走进课文，走进作者的精神家园，亲历作者的生活，与作者'同悲欢，共进退'；教语文，要把每一节课当作师生生命中一段不可或缺的经历来善待，尽量让每一节课都能创出诗意，拨发激情，留下记忆……"还特别强调："忽视生命的教育，是失败的教育。语文教学的本质应当以语言为核心，以语文学习活动为主体，以学生的生命发展为根本，用语文的方法教语文，最终提高学生的语文素养。这才是真真正正、实实在在的语文教学。"

通过一年的跟岗学习，我受益匪浅，主要表现在以下几点：

①名师工作室组织有序，保障有力，团结一致。从购票上车到怀化停留再到上海坐地铁、报名、住宿以及回程等，各项工作都安排得井井有条，大家互相帮助、相互照应。一方面可看出代泽斌老师极强的组织能力和亲和力以及黄于兰老师热心助人、不辞辛劳的品德，另一方面可以看出参训学员较强的纪律观念和优良的思想素质。

②从嘉定一中校长康定的讲话中想到这是一所全面推行素质教育、着重提高学生个人能力的学校。从经典诗文诵读的全面铺开到研究型课程的开设，从学生制作活动海报到学生参加上海诗文写作竞赛的频频获奖，这是一所有较深底蕴的特色学校。

③钱梦龙老先生在27日上午作了"简简单单教语文"的讲座。这场讲座，主要有这几个内容：第一，扑朔迷离的课程"定性"；第二，不可捉摸的"语文素养"；第三，有些名师的负面"示范"。他指出，语文教学要注意"守真"与"创新"，以明明白白的"定向"取代朦朦胧胧的"定性"，要正确界定"语文素养"，润物无声、潜移默化是教育的理想境界。他提出了"语文应回归到本来的面目上""简简单单教语文"等观点。这些内容，使我对语文教学又有了更为全面的认识。特别是已经86岁的他，在台上依旧思路清晰、精神饱满，台下和颜悦色、平易近人，给人极其深刻的印象。我在想，肯定是语文给了他无尽的营养和无穷的力量。其实，我们老师特别是语文老师都是可以长寿的，简简单单教语文，轻轻松松教

语文吧！

④贾志敏老师的人生和课堂可谓慑人心魄。他患过癌症，曾被医生宣判过死刑；他已76岁高龄，从事小学教育教学工作已逾50年；他在讲台上，思维活跃，反应敏捷，循循善诱；他在课堂上，要凭借放大镜才能看清学生的字——他全是在用满腔的热情和一颗滚烫的心在教孩子，着实让人震撼！语文出版社社长王旭明这样评价他："……因为你是我最高的信仰和最后的希望……贾志敏——语文老师及每一个中国人的榜样！"偶尔也想到了自己的抱怨，教师太苦、太累、太被人轻看、太没有钱……自己教龄仅是贾老师的一半，和他比起来，我羞愧得无地自容。

⑤最值得用心分析和认真探讨的是上海大学教授李白坚的两节阅读示范课。他的授课对象是初中学生，他精心选了一篇短篇小说——《决定生命的投篮》，当然课前肯定也花了大量时间进行准备。课堂上，他念小说，念到预先设置的一处，便让学生想出合适的词语，一时想不出老师就让学生看口形，有时也稍作提醒，也让学生上台书写该词；或让学生表情演示，遇到连续动词进行动作表演，当然也少不了老师自己的表演；让学生续写结尾，让师生出题互做。李老师在课堂上真正落实了听说读写训练，肢体语言丰富，设题很好，每一点都关联到学生能力的培养。接着听了他的讲座，我觉得有两点需要注意：一是诗词中的"韵"要让学生懂得，二是学生要接触繁体字，放在学生学过的诗歌中去学更容易一些。

这次培训，让我深深感受到了名师的魅力，感受到了其他学员精彩的教学，我将迈着矫健的步伐，脚踏实地地走在语文教学的研修之路上。

走在研修的路上

贵州省铜仁市第八中学 代亚菲

我加入高中语文代泽斌名师工作室已有一年之久，在这期间，我享受着名师的熏陶，享受着同伴间毫无保留的经验，享受着智慧的交流与碰撞。回顾这一学期以来的学习经历，我充分感受到这个集体带给自己的收获和成长。理论学习、观课议课、心得交流等一系列学习活动，给我们架起了一座理论和实践相结合的桥梁，也让我在这个团队中不断成长。

一、理论积淀，提升素养

阅读教育理论方面的书籍，力争发表自己的教学论文是工作室对我们每个学员的要求，我在工作之余学习了代泽斌老师的《门的启示》《浅谈诗歌鉴赏的复习》《情先义深心动神驰——中学语文情感教学方法的探讨》等教学论文，认真研读了《新课程理念与创新》《我的风景》《爱心教育》等教学专著。同时，我也学写论文，并分别在《吉首大学学报》和《课程·教材·教法》上发表了《如何提高学生诗词鉴赏的能力》和《对古诗词教学方法的探究》两篇教学论文，这是我的学习成果，是我"学习—实践—反思—再学习"的过程。名师工作室，为我的专业成长提供了难得的实践机会，并为我搭建了展示自我、体现自身价值的舞台。

二、乐于求索，积极科研

加入名师工作室后，我积极参加各项实践交流活动，如玉屏中学的观课议课、十五中邹江老师主持历史名师工作室开班典礼、课题交流会、学员听课等活动，得到了很多与同行合作交流的机会，进行了理论上的探讨，积极探索了新的教学路子，不断完善自我，促进个人专业知识的提升。结合平时阅读的教学理论，钻研新教材，研究教法，体会新课程的性质、价值、理念，提高自己的业务能力，逐步形成自己的教学风格。

我在平时工作中积极指导青年教师成长。关心青年教师，积极发挥传、帮、带作用，指导罗尧老师备课、上课、课题研究等，充分发挥引领示范作用。

三、名师指导，有效地开展课题研究

针对新课程教学的难点和热点问题，我参与了省级课题《新课程背景下古诗文阅读教学的有效性探究》的研究，在研究过程中我们遇到了不少问题、不少困惑，9月中旬代泽斌老师到我校为我们课题组做了一个名为"例说古典诗词阅读与鉴赏"的讲座，对我们的课题进行了指导。代老师的讲座，给我们带来了快乐，也给我们带来了诸多启迪；他的讲座，如醍醐灌顶般让我们的课题研究豁然开朗；也如海边的灯塔，指明了我们课题研究的方向。我深信，在名师工作室的指导下课题组一定可以圆满完成研究任务。

一次次的活动记载了我成长的足迹，成员们的共同参与，让我感受到了工作室浓郁的研讨氛围。在教育教学中，也取得了可喜成绩：在2015年全市高中语文优质课竞赛活动中，获得二等奖；在第十一届全国语文规范化知识大赛中获得教师组三等奖、中学组优秀指导奖，其中指导学生获国家级二等奖、三等奖、省级二等奖各一人次；在第21届中华圣陶杯中学生作文大赛中获指导二等奖和三等奖。

回首一年来走过的道路，我深感充实与快乐，同时内心充满感激。在今后的工作中，我将继续扎实地学习、反思、践行，沿着"学无止境、教无止境"的方向前行，发扬热爱教育、热爱学生、执着追求的精神！

勤于学习　勤于反思　提升自我

——我的研修之路

贵州省沿河县第二中学　杨亚琴

2015年9月，我非常荣幸地成为"贵州省高中语文代泽斌名师工作室"的一名学员。时间匆匆流逝，转眼间，进入这个温馨、积极向上的团队已经近一年了，回顾在名师工作室的研修之路，也许我没有值得夸耀的荣誉，也没有值得炫耀的成绩，但我深深感受到了这个集体给我带来的感动与收获，同时也看到了自身存在的不足。现将学习情况总结如下。

一、名师引领，催人奋进

进入工作室学习，我们可以从"老师"重新回到"学生"的身份，体会学习的快乐。在这个团队中，主持人代泽斌老师真情率直、亲和温暖，袁景涛副校长涵养高远、深沉睿智，王玫君老师智慧优雅、充满激情，成勇老师思想深邃、知识渊博，伙伴们好学上进、乐于创新、真诚勤奋的精神给予我很大的动力和感触，整个集体工作室洋溢着温暖、注足了温馨、充满着温情。每次集体教研，无论是听课、评课、听讲座，还是讨论交流，代老师作为一个热情洋溢的主持人、领航者，都能将教研的氛围调到积极热烈的状态，每次教研看到他全心投入评课的情形可以感受到他对教研的热爱和执着，而他的这份热情会不知不觉间感染我们的每个学员，让我们也心潮涌动、激动万分，有一种想马上将他提出的建议实施到自己课堂上的冲动。大家围坐在一起讨论会时不时地有一些点子激发自己的灵感，碰撞出思维的火花。这种和谐热烈的教研氛围赐予了我们一种积极向上的力量，让我们感受到了开发集体智慧的幸福！

二、学习理论，提升素养

"没有理论上的成熟就没有真正意义上的成熟。"作为教师，只有不断学习，才能不断扩展自己的知识范围，及时更新知识，以适应社会发展的需求，进而更好地做好自己的本职工作。自加入名师工作室以来，在代老师的组织带领下，我们有计划地认真学习新的教育理念，如《教师专业发展的四项基本技能》《我的风景》《致语文老师》《教师如何做课改》《静悄悄的革命》等书籍，通过学习提高了自身素养，深深地认识到学习新的教育理论、更新教育理念的必要性和迫切感，只有以先进的、代表我们时代的现代教育理论为指导，才能使我们在紧张而繁忙的工作中认清教育的方向，才能与时俱进。

三、观课议课，增长见识

一年来，在工作室的学习，内容丰富，形式多样，既有名师专题讲座、示范课，又有学员的各种研讨课。在教学研讨活动中，从凯里一中李华老师的《动人的北平》到黔西一中符小梅老师的《我善养吾浩然之气》，从凯里一中杨敏老师的《子路、曾皙、冉有、公西华侍坐》到毕节民族中学丁璐老师的《齐人有一妻一妾》，从毕节市教科院杨文黔老师的《有无相生》到凯里一中杨思怡老师的《春夜宴从弟桃花园序》，从沿河二中兰显耀老师的《师说》到松桃民族中学谢鹏老师的《师说》，我一一感受到了各位老师精深的文学功底和精湛的教学艺术以及高超的课堂驾驭能力。看到授课教师们个个神采奕奕、激情饱满，学生们讨论激烈，发言踊跃，作为听课教师的我只有两个字——"过瘾"。总之，本次教学研讨活动，使我受益匪浅、大开眼界，课堂的精彩让我回味无穷，不禁反复琢磨，汲取精华，同时也深入反省了自己在语文教学中存在的不足。回首学习过程，既有观念上的洗礼，也有理论上的提高，既有知识上的积淀，也有教学技艺的增长。

在平时工作中，我积极参加各项观课议课交流活动，如参加了中国教育报刊社培训中心专家团走进贵州省沿河土家族自治县——区域教育合作第十期、第十二期、第十三期项目培训；参加了"国培计划（2015）"——贵州省沿河县送教下乡培训项目；参加了本校教研组内的公开课等活动；参加了县内兄弟学校举办的公开课观摩交流活动以及县教育局教研室组织的省级课题"古诗词导读研究与实验"观摩交流活动，在这些活动中，我获得了与同行交流合作的机会，进行了理论上的探讨，积极探索了新的教学路子，不断完善自我，促进了个人专业知识的提升。

四、聚焦课堂，推进课题

我在名师工作室的带领下，听取了铜仁一中各学科课题的开题报告、课题中期研究报告，回校后以课题研究为抓手，和校内骨干教师针对新课程教学的难点和热点问题，开展了省级课题《农村中学生自主阅读能力现状及对策研究》的相关研究活动；市级课题（《农村高中语文选修课复式教学模式及教学策略研究》）的立项相关工作；申报了两个县级课题（《从经典美文的阅读到文学自主创作的研究》《规范学生书写，弘扬中华文化》）。课题研究为改进课堂教学提供了理论支撑，课堂教学也为课题的顺利开展提供了保障。

五、坚持反思，提升自我

能到工作室来学习是我的幸运，来到这里，我才发现这是一个思想的殿堂，在这里学习我才发现自己学得太少，读得太少，写得太少，反思得太少，常态课墨守成规的时候多，课堂上创新思想和方法少。作为教师应时时反思自己的教学实践，不断总结经验教训，才能不断提高教育教学水平。在今后的工作中，我将勤于学习、勤于反思，要让反思成为自己的习惯，只有做学习型的教师，才能不断提升自己、超越自我，使自己的教学工作更扎实、更有效、更完善！

我的语文研修之路

贵州省松桃县盂溪中学 杨春雪

　　我作为一名普通的高中语文老师，成为代泽斌老师主持的贵州省语文名师工作室的研修学员，确实是荣幸之至。在此之前，我也参加一些关于高考试题培训，听过一些讲座，大多是关于语文考试的，而关于真"语文"的内容少。特别是"真语文"的内涵，先前领悟甚是肤浅，深憾自己误导学生，自己还振振有词。人不出门身不贵，人不学习要落后。在代泽斌老师的引导下，我走上了语文研修之路，深感收益颇丰。

一、见证名校，感受名师的引导，提升自己

　　2014 年 3 月 20 日，我来到铜仁市第一中学跟岗学习 20 天，有些不太适应。我一个本科大学生，当了 20 年的语文老师，还要做学生。不过代泽斌老师对我很热情，也许他不便说破我的秘密，嘱咐我好好休息，第二天很早就叫我起床，并在铜中的大门口迎接，春风满面。我受宠若惊，满面羞报，此时我明白了什么是名师的修养。在这里我听了十多位铜中名师的课，代泽斌老师讲的《先秦诸子散文》里的《非攻》，以及他的《古代礼仪的谦称》，学生快速阅读吸收消化；成勇老师的《孔雀东南飞》，学生乐于接受，灵活学习，科学消化；阙万松老师的微小说，培养学生快速筛选新信息的能力，进入写作内容，激发学生的欣赏能力。还有王玫君老师的课，早有耳闻。在 2013 年 12 月铜中优质课评比大赛的语文课上，周哲光老师的《氓》，对"氓"的字体分解和他自己填写的词，给学生带来创作的冲动。同时也见证了年轻老师在课件制作方面的高超水平、高效地融化知识，提升学生的灵魂。另外，参加观摩课，在代泽斌老师的指导下，我上了一节观摩课《师说》，主要以朗读为主，引导学生读透课文，理解文意，理清"师者""师道""择师"的标准。我也听了同期学员杨秀华、张桂霞等老师的观摩课，他们的教学水平都很高，让我受益匪浅，课余时间我认真阅读了《教育不简单》《这样做课题》等书籍。

二、走进北京城，参加全国第三期语文名师大讲堂培训学习

2014年7月10日至16日，在代泽斌老师的带领下，铜仁市语文名师工作室的二十多名学员，结对来到北京，参加由教育部组办的"全国语文名师大讲堂（第三期）"培训学习，听了人大教授饶杰腾的"真语文"观，语文课要"真""博大""去病"。张世平司长的"雅言传承文明，经典创造人生"，强调语文教师的个人能力。翟小宁教授的《语文教师的人文情怀与心灵觉知》，明白了"我们为什么做教师"，教师的幸福与学生的幸福紧密相连。崔秀琴老师的《上好课，教师的核心能力》，注重师德修养，"有德有才师圣人"。注重教师四基的能力提升，教学的三本：以学生为本、以课本为本、以课堂为本，做到收放自如。翟京华老师的《让语文教学焕发生命活力》，提升语文素养，确定目标体系（三维目标），提升学生的语文能力。刘艳华老师的《品读精神情怀，传承思想文化》，从具体文本入手，传承教材，品读—感悟—体味—传承；学—思—表达。窦桂梅老师的《当语文老师的精彩》，她提出的"1+X"课程改革、整合式的教学，上升到了哲学境界。语文教育就是"人"的教育，以及影视名人方青卓老师说的"我是语文人，语文是我走进每个角色的桥梁。"短短的三天时间，听到如此多的精湛讲义，让我感觉是在天上走，自己觉得受益匪浅。作为一名语文老师我还需加强研修，把这些中国语文教育的前沿理念带回我的学校、我的工作岗位，深入实践，推陈出新。

三、语文研修只有进行时，需要不断完善自我

语文研修路漫漫兮，吾将上下而求索。

2015年2月8日，在市教育局听取代泽斌主任代表语文名师工作室作的总结报告，我坚定了教师的信仰，解决了自己工作中存在的困惑，开始学会正确评价自己。在这期间，学会学员之间的互评，完善个人名师工作报告，转换老师的角色，理解国外的教育模式，理解未来的教育模式改革如"走班制""未来的教室""翻转课堂""微课程的发展"等新理念。

2015年7月参加市级骨干教师培训学习，在听了著名教授段振良教授，石卉芸老师、杨光福老师、李佳慧老师等专家名师的讲座后受益颇大。2015年10月，在松桃民中学术报告厅听取《松桃苗族自治县"洋思"教学模式课改推进会》，2016年3月10日—13日参加培训学习，聆听名校长汪谬的《给老师们的12345建议》，蒋小俊老师的《教师职业与教师发展》，

代泽斌老师的《立己达人，立德树人》以及王玫君老师的观课议课，袁景涛老师的《怎样做一名好老师》，刘大春老师的《人生价值与职业操守》，谢笠主任的《聚集人才，成就教师》，唐文建老师的《这样做教育科研课题》以及名师学员的观摩课，对我怎样上好语文课给予很大启发。

四、加强自我研修，创建我校名师工作室

我在课余时间阅读了关于教学的专著《教育不简单》《先生》《老师如何做课题？》《好老师不教书》等，积极鼓励学生参加圣陶杯作文竞赛，平时编辑学生佳作。同时做好对年轻语文教师的传、帮、带工作，利用开展教研活动，提升我校语文教师的业务水平，根据学校的发展需要，成立名师工作室。

语文路上，我仍尽力前行。虽不能至，但仍心向往之！

我的研修之路

贵州省铜仁市第八中学 何淼

自从参加名师工作室以来，我在教育教学方面收获很大、感慨颇多，这都得益于各级领导的远见卓识、亲切关怀和代泽斌老师的率先垂范、谆谆教诲以及各学员之间的团结协作、无私奉献。

2015年3月8日，我和周勋、周哲光、舒芳等七名学员被安排参加代泽斌名师工作室跟岗研修培训学习，到达工作室后，代老师安排了我们在这20天的跟岗学习中应做的具体事情，一是参加培训，二是听指导教师、铜中骨干教师及本校优秀教师的课，三是到外校听课并进行评议课，四是学习结束前上一节汇报课，五是学习阅读所发放的书籍并完成读书笔记，六是撰写一篇论文或教学设计，七是完成培训总结和学习总结的撰写。学习任务很艰巨，但我想，不管如何辛苦，也要完成任务，因为我们是来学习、来提升的，我们必须扎扎实实做好自己应当做的事情。

3月11日下午，到川硐铜中新校区——听了李龙兵老师的一节选修课——《人生若只如初见——纳兰性德》，这节课使我收获很大，一是了解了铜中对高中语文选修课的安排和处理，二是欣赏到了李老师在书法和诗词方面的才华。铜中的选修课是按照大学模式采取讲座形式进行的，高一高二可以任意选择听老师的课，但这节课来的学生只有15人，据李老师介绍，这个专题需要八课时。我在想，老师很辛苦地准备，但最后收获到底有多大？能坚持听到最后的到底有多少？

4月1日下午，我在我校高二（4）班上了一节汇报课——《捕捉"动情点"》，得到了代老师和其他名师的指点，自己感觉受益匪浅。

4月14日，我们学校一行六人（侯胜红、谢伦、代亚菲、田洪翔、肖庆林、何淼）与代老师所带领的名师工作室其他成员一起来到了玉屏中学，在阶梯教室听了同课异构的两节课。首先，是铜中周哲光老师上李白的《春夜宴从弟桃花园序》，然后是铜仁四中舒芳老师上。两位老师在教学过程中运用多媒体教学，注意到了目标的确定、板书的设计，并注重了教师的指导作用、学生的主体作用，注重调动学生在课堂上的参与积极性，合作学习，探究研讨，注重鼓励评价，启发引导，教学过程设计合理、环环相扣，在教学中能充分发挥学生的主动性、让学生充分参与，教师注重学法的指导，循循善诱，引导启发，充分培养学生的思维能力、语言表达能力，特别是在教学中渗透人文素养的教育，使学生具备良好的情感态度价值观。第三节课，由玉屏教研室杨主任组织观课议课活动。通过活动，我们认识到：第一，一名老师要注意加强学习，提高自身素质，扩展知识面；第二，语文的价值要注意培养学生的情感、价值观，同时也要注重学生的基础，要迎接高考的挑战；第三，要注意人文素养的挖掘以及知识的拓展和比较；第四，要注意训练，要把训练落到实处；第五，要注意对学情的了解，因材施教，拉近师生之间的距离；第六，要培养学生的阅读能力。

由于工作室给学员提供了无比宝贵的机会，加上我校领导的远虑开明和对教育教学科研工作的高度重视，2015年6月26日至29日，本人有幸参加了在上海举行的"全国语文名师成长大讲堂（第七期）"培训，这次培训的主题是提倡真语文，它使我学到了不少知识，让我大开眼界、受益匪浅。

还有上海师范大学教授郑桂华的示范课和讲座也有独到之处，如提到作文描写和表达感情一定要具体，要让学生多积累，注意做好摘抄和随笔，对学生作文中出现的一些问题，要找到学生具体地谈话，等等。

最后，主持人王旭明社长谈了要成为名师，必须具备的一些条件：第一，当你准备好了所有的准备，可孩子还不买账，一定还有一个你没有准备的准备；第二，不在于一定要深入，看你能否浅出；第三，特别警惕语文教学中的新名词、新概念、新方法；第四，以学生学习语文为本，学生不明白、不懂时，一定是老师出了问题；第五，一定要热爱课堂和学生，一定树立一辈子不离开课堂的决心；第六，守住传统，慎谈创新；第七，一定要学习好文言文，仅靠每册书的两单元绝不够，每天坚持去读文言文；第八，一定要恋老，多听老教师、名师的课……实乃真知灼见，拨开云雾见太阳，让人回味，给人力量。

2015年11月24日和11月27日，名师工作室学员侯胜红、彭永武分别上了题为《离骚》《李凭箜篌引》的展示课，我校语文组全体老师参加了观课和议课活动。

在平时，我总是认真钻研教材，认真备课上课，真正把教育教学当成一份事业来做。充分利用时间品味阅读各类书籍，与本校及其他学校老师广泛交流，找机会多听代老师在各处的讲座，撰写教育教学论文和散文、诗歌等，确实感触颇深，受益匪浅。

通过这一年多的培训学习，我感受到了名师的人格魅力，感受到了学员们别样的精彩，我将不断学习，不断进步，不断提高。

陶醉一路风景

——我走过的研修之路

贵州省沿河民族中学 张佳

2014 年 11 月 24 日，我有幸作为铜仁一中代泽斌老师名师工作室的一员赴铜仁一中参加培训学习。本应是 23 日报到，但因学校事务耽搁而推迟报到。多次与代老师电话联系，得到代老师的谅解和关照，带着一种被理解的惶惑，一种对名师工作室的神往和对代老师的崇敬走进铜仁一中。报到后，得到代老师语重心长的叮嘱和细心的工作安排，怀揣代老师递过的一本本专著和学习资料，心中暗暗下决心：一定要把握这次学习机会，好好充电，充实自己。

本次培训具体内容：一是参加培训，二是听指导教师的课，三是听铜仁一中骨干教师和新教师的课，四是与铜中教师一起，在代老师的带领下到玉屏民族中学观同课异构课，并与玉屏民族中学教师赵翔上一节同课异构《囚绿记》，五是观铜仁一中青年教师优质课竞赛，六是学习阅读名师工作室所发放的书籍并完成两篇读书笔记，七是撰写一篇论文及两篇教学设计，八是完成培训总结和学习总结的撰写，通过对这些学习任务的完成来巩固自己的培训学习所得。

一、铜中听课收获与体会

听了铜中代泽斌、成勇、周哲光等几位教师的课，感觉铜中老师特别敬业，对教材文本的把握、对新课程理念的理解和渗透较为到位，课堂形式呈现多元化，课前学生的准备、课堂师生的互动以及在课堂上教师对学生能力有意识地培养，都值得我在教学工作中学习，当然铜中学生素质较好，学生在课堂上的主观能动性展露无遗。但通过这次听课，我也同样有种体会，那就是学生的能动性完全可以通过教师的耐心培养挖掘出来。铜中教师把教学当作自己的事业来钻研，也能让自己颇受启发。铜中教师的优质课比赛，教师们各有自己的上课风格特色，课型结构设计异彩纷呈，一些新颖的导引尤其值得借鉴。其中，教师课堂对学生的关爱，尊重学生的人格，师生之间的默契、和谐能促进他们全面健康的发展。教师的这种热爱，是充满情感和爱的事业。作为教师，应多与学生进行情感上的交流，做学生的知心朋友，这种爱也需要教师对学生倾注相当的热情，对他们给予各方面的关注，从心灵上、思想上、身体上、学习上去关心、热爱、帮助，把教学中存在的师生的"我"与"你"的关系，变成"我们"的关系。爱使教师与学生在相互依存中取得心灵的沟通，共同分享成功的喜悦，分担挫折的烦恼。相信，这一切都将在我的教学过程中慢慢产生影响。

二、赴玉屏中学"同课异构"

（1）11月26日下午赴玉屏中学听代泽斌老师为玉屏中学学生备考高考讲座《为生命、生存、生活奠基》

在本次讲座中，代老师最终目的是为了给学生们分析高考试卷结构、高考题型、命题走向以及解题技巧，但他并没有直奔主题，而是从学生学习语文的意义引导学生认识学习语文（读书的作用），达到曲径通幽的效果。代老师教学生读书的三境界：一是做学问成大事业者虽然环境不好，但应该登高远眺，树立大志。二是做学问成大事业不是轻而易举的，必须经过辛勤劳动的过程，"为伊消得人憔悴"，也就是说，要像渴望恋人那样，废寝忘食、孜孜不倦，努力学习，人瘦带宽也不后悔。三是有了眼界、胸怀、勤奋以及毅力之后，你还需要什么？需要等待、机遇以及态度。不要灰心、不要颓废，要沉潜。成功或许就在某个角落等着你。

态度决定结果。情商重于智商，行动决定未来。一个人成功的关键是良好的心态。代老师给予学生的启导和教育，让我深受触动。随即，代老师给学生下发"全国新课标语文二卷的预测样卷"，并进行了透彻分析和应对高考策略的传导。代泽斌老师对高考卷分析透彻，应对高考答题策略得当，信息性较强，其模拟卷对本省区的语文高考有很强的参考价值。代老师给玉屏民族中学学生的高考复习建议"量变才会有质变"，我将其带回了学校，也传递给我所教的高三学生。

（2）11月27日上午，我与玉屏中学教师赵翔进行同课异构，上的篇目是高一教材《囚绿记》，然后在代老师的引导下分别进行了说课、议课

玉屏中学教师、大龙中学教师、名师工作室学员铜仁八中教师肖庆林、名师工作室学员德江中学教师王永塘、名师工作室主持人代泽斌老师分别进行了议课。特别是代老师从课堂上引导学生理性思考、课堂拓展、对新旧知识的衔接、范读、学生点评、课堂真语文等方面进行点评，让人有拨开云雾而见青天之感。在各位老师议课的过程中，我深受启发。这其中不仅使我自己在教学实施过程中的长处得到肯定，让自己在教学过程中进一步诱导学生有的放矢地组织教学，同时也发现自己在组织教学过程中的不足，借名师工作室搭建的同课异构平台，寻找差距，补充自己、丰富自己，鼓励自己"学无止境"，不断学习他人的新经验，使自己具有一桶源源不断的"活水"，以更好地促进自己教学业务水平得到提高。

（3）11月27日下午，由玉屏中学教师马德菊、铜中教师王加蓉同课异构《旅夜书怀》

两位教师上完课后，分别进行了说课。代老师、玉屏中学老教师郑孝红分别进行了议课。上课的是别人，评课的是名师，带给我更多的是一种思考：在形式各异的上课、观课、议课过程中，我们怎样才能做得更好，又要怎样才能观好每一节示范课、公开课，我们议课的标准又是什么。我想，最根本的还是要看学生学得怎么样，教师对学生做较深层次的激发和情感投入是否到位。而不是教师教得怎么样、说得怎么样、议课议得怎么样。

三、学习专著获益

（1）学习方贤忠《教师专业发展的4项基本技能》对听课获新解

观课又称听课或课堂观察。观课对学校管理者来说是一种现场直觉性的重要手段，是了解教师、学生、教学进度情况最直接、最具体、最有效的方法；观课对教师而言是向同行学习、沟通的机会，也是双方有时互补的机会。

现今我们仍然习惯性地将观课称为"听课"，其实，课堂上发生的教与学现象，仅用耳朵聆听是远远不够的，我们更强调用多种感官去接受与收集信息，去体悟课堂。可见，把听课改为"观课"更为贴切。

（2）拜读代泽斌老师《我的风景》

观课、备课之余，拜读代老师《我的风景》，释书之余，感慨代老师的勤劳，敬佩代老师的人格魅力和敬业精神。借用冉贵生局长题序《我的风景》"既是一种智慧，更是一门艺术，别有一番风景"敬献该书及作者。

"善思、善教、善育、善学、善写、善合作"，将是我参加代泽斌名师工作室培训学习后追逐的目标。

在培训中成长

——我走过的研修之路

贵州省印江民族中学 任达杰

2015年10月17日，经过本人申请，学校推荐同意，我和印江一中杨泽亮副校长参加了贵州省高中语文（代泽斌）名师工作室学员跟岗研修培训学习。我深知这次机会来之不易，同时也深感这次培训任务的艰巨。我想，我必须抓住这次千载难逢的机会来提升自己的教学能力。短短的20天时间里，我认真跟岗学习，尊重并遵守学校的各项规章制度，依照要求按时完成各项跟岗任务。虚心学习铜仁一中先进的教育理念、教育方法，领略铜仁一中的办学特色以及办学管理模式，尤其是深入了解该校语文学科教学教研发展的新信息，拓宽自己的学科专业知识，并提升自己的教学技能与教研水平。

一、聆听名师培训，做有"心"教师

在培训期间，我聆听了代泽斌老师的精彩讲座"中学教师专业化发展的途径探究"——做一个有"心"的教师，代老师以他的亲身经历向我们说明了教师如何发展自己、提升自己，他告诉我们应以激情为动力；以思想定方向；以生态促生长；以实践为依托，对上以敬；对下以慈；对人以和；对己以爱和严；对事以真。

他告诉我们没有反思的经验是狭隘的经验，至多只能形成肤浅的知识。如果教师仅仅满足于获得经验而不对经验进行深入思考，那么，他的发展将大受限制。如果你想让教师的劳动能够给教师带来乐趣，使天天上课不至于变成一种单调乏味的义务，那你就应当引导每一位教师走上从事研究这条幸福的道路上来。他还告诉我们"工作本身就是生活"，不断的专业成长是教师幸福生活的必由之路——"爱自己，栽培自己"，他让我认识到教育的终极意义和目的，他让我永远记住了教育的使命：舒展生命，培植德性，净化心灵，创造幸福人生，提升精神境界；教育：为了人的发展。使人获得和谐、自主、全面而有个性的发展；教育：为了人的健康，使人

格健全，身心健美；教育：为了人的幸福，既要让学生为将来的幸福做准备，也要使学生在为将来而努力的时候，享有现时的幸福。我真正明白了我们的使命是什么？我今后的路到底该怎么走，我会一直在教育这条路上走下去，走下去……

二、感受名师授课，促进专业发展

铜仁一中基于对教育科研工作的重视，每门学科都设置了专门的教研组，各教研组会根据教学进度做适当的教育教学研讨并开展观、议课活动。我在跟岗听课学习过程中，注意到了该校的老师大多专业知识扎实，精心研究教材和学生学情，课堂气氛很活跃，即便是我们随堂推门听课，你都能听到一节课堂气氛学生踊跃参与的优质课。那些老师严谨治学、执着上课的精神深深感染了我，他们所上的课科学严密、紧扣考点。代泽斌老师担任铜仁一中教科处主任，他不仅学识渊博，教育教学水平高，为人也很热情，工作虽然很忙，每天要完成很多工作，担任两个高三班级的语文课。但他的课很有特点，课前让学生背诵古诗文，展示名句让学生了解记忆，然后针对学生知识的不足，有针对性地进行专题复习，教给学生学习的方法，让他们学会学习。他在课堂教学中践行的是全新的理念，真正做到了充分尊重学生、关注学生、服务学生、以学生的发展为教学之根本，他的教态亲切、自然、大方，语音清晰、清新、流畅，与学生互动活动开展得很好，我每次听了课后都做了全面仔细的记录。我想，这对于我在跟岗期间乃至今后实施新的理念开展有效课堂教学活动都将会产生深刻的影响。在跟岗学习期间，我还听了语文教研组长成勇老师，省级骨干教师王玫君老师，名师陈卫华的课，通过观摩不同教师所授的语文课，我感受到他们对教学工作的认真、执着与灵活多样的教学方法。特别值得一提的是，他们上课时能准确地把握"放"与"收"的度，塑造了整节课的精彩、生动，充分体现教师教学经验丰富或展现了教师的教学魅力，对我的触动也很大，对于我跟岗期间的教学实践工作无疑产生了深刻的影响。

三、感知先进理念，享受课堂魅力

通过 20 多天的观课、议课，在代泽斌老师的指导下，我体会了生本教育是指"真正以学生为主人的，为学生好学而设计的教育"，它既是一种教育理念，也是一种教学模式。在近距离接触时，我发现这种课堂充分发挥学生的主体作用，采用自主探究、合作交流的学习方式，让学生积极参与到学习中，构成积极、欢乐、有效的课堂。"一切为了学生，高度尊重学生，全面依靠学生"，这种理念回归到教育的本真，以生命为本，关注每个学生的终身发展。在上课过程中，我真正体验到了调动、发挥学生学习的主体作用，更好地展开师生互动和生生互动，这使得整个课堂变得有效且更具生命力。我想，在今后的教学中，我将继续学习生本教育理念，把生本教育带回学校深入开展下去。做到真正把学习的自主权还给学生，引导他们自己去探索、去发现，使他们真正成为学习的主人，同时自己也要不断积累经验，让自己的课堂更有魅力。

四、名师指导帮助，学员互助提升

由于代泽斌老师的指导、关心、支持和帮助，让我了解了轻松有效的课堂教学，顺利完成了跟岗任务。在跟岗学习的三周时间里，我到代老师所上的班级上了几节课，课后指导老师代老师做了准确科学而精彩的点评，使我体会到的不仅仅是导师对学科指导思想的准确把握，更体现出导师对教学细节的准确把握，体现教师的教学智慧，对我的启发很大。与同伴交流、探讨，进行思维碰撞，这无形之中又使自己提升了一个台阶。通过这20天的跟岗学习、磨炼使我在教学能力上有了新的长进，自身综合素养也得到了明显提高，对于我今后的教育教学工作是很有益处的。在20天的相处中我从他身上学到了很多，不仅仅是课堂教学的思想方法，还有他工作的热情、做人的低调实在。在代老师的感召下，我们学员之间也相互学习、互相借鉴、共同进步。

综上所述，我通过跟岗学习，进一步转变了教学观念，树立了新的教学理念，主要学会解读课程标准，根据课程标准来安排教学设计和组织、实施教学活动以及及时进行教学反思；我还学会了怎样在新课程背景下全面客观地评价一堂语文课的有效性，我学会了在议课的过程中既要关注学生活动，又要关注老师行为；既要重视结果，更要重视过程；既要关注预设目标，又要关注达成目标。这次跟岗学习让我开阔了眼界，无论是聆听、观摩上课、互动议课，还是实践锻炼，每一次学习都带给我思想上的洗礼、心灵上的震撼、理念方面的革新，使自己对教师这个职业有了新的认识，对于有效语文课堂的教学艺术、教研活动的形式等诸多方面也有了更理性的认识。

在今后的教育教学实践中，我将学习采他山之玉，纳百家之长，争取做到在教中学，在教中研，及时做到课前反思、课中反思和课后反思，努力做到扬长避短，求得师生的共同发展，求得教学质量的稳步提高。相信只要通过自己不懈的努力，一定会有新的收获和感悟。

我的语文研修之路

贵州省都匀市第一中学 罗黔平

语文教师如何提高专业成长之路，经过实践探寻，我认为广泛阅读、教学反思、钻研课堂教学三足鼎立、三位一体，以促进专业化成长。只有靠扎实的语文专业水平，才能屹立于教学改革的洪流中。

一、广泛进行学习阅读

阅读是炫目的先秦繁星，是皎洁的汉宫秋月；是珠落玉盘的琵琶，是高山流水的琴瑟；是"推""敲"不定的月下门，是但求一字的数茎须；是庄子的逍遥云游，是孔子的颠沛流离；是魏王的老骥之志，是诸葛亮的锦囊妙计；是千古绝唱的诗词曲赋，是功垂青史的《四库全书》……苏霍姆林斯基："一个真正的人应当在灵魂深处有一份精神宝藏，这就是他通宵达旦地读过一二百本书。"作为一名教师，应该多阅读、多读书。

苏霍姆林斯基说自己有一笔"财富"："我私人的图书馆里，在几间房子和走廊里，从地板直到天花板都摆上了书架……有成千上万册图书……我每天不读上几页，有时不读上几行，我是无法活下去的……"

鲁迅说：读书如赌博；周作人说：读书就像烟鬼抽烟；钱理群说：现在教育的最大失败就在于，把读书这样有趣，如此让人神往的读书变得如此功利，如此的累，让学生害怕读书。作为教师，让读书成为我们的生活，必须成为我们的生活，我们不要为校长读，不要为新课读，不要为学生读，而为自己！只要心静，有一双慧眼，真正地读书，内化成我们内在的东西，读书是一个人最好的精神化妆。

要建立三个阅读圈：一是专业层面的阅读圈；二是教育学、心理学层面的阅读圈；三是非专业层面的阅读圈。

二、坚持不懈写教学反思

美国学者波斯纳指出："没有反思的经验是狭隘的经验，至多只能成为肤浅的知识。如果教师仅仅满足于获得经验而不对经验进行深入的思考，那么他的教学水平的发展将大受限制，甚至会有所滑坡。"可以从几个方面反思自己的教学得失：回顾学生时期的经历，学习其他老师的优秀经验，阅读理论文献，邀请同事、专家观察自己的教学、学生的反馈意见，不断反思自己的成功之举和败笔之处。

作家周国平曾经说过：思想犹如风中的纸屑，其中有一些落在了幸运的手上，大部分随风飘散了……叶澜教授一针见血地指出：一个教师写一辈子教案不一定成为名师，但如果写三年教学反思则有可能成为名师。教学反思包括教育叙事研究和教学案例反思两种。我是属于以写带读的那一种，最初，我只是试图用稚嫩的文字记录一些工作中的感受，以此来让自己对工作保持一份热情。而后，我越发感觉到一个教师的幸福就在孩子那里，记录和孩子在一起的时光，文字开始灵动起来，场景的再现，让人有一种言说的欲望。教育叙事的写作过程使得我们保持着对教育的敏感，使得我们行走在路上不至于麻木，不至于彷徨。

教育叙事需要关注事件背后的秘密，多角度思考事件本身的教育价值和教育契机。在很多叙事作品中，生活化常态化的记录固然可以使教育者之心细腻起来，但是一个好老师不仅仅应该是感性的，还需要理性。理性之爱是指教师能够跳出事件本身，审视、思考、判断，为学生的成长提供积极的帮助。

三、努力钻研课堂教学

对教师而言，教学本身应是一种对话，对话本身就体现了民主、平等的关系，对话中既没有无所不知的圣人，也没有完全无知的愚人，对话过程应是师生相互学习的过程，如此才能在师生互动中形成体验、探究的氛围。在我眼里，每个学生的意见都是值得珍视的，只要老师多一份宽容，让孩子充分陈述理由，无疑会带动更多学生去留意生活，去大胆思考。虽然有时我们为卓有成效的对话也可能得不出什么结论，但却换来了学生心态的开放，何乐而不为呢？只有这样，学生才能真正成为学习的主人。

教学是一项复杂的活动，它需要教师课前做出周密的策划。课前预设的思考是教师发挥组织、引领作用的重要保证。凡事预则立，不预则废。没有高质量的预设，就不可能有精彩的生成。除此之外，语文教师还有出众的课堂调控能力。一是对教材的驾驭能力，二是对学生的驾驭能力。教材是静止的事物，课堂上老师可以调控，可以分重难点进行割舍，有的放矢；

而学生是动态的个体，需要老师洞悉察觉，还要有口若悬河的口才、敏捷的思维，以应对课堂中的千变万化。

四、参加名师工作室是专业化成长的助推器

"宝剑锋自磨砺出，梅花香自苦寒来。"虽说参加名师工作室既要完成学校工作，又要参加工作室的活动，完成相应的作业，但工作室给我注入了源泉和动力，开阔了视野，丰富了我的人生经历。

在语文研修之路上，倾听内心声音其实是一种姿态，是一种对生活反思的勇气和决心，当我们能够沉静下忙碌的心灵，去面对真实的自己时，尽管这需要足够大的勇气和信念，但是只要我们终于可以正视的时候，其实我们也找到了灵魂冲突的出路，找到了光亮……

一直走在研修的路上

贵州省铜仁市第八中学 田洪翔

"善始者实繁，克终者盖寡。"

自参加工作以来，一直认真努力地工作，不断提升自己的专业技术水平，2004 年就与思南县唐乔中学的语文教师申报了省级课题"导读导写"教学研究，刚参加工作的我，一切都在慢慢摸索，幸得老教师不吝赐教，年轻教师积极参与，很快研修工作进入正轨，后因工作需要，调入塘头中学，也积极参与学校的省级课题研究，撰写论文，指导学生写作阅读，收集资料。最后，我之前组织申报的课题和后边参与的课题，都获省级二等奖。

在之后的教育教学活动中，不断开动脑筋，与同事交流学习，向老教师请教，自己也搞一些小课题研究，虽然没有用于评奖，但对我个人的专业技术水平的发展起了很大作用，而且坚持撰写论文，参与评奖，这些年来，在论文方面获得了不少奖项，有国家级的、省级的、市级的、县级的等。

2014 年，我申请加入了代泽斌老师的语文名师工作室，学习研修两不误，2014 年我又与我校（铜仁八中）的同事申报的课题《新课程背景下古诗文阅读教学的有效性探究》，被批复为省级课题，现在该课题已进入第二阶段的研究。

在 2014—2015 年里，代泽斌老师语文名师工作室开展了丰富的活动，虽然每次活动的时间都不是很长，但这段时间下来打开记得密密麻麻的笔记本，才发现确实获益良多。

一、交流让我们锻炼表达能力，开阔视野

暑期每个人读一本教育理论方面的书籍，是工作室的要求，最终很多教师根据自己的不同需要选择了不同种类的书籍，总结起来如下：《卡尔威特的教育》《快乐成长》《爱心教育》《培养孩子的责任心》《谁动了我的奶酪》《我的教育经》《窗边的小豆豆》《平凡的世界》《改善学生课堂表现的小技巧》《做一个纯粹的教师》《这样帮助孩子学习最有效》《新课程理念与创新》等。每位学员都将自己印象最深的感受与我们进行了分

享，短短的几小时就感觉自己也把这些书看了一遍，确实很开心。

教学中大家或多或少都存在很多疑问，平时主要是和自己学校的同事交流，难免视野狭窄，而且解决的方法比较单一，通过大家的交流才发现其实在教学的路上自己并不孤单，不仅仅是我一个人存在这样或那样的问题。初中教师的解决办法更让我喜欢，总觉得他们对学生的爱要更多一些，解决问题的办法也更人性化，多多为学生考虑，我想可能是我们这些高中教师总觉得学生已经长大，往往对他们的要求也更苛刻，所以会带来很多失望和抱怨。

二、通过听课博采众长

听课是我们教师的必修课，如果一名教师只知道闭门造车的话，那肯定会落后于时代。因此，我在结束了 20 天的跟岗学习之后并没有停下听课的步伐，在校内外共听课 56 节，自己觉得受益匪浅。

三、课题研究，解决问题

针对新课程教学中的难点和热点问题，我参与了省级课题《新课程背景下古诗文阅读教学的有效性探究》，9 月中旬代泽斌老师到铜仁市第八中学为我们课题组做了一个名为《例说古典诗词阅读与鉴赏》的讲座，对我们的课题进行了指导，课题研究为改进课堂教学提供了理论支撑，课堂教学也为课题的顺利开展提供了保障。

一直以来，我坚信，一切收获都是付出所得。因此，我一直都没有停止过自己的脚步，一晃十多年过去了，那时年轻的我已不再年轻，但对语文教学的热情却有增无减。总之，通过不断学习，我确实提升了自己，也明确了自己以后工作的方向。

我的研修在路上

贵州省毕节黔西第一中学 符小梅

走上工作岗位已接近二十个年头，可以算得上老教师了，回顾自己多年的教学之路，我似乎从未驻足呼呼大睡。从进入教育学院进修开始，我的研修就已经在路上。当初的进修，是感觉自己的知识水平有限，知识结构单一松散。为了积蓄自己的一桶水，我开始了我最早期的研修之路。当我觉得自己有所得的时候，我在忐忑中走上了高中教学岗位。走上新的岗位，自己的不足之处也就越发明显。这一次，我首先选择了书籍，通过阅读大量的教育教学专著，我感觉自己从思想上有了一次很大的提升，这令我很是欣喜。除此之外，我选择了向身边的老师们学习，在我身边有很多既有新教育理念又有独特教学方法的优秀老师，感谢他们给了我很多帮助，让我快速地成长起来。都说站得高才能看得远，当自己迅速成长起来，我并没有获得满足感，反而更加慌乱。在新旧理念的交织冲击之下，我该何去何从，才能走出一条适合自己的教学之路？迷茫之中，我有了一个再次走上研修之路的机会。

本学期，我非常荣幸地成为代泽斌老师名师工作室的一名学员，在代老师的精心指导和带领下，充实了自己，也发现了自己在教学中的诸多不足，但更多的是收获，我很庆幸自己能够拥有这样一个不断充实自己、提高自己能力的机会。加入名师工作室的心情是非常紧张的，作为一名一线的普通教师，是微不足道的，自己得到的荣誉也没有那么多，资历尚浅，很忐忑自己有没有那样的资格？和其他学员比起来自己是不是差了很多？在诸多顾虑之后，我鼓励自己把握机会，正视自己的不足，能有机会参加学习弥补自己的不足是幸运的。加入名师工作室后，我积极参加各项实践活动，获得了很多向同行学习的机会，不断完善自我，促进了个人专业水平的提高。

一、态度为先

通过这研修学习，令我感触最深的是面对职业应当有怎样的态度，在聆听代泽斌老师的《立己达人，和谐共生——名师工作室发展和教师专业化发展》的学术讲座后，不禁感叹，代老师在如此成就之下还在严格要求自己、不断提升自己，作为我们这些后辈有何理由不以更加严谨勤奋的态度面对自己的职业呢？在代老师《我的风景》一书中有一句"不怕慢，就怕站"，确是实践出真知，简单的一句话道出了面对职业当有的态度。细品味，这句话其实适用于很多职业，适用于多方面的成功。要想提高自己，要想成为一名优秀的教师，态度往往决定一切。

二、理论研修

加入工作室后，我自主学习了《我的风景》和《教育研究论文选题与写作》，我更进一步认清了自己的不足之处，也促使自己重新审视语文学科在新时代的变化和要求，从理论上对语文学科在新形势下的改革要求有了更明确和更充分的认识。《语文课程标准》把语文课程的性质界定为"工具性和人文性的统一"。这是一个非常有新意的提法，是与"语文素养"相吻合的。"人文性"就是教学生如何做人。在语文教学中，教师应当努力挖掘教材中的人文意蕴，培育学生热爱祖国语言的思想感情，指导学生正确地理解和运用祖国语言，丰富语言的积累，培养语感，发展思维，提高人文素养，使他们具有适应实际需要的阅读能力、写作能力、口语交际能力，还应当重视提高学生的民族精神和审美情趣，使他们逐步形成良好的个性和健全的人格，促进德、智、体、美的和谐发展。

语文新课程不仅继承了语文教学的工具性，更重要的是强调了语文教学的实践性。要教会学生掌握好工具必须引导学生到言语实践活动中去锻炼、去领会，自己去获得语文交际能力，让学生在具体语言环境中与生活中学会运用语言，这是一种不同以往的新理念。任何进步都必须有强大的理论作为支撑，通过培训研修所学到的理论知识让我在迷茫的教学中豁然开朗，明确了努力的方向。

三、走进课堂

这次培训研修不仅有理论的学习，还有课堂的实践。在毕节民族中学开展了教学研讨活动，我们观摩学习了很多优秀教师的课堂教学之后，受益匪浅，也有了很多思考。课后大家毫无保留地进行议课活动，收获了很多实用的教学经验和方法。首先，从教学的内容来说，在新课程理念的指导下，大家都在努力挖掘语文课教学中课文内含的人文因素，教学目标也从单纯地提高听说读写能力转向情感、能力、审美情趣的同步发展。语文课堂既训练了学生的语言能力，又有利于形成学生良好的个性和健全的人格，培养学生的创新意识和探究精神，着眼于学生语文学习习惯的养成和语文学习兴趣的提高，使学生的智力因素和非智力因素得到均衡发展，我也因此更加明确今后教学的方向和目标，豁然开朗一般走出了前期教学的困顿迷茫。

其次，从学员们在课堂上展现出的师生关系也让我有了新的认识。课堂上，老师先是学生的学习伙伴，后才是学生学习的指导者、辅导者。在老师们的课堂上，语文教育是教师和学生之间的平等对话，既不是教师一味地传道授业解惑，学生一味地服从老师，也不是教师只能造就学生，围着学生转，而是师生平等、相互合作，教师引导、学生探究，让人觉得很是温暖亲切。学生们不再是被动的、消极的，不再是课堂的听众，而是具有个性的、生动活泼的、思想活跃的、充满生命力的主人翁；教师不再是站在学生的对立面居高临下，教学就是教师和学生的平等对话。

最后，通过观摩，我也对新形势下的语文教师这一身份有了一些新认识。语文教师在教学中任重而道远，在语文新课程的教学活动中，要学习语文知识，也要提高语文能力，还要注重培养学生学习语文的兴趣，要把新奇感转化为求知欲。在语文教学中，教师要积极利用一切资源，新闻时事、网络媒体以及其他各学科知识进行教学资源开发，发展、提升自己的素质和能力。

四、实践应用

这次参加培训研修，还在代老师的指导下对高中选修教材《先秦诸子选读》进行了比较深入的研究和学习，对于这部选修教材有了更加透彻明晰的认识。吕思勉先生说：我国学术，只有先秦时候的诸子百家之学纯为我华夏民族的自创。先秦诸子创造了那时候百花齐放、百家争鸣的可喜局面，并且深刻影响了身后两三千年的中国历史，奠定了炎黄子孙基本的行为方式、思维方式乃至情感方式，对世界其他国家比如日本、韩国等也发挥了不可忽视的影响作用。可以说，先秦诸子是中华民族文化传统的根。我认为开设这门课程，有益于提高学生对我国文化传统的认识，加深学生对优良传统的热爱之情，增强他们对中华文化的认同感。

先秦诸子尤其是其中的孔子、孟子、荀子等儒家学者，以修身、齐家、治国、平天下为人生追求，以道德为立身行事自处处人的根本，是道德人格思考和培养方面的大师。先秦诸子对社会人生各方面的问题，有异常敏锐深刻的洞察。他们或者教人以种种智慧的、积极的方式回应社会人生问题，或者启发人们对种种社会人生问题进行反思。比如，孔子说"当仁，不让于师""不义而富且贵，于我如浮云""欲速则不达，见小利则大事不成""人无远虑，必有近忧"。孟子说："爱人者，人恒爱之；敬人者，人恒敬之"。老子说："千里之行，始于足下""胜人者有力，自胜者强"。这些睿智的思考现在看来仍然富有引导和启示意义。我在教学设计时，把这些人文因素都融入其中，不仅给了学生指导，自己也受益良多。

参加这次培训研修，我感觉自己开阔了视野，增长了见识，更产生了一种紧迫感，我感受到，学习应当成为一种习惯，尤其对于语文老师，更需要全方位、多角度地学习。学习课标、教材，他们是上好课的基础。语文学科不仅要通晓新课标的内涵和外延，更要发挥教材人文性和工具性的综合作用，把知识教学和能力训练落到实处。要学习先进经验，它是提高教学能力的捷径，这次培训研修就给我创造了一个学习先进经验的大好机会，在今后的教学中我会把这些经验运用于教学中以求进步。另外，我还阅读了许多关于教学的理论文章，一堂课教什么，怎样教，达到什么效果，都需要理论的指导，今后更要加强这方面的学习，提升自己作为一名语文教师的素养。这次的培训研修，我不仅在教学专业知识上有所收获，更重要的是从老师身上收获了一种认真专注的学习态度，这也是一种教学态度、一种教学意识。老师的即时点拨，让我们开阔了视野，拓宽了知识面，让自己站在了更高的角度上来看待自己的职业，使我更加有动力去自觉投身到教学当中，把理论和实践结合起来，做到学有所用。培训的结束不是研修之路的尽头，我们的研修之路一直都在路上。

求真务实　再上新台阶

——我走过的研修之路

贵州省铜仁市第八中学　邹仁松

2015 年 9 月，我很幸运地加入到"贵州省（代泽斌）名师工作室"学习。在研修之路上，我成了一名求真的学习者和务实的探索者。在代老师的引领下，我从一个懵懂的普通教师逐步走向了一个明白的教育者；从一个消极被动的教师转变为一个积极探索教育教学方法的研究型教师。其间的迷茫与阵痛，明晰与欣喜，成功与收获，成了我人生中的重要财富，我将继续沿着代老师引领的方向不断前行。

一、积淀理论，提高水平

认真学习新的教育理念，提高自身素质；认真学习语文新课标，充实自己，并努力做到与教学实践相结合。为了提高专业理论水平，我认真阅读了《中学教育心理学》、《给教师的一百条建议》、《语文课程标准解读》（2011 版）等教育教学理论书籍，撰写了读书笔记和读书心得。为了提高语文课堂教学水平，我学习了余映潮老师的《致语文教师》，王开东的《深度语文》，也认真阅读了代泽斌老师编辑的学生习作《我们的风景》。这些学习，让我的理论水平和课堂教学水平有了大幅度的提高。同时，名师工作室为我的专业成长提供了很好的实践机会，并为我搭建了展示自我、体现自身价值的舞台。通过学习我深深体会到"学然后知不足"；通过反思，我发现想要成为一名专业化的研究型教师还有很多路要走。

二、乐于求索，热心指导

加入名师工作室后，我积极参加各项实践交流活动，获得了很多与同行合作的机会，进行了很多理论上的探讨，积极探索了新的教学路子，不断完善自我，促进个人专业知识的提升。平时认真阅读有关资料，钻研新教材，研究教法，体会新课程的性质、价值、理念，提高自己的业务能力，尤其是加强"少教多学"的研究，总结经验，逐步形成了自己的教学风格。我所撰写的《我为"套中人"建档案》的教学反思就是"少教多学"理念的具体体现。

在平时工作中，根据学校工作安排，我还热心指导青年教师的成长。我们学校是2013年刚成立的一所新学校，关心青年教师，积极发挥传、帮、带的作用，就成为老教师义不容辞的职责。这期间，我指导了青年教师熊伟、田庆芳上课和进行课题研究等，使他们很快就能胜任高中语文课堂教学，从而充分发挥引领示范的作用。

三、课题研究，解决问题

我以课题研究为抓手，与青年教师一道走"科研兴师，名师强校"之路。针对新课程教学中存在的难点和热点问题，我参与了由铜仁八中语文教师田洪翔主持的省级课题《新课程背景古诗文阅读教学的有效探究》的研究。我作为课题组唯一一位高级教师，在课题立项、课题申报、课题研究等方面起到了应有的指导作用，目前该课题正进入第三阶段的研究。毕竟，课题研究是为改进课堂教学提供理论支撑，而课堂教学也会为课题的顺利开展提供保障。自进行《新课程背景古诗文阅读教学的有效探究》课堂研究以来，我校参与该课堂研究的教师为古诗文阅读教学探究到了一些有效的方法，其所任班级的古诗文阅读成绩有了大幅度的提升。

四、课堂教学，求真务实

课堂教学是教师成长的主要载体，是提高教师专业水平的有效途径。在这半年里，我认真研读关于课堂教学的专著，特别是日本作家佐藤学的《静悄悄的革命——课堂改变，学校就会改变》，代泽斌老师提出的"少教多学"理念，以及"有效课堂"方面的诸多文章，让自己在追求少教多学、努力打造简单而实在的有效课堂方面得到了长足的进步。佐藤学说，"让教室里的学习成为每个学生都能得到尊重、每个学生都能放心地打开自己的心扉、每个学生的差异都得到关注的学习"；"学校应成为'学习共同体'，在教室中要实现'活动的、合作的、探究的学习'。在传统的'阶梯形'课程之外创造'登山型'课程"。代泽斌老师则指出，"教师是学生学习的促进者，是学生学习能力的培养者，教师不仅是经师，更应该是人师，要注重学生的情感，关心学生的心灵世界，教师不仅是一个'学者型'

的教师，更要研究教法，研究教学规律，研究学生的学习方法，研究学生的学习心理，教师应该是新课程的建设者、开发者"。

这些话语，犹如醍醐灌顶，让我在积极探索高效课堂方面走出了一条崭新的课堂教学方法之路，从而也获得了些微荣誉：我在 2015 年教师节被学校评为"优秀教师"，2015 年 11 月被万山区教育局聘为"万山区青年教师技能大赛语文学科评委"。

回首半年来走过的研修道路，我深感充实与快乐，内心充满感激。在今后的工作中，我将继续求真务实，扎实地学习、反思、践行，沿着"学无止境、教无止境"的方向前行，不断再上新台阶，以期实现工作室共同的愿望：展示语文工作室的风采，树立起勇于创新、勤于实践的一面旗帜，发扬一种热爱教育、热爱学生、执着追求的精神！

教 与 思

——贵州省高中语文代泽斌名师工作室培训心得

贵州省德江县煎茶中学 牟真贵

2016 年 3 月 10 日至 3 月 13 日，在铜仁一中聆听了十多位专家的讲座，同时还听了六位教师六节风格各异的语文课，感受颇深。下面，我就自己在学习与教学中的一些想法作简单的汇报。

孔子曰："学而不思则罔，思而不学则殆。"这告诉我们，一味地读书而不去思考，就会因为不能深刻理解书本的意义而不能合理有效地利用书本的知识，甚至会陷入迷茫。而如果一味空想而不去进行实实在在的学习和钻研，则终究是沙上建塔，一无所得，只有把学习和思考结合起来，才能学到切实有用的知识，否则就会收效甚微。那么，我们在教学中呢，是不是只教就可以了，要不要思考我们教得怎样？

我认为，教而不思，就会越教越迷糊；思而不教，就会脱离实际，越教越肤浅。只有教学与反思相结合，才能不断提高自身的业务水平，达到更好的教。如何教？"授人以鱼，不如授之以渔"。教给学生以知识，不如教给学生学习知识的方法。

一是从学习课文内容上教给学生方法。要让学生通过快速阅读掌握课文内容。在这一点上，毕节民族中学的丁璐老师做得很好，她向所有参加培训学习的老师展示了这一点。学生在速读、个体阅读和齐读《齐人有一妻一妾》后，让学生复述课文内容，并且还让学生扮演其中的角色，通过角色定位和情节来把握文章的内容。大体来说，有五个情节值得注意：齐人妻询问丈夫每天都与谁在一起吃饭、妻妾的第一次对话、齐人妻跟踪齐人、齐人妻妾相拥而哭、齐人屡次炫耀着回家。学生只要根据这五个情节就可以演完本文的内容。学生在参与学习的过程中就能明白，只要我们抓住几个重要情节或场景就可以轻松把握文章的内容。

二是学习课文知识点上教给学生的方法。课前要让学生明白所学文章的知识点有几个，重点把握哪一个或两个，就是要求教师在课初向学生讲清学习目标，得出重点目标是哪一个。在语文必修 3 第一单元中有三篇文章，总体学习目标是欣赏人物形象，品味小说语言，注意情节、环境和人物的关系，恰好这几个点与考点也相关。教师在引导学生学习课文时应一点一点地讲清楚，可以一课一个或两个学习点。

如《祝福》这一课，可以把人物形象和环境描写作为重点来讲，在分析人物形象时要教给学生分析方法及解题技巧。祥林嫂：旧中国劳动妇女的典型——勤劳善良、朴实顽强、愚昧落后、质疑抗争，被封建礼教和封建思想践踏、迫害、摧残却无力抗争，以为捐了门槛就可以得到宽恕，可鲁四老爷一家的行为再次打碎了她仅存的一点信念，此时封建礼教吃人的本质露出了真面目。鲁四老爷：地主阶级知识分子的缩影——迂腐保守、虚伪落后、自私冷漠。他只是一个封建余孽，维护正统，崇奉礼教，迷信神灵，典型的封建卫道士。从对以上两个人物的归纳来看，有一个明显特征：先总括人物形象，再列举性格特征，分析原因，这正好符合解答此类题的要求，教师要做的就是引导学生掌握此方法。可以归纳桑地亚哥的形象：典型的硬汉——从不泄气，不向厄运低头，敢于拼搏，顽强勇敢，充满了人性中坚强的英雄主义精神。

三是从文章结构上入手教学生方法。文章的结构是作者为表现主旨而对写作材料进行精心构思安排的结果，是行文思路的具体体现。有些文章没有外在的语言标志，阅读时可采用一边读文章一边概括每段内容的方法，理清文章内部段与段、层与层之间的关系，快速了解全文内容、中心和结构层次。领起句、过渡句、前后照应句、结构相似句（包括文中反复出现的文句），往往能体现文章思路。《祝福》中开始一、二段的环境描写有雪，文章中间"雪花落在积得厚厚的雪褥上面，听去似乎瑟瑟有声，使人更加感到沉寂"，文章最后有"……夹着团团飞舞的雪花……"，这是典型的前、中、后都有呼应，文章浑然一体，完整严密，为文章增添了深沉的凄凉感，让人扼腕叹息而又痛恨不已。教师就要让学生懂得运用前后呼应这种方法，甚至运用到作文中去。《红楼梦》的第一回"甄士隐幻梦识通灵 贾雨村风尘怀闺秀"和第一百二十回"甄士隐详说太虚情 贾雨村归结红楼梦"在标题和内容上都做到了前后呼应，更何况我们要写的只是800字以上的文章？

从表面上看来，教师似乎给了学生无数的方法，结果是学生往往没用方法去解决问题，于是我们就开始抱怨学生，有些解题方法已经讲过了千万遍。其实，教师不能一味地责怪学生，也许我们讲的方法不对，学生一遍都没听进去，如何能解决问题。这就需要我们在课后进行反思了，讲的方法对不对，是否向学生讲清楚了问题。

因此，"教"与"思"相结合就显得尤为重要了，教师连自己都无法理清的问题，怎么可能让学生清晰明白？只有教师理清、理透问题，才能准确无误地传达给学生。

累着，快乐着，收获着

——我的跟岗研修学习体会

贵州省印江第一中学 吴伯军

2014 年 3 月，我有幸成为代泽斌名师工作室的一名学员，近三年来，与同行一起交流学习，我们经历了耕耘和收获。作为一名教师，我很庆幸自己有这样好的一个机会能够分享到专家们的成果、心得和经验。在这个平台上大家可以畅所欲言，谈自己对语文教学的观点和想法，交流自己的教学经验和教学思路，同仁们之间的研讨以及老师们所提供的视频和各种信息，这些都开拓了我的视野，充实了我的思想，同时也给我提供了表达自己想法的机会，得到同仁们的指点，真的是获益匪浅！所以在这里首先感谢提供这个平台和参与这次培训的各学校的老师们，让大家有了共同学习和共同进步的机会。下面是我的感悟和收获。

①在教学过程中师生角色的转换、对教材的理解与运用、对学生的激励与鞭策也都是今后需要进一步关注和探究的问题，做研究型、学者型的教师更是时代的召唤。我收获了新的教学理念、教学方式、教学技能，还收获了更多的人文精神，从专家老师认真批阅每一篇作业的过程中，从主持人对每个学员认真负责的态度中，从每位学员认真对待每一篇作业中，我进一步领悟了责任意识、敬业精神、进取精神，远程研修真可谓教师的"精神家园"。

②教学是一门艺术，需要教师不断地去思考、探索，才能掌握和运用这门艺术。教师要用爱心去熏陶学生，要用恒心去对待学生，要用耐心去教育学生。

③聆听、学习了优秀教师的教学案例，对教学设计与课堂教学有了新的认识，提高了课堂教学的驾驭能力，讨论学习了高中语文教学中的阅读、积累、内化以及语言的准确性和规范性的问题。

④了解了语文课堂教学中积累与梳理中存在的问题，学习、掌握了积累的内容与梳理知识点的方法，反思了自己的教学，更新了思想，改变了观念。

⑤课后反思进步的基石、经验积累的过程。教师的反省是我们教学过

程中必不可少的一部分，没有反省何来进步。每一节教案、每一节课都要反思，总结长处和不足，站在课堂外看自己的课，以旁观者的角度来分析我们的课堂，更重要的是应当站在学生的角度进行思考，对于每个问题应当用什么样的思路，什么样的方法讲解，学生容易接受，能激发学生的兴趣。甚至我们在课堂中的每句话都是我们反思的内容，因为反思的过程就是经验积累的过程，通过反思我们能不断充实自己、提高自己。

⑥通过阅读、积累、内化提高语言表达能力。通过教学使学生具有较强的语言运用能力和一定的审美能力、探究能力。学生的主体地位必须得以充分重视和发挥，教会学生怎样学习已经成为教学理论界的共识。中国有句古话："授人以鱼，仅供一饭之需；授人以渔，则终身受益无穷。"在此基础上培养阅读能力、鉴赏能力、创新能力和知识的运用迁移能力，要求学生多读书、多思考、多积累。作为教师，我们要读比学生多几十倍的书，要不断提高自己充实自己，这样才能做到在课堂中游刃有余，学无止境，要想我们的学生会学习，教师应当首先会学习，学会教学，学会生活，学会做人！"问渠哪得清如许，为有源头活水来"，教师必须有源头活水。

⑦用心实践。研修学习，也只是给我们日常教学一个指导作用，具体如何实施？就要靠我们将专家们新的教育理念进行充分的"消化吸收"，将其转变为能真正服务于我们日常教学的有效元素而不是一味地生搬硬套，关键是看教师如何将自己所学到的理论性知识用来指导实际教学，真正做到"在学中用，在用中学"，使学生乐学、好学、善学，从而进一步提高学生的语言综合运用能力，全面提高教学质量。

⑧充分发挥学生的主体地位。要提高高中学生的语文素质，就必须在课堂教学中，充分发挥学生的主体作用，挖掘学生的潜力，激发和培养他们的学习兴趣，让他们在课堂上有自主学习与思考的时间与空间，主动参与课堂教学活动，课堂上让学生有发表观点感受的机会，尽量以问题形式让学生充分讨论，共同解决。这样就把学习的主动权交给学生，让学生有主体参与的意识，能充分调动学生的积极性，使课堂充满活跃的气氛，个个踊跃讨论、积极发言。在培养学生主动参与教学的过程中，要注重举一反三，触类旁通，让学生掌握分析解决问题的方法，掌握阅读分析的方法要领，不是被动地接受老师传授的知识，而是主动掌握和运用知识。学生只有掌握了科学有效的学习方法，才能融会贯通，终身受益。充分发挥学生的主体作用，变被动为主动的学习方式，是提高高中学生语文素质的基础。

研修以来，我不断在反思教学中存在的问题，也真正领略到了培训的精彩：既有理论的高屋建瓴，也有实践的品鉴入微；既有专家的专业引领，也有同伴的经验互助……在学习中明白了这样一种理念：课堂需要解决实际问题；学习不是以学科为中心，而是以问题为中心。讨论、辩论等参与方式，促进了交流与分享。整个培训过程清晰流畅，引人入胜，美不胜收，总是让人恋恋不舍，流连忘返。研修的活动环环相扣，不学习，就无法有针对性地进行交流，不交流就不能很好地完成作业。

在学习中激发了自己的兴趣，扩宽了自己的视野；在教学中激活了自己的思维，提高了自己的教学水平。研修虽然结束了，但是我相信我的学习远没有结束，我要有"教到老，学到老"的精神！感谢工作室代泽斌老师，感谢所有为此次研修默默奉献的人们！

以上是我在这次跟岗培训中的一点心得体会，希望通过这个平台，与同行继续交流，使我们获得更大的收获，使我的语文教学更上一层楼。

研修的日子里我们思考着，成长着，收获着，快乐着！享受着研修的智慧大餐，方才明白，教育原来可以如此精彩，梦想与智慧的相逢原来可以如此激情澎湃！

三年来，无论是外出去北京参加名师大讲堂学习，还是在本地江口、思南、石阡中学等地举行示范课活动，虽然辛苦，但很充实快乐，我们交流出了经验，交流出了感情。眼看研修结束了，但学习和友谊永远没有结束，希望老师们能多交流，多联系，继续共同品味教育事业中的苦与乐！

路漫漫其修远兮

——我的名师工作室学员研修之路

贵州省铜仁市第一中学 黄丽娜

2015年9月，我有幸成为代泽斌老师名师工作室的第四批跟岗研修学员。

九月的阳光于我而言更显明媚和煦，我能加入代老师的名师工作室是兴奋的，也是惶恐的。因为，这意味着我们必须改变教书匠的命运，走上一条研修之路。

第一次研修，代老师没有过多的话语，而是给每个学员准备了一个精致的研修包。拿到的时候，包包很重，打开，里面整整齐齐地放了八本崭新的书，其中有我最喜欢的《平凡的世界》。其他几本就是一些教育知名人士的关于教育教学方法的书，代老师规定，一个月要读完，并且形成自己的阅读报告。

研修从阅读开始了，打开书，就打开了不一样的教学天地、不一样的教学世界和体会。我阅读这些文字，体会这些教育前辈给我们积累的不一样的教育的境遇、经验、方法。当然，有阅读受阻的时候，这时候就请教代老师，代老师总是耐心回答我、教导我。在现实的教学活动中，代老师更是主动关心我们的教学实况和教学效果。

去年，刚好和代老师同样的都带高三年级，每次月考后，代老师都会主动找我谈班上成绩、学生状况。有的放矢地分析我班上成绩整体落后的原因，给了我很大的帮助。代老师推行的"就近发展区理论"，也在实践中得到了很好的反馈。

除了学校的教学，代老师还经常带我们出去交流。

2015年9月，我的第一次研修活动是在思南师范进行的。当时，师范要成立铜仁诗词楹联学会分会，邀请了全区诗词界泰斗级别的人物。授牌仪式完成后，杨德淮老先生讲述了中国古典诗词的魅力和发展的现状。我深刻地感受到了作为一位古代文学的研究生，身上所肩负的历史责任。同时，也让我们感受到了经典的魅力永存。

经典的魅力余韵还在，代老师趁热打铁，又安排了关于格律诗的一次讲座，当时参加讲座的是语文组全体组员。李季能老先生主要是探究格律诗的平仄，他的最终目的是，希望大家都爱古典诗词，于是教了我们写好格律诗的基本方法。李老师举了"绝句""律诗"的韵和平仄。由浅入深的点评，把平仄讲得通俗易懂，他推荐我们去读《中华新韵（14韵）》，并且强调，没有韵，就不能称其为诗。讲到了诗的开头，仄声起平声收……讲座持续的时间是两个半小时，中间没有休息，李老师七十多岁的高龄很不容易。听了讲座后，我充分认识到了五言、七言、律诗平仄的重要性，在通过几首熟悉的诗词理解平仄的规律后，帮助我们把以后课堂的诗词鉴赏活动开展得更为生动和有意义，对老师们以后系统地讲解平仄有很大帮助。

有了前面两次的铺垫，铜仁一中诗词楹联分会也成立了。在会上，各位老师一起品读《入梦集》和《入梦集续》。这两本诗集的作者是铜仁一中的老校长吴光权老先生。会场上，名师工作室各成员都发表了自己的阅读感想，后面每个学员都谈了自己对古典诗词的理解和认同。

走进诗词，走进不一样的世界。在这一段研修路上，我深刻地感受到了古典文化的魅力，重温了古典经典文化，让自己的灵魂得到了一次洗礼。

当然，教学上，我们也收获颇丰。代老师提供给了我们很有价值很新的教学理念。

新手在教学中最容易犯的问题就是，一直讲，一直讲，生怕学生没懂。这时候，代老师给了大家一个教学理念，即少教多学。我的理解是，少教多学最重要的就是把课堂还给学生。老师少讲，学生多学，多思考。

少教多学的上课方法提高了老师上课的效率，也让学生真正成了课堂的主人。那么课堂的导演，老师的活动也是至关重要的，真正的语文课堂应当教给学生什么呢？应和学生研讨什么呢？

也就是真语文的上法，语文这个科目，按照大纲要求该给学生什么东西，那么课堂的主要任务落实什么就很重要了，真的语文要体现在"语"和"文"的落实上面。

得到了这两个理念，我的课堂研修目标就更加清晰了，备课、授课的目标更加明确。我的研修之路，是正在向着一个合格的语文老师进发，是向着一个有思想的教研者的目标进发。这里用屈原的一句诗自勉："路漫漫其修远兮，吾将上下而求索。"

我的研修之路

贵州省沿河官舟中学 冉小芝

　　去年，在陈谋韬校长的引领下，我非常荣幸地成为"贵州省高中语文代泽斌名师工作室"的学员。在此，我非常感谢名师工作室主持人代泽斌老师，感谢代老师为我们创造了一个继续学习的平台；同时也感谢陈谋韬校长，感谢陈校长给我们再次学习的机会。回顾在名师工作室的学习，我感受到这个集体给我带来的欢乐与收获，也让我在这个团队中不断成长。虽然说这一年多我并没有值得夸耀的荣誉、值得炫耀的成绩，但工作室领头人及同行们好学上进、乐于创新、勇于开拓的精神给予我很大的动力，让我在教育教学实践的岗位迈着坚实的步伐。成长是一个过程，也是一份快乐。

　　这一年多，我积极参加了名师工作室的各种学习活动，并按时按要求完成了学习任务。在印江、思南民中、铜仁一中等学校的集中培训学习中我没有一次缺席，参加这几次研修学习，通过议课，聆听专家精彩的教学点评与讲座，虽然只是经过几次短短的学习，但对研修却有不少的认识。在这一年多的时间里，通过对专家、教授们专题的听课、交流、研讨，同时提交作业、发表评论等，让我领略到专家教授的风采，同时也感受到其他学员孜孜以求的进取精神，让我觉得受益匪浅。通过学习，开阔了我的教育教学视野，更新了教育教学理念，同时也使我的专业素养得以不断提升。在与同行们的交流中，我受到了启发。一个个原来模糊的授课环节，一个个苦思冥想的教学设计，在这里得到了解决。老师们的作品都是自己教学中的呕心之作。各种课型的处理，各种教学问题的探讨都是非常典型的，既有可观性，又有实用性。知识性、趣味性、前瞻性，都让自己大开眼界。在聆听专家、教授精彩的讲座中，我被他们高超的学术所折服，同时也找到了自身的不足。无论同行还是专家，他们独到的绝活，高深而又实用的理论知识，都让我找到了学习的目标、学习的方向。特别是原来只有感性认识，现在通过学习，也找到了及时总结、慢慢提升的途径。经过这一年多的学习，使我过去的授课思路和指导思想都得到了根本的变化。

　　我十分珍惜这一难得的机会，因为丰富的学习资料，增长了我的知识储备，开阔了我的教学视野。我了解到教学中最前沿的知识，充分理解了新课改的理念。也了解到作为老师，只有不断更新自己的知识，不断提高自身素质，不断完善自己，才能教好学生。就如代老师所言："要成就他人，必先成就自己。"要提高我们的自身素质，这要求我们教师多听取学生和教师之间的各种意见，并且自身不断学习，积极学习，不断开辟新教法，把先进的教学模式引入课堂。

一方面，如何上好一节课，一直是我们关注的焦点。通过学习，我感触颇深。首先，教学目标要明确并且设计得当，因为教学目标既是课堂教学的出发点，也是课堂教学的归宿；其次，在讲课的过程中要加以利用生活周边的实例，增加教学目标的生动性，活跃课堂氛围，让学生更好地理解和掌握，让不同层次的学生都学有所获；最后，利用与学生之间的互动能够明确了解其不足之处，再加以细说，以确保学生吸收知识的效率，让学生快乐轻松地学习语文。要让我们的课堂多姿多彩、有声有色，离不开教师的不断探索与反思。

另一方面，在今天教师职业紧张和教师地位尴尬的压力下，我们该如何去面对和化解它呢？这就要求我们老师要学会自我调适和正确看待竞争，宽容地对待学生，多一点耐心和爱心，有利于教师的心理健康。除此之外，通过和家人、同事、好友的沟通交流，调整心态，放松心情，这也有助于身心健康。

在研修学习的过程中，我领略了研修内容的丰富精彩、研修形式的创新、研修成果的厚重。对于我来说，专业成长的路还很长，希望我们能够继续相伴在那种灵活、丰富、互动有趣的教学海洋里。学无止境，学习之路漫漫，吾将上下而求索。

我在名师团队里成长

贵州省沿河官舟中学 毛于贵

进入工作室已经快一年了，在感叹时间过得真快时，我又在开心自己的收获！因为时间见证了我在这一年点点滴滴的成长。

一、沉淀自己

作为市级骨干教师，我不断充实自己，更好地进行教育教学实践。11月13日至11月22日，我在铜仁一中跟岗学习，教授高三（1）、高三（5）两班的语文课，这让我知道，要当好老师，必须自身做好表率，时时做到教书育人、言传身教、为人师表，以自己的人格、行为去感染学生，努力使学生、家长接受并喜欢自己，充分利用好这两班的资源不断提高自己的业务水平。

二、学以致用

"学了不会用等于白学"，我经常对学生这样说，所以我坚持把在名师工作室所学到的知识用于教学中。

在过去的一年里，我把在工作室中获得教学理论用于我的课题和论文撰写中，完成了小课题《古诗文阅读与作文写作》的研究，并积极进行探索，不断地分析、讨论，总结出一套适合我们自己学校学生特点的实用有效的教学方法。在教研中，我的教学水平也在逐渐提高。

我虽是市级骨干教师，但我深知"独木不成林"的道理。我不仅严格要求自己、大胆实践，在平常的探讨中，我也从不吝惜自己的点滴经验，充分发表自己的意见和建议。2015年2月和2015年11月，我在县级集中培训课上，谈自己所获得的一些教学理念，对真语文的看法等。这样做使我收获都很大，提高很快。

三、努力方向

"学无止境"，所以我给自己定下以下目标。

①在提高课堂实效性上下功夫，使学生在每一堂课中有更大的收获。

②及时总结，加强反思的能力，将自己平时积累的经验、有价值的思考及时记录下来，以便更快地提升自己的水平。12月在学校上了一节市级以上骨干教师示范课《一剪梅·舟过吴江》，得到了同行的好评。

四、课堂教学，追求本真

认真参与每一次工作室活动，收获颇丰。一次次的活动记载了我成长的足迹，成员们的共同参与，都感受到了工作室浓郁的研讨氛围。在教育教学中，也取得可喜成绩。

回首半年来走过的道路，我深感充实与快乐，内心充满感激。在今后的工作中，我将继续扎实地学习、反思、践行，沿着"学无止境、教无止境"的方向前行，实现工作室共同的愿望：展示语文工作室的风采，树立勇于创新、勤于实践的一面旗帜，发扬一种热爱教育、热爱学生、执着追求的精神！

五、在本校帮扶情况

我是学校市级骨干教师，我深知这既是一种荣誉，更是一种压力与责任。于是，我把压力化作动力，认真做好每项工作，不辜负校领导、同事对我的厚望。我是这样想的，也是这样做的，我深知"一棵树不成林"的道理。我不仅严格要求自己、大胆实践，并与积极肯干的张加海、崔福刚、杨胜友、程庆碧老师组成了帮扶小组。

（一）日常的帮扶工作

本人认真地按学期初的骨干教师帮扶计划进行工作，如约完成了如下任务。

①做到了每个月帮助学校张加海老师、程庆碧老师、崔福刚老师、杨胜友老师备一节课，检查一次教案，真正提高四位老师在教材的分析和处理方面的能力。

②做到了每个月听四位老师一节课，并给其做出详尽的讲评。

③做到了每个月给四位老师上一节示范课，起到了示范、牵引的作用。

④指导四位老师进行教育教学情况，认真书写指导过程中的记录与反思，总结经验教训，做好材料的整理收集。

（二）取得的成绩

功夫不负有心人，在本人的帮助和四位老师的积极努力下，他们都成了县级骨干。"路漫漫其修远兮，吾将上下而求索。"我将一如既往地学习、研究、实践、反思，积极主动地帮助他们，力争在平凡的岗位上实现自身的生命价值。

话又说回来，说是帮扶，其实是共同学习、共同进步。几年来，我教学水平的进步，教学成绩的取得，都是各级领导精心指导和同事关心帮助的结果，我发自肺腑地向名师工作室表示"感谢"，希望一如既往地支持我、帮助我，我又一次整理好行囊，积蓄力量，向下一个驿站吹响冲锋的号角。

六、示范课和讲座

受沿河自治县教育局邀请，2014 年 8 月—2015 年 11 月，担任县级集中培训主讲教师。

通过讲座，让老师们明白，学习对于一个教师的成长具有十分重要的意义。名师们从走上讲台的那一天起，一刻也没有放松过学习。一要系统掌握教法要素。成熟的教法是在一定教学思想指导下建立起来的，是比较稳定的教学活动的基本程序和方法。二要强化教学技能训练。教学基本技能是教师必备的基本职业技能。努力熟悉上课技能，掌握观课、议课技能，研习反思技能。唯有通过自身有效的实践训练，才能轻车熟路、游刃有余。正是由于有厚实而广博的知识基础，他们才能在教学中深入浅出、挥洒自如。

上示范课，让老师们明白，个人功底深浅不一，教学风格各异，面对的学生不同，同样的教学内容，不同的人教，课堂效果也不同。不顾客观实际情况，只一味简单地模仿，甚至直接生搬硬套，依样画葫芦，即便画得再像，也仅仅是形似而已。教学有法但无定法，学习名师，关键在于走到名师课堂的背后，深入思考，于细微精到处体察揣摩其中的奥妙，结合自身的教育教学实际和优势，活学活用而不是全部拿来，学会扬弃，并在长期的教学实践中不断尝试，不断积累经验，熟能生巧，走出一条教学新路。这就算学到了名师课堂的"真经"，除此之外，别无他途。

七、收获与遗憾

一学期以来，在指导老师和学员老师的帮助指导下，我确实进步了不少。自己把名师工作室中学习到的内容不断应用于实践，取得了一些教学效果。一学期的学习，也让我认识到，还有很多问题是我以前没有思考过或是思考不深入还应进一步研究的；有很多东西是我以前忽略而现在发现是值得重视的；有很多领域是我以前望而却步但现在看来可以涉足的。我深知自己离真正的名师工作室的培养目标还相差很远，自己身上还存在很多不足。所以我决心要在今后的工作和学习中，努力做到"扎实勤奋学习，踏实求真工作，实事求是研究"。要在每天的学习和工作中精益求精、不断反思，挤时间阅读专业书籍，努力提高自身的工作能力和实践水平，才能不辜负导师和同事对我的信任。

我的跟岗研修之路

贵州省铜仁市第二中学 敖刚

我们 20 多位来自贵州各地市的教师走进特级教师代泽斌的名师工作室进行跟岗学习。代老师为了我们这 20 多位教师的成长，在 20 天的学习中想了很多办法，运用了多种方法，观摩各种课型，参与评课与撰写反思，参加各种讲座，与专家们面对面交流，与学员们共同切磋教学教法，真是紧张而又繁忙，让我深深地感受了铜中教师刻苦钻研的敬业精神和朴实无华却不失伟大的教师人格魅力。

跟岗期间，我们还先后观摩了代亚菲等老师的课堂教学，领略了他们幽默风趣的教育风格、先进的教育理论，受益良多。在议课过程中，大家踊跃发言，妙语连珠，充分挖掘课堂的优点，也敢正视教学中存在的不足，有时甚至对教学的问题展开激烈讨论，让我不但学到了知识，更加学到各位老师高尚的品质和对教学认真的态度。对我们这群一线教师来说，每个人心里都有一个"好课标准"，但或多或少都是不够全面的、粗糙的，间或带有些主观的认识。通过对多节课例的观摩，大家的讨论交流，听取导师的点评、指导，我对"优质课"的理解、认识达到了一个较深的层次。

在讲座中，专家们富有启迪的话语，令人耳目一新的见解，精彩的演讲，生动的举证，全新的理念，无不使我震撼；专家们的学识、儒雅无不使我敬畏，他们引领我对语文教学改革有了全新的认识。

我进入了更深层次的思考，深感自己的灵魂在净化，视野在敞亮，内心更走向了澄明，给予我的教育教学生涯一次有活力的血液……

跟岗期间，认真听取了所有同仁的汇报课，虽然我们来自不同的地区、不同的学校，相同的是，大家都是经过多年的教学磨炼，都形成成熟的教学体系和别具一格的教学风格，大家都是有丰富教学经验的教学佼佼者。在同学们的课堂里，我仿佛走进了"百家课堂"，领略了百家风范；也品味"同课异构"的奇思妙想、独具匠心的教学风格。

20 天一晃而过，我们的感触很多，言语已无法表达，更多的是留恋和感激，感谢代老师，感谢铜仁一中的领导和全体员工，感谢指导过我们的所有老师。

名师风采源于勤奋

——跟岗研修培训总结

贵州省大方县黄泥塘中学 沈寿梅

很幸运能参加代泽斌老师工作室，这个工作室的所有成员，主要都是平时担任高中教学的老师。对于我来说，面对高中生，没有足够的教学经验和运用自如的教学手段、技巧，我有些紧张，担心自己不能很好地融入这温馨、积极的团队。心想：会不会遇到一个很严厉的导师，自己不敢请教而虚度时光？会不会完不成自己的研修任务而被点名落下？……

一连串的疑惑让我更加严格要求自己，下定决心要多向有经验的学员请教、学习。其间，在工作室人员的指导下，基本完成了工作室预期的目标以及自己制订的研修计划，虽然感到很忙碌、辛苦，但更多的是体会到自己成长的喜悦和收获的快乐。

一、正确认识名师

通过在工作室学习的时光，我对名师的内涵有了一定的认识：名师是具有极高的名气和威望的教育教学专家，他们是师德的表率、育人的模范、教学的专家、科研的能手；具有先进、独到的教育思想，突出的教学业绩和丰硕的教育科研成果；独立开发教学资源、创立某种教学方法，形成独特的教学模式。

作为名师要有前卫的教育理念，这是名师之"魂"，有精深的专业修炼，即名师之"体"，而地域的文化哺养则为名师之"根"。名师的成长离不开外部环境，特别是地域文化的影响，与地域文化的滋润、人文精神的恩泽是无法分割的。经典的和谐课堂是名师之"果"；非常的人生磨砺亦是名师之"脉"。

二、学习名师精神

好的开头是成功的一半。第一次面见代老师，是在毕节市民族中学，

"贵州省高中语文代泽斌名师工作室"与"贵州省高中物理杨永忠名师工作室"在毕节民族中学开展跨地区跨学科名师工作室研讨活动，工作室的学员们远道而来。首先，是两位名师导师向大家亮相——进行座谈会。会上，两位导师向大家倾谈了对语文、物理教育教学的探索，所走之路上的风风雨雨以及改革、发现，谈论了自己对语文教学的观点、看法，对名师的成长经历和追求目标进行了阐释。两位导师的发言，我的第一感受就是要勤奋。

从代泽斌老师的学术报告——《立己达人，和谐共生——名师工作室发展和教师专业化发展》，"为有源头活水来"，我深知：作为教师，如果自己的专业知识面不广、不深，我们是没法教好学生的。教育本来就是以知识熏陶知识、以灵魂塑造灵魂的特殊职业，假使我们本身都没水源，那又怎能给学生以水呢？教师的专业必须发展，只有"立己达人"，才能"和谐共生"。为此，我要求自己时常和工作室的成员相互交流，要做一个有心人，勤学习，善思考，勤动笔。善于发现自己教学中的优点与不足，善于反思，努力探索适合自己的教育教学优势。

曾经认为，一直生活在领导不重视教学成绩的学校里，是一种埋没，那种积极向上的进取精神似乎有所减弱，但自从参加名师工作室以后，如此成功的代老师依然在孜孜不倦、精心耕耘，让我深感愧疚。代老师的敬业精神深深感染了我。因此，我要努力做好自己的教育教学工作，保持锐意进取的精神，组织学生积极参加各种形式的竞赛活动，培养他们的竞争意识。

三、自主研修

"不怕慢，就怕站"，这是代老师在《我的风景》里说的，他用"不怕慢，就怕站"的哲言鼓励自己，如今在教育教学中果实累累。我来自农村，从事农村教育工作，没有先进的教学理念，于是严格要求自己除了跟岗听名家讲学和感受名师们的独特教育风格、艺术外，自己还得多学名师理念，阅读他们的理论著作。于是，我自主学习了《我的风景》（代泽斌著）、《教育研究论文选题与写作》、《好老师不教书》、《平凡的世界》、《要改变别人　先改变自己》、《教育的七个黑洞》、《范美忠：追寻教育的意义》、《教育没那么大作用》、《做"明白"的教师》、《让教育赢得尊重》、《蔡朝阳："被崇高"与"被幸福"的教育人生》等著作，提升自己的理论知识结构，高度认识自己对教育的态度。

四、积极观课、议课

工作室的成员团结互助，让我备感温馨。工作室的学员中有市教科所人员、各高中学校校长、教研组长等，虽然工作繁忙，但是工作室的活动大家都积极参加，每次活动中大家都是互相问候、交流谈心、畅所欲言。通过互动听课、研讨和交流，相互启发，相互促进，共同进步。大家就平时遇到的难题提出来，集思广益，群策群力，共议出最有效的解决方案。给我印象最深的是代老师所提的，要想提高语文教学质量，必须消灭"0"分作文。

就以在毕节民族中学的研讨活动为例，学员们就各位老师上课的特点和优点、不足，纷纷敞开心怀谈自己的看法和观点，毫不保留，毫不掩饰，都是实事求是。研讨会上，代老师和杨文黔老师对中学语文的教法向各学员吐露了自己的心声，也征求了大家的看法。

针对议课，平时我遇到的难题，也和大家一起探讨，多次的学习与交流，分享他们的论坛，分享他们的教育智慧；他们时常把自己获得的教育方法、经验传到学习平台里，我就认真研读，获益匪浅。代老师给我们发了一个学员资料袋，我就根据听课情况，结合与大家研讨心得，一一做好记录，并养成写学习日志的习惯，反思自己有哪些地方还存在不足，及时改进。

在不断忙碌中工作，虽然很累，但是很充实。在名师工作室的带领下，我收获了很多，同时也发现了自己的不足，觉得自己是想得多，却动笔写得不够，正如代老师所说："如果把学生每一次的月考都作书面分析，再把分析的结果进行比对，应该就是一篇好的论文素材。"

五、名师来源于实践

站在岸上学游泳是永远都学不会的。教育是一门艺术，掌握了理论知识，不一定能驾驭好课堂，不一定能带好学生，还必须在实践中检验自己所掌握的理论，"纸上谈兵"在教育教学中是行不通的，还必须依靠亲身实践，只有实践才能把书本上的理论知识变成自己的实际本领，学了书本知识，听了名师、专家讲课，只有让自己走"教、学、研"之路，开展有效的行动研究，才能不断提升自己的教育教学能力。

通过在工作室的学习活动，我不仅深深地认识到"问渠哪得清如许，为有源头活水来"对教育工作者是如此重要，还明白要成为名师：无论是管理者，还是普通教师，要想改变别人，首先需要做的是给自己正确定位。

列夫·托尔斯泰说："大多数人想改变这个世界，但却极少有人想改变自己。"而我们教师多少人何尝不是这样呢？我们总是想要改变落后的课堂教学模式，要改变低效的课堂教学现状，要改变学生不佳的学习心态，要改变学生不良的学习习惯……然而却没有想要改变自己。天天想改变课堂上学生的表现，就不想改变自己；可不改变自己，又怎能改变课堂呢？

长期以来，我们总是通过各种各样的纪律约束，要求学生专心听讲，积极发言，认真完成作业，努力学习，而很多学生因为课堂上的机械呆板、枯燥乏味，而兴趣索然，不是偷偷做小动作，就是忍不住小声说话，甚至和周围的同学玩闹。因为这一切，让我们总是把目光放在少数的几个学生身上，而牺牲了大部分学生的时间，并不时地埋怨工作又苦又累，现在的学生越来越难教。然而，我们却不曾想，是我们身上缺失了什么，才致使我们的学生不爱学，不想学。

其实我们工作的成败，在很大意义上是一个心态的问题。如果视工作为享受的话，就会努力去享受，然后努力地工作，并取得满意的结果，从中体会到另一种快乐，于是便成了"努力工作—取得成果—感受快乐"的良性循环。反之，如果把工作当成一种痛苦的历程，便会心生不满，万事抱怨，敷衍了事，一事无成，从而满怀怨恨，不只怨恨别人，还怨恨自己。只有抱着"为自己工作"的心态，不把教育学生当做一种负担，才能心平气和地将手中的事情做好，才能实现自身的价值。作为一名教师，我们要培养出各级各类优秀的人才，就必须根据学生所需改变自己，这是我们的职责，只有这样我们才能做一个受学生爱戴的老师。

要想成为名师，还要先做"明"师。要做一个明白的教师：教师要明白自己是谁，自己在做什么，知道自己的生活目的和意义，也知道自己的成长和进步，这是作为结果而言。而在这个过程中，要不断地研究自己，努力争取认识和理解自己、改造和完善自己，在研究和改造自身中赢得自身认同和自身完整。"真正好的教学不能降低到技术层面，真正好的教学来自于教师的自身认同与自身完整。（帕尔默语）"

在今后的工作中，我将坚持不懈地向名师看齐，树立榜样，争取在教育工作上做出成绩，形成自己独特的风格。

我的研修之路

贵州省铜仁市第一中学 杨晓鸿

参加工作已经五年了，五年时间转眼就过去了，真是弹指一挥间啊！一路走来，我感受到工作的艰辛，由最初对课本的不熟悉到熟悉，必然要经历课堂的打磨，在这个过程中有苦同时亦有甜。快乐是学生给予的，他们的一个眼神或一句话，让我感动，让我快乐。教育就是这样，五味杂陈，有辛酸也有收获的喜悦。

五年中，我看到我的同事们兢兢业业地工作，他们将自己所有的精力都奉献给了学校。但是发现，大家做了很多工作，但却因种种原因缺乏认真深入的研究，没有把实践中得到的宝贵经验上升到一个理论高度。

于是，我有了一些思考，随着课程改革的深入发展，如何有效地把不断创新的课程理念转变为教师的具体教学实践行为，是作为一个中学老师必须考虑和解决的问题，并且自主研修建设是提高课堂教学质量的基本手段。我尝试探索语文阅读拓展知识的途径与策略，以便改善工作中存在的不足。良好的课堂一定是学生有所学、有所获、有所感、有所悟，对学生有一定的影响和感染，如何有影响就需要有方法，那么就需要阅读拓展。教材是教学的素材，所以我们要善于依据课程标准创造性地使用教材，用教材去教，而不是简单地教教材。

对于结论和过程要同样重视，只有两者结合才是有效的教学，才是有效课堂。在教学中，教师应先易后难、逐步巩固并发展学习兴趣，贯彻"主体性"原则，引导学生互相比较、对照、质疑、解疑、讨论、自悟。

我经常进行一些探索与反思，因为我认为一个合格的老师，一定要有自己独立的、正确的思想去引导学生。萧伯纳说："倘若你有一个苹果，我也有一个苹果，而我们彼此交换，那么你和我仍然是各有一个苹果。但是，倘若你有一种思想，我也有一种思想，而我们彼此交换，那么，我们每人将有两种思想。"除了有独立的思想，还要与本组老师进行交流与沟通，子曰"三人行，必有我师焉。"面对同事要敞开心扉，张开思维的大门，择其善者而从之，把自己的观点说出来。在交流的过程中，会有很多意想不到的收获，并且在大家的反馈中不断完善自己。因此，要做一个善于思考、勤于积累的教师。善于思考、善于创新，积极探索教学规律，在遵循教学规律的基础上形成自己的教学特色。细心琢磨每一节的课程资源，如阅读教学不能很好落实读的问题，作文教学中轻真情实感表达的问题。对怎样做一个教师有更深刻的感悟：如何做有魅力的语文教师？如何做反思型的语文教师？如何做研究型的语文教师？对于这些问题，在思考中逐渐去解决，通过与同事的探讨找到了思想的沉淀和共鸣。没有震动就没有觉醒；没有反思就没有进步。我对新的课程理念、新的教学方法、新的评价体系在不断探索中进行了重新审视和重新思考。

在工作中，我逐渐认识到，真正的教育包含智慧之爱，它与人的灵魂有关，教育是要触及人的灵魂，唤醒人的灵魂。爱是每一位学生都希望得到的精神雨露。作为老师，只有把学生作为平等的人、自主的人，才会产生爱的情感。只有把学生的成长真正和自己从事的事业紧密联系时，才会增强爱的情感。只有在教育学生成长时，体验到自己的人生价值，才会真正感受到爱的情感。所以，在工作中，我尽量让自己做到对每一位同学都公平，要给他们足够的关心与呵护，要了解每个学生的心理，尽自己所能地对他们的人生有所帮助。

聆听是一种无言的机智，要知道何时该沉默，何时要进行交流，何时要有劝告以及如何提出问题、分享思想与情感。老师不应该是高高在上的，老师应该有多重身份，在生活上是长辈，关心学生，劝告学生。在思想上应该是朋友，当学生遇到困难时要细心聆听，理解学生。就人格而言，无论在任何时代、任何地域、任何学段，师生之间都应该是天然平等的。教师和学生不但在人格上、感情上是平等的朋友，而且也是在求知道路上共同探索前进的平等的志同道合者。在教育中，教师要用自己的行动去感染学生，要用自己的言语去打动学生，把自己对人或事的真情实感流露出来，以此使师生间产生心灵上的共鸣。

在教学过程中，要不断提高自己的教育理论和专业学术水平，增强知识更新能力和研究能力，从各方面不断完善自己，提高自身的综合素质。广泛阅读专业研修书刊，充实、更新自己的专业知识，提高自己的研修水平。自己要注意多钻研、多思考，将自己的研修实践与理论结合起来，在总结和反思中形成自己的风格与特点。树立终身学习的观念，要坚持不懈地学，多渠道地学，要坚持思考，力争做到反思昨天，审视今天，前瞻明天。时刻把工作与思考相结合，在思考中工作，在工作中思考，创造性地工作。

通过努力，我对课堂教学设计的新方法、新思路熟练了；明确了现代教育的本质及课改给教师提出的高要求；明确了作为一名教师必须不断提高自己、充实自己，具有丰富的知识含量，扎实的教学基本功，增强自身学习的紧迫性、危机感和责任感，树立"以学生发展为本"的教育思想。

研修的目的是改进教学实践，在学习与实践中反思自己的教学，研讨自己的问题与疑惑，探讨自己研修的方法，取得实效。研修只是开始，让自己的思维不停地活动起来，打破一成不变、墨守成规的教学模式，在创新的基础上提升教学效率。

学海无涯，知识是无止境的，因此每个教师都需要终身学习。教育工作是动态的、鲜活的、进步的，作为一名教师，要紧跟社会时代的步伐，这也需要不断汲取新的理念。我的研修之路才刚刚开始，在今后的工作中，我一定会戒骄戒躁，继续努力，为教育事业奉献自己的微薄之力。

珍惜学习机会给已淘金

——我走过的研修之路

贵州省大方县黄泥塘中学 沈寿梅

有幸参加贵州省高中语文（代泽斌）名师工作室，工作室成员来自不同的市、县，都是县、市级骨干教师，这给我提供了更好的学习、借鉴机会。参加工作室以来，在代老师的悉心指导下，工作室成员积极参与工作室开展的活动，相互学习，认真听课、磨课、议课、听讲座、研读代老师的教学论文与课题，从中学习代老师的教学思想以及处理教材的艺术，使自己的教学水平进一步提高，现将学习心得总结如下。

一、敢于探索、不断发现

（一）农村学生作文写作中存在的问题

对于代老师说的"如何提升薄弱学校学生的学习容量"的观点，他的态度很明确：第一，只背不行，还得理解，这就要大量阅读；第二，重视作文，一定要消灭"0"分作文；第三，养成快速阅读（浏览），提取关键信息的习惯。

在我的教学中，试着进行探索。同时我也发现，得因材施教，必须结合学情、生情来开展，并非同一种教学方法都适合每个学生。而在农村语文教学中，作文教学是每位老师感到烦恼的事情。大家共同面临的难题就是学生没东西可写，不知道该写什么。即便是有了题目，也不知道该如何开头、怎样结尾，不知哪些该详写、哪些该略写等，心里没有一点章法，给学生带来不尽的烦恼与恐惧。笔者通过向工作室的同人学习、探讨，结合自己的教学实践发现，相对城市学生而言，农村学生作文存在以下方面困难。

其一，重视应试，轻视兴趣。由于种种原因，农村学校相对于城市学校而言，老师们对作文教学普遍不够重视。为了升学率，即使是在当前素质教育的影响下，也不乏出现"重理轻文"的现象，往往有意无意地忽视语文学科的工具性与人文性统一的特点，没有真正重视作文教学，没有对学生的作文思维进行发散性的启迪和训练，而把大部分时间花在做应付考试的标准化习题上。不可否认，对于作文教学，小学阶段的老师常常不注意培养学生的实际写作能力和激发学生的写作兴趣，课业负担重，生活单调枯燥。沉重的课业负担给作文教学带来的后果是学生缺乏生活乐趣，没有时间也没有兴趣用文字展现自己的生活和思想，写作训练比较少，这样势必造成学生写作观念淡薄，写作功底较浅，进入初中简直无法跟上步伐。

其二，阅读面窄，生活单调。学生读书量少而面窄，多读书是丰富写作内容的重要途径之一。可是多数学生读的课外书并不多，而且偏重于那些游戏、升学考试指导书、武打言情小说之类。学生之所以阅读量少面窄，主要原因有课业负担重、时间紧，无暇顾及课外书。其次，心理压力大。别人都在紧张地学习，自己却在看课外书，似乎会遭到老师和同学的谴责。再有就是书少，笔者在农村中学调查藏书量，平均每一师生为 2.1 本，还有不少学校的学生借不到书，这种情况占调查比例的70.5%。学生借不到书，书贵又买不起。与此同时，相当部分家长和教师不准学生阅读课外书，认为看课外书"分散精力"，只有课本才是"正经书"。有的教师和家长只肯让学生看习题解答、作文选之类的书籍，其他均在禁阅之列。此外，学生懒于思考，不懂得写也是其中的重要原因。为了应对各种各样的考试，学生不得不把大部分时间花在做课内各种练习上，加之农村很多学校的图书室根本没有正常开放，致使学生自觉或不自觉地远离了课外的文学读物。每天面对的是他们不甚喜欢的教科书，而自己真正喜欢阅读的文章却没机会亲近它们，没有时间欣赏咀嚼。笔者所在的学校至今也没有建起像样的图书室和阅览室。这样，学生的大部分时间都在听老师烦琐枯燥的课堂讲解。

现在的农村学生大都是"两点一线"（走读生）或"三点一线"（住校生）的生活，他们根本无暇也没有机会从事自己喜欢的活动。

其三，心态存在问题，草草应付。由于传统作文教学中种种陋习的制约，作文教学程式呆板，教师指导限制过多，清规戒律多，对中心思想的限制过死，导致学生心理产生问题：一是对抗心理，有些作文写得差的学生从未获得过赞扬，每当上作文讲评课，总是受指责、挨批评，处于被人奚落的氛围中，或只能有欣赏别人佳作的观念，根本没有收获的愉悦和参与的主动性，于是就灰心丧气了；二是厌恶心理，不少学生视作文为畏途，不愿写作文。每次写作文都冥思苦想、绞尽脑汁，写作文成了他们沉重的心理负担。有的学生说："老师，当你在黑板上写出题目时，你可曾知道我们的苦衷，我感到生活离我们很远，思想上一片空白，心情是多么沉重，但我不能不在不熟悉的生活中榨出应付差事的一篇文章"；三是冷漠心理，他们对写作缺乏热情，抱着无所谓的态度，敷衍了事。他们说："在作文上花的时间很多，大大小小作文练了上百篇，可是练来练去，总是这个水平，没法提高，很无聊。如果把这部分时间花在数理化上，收获就不一样了。"这部分学生有一定的写作基础，但不肯下功夫，作文多半是平平之作。这样，由于这相当一部分学生视写作文为一种精神负担和苦差事，主动性和积极性普遍不高。碰到写作文任务，要么东拼西凑，要么老师催紧了，就临时抱佛脚，随便应付一下了事。甚至有的学生觉得写作文是为老师写的，交了差就行了。因此，写好后根本不会自己主动去读读是否通顺，更不要说做认真必要的修改，存在严重的"任务观点"。

多数学生平时不善于观察、积累写作素材，而在面对写作文时就不会认真构思、积极准备资料、挖掘素材，而是消极对待，想方设法去找其他作文书上的抄，只要能应付老师就万事大吉。

（二）改进农村学生作文水平的策略

因此，农村学生的写作就呈现出阅读面窄、交流活动不多、基础差、素质低等现象。作为写作这道难题，自然会受到文字、词汇、语言表达、生活习惯等的阻碍。那么，怎样才能提高这类学生的作文水平呢？笔者对此有些刍议。

（1）充分挖掘并利用自身的优势，培养学习兴趣

文学来源于生活，反映生活。我发现，农村学生与城市学生相比，占有很大优势。首先，有与大自然对话的得天独厚的优越条件。他们从小就接触大自然、亲近大自然，对大自然有着丰富的感性认识和浓厚的感情，为自己描写家乡田园生活提供了活生生的写作源泉；其次，淳朴的民风，纯真的乡情，美丽动人的民间传说，内蕴浓厚的节日文化等，更为他们增添了想象的翅膀，滋养了他们写作的童心；最后，农村学生祖辈的艰辛以及要求摆脱贫困、渴望子女成才的强烈欲望，在学生心中激起浓烈的情感，农村学生天生所表现出来的韧劲和质朴等等，都是城市学生所不能及的，作为教师的我发现这一优势，就挖掘其内在潜力，激发其闪光点。

在现实生活中，我们要他们留心生活、观察生活、体验生活。"储材是写作的前提，是作文想象和构思的基础，而储材的主要途径就是观察。"体验生活是兴趣的需要，也是写作兴趣的源泉，对提高写作水平大有帮助。因此，在教学中，我指导学生充分利用自身的优势，多角度、多侧面地观察，进而把握写作对象，避免片面性，力求全面、完整地认识事物，抓住事物的本质特征，把握对象的情感表现，使得写作者在观察过程中，感受生活之美，从而酝酿出丰富的情感，为写作注入动力。

（2）倡导说普通话，渲染氛围

在批改作文的过程中，我常常看到这样的情况：夹杂有本地方言用语和方言表达句式的作文大有人在，甚至有个别学生喜欢（或故意）用本地话写作文。这就造成文章语法混乱，文意表达不清甚至产生误解的现象，从而影响学生作文的质量，也给老师批改和讲评作文带来烦恼和难题。

"语文课程还应考虑汉语言文字的特点对识字、阅读、写作、口语交际和学生思维发展等方面的影响，在教学中尤其要重视培养良好的语感和整体把握的能力。"所谓语感，就是"长期的规范的语言运用和语言训练中养成的一种带有浓厚经验色彩的比较直接、迅速地感悟、领会语言文字的能力"，由于我的教育对象长期大量地使用本地方言生活和学习，直接影响了他们正确语感的培养和形成，这就导致学生在作文中出现了大量本地方言现象。为了改变这一严重现象，我就倡导并带头说普通话，让学生养成平时口语交际和写作时，有意识地用普通话进行思维，尽量避免出现本地方言用语现象。

（3）增加课外读物，扩大阅读面

作为农村学生，本身地处偏远，又受时空限制，生活圈子就狭小，见少闻寡。我认为不能只靠读教科书，让学生树立大语文教学的理念，不拘于课内教学，不拘于课本知识，注重向外拓展。著名语言教育学家张志公先生认为从他自己学习语言的经验来看："得自课内课外的比例是'三七开'，即大概有百分之三十是得自课内，百分之七十得自课外。"由此可见，课外的学习途径是语文学习的重要来源。大量的阅读不但有利于拓宽学生的视野，扩大学生的语言积累容量，更能提升学生学习语文的质量。我充分利用图书室、阅览室中的书籍，督促学生借阅图书、名著，重视语文的熏陶感染。有人说"阅读的厚度决定人生的高度"。 大量的阅读不但能培养学生的正确语感，优秀的作品还将对学生的人生、思想有潜移默化的影响。结合语文教学大纲规定的阅读篇目，我要求学生加强阅读，做好读书笔记，将好词、好句、名言、警句等摘抄下来进行积累，写作时就相应有了素材。

（4）加强朗读，体会感情

由于教育对象生活在农村，阅读面和知识面狭窄，我就引导他们充分利用教科书。通过朗读，引导学生进入作品的艺术境界，体会作品包含的思想感情。优秀的作品都有优美的艺术境界。清代著名诗人、学者王国维说："境非独为景物也。喜怒哀乐，亦人心中之一境界。故能写真景物、真感情者，谓之有境界。"（《人间词话》）境界就是作者所描绘的，包含深意的艺术形象。王国维先生又说："昔人论诗，有景语情语之别，不知一切景语皆情语也。"（《人间词话》）即一切写景状物的文字都是作者表情寄意的载体，一切景物又必然引起作者的情感波动，进而付诸文字，形成景语。景与情，情与景，二者不可分离。

"文章不是无情物"，写作者如果没有真情实感，是不可能写出打动人心的作文来的。因此，在写作中，构思的全过程都贯穿着作者的审美体验，教师在指导学生朗读的过程中，要引导他们根据文章的旨意，进行想象和联想，把握作者的思想感情，力求把自己融入文本中去感受、体味。这样，日积月累，学生在文学方面有了独特的感受，当面对写作时，就容易打破思维定式，尽量使得写作的构思具有独特性、新颖性，给人耳目一新之感。

（5）培养写灵感性文章，重视积累

灵感："inspirations"是创作思维过程中认识飞跃的心理现象，它是一个人在对某一问题长期孜孜以求、冥思苦想之后，通过某一诱导物的启发，一种新的思路突然接通。正常人都可能出现灵感，只是水平高低不同而已，并无性质上的差别。对于写作基础差的学生，要引导他们学会捕捉灵感，哪怕不是成熟的构思，仅仅是零碎的片段，对培养写作者的积累素材、端正写作态度、养成写作习惯等方面都是大有帮助的。那么，我们又该怎样来培养捕捉灵感呢？笔者认为可以试着从以下方面来培养。

①长期探索，积极思考这是激发和捕捉灵感的基本条件。"得之于顷刻，积之于平日"，灵感是在长期劳动后出现的，它并不是心血来潮、灵机一动的产物，只有当自己完全被沉思占有时，才可能有灵感。

②劳逸结合，有张有弛在长时间的紧张思考后，丢开一切情绪，漫步于林间小道，或登高望远，或卧床休息，都有助于产生灵感。像阿基米德就是在洗澡时发现浮力定律的，爱因斯坦是在病床上想到相对论的。

③调节活动，展开讨论善于调节自己的活动，往往能把自己从思维的死胡同中解放出来，从而有助于激发和捕捉灵感。法国数学家拉普拉斯说，他常把某个复杂的问题搁置几天而不去理它，当他捡起重新考虑时，往往发现它变得极为容易。还有，当自己的思维遇到障碍物时，最好和别人一起叙谈，从不同的角度探讨问题，往往能使自己摆脱习惯性思维定式的束缚，启发自己思考，便头脑一新，从而捕捉灵感。

④随时想到，随时记下，一旦有灵感就随时记下来。大发明家爱迪生、大画家达芬奇等就是这样，他们经常随手记下自己在睡前、梦中、散步休息时闪过头脑的每个细微意念。

二、努力实践

①积极开展课堂教学的有效性研究，完成了与课堂教学相关的论文。

②积极参加名师工作室以及学校的各项相关活动、培训，在活动中笔者力求做到以提高自身素质为准绳，以提升新课程教学理念为基准。在培训活动中，自身能力得到了锻炼和提高，自身素质得到了不断更新。

③积极参加观课、议课等活动，向其他教师学习，在研讨活动中能就课堂教学、教材教法及教学实际问题进行切磋交流，从而促使自己在实践中不断感悟，在感悟中不断提升。下面，向大家商榷一下我的课堂教学。

三、不断反思

在不断的探索和研究中，我觉得下面两点是我们所有教师都应努力追求的。

（一）当好组织者

在学习和研究中，我认为教师要充分信任学生，相信学生有完全学习的能力。要把探究的机会交给学生，让学生充分展示自己学习的过程。新课程实施的灵活性大，教师难以驾驭教学行为，课堂教学中表现为过多的焦虑和不安。原因是在教学过程中，教师面对学生精彩纷呈的学习活动，还不习惯参与学生的学习过程，观察和探究学生的学习方式，及时了解他们的认知情况，学生的需要没有真正被关注，老师的指导没落到实处，甚至是走形式。所以，做好教学活动的组织者是很有必要的。

（二）做好 "引路人"

每一堂新课开始，我们可通过导入的设计、学习氛围的创设、教材所蕴含的兴趣因素、课堂内外的各种资源来唤起学生对新知识的兴趣，让学生产生学习的意愿和动力。然后，教给学生探索、发现的方法，让学生会探索、会发现。教师除了必须把学生自学作为课堂教学的重要步骤外，还需精心设计每一次自学的目标、内容，同时加强自学方法的指导，有时的作文指导课，似乎是在纸上谈兵的时间过多，学生真正动手的时间较少，怎样解决这一问题呢，我也在不断思考。所以，我们要做一个学生在学习路上的引路人。

四、努力方向

通过参与名师工作室的学习，我在实践中不断反思、不断总结，找出自己的不足，明确了努力的方向，制定了以下努力的目标。

①在提高课堂实效性上下功夫，使学生在每一堂课中有更大的收获。

②及时总结，加强反思的能力，将自己平时积累的经验、有价值的思考及时记录下来，以便更快地提升自己的水平。

总的来说，在名师工作室的生活是充实又快乐的，通过与名师接触、交流、学习，觉得自己研究的脚步再不会停歇，觉得自己更要豪情满怀地学习、反思、践行。在今后的教学路上，我会一直践行在名师工作室所学的知识，努力形成自己的教学风格。

一路前行　一路成长

——我的研修之路

贵州省印江民族中学　冉隆前

2014 年 9 月，我有幸加入贵州省（代泽斌）语文名师工作室，聆听代泽斌老师的指导已近两年之久。回眸加入工作室学习成长的历程，我充实着，实践着，思考着。

一、真实感受名师风采

我们的导师代泽斌老师既是一位智者，也是一位兄长，从生活到学习，对我们关怀备至，只要我们提出的要求和建议，他会尽量满足，尽管他教学工作任务繁重，也毫无怨言，始终微笑面对遇到的新问题，令我们心生无限敬意，原来名师不仅是学科专业上的，也是生活中的，他忙碌的身影、真诚的微笑、亲切的话语，永远令我难忘。

从加入工作室开始，代老师就对我们的学习进行了非常周密的安排，把备课、观课、议课、专题学习、报告讲座结合起来，把学习理论和课堂实践结合起来。内容丰富，针对性很强，尽管忙，但很充实。

代泽斌老师的专业不愧是"特级""名师"级的，真实自然的状态，训练有素的学生，环环相扣的节奏，对不同层次学生的了解，精到的点评，随意处便显现的真功夫，非一蹴而就。"得数学者得高考，得语文者得人生"的备考理念，无不闪耀着生本意识的光芒，完备的体系体现着代老师多年来的探索和积累，读书、演讲、剪报、错题集、摘抄等习惯的培养足见老师的用心用情，更令我们钦佩的是他对早读的系统规划，"从不浪费""一日赠言"，无不展现一位名师的育人情怀。面对代老师，我们自愧不如，同时，我们也欣慰，欣慰有机会做他的学生，能从他的身上学习想学的东西，需要终生向他学习。

二、理论积淀，提升素养

为了不断地提高自身的业务素质，提高教学水平，我深知学习的重要性，因此我格外珍惜这次难得的学习机会。我有计划地认真学习新的教育理念，提高自身素质。认真学习语文新课标，充实自己，并努力做到与教学实践相结合。加入代泽斌名师工作室，为我的专业成长提供了很好的实践机会，并为我搭建了展示自我、体现自身价值的舞台。通过学习我深深体会到"学然后知不足"，通过反思，我发现想要成为一名专业化的研究型教师还有很多路要走。

三、乐于求索，积极科研

加入名师工作室后，我积极参加各项实践交流活动，获得了很多与同行合作学习的机会（如与学员黄开斌、曹志坚、代亚菲、陈慧等），进行了很多理论上的探讨，积极探索了新的教学路子，不断完善自我，促进个人专业知识的提升。自己平时认真阅读有关资料，钻研新教材，研究教法，体会新课程的性质、价值、理念，提高自己的业务能力，尤其是加强"素读语文""本色语文"的研究，总结经验，逐步形成自己的教学风格。

我也积极参加名师工作室送课下乡活动，先后跟随代老师到铜仁四中、松桃盘信中学、思南二中和其他老师一起交流学习，聆听代老师的讲座《中学教师专业化发展的途径探索》，如沐春风，领略到大家风范，感受代老师是在用心从教。根据安排，上好公开课，大家先后上了《朝天子·咏喇叭》《病句的修改》《梦游天姥吟留别》等公开课。另外，我还参加了观课议课活动，利用有限的跟随代老师外出学习的机会，认真学习他人的教学方法和经验，尽一切可能提高自己的业务水平，努力把自己培养成一名优秀的教师。

这段时间以来，我基本完成了工作室预期的目标以及自己制订的发展规划。虽然感觉到很忙碌、艰辛，但更多的是体会到了自己成长的欣喜，体会到了收获的快乐。可以说加入名师工作室并未让我懈怠，而是更加激发了我学习的欲望，我深知这个机会来之不易，绝不能辜负学校领导和领衔人代老师给我们搭建的这个学习平台。

四、加强了语文学科的教学交流

为了丰富我们的学习生活，吸众家之长，这次学习代老师除了给我们规定的任务外，还让我们听取了几位有知名度的老师（如成勇、王玫君、陈卫华）及后起之秀的课堂教学，感受了不同的教学风采。根据培训计划，代老师针对每个专题的不同要求，精心选择了有代表性的语文教学专著、课堂实录及有争议的一家之言，供我们学习研究，然后分小组切磋交流，深入思考，甚至争辩。就我个人而言，从教 23 年来，从未如此系统地把高中语文教学的所有专题学习和研究过，其他培训也没有，我通过这次专题研究，增强了对不同文体的教学认识，许多的新理念、新探索、新方法冲击着已有的教学理念，也必将影响我日后的教学工作。

五、加强课题研究，指导青年教师成长

将名师工作室的学习收获，用于教学实践中，积极培养青年教师。我以课题研究为抓手，引导青年教师走"科研兴师，名师强校"之路。针对新课程教学的难点和热点问题，参与了国家级课题《学校的办学特色校园文化建设的实验与研究》，"和谐德育"课题《学科渗透思想品德教育课题的实验与研究》，课题研究为改进课堂教学提供了理论支撑，课堂教学也为课题的顺利开展提供了保障。

我在平时工作中积极指导青年教师成长，关心青年教师，积极发挥传、帮、带的作用，处处起模范带头作用：指导覃雪梅、周黎两位老师上课，参与课题研究等，充分发挥引领示范作用。

六、积极参与名师工作室活动

自己认真参与每一次工作室活动，收获颇丰。我参加了全国语文名师成长大讲堂学习，参加名师工作室送培送教活动，积极承担公开课 3 次；2015 年 9 月被县教育局聘请为高中语文兼职教研员，指导教师参加 2015年全市优质课活动；承担校本培训主讲任务两次，担任校本课题"121"高效课堂建设语文组组长，撰写的论文《新课标学生阅读能力培养之我见》发表在《吉首大学》学报上，论文《语文阅读教学的求实与创新》获省论文评选三等奖；被"和谐德育"课题组评为 2015 年先进工作者。一次次的活动记载了我成长的足迹、成员们的共同参与，大家都感受到了工作室浓郁的研讨氛围，感受到了代泽斌老师的热情与关怀。在教育教学中，也取得可喜成绩：2015 年教师节我被评为"优秀教育工作者""优秀班主任"。

回首走过的研修之路，在代泽斌导师的带领下，我们一路前行着、一路成长着，深感充实与快乐，内心充满感激。在今后的工作中，我将继续扎实地学习、反思、践行，沿着"学无止境、教无止境"的方向前行，实现工作室共同的愿望：展示语文工作室的风采，树立起勇于创新、勤于实践的一面旗帜，发扬一种热爱教育、热爱学生、执着追求的精神！

生命不息，奋斗不止！

——我走过的研修之路

贵州省铜仁市一中 石莉艳

子曰："三人行，必有我师焉。"

教书育人是教师的使命，而不断学习却是支撑使命的桥梁！教师就是要不停地学习。生命不息，奋斗不止。不奋斗的人生注定黯然无光，同样，不奋斗的教师，他的课堂也注定是暗淡乏味的。只有奋斗，课堂才会大放异彩；也只有奋斗，人生才会大放光芒。

"踏踏实实写一天精彩，兢兢业业唱永恒篇章"是我学习的座右铭。在优秀老师的课堂上，我领略到了课堂上的诗意、生活中的艺术；我看到了课堂上的哲理、生活中的智慧；我感受到了课堂的风趣、生活的乐趣……

这一切的一切让我明白：人生的路很长，精彩的课堂需要我不停地奋斗。

我懂得了作为一个教师不仅要具有必备的文学素养，还要学会把语文生活化。

在教学中，确立以学生为主体，以培养学生主动发展为中心的教学思想，重视学生的个性发展，重视激发学生的创造能力，培养学生德、智、体、美、劳全面发展。因此，课前应当做好充足的准备工作：备课时应当心中有课标、脑中有教材、眼中有学生、手中有方法；应当备自己、备教材、备学生。看到一篇文章应智慧地去理解，抓住文中的情感，引导学生在把握文章中心的同时要培养自己正确的人生观、价值观、世界观。

让学生学会把生活带入课堂，让学生在课堂上感受到生活的艺术。"心若没有栖息的地方，到哪里都是流浪"，每一篇文章，我们读到最后都能够感受作者所要表达的情感，我们要学会教会学生去理解这些情感。能理解，才能体会到美。美有很多种：幸福的、忧伤的、多情的、忧愁的、荡气回肠的等。比如说《父母与孩子之间的爱》这篇文章，除了让学生明白作家弗罗姆笔下父母对孩子的爱的特点，同时还要引导学生感受自己的父母对自己爱的特点，让他们看看自己的父母是如何爱自己的。让学生知道爱是需要学习的，爱也是一种美，要学会把握这种美。这样学生就会把眼光投向生活、关注生活，感受他们的生活，审视自己的生活。

再比如说陶渊明的《归园田居》，在课堂上不仅要让学生明白陶渊明弃官的原因，更要让学生究其根本：归，归何处？归心。心是什么，学生通过探讨明白了：所谓心就是做自己。人生充满劳绩，人要诗意地栖居在大地上。人只有做自己才会明白自己的追求是什么，只有做自己才会明白自己的梦想是什么！这样更有利于培养学生正确的生活观。让语文生活化，让生活进入语文，学生才会爱上语文。

我懂得了作为一个语文教师不仅要有教学技能，还要有风范，要有一颗慈悲的心。

名师工作室的老师推荐了很多有价值的教育书籍。我曾经阅读过王开东著的一本书叫《最好的老师不教书》，这本书深深地震撼了我。书中的一个小章节说到蔡元培先生的长者风范：一个好的老师的风范是，既能给学生写字鼓励，又能疾言厉色地当众批评。但即便是批评，每一条都有针对性，都落在实处。应该怎么做，不该怎么做，每种做法的好处和后果，都剖析得一清二楚。一个优秀老师的标准是：表扬极为具体，批评又有建设性，并且始终是从做人上严格要求，从深厚的文化中来，向无限宽广的生命扩展。

书中提到关于教育的一些问题：当一个老师遇到教不会的孩子的时候，该怎么办？当一个老师面对能力不同学生的时候，该怎么办？这时候，老师应该学会慈悲。所谓"慈悲"，是给众生快乐。中国现代作家张爱玲曾言："因为爱过，所以慈悲；因为懂得，所以宽容"，因为恐惧而怜悯是同情，因为爱而怜悯是慈悲。

因为教育的最高境界就是慈悲。慈悲是爱，是超越了世俗的大爱。作为老师的我们内心应该满怀慈悲，竭尽所能，尊重每一个学生，学会信任学生，去帮助学生。

作家毕淑敏曾经说过这样一句话："人生是没有意义的；但是，为了度过漫漫人生，我们应该给人生赋予一个意义。"教师在课堂上起到的是引领的作用，关于选择的权利应该还给学生。《最好的老师不教书》里提到老师总想塑造学生，甚至代替学生体验的过程，而学生真正需要的是能够主宰自己的命运，独立给自己的生命赋予意义。所以，教师在课堂上要以学生为主体，让学生学，自己去感受每一篇文章带给他们的感觉。

老师是学生的导师，是引领学生走向知识的海洋的航灯。所以，想要当一名好老师，那么就要有范，有慈悲的心。

叶圣陶先生说过的一句话："好老师不是教书，而是教学生学，也不是教学生学书，而是教学生做人。"

如果说教育是一场相遇，那么，语文，则是与一本书相遇，与一个故事相遇，与一个人相遇。在相遇中，拥有素养，学会担当，敢于独立。这次跟岗学习，我收获了很多很多，在课堂上感受到语文的魅力，在生活中看到了语文的智慧。作为一名语文教师，不仅要有文学素养，还要有教学技能，还要范，有一颗慈悲的心。在未来的教育道路上，我们老师要主动阅读，要学会让学生爱上阅读，在阅读中成长，在成长中选择，在选择中独立，在独立中翱翔。

愿在今后的教育工作中，秉承一颗力争上进的心、踏实奋进的心，去书写每一天的精彩！

高中语文教学的研修之路

贵州省铜仁市第一中学 田婷

作为一位刚入行三年的年轻语文教师，在交流学习中，通过自己的不断努力渐渐对语文教学有了了解，同时也整理出了一套自己的心得，我觉得教学对于每个老师来说是一门很深的学问，教学方法尤其重要，下面我来和大家说说我的一些心得。

语文是一门充满思想、充满人文精神、充满智慧的学科。在新课改的大背景中，学生的自主学习，培养学生的创新能力，已成为教师关注的热点，讨论、交流、探究等学习方式已成为课堂的主流。因此，一堂语文课不应只是老师与学生的灌输和接受的课堂，而应该力求做到让学生变得鲜活，让学生学得兴致盎然，使学生在语文学习中享受学习的乐趣，从而发展学生的语文素养。那怎样激发学生的学习兴趣、提高学生的语文素养呢？我觉得要全面且充分地了解学生，了解他们的个性、优缺点等。"兴趣是最好的老师"，在教学中，我十分注重培养和激发学生的学习兴趣。譬如，在导入新课时，让学生一上课就能置身于一种轻松和谐的环境氛围中，而又不知不觉地学语文。我们要根据不同的课型，设计不同的导入方式。可以用多媒体展示课文的画面让学生进入情景；也可用讲述故事的方式导入，采用激发兴趣、设计悬念……引发设计，比起简单的讲述更能激发学生的灵性，开启学生的学习之门。

教师要学会培养积极探究的习惯，发展求异思维能力。在语文教学中，阅读者对语言意义、语言情感、语言技巧的感悟，在很大程度上与学生的生活经历、知识积累、认识能力、理解水平有关。为此，在语文教学中，构建语义的理解、体会，要引导学生仁者见仁、智者见智，大胆各抒己见。在思考辩论中，教师穿针引线，巧妙点拨，以促进学生在激烈的争辩中，在思维的碰撞中，得到语言的升华和灵性的开发。教师应因势利导，让学生对问题充分思考后，学生根据已有的经验、知识的积累等发表不同的见解，对有分歧的问题进行辩论。通过辩论，让学生进一步认识自然，懂得知识的无穷，再博学的人也会有不了解的知识，体会学习永无止境的道理。这样的课，课堂气氛很活跃，其间，开放的课堂教学给了学生更多的自主学习空间，教师也毫不吝惜地让学生去思考、争辩，真正让学生在学习中体验到了自我价值。这一环节的设计，充分让学生表述自己对课文的理解和感悟，使学生理解和表达、输入和输出相辅相成，真正为学生的学习提供了广阔舞台。

一堂精彩的语文课一定要重视朗读品评感悟，让课堂教学"活"起来。语文课本中的每一篇课文都是文质兼美的佳作，其语境描述的美妙、语言运用的精妙、思想表达的深邃、见解阐述的独到，都是引导学生感悟的重要内容。而由于课堂教学时间有限，课文中的精彩之处没有可能引导学生一一感悟。为了使这些精彩之处给学生留下整体印象，我们可以在阅读中抓重点，引导学生对语言文字反复诵读，以悟出语言丰富的形象、意义内涵以及情感内涵。同时，让学生在感悟的基础上，引导学生居高临下地对课文进行品评，在品评中深化理解，升华认识，填补空白。不管说话还是朗读，都要使用有声语言，它不但要表达思想，而且要显露感情。没有思想的语言，必然是机械、呆滞的。没有感情的语言一定是苍白、干瘪的。我们在教学中要想达到最佳的效果，就要让语言充满思想，显露感情色彩，做到"有动于衷""有感而发"。那么，怎样才能在教学语言中显露感情色彩呢？请看下面这两段文字：

"在学校教师的组织下，学生们很快排好了整齐的队伍，秩序井然地等候就要进站的列车。"

"……他不仅选择了前门地铁车站这样的我市交通枢纽做犯罪地点，而且要把无辜的群众，特别是少年儿童作为残害对象。"

这两段，从遣词用语来看，那感情色彩是完全不同的，在教学语言中就应显露出这些不同。前一段，充满了对学生们的挚爱，为他们的精神面貌感到由衷的喜悦。后一段，充满了对犯罪分子的憎恨，他残害无辜的恶行激起我们的无比愤怒。如果这两段话，在我们的教学中，如果我们的语言都是平平淡淡的，没有爱憎，不但把原文的感情色彩丢了，而且社会主义法制的正义感、尊严和威力也就随之消失了。这样，在教学中要达到"揭露犯罪、制伏犯罪、宣传法制、教育学生"的作用也就削弱了。由此可见，在教学中语言显露感情色彩可以达到明辨是非、抒发爱憎、伸张正义、感染学生的目的，在教学中不可或缺。

此外，"写"是语文教学中的一个重要组成部分，也是语文教学中的一个老大难问题。高考作文60分的分值在所有高考学科中是最具分量的，众多同行削尖了脑袋，希望能够研究出一套行之有效的作文教学方法，以期帮助学生在高考考场上写出有质量的文章。

　　然而，现实是许多优秀的高中语文教师都难以改变作文教学效率不高这一顽疾。这源于许多教师太想将自己的创作感悟加诸学生身上，却没有意识到写作是一件很自由化的事。伟大的作家巴金曾说过："写作的最高技巧为无技巧。"他特别强调自然抒写，无拘无束，不包含任何虚伪、矫揉和造作的成分。新编《高中语文教学大纲》对高中作文教学也是这样要求："提倡自由作文，根据个人特长和兴趣写作，力求有个性、有创意地表达。"写作要呼唤个性，要自由表达，作文才能独具一格，放射出自由的光芒，才会具有顽强的生命力。

　　有一个笑话，一个秀才在家做文章写不出，急得满头大汗。夫人看见了很奇怪，就问："怎么写文章比女人生孩子还难吗？"秀才说："女人生孩子是肚子里有货，可老爷现在肚子里没货。"可见，强迫式写作是难以写出好文章的。因此，我认为作文教学的最佳方法就是努力使学生成为写作的主人，把写作的自由和快乐还给学生。自由写作首先体现在写作时间和作文形式的自由。限时限量的作文训练会使每个人感到畏惧，因为每个人的写作冲动不是恒定不变的，有些东西稍纵即逝，是在特定情境中的自然流露。要教会学生捕捉这些不期而遇的真实感受，那么随笔、日记、读书笔记等应是学生练习的常用形式，或洋洋洒洒，或三言两语，兴之所至，挥洒即就。的确高考作文是有规定时间的，甚至有时连文体也有限制。但我们必须意识到，这应是"博观而约取，厚积而薄发"，而不是我们多做几次定时训练就能完成的。另外，体现在写作空间上的自由。想写什么，不想写什么，完全是学生自己的事。古人说"无一物不可以入文""遵四时以叹逝，瞻万物而思纷"。教师应当引导他们从多角度去透视生活、观察事物，不囿居于校园和家庭，鼓励学生关注社会，参加社会实践，投入到大自然的怀抱，用自己的心灵观照现实生活。鲁迅说过："如果要创作，第一要观察。"　写作教学要引导学生接触生机盎然的大自然，深入到异彩纷呈的社会生活中，培养学生的生活作文思想。强调观察、体味、思考，反对被动、机械地模仿和重复，对现实做出真善美、假恶丑的判断。唯有如此，学生才能体会到一种自由和快乐，凭借自己的天性挖掘生活、感受周围的事物，信心十足地传达自己对生活的理解和对美好事物的颂扬。

　　真正的写作不是惺惺作态，而是真情的流露，不是官样八股，而是自由的挥洒，不是浮光掠影，而是来自灵魂深处的思索和拷问。写作没有止境，只要我们的思考不息，写作就会一直有生命。

　　语文教师不用把分数常挂心中。作为一名教师，尊重学生、理解学生非常重要！这种尊重，要求老师要一视同仁，不因美丑、贫富、学习成绩的好坏、进步与落后、个性的差异而有所折扣。尊重学生是教师的天职，这种尊重较之朋友间的尊重更有其深刻而久远、博大而无私的内涵，它是教师职业道德的灵魂！ 尊重学生既是师德的基本要求，又是教育工作不可或缺的重要一环。我懂得这些作为教师所应必备的素质，但我深知在教育教学中要真正做到尊重每一个学生并非易事，我会加倍努力，路漫漫其修远兮，吾将上下而求索。

上面这些就是我的一些感慨，今后我会继续加倍努力工作，为全面提高学生的语文成绩而努力奋斗！

思而后教　细微之处有教育

贵州省德江县煎茶中学　牟真贵

2015年3月，在学校领导王永塘的推荐下，我有幸加入贵州省（代泽斌）名师工作室学习。在名师工作室学习期间，我的研修方式主要有外出培训、观课议课和自修书本。

一、外出培训：学而后用

我参加的培训学习较多，这里仅列举三次谈谈我的感受：学而后用是培训的目的。

第一次是2015年11月10日至12日的"贵州省兰显芳—樊厚义—代泽斌名师工作室联动研修"培训活动。

本次培训学习分别聆听了铜仁幼儿师范高等专科学校校长冉贵生、铜仁一中代泽斌（贵州省语文名师工作室主持人）、遵义教科院院长樊厚义（贵州省英语名师工作室主持人）三位老师的讲座。他们分别从"角色、责任、价值"——做一位幸福的老师、"立己达人、和谐共生"、"课堂教学策略"阐述了教育教学方面的新理念、新方法、新知识。

其中，给我带来最大共鸣的是代泽斌老师指出的"阅读和写作是摆脱奴役之路"。代老师说松桃盘信中学把"阅读改变命运"作为学校的励志用语，可见阅读教学的重要性。改变从阅读开始，没有读后感或日记的阅读是浪费"阅读"时间，哪怕只有一句话的卡片或札记，都是一个人语文学习成长中必须经历的过程，只有这样才能真正守望语文。

朱永新在他的文章中说："很久以来，我们一直都仅将阅读看作个体的行为。这样的认识是片面的。我认为，一个国家、一个民族的共同阅读决定了其精神力量，而精神的力量对于一个国家软实力与核心竞争力的培育，起着关键作用。国际阅读协会在一份报告中曾经指出，阅读能力的高低直接影响到一个国家和民族的未来……阅读，是一种主动的承继和发展的力量。阅读作为人类行为，它源自于书籍却不限于书籍，也可通过阅读绘画、雕刻、音乐，以及阅读不同的人生，进而改变我们自己，改变我们的生活，改变我们的社会，改变我们的世界。"

而我所在的学校面临的情况是：除了课堂的文本阅读外，学生几乎没有去读其他书籍，甚至课堂上有好多老师都没有完全落实"读"的问题。我不知道，在我工作的这片小天地里，出路在哪里？能不能试着教会学生阅读。

第二次 2015 年 12 月 5 日至 6 日的"多彩贵州"好教育联盟 2016 届高考备考暨学校发展研讨会。

在本次培训中，感受最深的是"翻转课堂教学模式"提出，完全打破了我原有的认识。"学生在家完成知识的学习，而课堂变成了老师学生之间和学生与学生之间互动的场所，包括答疑解惑、知识的运用等，从而达到更好的教育效果。"对我们这个落后的地区来说，要完成这种教学模式，目前好像还真是办不到。问题是，湖北恩施第一中学已经在做试点了，并且还有了一定的成绩。

我想，教学是该打破常规的时候了，用学生需要的模式方法去教学生，把学习让位给学生，对于是传统教学好还是非传统好，真的已没必要去讨论。

第三次是 2016 年 3 月 10 日至 13 日的贵州省高中语文代泽斌名师工作室教学研讨活动。

此次培训活动为期 3 天，学习形式分为听讲座和观课议课。其中，毕节民族中学的丁璐老师的课让我记忆犹新。她是这样做的：学生在速读、个体阅读和齐读《齐人有一妻一妾》后，让学生复述课文内容，并且让学生扮演角色，通过角色定位和把握情节来把握文章内容。大体来说有五个情节值得注意：齐人妻询问丈夫每天都与谁在一起吃饭、妻妾的第一次对话、齐人妻跟踪齐人、齐人妻妾相拥而哭、齐人炫耀着回家。学生只要根据这五个情况就可以掌握本文的内容。

我认为，学生在参与学习的过程中，抓住了几个重要的情节或场景，他们才在表演的过程中轻松地把握文章内容，是值得借鉴的。

二、观课议课活动：思而后教

观课议课活动是一个教师成长必须经历的过程，是一个反思的过程，能让我们借鉴别人的长处，弥补自己的不足，并且还要能发现别人的不足，对照自己是否也犯同样的错误，达到反思而后教的目的。这里我重点说说第四、五两次听课评课活动。

第一次是 2015 年 6 月参加的是在思南民族中学举行的贵州省高中语文名师工作室（主持人：代泽斌）组织的送培送教听课活动，听取了两位教师的同课异构课《荷塘月色》。

第二次参加的是 2015 年 10 月由德江县教育局在德江县煎茶片区举办的联片教研活动，听取了初中语文科的同课异构《中国人失掉自信力了吗》。

第三次参加的是 2015 年 11 月 11 日在思南中学举行贵州省兰显芳—樊厚义—代泽斌名师工作室联动研修活动——高中语文名师工作室（主持人：代泽斌）组织的听课评课活动，听取了两位教师的同课异构课《虞美人》。

第四次参加的是 2015 年 10 月由德江县教育局在德江县煎茶片区举办的中青年教师赛课活动，具体主持赛课活动事务并担任评委，共听初赛、决赛课 75 节，分科写出以下总结：

语文：课堂开放程度不够，学生主体意识不强，教师未能引导学生主动学习，创新不够，教法过于教条，差教学激情；课堂结构设计不合理，详略比例不当，教学内容过多，未能突出重、难点，达不到预期目标；个别教师对赛课活动认识不深，态度不端正，没按要求上交教案；个别教师走动过于频繁，影响学生学习。

数学：教学时间分配不合理，语速过快，学生跟不上教学思维，学生对老师提出的问题无思考空间，不能及时消化知识；个别教师对课标内容把握不准，对教材钻研不深，学科专业语言用得少；重点知识与次重点知识在板书上无区别，甚至个别教师整堂课无板书；课堂无连续性，前后教学内容少许出入；复习课又没有讲深，无纵横比较，知识无拓展，为讲答案而讲，没有做到一课一收获。

英语：中英语结合较多，未能对学生进行口语技能培养；复习课上题外话过多，未能紧扣大纲、考纲；差教学小结，没做到学练结合。

文科综合：没有用普通话教学，辅助语用得多；没有体现学生的探究性学习，学生只顾抄板书，师生无互动环节；新课导入没提起学生的兴趣，方法有待改进。

理科综合：知识点分析不清楚，学生没有实际收获，学无所得；课堂问题设置较少，无法检验教学效果；个别教师存在知识缺陷。

活动后反思：我们的重点不在于课堂的疏忽之处，在于课后反思疏忽的原因；不在于课堂的热闹，在于落实知识点；不在于老师讲得精彩，在于学生的听。

第五次参加的是 2016 年 3 月 10 日至 13 日在铜仁一中举行的贵州省高中语文代泽斌名师工作室组织的观课议课活动，活动中共听 6 节风格迥异的语文课。

给我的启示是：教而不思，就会越教越迷糊；思而不教，就会脱离实际，越教越肤浅。只有教学与反思相结合，才能不断提高自身的业务水平，达到更好的教。如何教？"授人以鱼，不如授之以渔"。教给学生以知识，不如教给学生学习知识的方法。

三、自修书本：细微之处有教育

贵州省高中语文代泽斌名师工作室为每个学员都发 10 多本研修书籍，其中王开东的《最好的老师不教书》、代泽斌老师的《我们的风景》让人不得不深思。

王老师在《神奇的蓝裙子效应》谈到，一条普通的蓝色裙子让一个被失业阴云笼罩的小镇的人们重拾了生活的信念，关注身边的人、身边的事，发现生活原来是如此美丽。这一切改变源于小女孩妈妈的细心发现：脏乱的家与小女孩的清新形象不协调，强打精神收拾家里。而这一行动又改变了小女孩的爸爸，进而改变邻居至整个小镇。

可见，无论是教师还家长，乃至社会人的一个细微现象都可能改变学生的一生。因此，教师要做好每一个细节，哪怕是简简单单的一句话或一个动作，细微之处不可忽视。

可以说，代泽斌老师在这个方面做得很好，《我们的风景》就是例证。全班学生的作文汇集成册，不是简单的文字叠加，要做大量的细致活，大到文章布局，小到文字修改，无一不凝聚着一个西部教师的心血。"不怕慢，只怕站"正在诠释《我们的风景》，风景路上的每一缕轻风每一个细节，慢慢拂过学生心田。

生命不息，研修不止

贵州省沿河第三高级中学 宋汉成

2015 年，我光荣地成为贵州省（代泽斌）名师工作室的学员，代老师和我们学员签订了《主持人与跟岗学员互相合作、共同提高协议书》，明确了我们跟岗研修的职责、任务、培养目标和考核办法，同时代老师还给我们学员分发专业研修书籍，有《教师专业发展的 4 项基本技能》（方贤忠编著）、《教师如何做课题》（李冲锋著）、《教育魅力》（于漪老师著）、《致语文教师》（余映潮老师著）、《读书成就名师》（张贵勇老师著）、《高中生活中的个人知识》（刘大春著）、《我的风景》（代泽斌老师著）、《从国立三中到铜仁一中》（中学高级教师、全国优秀教师谢庆常著）等。

我深知这次机会来之不易，同时也深感这次培训任务的艰巨。我决心抓住这次难得的机会来提升自己的教学水平，强烈的责任感时时激励我努力工作，丝毫也不敢懈怠。加入名师工作室以来，在名师代泽斌、陈谋韬的指导下，我在教学业务方面和个人成长方面都有了长足发展，工作上取得了一点儿成绩。

一、认真观摩课，感悟名师教学之道

大家观摩了市级名校长、省级名师、高中语文特级教师陈谋韬的语文课，感受了名师教学风采，观摩了市级骨干教师毛于贵的示范课《一剪梅·舟过吴江》，分析了诗歌的意象、情感、手法。教学目标达成度很高，整个课堂不是老师一人解析，而是师生共同探讨，体现了课堂是学生的学习平台，绝非老师的表演舞台，上课贴近学生，让学生学有所得的教学理念。

语文作业，尽量让学生在课堂上完成，陈谋韬校长是这样强调的，也是这样身体力行的。我想，言必行，行必果，这就是名师风范吧！陈谋韬校长的课堂教学体现出他对语文教学的研究十分深入、透彻，学识素养极为深厚，让我们见识感受了名师的风采，让我由衷产生一种高山仰止的钦佩与敬仰。真是受业名师，成长有路。

总之，在名师工作室学习期间，我积极向陈谋韬校长、毛于贵主任请教，感触良多，主要原因有如下几方面的心得。

①引导学生对文本进行理性思考。

②注重新旧知识、课内课外的衔接。

③语文教师要坚守课堂，提高素养。

④相信学生，放手学生。教师要教出个性，学生学要学出个性。

⑤语文教学应回归真语文，做到教学相长。

走进名师课堂，如沐春风，感受着名师课堂教学的独到设计和魅力，反思自己日常教学中的不足之处，真是受益匪浅。

二、自主研修，加强语文教学素养

自我研修，永远是教师专业成长的主要途径。在跟岗学习中，我认真研读工作室代老师给我们学员的教育教学专业书籍，其中重点研读了《我的风景》（代泽斌著）、《教师专业发展的4项基本技能》（方贤忠编著）、《教师如何做课题》（李冲锋著）、《教育魅力》（于漪著）、《致语文教师》（余映潮著）、《读书成就名师》（张贵勇著）、《高中生活中的个人知识》（刘大春著）、《我们的风景》（代泽斌编著）、《从国立三中到铜仁一中》（中学高级教师、全国优秀教师谢庆常著）九本书，并认真做好了读书笔记。

通过研读大师，我们进一步充实了自己，拓展了知识视野，提升了理论水平。坚持阅读，多写读书笔记，体悟名家的新颖观点和心得感悟，应成为我们工作生活的常态。因为阅读，我们永葆青春！

三、艺无止境，专业研修永远在路上

现在，跟岗研修即将结束，我也按工作室要求完成了培训总结、学习总结、听课记录、教学设计、汇报课材料、教学反思、跟岗日志、读书笔记等研修任务。但这绝不是结束，而是一个新的开端，艺无止境，专业研修永远在路上。我要按代老师所嘱托，学有所成，学以致用，用新的教育思想、新的教学方法、新的工作激情，去创造新的语文教学业绩。唯其如此，才不负组织的培养，不负工作室的厚望，不负自己的教育人生。

沐浴在研修的清风中

贵州省铜仁市第八中学 彭永武

2015 年秋季，我被推荐到铜仁市代泽斌语文名师工作室跟岗学习，根据工作室的规章制度，按时参加了各项教育教学活动，主动积极观课、议课，与名师们沟通交流，虚心向他们请教。深入各级各类班级，向老师和学生学习怎样把握教材、分析教材、解读教材；怎样分享学生们共同探讨、自主创新的智慧；怎样有序地推进素质教育。研修恰似一丝丝清新的风，吹过注入式教学的水面，荡起一阵阵涟漪。

一、名师引领 方向明确

跟岗的导师是特级教师、省级名师、铜仁一中教科所主任代泽斌老师，代老师是一位十分务实、业务能力极强的真正名师，我感受到了他那踏实严谨的工作作风，卓有成效的工作效率；感受了代老师平易近人的处世态度和无微不至的关心照顾；精心准备每一项工作，认真备好每一节示范课，上好各种类型的课，还精心组织各类教研活动，安排骨干教师上各种观摩课、研讨课，组织本组的教师评课，有成勇、李龙兵、阙万松、何淼、侯胜红、谢伦、肖庆林、代亚菲、田鸿翔、张桂霞等多位名师的指导和帮助，我深受感动，也使我更加明确了今后努力的方向。

田鸿翔老师的教学设计突出研究性，他把本班学生分成若干小组，自行研读课文，提出有价值的问题，然后集思广益形成小组的研究成果，在课堂上向大家汇报。学生查阅资料、讨论问题、学会合作、品味快乐。如教学《廉颇蔺相如列传》，在把握人物形象特征的基础上，将课文情节、内容重新整合，把课文涉及的三个故事编成课本剧。李龙兵老师的课堂民主，独树一帜，教师是课堂的组织者、参与者和指导者，把学生的角色分配好，把课堂调控好。引导学生研究问题的过程中产生的偏差，使之步入正轨。教师地位从课堂上逐渐淡出来，突出学生的主体地位，营造一种和谐轻松的民主教学氛围，学生的潜力发挥得淋漓尽致。

二、理论学习 提升素养

在跟岗学习期间，代泽斌老师给我推荐了日本作家佐藤学的《静悄悄的革命——课堂改变，学校就会改变》、王开东的《深度语文》、余映潮的《致语文教师》、秦海增的《高中语文》，自行研读《中学语文教学参考》和《语文教学通讯》，认真研究高考语文考点。思考探索高中语文教学的方法和策略，对教学中遇到的问题进行及时反思，积极主动地向各位名师请教、沟通与探讨，力求有新的突破，从而有效地提高了教育教学水平和专业理论素养。

在摸着教改这块"石头"过河时，我发现绝大多数教师主讲太盛，学生根本没有自我思考、比较、感悟、鉴别的时间，更没有沿波溯源、见仁见智等自由联想和想象的空间。语文教学必须施行多元开放的教学，变死水为活水；必须明确具体的目标教学，变无序为有序；必须发挥学生的主体作用，变课堂为公堂；必须优化课堂的教学方法，变低效为有效。有意识地引导学生做生活的有心人，更深层次地观察生活，以更新的角度认识生活：个性鲜明的人物、丰富多彩的生活情景、五彩纷呈的自然景观、层出不穷的社会万象。语文教学不仅是"语言"和"技能"的训练，而且承载着人类文化传承和建构的伟大使命，必须超越功利性的局限，从精神和文化的角度拓展，从人的发展高度实施，从而促进学生自我准备、自我设计、自我表现、自我发挥，发现自我、认识自我、了解自我、肯定自我，极大地激发学生的学习热情，有效地提高语文教学质量。《荷塘月色》《故都的秋》的教学，对两文情景交融的意境美的鉴赏达成整合，进而了解什么是意境，如何构成意境，意境有什么特点，怎样鉴赏写景状物类散文情景交融的意境之美。

三、理论指导 夯实基础

20多天的跟岗学习，半年来的名师工作室的讲座、观课、议课，在各位老师的帮助和指导下，我深深地体会到在新课程理念指导下的课堂教学。这种课堂充分发挥了学生的主体作用，自主探究合作交流的学习方式，学生积极参与其中，积极构建愉悦欢乐、有效明朗的课堂教学，"一切为了学生，高度尊重学生，全面依靠学生"，这种理念回归到教育的本真，以人为本，关注每个学生的终身发展。倾听学生的心声、思想，与学生协作共进，教师成为学习过程的组织者、参与者、引导者，最大限度地调动了学生的积极性，使学生成为真正的学习主体，让"教学相长"的内涵得以充分体现。有些简捷的知识，不需要通过研究的途径获得，就直接提出问题；关注重点的语句、字词、人物和思想的研究，不是面面俱到。侯胜红老师在上完《念奴娇·赤壁怀古》后，一学生总结：凭临赤壁（凭古迹），追忆周瑜和三国（怀古人故事），目的是：表达对偶像周瑜建立的伟大功业的仰慕（慕古风）；叹惋自己人生失意，壮志未酬，但又不消沉，而是旷达地享用生活，渴望建功立业（抒己情）。

在观课、议课的过程中，我真正体验到了调动、发挥学生学习主体的作用，更好地展开了师生互动和生生互动，使得课堂变得有效且更具生命力。《在马克思墓前的讲话》，这是一篇悼词，教学的重点是"品味语言，体会作者在文中蕴含的丰富情感，提高语言的感悟能力"。教师设计的问题：文中哪些词语让我们感受到恩格斯对马克思的敬仰之情？请同学们回到文本，仔细品读2—7自然段。问题的提出恰到好处，学生品读文本时针对性强，也能落实到重点词语上，框定了学生思维的游走界限，课堂的层次清晰、逻辑分明。教师设计的问题立足课堂整体，瞻前顾后，全面细致地分析问题，切忌问题的"囫囵吞枣"。否则，就达不到师生互动、生生互动的良好效果。

四、践行课堂 学以致用

导师的引导语重心长：成功不重要，成长才是最关键的！每个人都要经历火凤凰的洗礼和历练，导师要求我们跟岗学员无须按照一种固定的名家模式，自己要有一个思想上的定位，恰如东晋王羲之"练字"，要有自己的意识。在实践课堂中，要随机应变，随性而发，随堂而生。只要一节课目标定位，引领恰当，核心明确，学生勤于动脑，喜好动手，一切为了孩子的发展，多一些温暖，多一些关注，老师就能懂得无为而为，雪中送炭。如李清照《一剪梅》中的："云中谁寄锦书来？雁字回时，月满西楼。"引导学生合作学习：词人为什么写的是"雁字"，而不是"雁子"？先让学生比较这两个词的差别。从字面上讲，"雁子"就指大雁，而"雁字"，不仅仅有大雁的意思，而且具有飞行的姿态：一会儿排成一个"人"字，一会儿排成一个"一"字，其意义比"雁子"更加丰富。联系大雁飞行的姿态以及词人所表达的心情，学生得出"雁字"应该是"人"字，也就得出"就在月光洒满小楼的时候，大雁排成'人'字形飞回来，可是亲爱的你——我的'归人'，你在何处呢？"一种深切的相思和孤寂便藏在这"雁字"之中，表达出词人对丈夫的热切思念以及思而不见、欢会无期的悲叹和哀怨。

教无常法　学无止境

——我的研修之路

贵州省天柱县第二中学 潘盛洋

古语有云：学不可以已。对于身处三尺讲台、从事教育事业的我们来说，尤其要无时无刻加强自己的修养，补充自己的知识，做到常学常新，做到常教常深。华罗庚曾谆谆地告诫我们，在寻求真理的长征中，唯有学习，不断地学习，勤奋地学习，有创造性地学习，才能越重山，跨峻岭。教书是一项传递知识、传承文明、传动真理的伟大工作，对老师的要求是严格的。希腊新喜剧诗人米南德曾说过：学会学习的人，是非常幸福的人。现在我已年过不惑，回想近二十年来的教学生涯，实实在在地感受到学习给我带来的充实和幸福。同时，我也不断提醒自己，要把这种经历和感悟，运用到以后的教学工作中，不能故步自封，而要百尺竿头，更进一步。

一、脱产进修，夯实专业基础

我于 1997 年 7 月毕业于贵州民族学院，1998 年 1 月参加工作。由于大学学的是行政管理学专业，与教育关系不大。初登讲台，颇感吃力，因而在工作之初，就主动参加了教育学、心理学以及普通话的学习和培训，以期更能胜任自己的工作。在初步站稳讲台后，为了谋求自己的进一步发展，得到更多提高和进步，我于 2004 年 3 月—2006 年 1 月在贵州教育学院中文系汉语言文学专业进行了为期两年的脱产进修。在此期间，在吴俊、易见贤、颜迈、张晓松、周复刚等知名教授的带领和指导下，我严格要求自己，努力学习，认真钻研，在专业而系统的强化锻炼中，明确了自己以后的发展方向，对以后的发展有了更加清晰的规划。这段时间，可以说是比较充实而丰富的，也是很有意义的，对我今天能成为一个高级语文专任教师，具有很大帮助。

二、课题研究，促进科研发展

2006 年 8 月，我调入天柱县第二中学任教，成为一名高中老师。之后，在中学语文教学专业委员会的帮助下，进行课题研究，先后参与了"天柱苗侗乡土教材的研究及构建""少数民族地区高中随笔化作文课程研究"两个省级课题的研究与实验。为了更务实、更有效、更规范地投入研究，我们课题组派我及其他老师先后到湖南凤凰和张家界、天津市双港中学、北京、秦皇岛等地，去了解、学习、借鉴他人在课题研究推进、教研教改方面的做法，吸取别人先进的经验，用以指导自己的课题研究。在其他学校学习，感受很深，收获颇丰。别人在课程改革、课堂结构方面确实有他们的独到之处，大大领先于我们，特别是他们的理念，走在了时代的前沿。我们要在他们的引领下，结合自己的实际，奋发赶超。后来，我们在他们课题研究方法和思路的指导下，根据我们自己的认识和学校的固有资源，顺利完成了这两个课题的结题，并得到专家们的好评。

三、名师指导，明确奋斗目标

2015 年，得到学校的推荐，我报名参加了贵州省中小学（幼儿园）名师工作室的学习和培训，成为高中语文代泽斌名师工作室的一名成员。在这个工作室里，我得到了代泽斌老师无微不至的关怀和耳提面命的指导，认识了很多同行，听取了一些学员的汇报课和一线专家们真知灼见的讲座和报告，深受启发。在这个专家团队当中，我汇集了别人的成功经验，借鉴了别人的先进理念，融合自己的理解，找到了自己的奋斗目标。我相信，有专家、团队的指导，在前行的道路上自己不再孤独，会更快地抵达成功。

教无常法，学无止境。想要给学生一碗水，教师必须要有一桶水。现代社会知识的更新日新月异，我们想要站稳讲台，想要有自己的风格，就一定要投身到学习当中来。就如铜仁一中副校长袁景涛在给我们培训时所说的：经过自己的不断学习，不断钻研，对教育有了悟性，有了自己的教育理念，建立起自己的教育风格。学习是关乎学生一生成长、关乎教师职业发展的重要命题，只要一日为师，就要研修不止。

真语文研究

回眸风景

代泽斌 ◎ 编著

贵州省高中语文代泽斌名师工作室 ◎ 编

千教万教，教人求真

千学万学，学做真人

中国书籍出版社
China Book Press

图书在版编目 (CIP) 数据

真语文研究. 回眸风景 / 代泽斌编著；贵州省高中语文代
泽斌名师工作室编. —北京：中国书籍出版社，2017.1
ISBN 978-7-5068-5979-0

Ⅰ. ①真… Ⅱ. ①代… ②贵… Ⅲ. ①语文课—教学研究—
中小学 Ⅳ. ① G633.302

中国版本图书馆 CIP 数据核字 (2016) 第 287283 号

回眸风景

代泽斌 编著　贵州省高中语文代泽斌名师工作室 编

策划编辑　李立云
责任编辑　李立云　魏焕威
责任印制　孙马飞　马　芝
装帧设计　黔策策划　杨　鑫　尚章会
出版发行　中国书籍出版社
地　　址　北京市丰台区三路居路 97 号（邮编：100073）
电　　话　（010）52257143（总编室）（010）52257140（发行部）
电子邮箱　yywhbjb@126.com
经　　销　全国新华书店
印　　刷　北京振兴源印务有限公司
开　　本　710 毫米 ×1000 毫米　1/16
字　　数　637 千字
印　　张　35.25
版　　次　2017 年 1 月第 1 版　　2017 年 1 月第 1 次印刷
书　　号　ISBN 978-7-5068-5979-0
定　　价　126.00 元（全 3 册）

编 委 会

主　编：代泽斌
编　委：谢　笠　　杨永明　　汪　渺
　　　　代泽斌　　成　勇　　王玫君
　　　　杨光福　　陈谋韬　　李玉平
　　　　郑孝红　　龙黎明　　阙万松

序　言

　　为充分发挥省级教学名师在全省教育教学改革中的示范带动作用，以名师专业引领来促进中青年骨干教师的专业成长，打造我省教师对外教育教学交流的窗口，探索教师专业能力提升新的模式与机制。贵州省教育厅启动了全省中小学、幼儿园名师工作室主持人的遴选工作，代泽斌老师成为我省首批中小学、幼儿园名师工作室主持人27人之一，贵州省高中语文代泽斌名师工作室于2013年8月正式批准成立。

　　贵州省高中语文代泽斌名师工作室设在百年名校铜仁一中，铜仁一中优质先进的教育资源为名师工作室提供了很好的平台。铜仁一中始建于1938年，国民政府教育部督学周邦道先生率领来自华北、中南等20多个省市460多所学校的1000多名流亡学生，经过艰难跋涉，来到黔东重镇铜仁，筹建"国立三中"，直属国民政府，历时八年；经历"省中"时期后，由人民政府接管，合并铜仁县立中学、铜仁师范、松桃师范等校，更名为贵州省铜仁中学。1963年学校被定为贵州省省属重点中学。1998年，被国家教育部命名为"全国现代教育技术实验学校"。1999年，首家通过贵州省人民政府、省教育厅办学水平督导评估，并获优秀等次。2001年，学校成为全省首批示范性高级中学。2013年，铜仁一中申报全国教育信息化首批试点单位成功。2014年分别获贵州省普通高中"课程改革先进学校"、贵州省"中小学校本研修示范学校"、省教育厅"三生四爱五心五好示范校"等，2016年成为贵州省一类示范性高级中学。

　　近年来，贵州省高中语文代泽斌名师工作室为充分发挥促进教师专业成长、践行培养名师的使命，使其真正成为学校教育资源的集聚地和骨干教师交流的舞台、成长的摇篮。工作室一直坚持以体制机制建设为根本、以提升内涵建设为核心、以"立己达人，和谐共生"为理念，切实保障高中语文名师培养工程的顺利实施，在省、市教育主管部门大力支持、学校的具体指导落实下，着力推进高中语文名师培养。工作室在建设中按照《贵州省中小学幼儿园名师工作室建设标准（试行）》要求，加强工作室制度建设，制定和完善各项工作制度、学员管理制度和经费管理制度，活动方案及跟踪指导制度，建立健全工作室文件资料、档案管理制度。工作室以"立足当下，着眼长远"为理念，狠抓精品课程建设，着力打造有效特色课堂，推动语文有效教学，培养更多教学名师；以"注重文化传承，打造诗意语文"为建室文化内涵，努力探索文化传承与诗意语文的关系，以文化传承促进学生的可持续发展，从而体现诗意语文对生活、生命、人生的终极关怀作用。工作室还根据目标对象的不同，制定了不同的建设模式，主持人建设模式是"名师引领，追求卓越"；成员建设模式是"情倾语文，磨炼成长"；学员建设模式是"轮流推进，循序渐进"。另外，工作室还与玉屏县教育局建立协作共同体，对玉屏县基础教育进行协同发展、互相帮扶开展送培送教活动，并组织北大等名校学生对玉屏县高三、初三学生进行励志演讲活动。

工作室根据名、特、优、德的宗旨和协同合作、终身学习的理念，采取了灵活多样的工作方式：利用成员协助主持人的方式开展工作和参与研修活动；通过学员外出培训、指导学员认真研读教育名著，促进学员专业成长。

一分耕耘，一分收获，立己达人，和谐共生。名师工作室自成立以来，通过工作室全体人员上下一心、不懈努力、和谐共进，以及一系列的教学教研活动，取得了相应成果。该集子汇编了学员的反思，可以供学员自己前行思考，也可供大家借鉴。

大道坦荡君行健，志存高远万里翔。在今后的工作中，希望名师工作室将继续立足于当前省、市教育工作要点和学校实际，坚持以服务当地新课程改革为先导的方针，坚持"发展自己、带动他人"的工作室建设目标，进一步利用信息技术等新型媒体技术，开展教育教学研究活动，促进工作室学员的快速成长，打造名优群体，争创一流团队，使工作室真正成为教师专业发展的平台。

（谢笠　贵州师范学院教师发展处处长、教授）

目录

"真语文"是教学规律和真谛

——参加贵州省高中语文名师代泽斌工作室跟岗学习之反思

贵州省铜仁市第十五中学 敖海洋

2014 年 10 月 12 日至 2014 年 11 月 2 日，本人有幸作为贵州省高中语文（代泽斌）工作室第二期学员，跟随铜仁一中代泽斌老师研修学习，在跟岗学习期间，我受益匪浅，现就跟岗学习之所得，做深刻的教学反思，介绍如下。

自从跟岗学习以来，导师们都强调"真语文"这一主题，我认为这更切合语文学科的教学规律和真谛。反之，近年来，甚嚣尘上的新课改离真正的语文教学目标越走越远。

其实，新课标所倡导的"把课堂还给学生""我们要少教一点，让孩子多学一点""以教师为主体的多教"转变为"以学生为主体的多学"等教学思想是具有一定前瞻性和科学性的。但在实践中，却完全变了样。有的老师为了一味地标榜新，只重"形"，忽略甚至抛弃了"神"，语文学科的教学规律和真谛就更是无从谈起。下面我就"高中语文阅读教学"谈一点自己的真实感受。

时下有些语文老师所谓的"新课改"后的课堂往往出现喧宾夺主的现象，一味地强调语文课堂新、教法新、学法新、形式新等，语文课堂特别是阅读教学中的学生失去了传统意义上"读书""读"的权利。"读"是学生获得知识的基本途径，它是学习之母、智慧之源。高中语文课堂教学要培养和提高学生读、听、说、写的能力。读、听是语言的吸收和理解；说、写是语言的表达和运用。

"读"包括朗读，朗读实际上包含听和说。叶圣陶先生认为"听，也是读，是用耳朵读；说，也是写，是用嘴写"。没有吸收和理解，就谈不上表达和运用，学生只有通过读，学习他人是如何运用语言来表情达意的，才有可能自己从容自如地驾驭语言，表情达意。高中语文课堂教学应当培养好"读"这个根。根深才能叶茂，本固方可枝荣。

"读"的形式多种多样，在课堂教学中要学会正确运用。首先是默读，默读是学生获取知识的主要手段。老师在课堂上要保证给学生留有足够的安静默读的时间。一般情况下，老师们总是担心课堂讲解时间不够，把学生阅读课文的时间全部挤到课外，这不仅会增加学生的课外负担，而且其效果也不理想，到上课时连课本还未问津的学生大有人在。有的教师在课堂上虽然也给学生默读的时间，但时间太少，多数学生还没读完，便开始讨论。究其原因，老师们生怕课堂气氛沉闷。这其实是对默读的一种误解。殊不知，默读的过程是把书面语言转化为内在口头语言的过程，正所谓"此时无声胜有声"。

学生边读边思考，在默读的过程中需要完成以下环节：基础积累，利用工具书如字典、词典，自己动手学会查阅课文中不会读的字音或不理解的词；采用默读了解的方法，画出不理解或存在疑问的语句，了解课文的大概意思，感悟作者怎样的感情等；梳理思路，掌握文章的精妙之处。例如：学生在默读《绿囚记》一文中，很多学生能理出作者行文的思路：赏绿→囚绿→释绿→念绿；质疑问难，通过默读思考，解决自己在预习中所遇到的问题，或者整理自己对这篇课文的独特见解，也就是理清读懂什么，还存在哪些疑问，这样更有利于学生对课文的感知、理解、鉴赏和吸收……

其次是朗读。朗读在语文教学中是最常用和最基本的方法，包括教师范读、学生单读和师生合读等。朗读能充分发挥感知的积极性，活跃课堂气氛，调动学生的学习兴趣，提高教学效果。从某种意义上说，朗读能直接把学生带入课文的意境。学生通过各种朗读，能增强语感，再现意境，加深对课文的感知理解，培养听的能力，发展思维能力，增强口头表达能力。老师还可以通过学生朗读的信息反馈，检查学生对课文的理解程度，进而调整自己的教学方法，达到教学的最佳效果。

一般来说，可以把朗读分为初读、细读、精读、品读四种，即常规性地读（初读）；自主感知，通读文本理解性地读（细读）；自主理解，细读文本创造性地读（精读）；自主探究，精读文本鉴赏性地读（品读）。以此更好地实现自主体验，品读文本。

最后是背诵。背诵是我国传统的阅读教学方法，它是在默读和朗读的基础上，要求学生强化记忆，巩固阅读成果，积累语言材料。这对促进学生深入领会课文、培养记忆能力、提高表达能力都具有十分重要的意义。古人云："熟读唐诗三百首，不会作诗也会吟"，说的就是这个道理。我们现在的语文教学，要培养学生跳读、速读、快速筛选信息的能力和创造思维能力，但是，这些必须以一定语言材料的积累为基础。

全国高考语文高考卷开始转型后，作为教师更需要向学生强调，必须在阅读理解的基础上进行背诵，切不可死记硬背。学生在教师的指点下，理解内容，分清主次，把握整体与部分间的区别与联系，理清篇段的结构层次，找出行文的线索，捕捉重点词语和关键句子，就能背得快、记得牢。

在学生对文本有了一定程度的理解后，教师需要抓好以问促读，以便学生分析理解的深入，这就要求教师要在教材的关键地方提出问题，以激起学生思维的火花，引发学生讨论和再读的兴趣。激发学生的求知欲和探索精神，给学生创设宽松的课堂交流氛围、交流空间，让学生结合自己的理解，提出自己独特的问题，以培养学生独立思考的学习能力，提高学生的语言概括能力。

教学实践表明，高中语文课堂教学改革后的轻"读"必须得以改观，我们的语文课堂必须强调"读"的训练问题。以"读"为本，以讲培读，以析促读，"读书破万卷"，"读"在前"破"在后，"破"是剖析，讲解是剖析的一种，包括教师"破"和学生自己"破"。相反，如果以讲废读，用烦琐乃至架空的分析来代替学生的阅读领悟，那只是"无源之水"。

综上所述，作为教师应当沉淀下来，认真思考语文教学的本真，切实抓好抓实语文课堂的阅读，寻找我们遗失甚至抛弃了的语文教学之"源"——阅读，还语文课堂的"书声琅琅"。

更新理念　开阔视野　收获颇多

——参加贵州省高中语文代泽斌工作室跟岗学习之反思

贵州省铜仁市第十五中学　舒芳

2015年3月8日至2015年3月29日，本人有幸作为高中语文代泽斌工作室第三期第一批学员，跟随铜仁一中代泽斌老师研修学习，二十天的跟岗学习，我严格遵守工作室的各种制度，按作息时间参与跟岗学习，顺利完成了跟岗学习任务。通过这次学习，我更新了理念，开阔了视野，收获颇多。现就这一阶段的学习反思介绍如下。

语文在高考中的作用是举足轻重的，在生活、工作中的作用尤为重要。但是，在教学中，我发现有些学生，学习语文的积极性极低，尤其到了高三，更是轻视语文学习，表现出种种消极心理。后来，我把跟岗学习所学到的知识和技能运用到教学实践中后，状况得以改观，由此，我更加坚信，我们的语文教学真的需要静下心来，遵循它的规律了。

一、教师在教学中应当抓住关键，在课堂教学中创设诱人的情境

"兴趣是最好的老师。"教师采用学生感兴趣的、熟悉的形式巧妙地引入语文课堂，可以有效地激发学生的学习兴趣，激活课堂气氛。比如，在学习柳永的《望海潮》时，我先从赏析西湖美景和学生创作的情景剧开始，引起学生的向往，再讲解诗歌鉴赏知识，学生学习语文的积极性得到很大改善。这种以俗解雅的方法，在教学中显得轻松风趣，极大地调动了学生学习语文的兴趣。

突出亮点。课堂教学中的亮点应是疑问的聚焦点、思维碰撞的交汇点、教学的创新点。学新课文时，我先让学生预习课文，再让他们通过分组讨论，进行评价，看哪一组同学表演得最为恰切，最符合文章要表现的思想。学生的兴奋点被激活了，他们在阐述中融入了许多现代汉语词汇和意识，加进了大量肢体语言，对文本进行了再创造。这种轻松愉悦的教学形式，既激发了学生的灵感和情感，又帮助学生更好地理解了文章的主旨；既激起了学生的表演欲望，又挖掘出学生的创新潜能。"教育的艺术是使学生

喜欢你教的东西。"语文老师在课堂教学中真的能化"压力"为"魅力"，让"学生喜欢自己所教的东西"，学生学习语文的消极心理就可逐渐消除，而走向积极。

二、必须充分发挥学生的主体作用，变被动为主动

从新课程的角度来看，教师和学生都是课程的开发者和创造者，而不只是被动的执行者。因此，教师、学生都是语文课程实施过程中的主体，也只有在这个意义上，"教学相长"才真正成为可能。在语文课堂教学中，教师既要发挥自身的积极性和创造性，更要让学生成为课堂教学的主动参与者，成为问题的发现者和解决者。具体问题，我并不直接告诉学生答案，而是提示他们回去以后查找相关资料。这样，学生通过提出疑问、自行释疑，既深入理解了课文，又丰富了课外知识。由此，我就启发学生：文选内容固然重要，但也有其本身的局限性，需要大量的课外阅读来充实、完善，健全学生的中学语文知识结构是课内课外等综合因素共同推进的。

挖掘学生的潜力，激发和培养他们的学习兴趣，让他们在课堂上有自主的学习与思考的时间、空间，主动参与课堂教学活动。比如，每节课上我都会安排一两个学生上台课前演讲，然后再请一两个学生针对同学演讲发言，发表评价。还有在自读课文的教学中，尽量以问题形式让学生充分讨论，共同解决。这样就把学习的主动权交给学生，让学生有主体参与的感觉，能充分调动学生的积极性，使课堂充满活跃的气氛，个个踊跃讨论、积极发言。但在培养学生主动参与教学的过程中，要注重举一反三，触类旁通，让学生掌握分析解决问题的方法，掌握阅读分析的方法要领，改变旧的学习状态，不是被动地接受老师传授的知识，而是主动地掌握和运用知识。

三、我们的课堂应强化培养学生的良好习惯

1. 掌握科学、良好的记忆习惯

科学的记忆方式，无论是联想法、类推法还是其他方法，关键就是：适合自己就是最好的。特别是结合新课标全国高考卷古诗词填空的题型，必须在理解的基础上记忆，做到温故而知新，及时复习，提高学习效率。

2. 培养爱读书的习惯，培养学生建立较为完整的阅读体系

培养学生建立较为完整的阅读体系是提高写作能力的关键——"向阅读要写作能力"。学生涉猎广泛的课外知识领域，需要教师的正确引导和

适时关心。我参考新课标课外读物，指导学生制订阅读计划，学会自主积累，帮助他们建立写作素材库，引导他们从中汲取精华，多读中外名著或伟人传记，不仅可以积淀学习的知识储备，而且可以培养健全的人格和高尚的情操，充分发挥伟人的感染力、教育力，学生与大师为伍、与伟人为伍的时候，很多教育尽在不言中，一旦形成习惯，学生就会受益终生。

3. 勤于动手的习惯：就是写的习惯

很多学生背诵了很多文章，说起来的时候可以滔滔不绝，可是写的时候却如挤牙膏一般，这样的话就需要在平时多写日记、随笔等，坚持下去，就有助于提高学生的写作能力。

4. 虚心向别人学习、勤于好问的习惯

善于向别人学习，学习他们的学习方法、精妙的构思、遣词造句的艺术等。在我的建议下，所教班级设置了"图书一角"，书籍种类颇多，包括人文类、自然类、科学类等，"博众人之长为己用"，不仅可以提高学生的阅读量，而且有助于提高向别人学习的能力。

四、注重语文的渐进性，通过分解大目标，设置阶段目标，让学生感受到成功的喜悦

高中学校任务重，特别是高三考试频繁，学生情绪波动较大，容易自暴自弃。这时，帮助他们树立信心、保持平和的心态是非常有必要的。我会开展一些小的专题性竞赛，从简单问题开始，如成语大比拼、名句默写、图文转化、仿写等，容易得分，甚至容易得满分，使学生的自信心得到极大增强。再逐步过渡到现代文阅读、诗歌鉴赏、作文等难点上，如在诗歌鉴赏复习阶段，采用分解法教学：了解诗歌的常识；鉴赏诗歌的形象；灌输诗歌的表达方式和表现手法；训练答题步骤；品味诗歌语言等。在现代文阅读、诗歌鉴赏中，规范学生的答题方式很重要，通过长时间的训练，学生的技能得以大大提升，最大化地帮助学生排除畏惧心理，从而提高学习成绩，获得成就感和自信心。在紧张纷繁的高三学习生活中，这样作为学生增添了不少乐趣，使学生有了主动学语文、乐于学语文的动机和兴趣。

学生只有掌握了科学有效的学习方法，才能融会贯通、终身受益。充分发挥学生自身的主体作用，变被动为主动的学习方式，是提高高中学生语文素质的基础。

学习　求教　思考　交流　收获

——参加贵州省高中语文代泽斌工作室跟岗学习之反思

贵州省印江民族中学　任达杰

2015 年 10 月，我有幸来到铜仁一中参加贵州省高中语文（代泽斌）名师工作室的培训。在培训期间，我认真聆听了代泽斌老师的讲座及其他教师的研究报告；培训会议完成后，按照代老师的指导与安排，我将在铜仁一中高三（1）和（5）班顶岗研修一个星期。作为顶岗研修教师，我深切感受到了其中责任的重大，面对代老师的殷切嘱托、台下学生求知的目光，我知道我不能懈怠、不能敷衍，只能选择义无反顾地勇往直前。所以，虚心学习、认真求教、不断思考、互相交流就成为我必须做好的事情。

首先，在顶岗研修过程中，我注意到了铜仁一中校老师大多专业知识扎实，精心研究教材和学生的实际学习情况，课堂气氛很活跃。即便是我随堂推门听课，都能听到一节学生积极参与的优质课。那些老师严谨治学、执着上课的精神深深感染了我，他们所上的课科学严密、紧扣考点。他们在课堂教学中践行的是全新的理念，真正做到了充分尊重学生、关注学生、服务学生、以学生的发展为教学之根本，他亲切、自然、大方，语音清晰、流畅，与学生有良好的互动，我每次听了课都做了全面仔细的记录。我想，这对于我今后实施新的理念、开展有效课堂教学活动都将产生深刻的影响。

其次，我学会了尊重学生在课堂中的主体地位。以学生为主体，以教师为主导，这不应当仅仅是一句口号，这更应当是一种新的教学理念融入到我们的课堂中来。教室不应成为教师一个人的舞台，它更应是学生们互相交流、展示自我的舞台。优秀的教师应当把课堂真正交给学生，自己只是起到引导的作用，在课堂中多组织一些活动，让学生参与进来、活动起来，在参与中学习，在乐趣中学习，学生学到的知识才会更准确、更牢固。我们的课堂应当是充满生机、充满乐趣、充满活力、充满笑声的，能够真正让学生们活跃起来的课堂才是令人欣慰的。

最后，我们需要进行有效的教学，上课的次数不在多少，真正有效的课堂才是好的课堂。我认为要想做到有效的教学，需要在以下几方面下功夫：第一，教师应当具有整体意识。讲一篇课文但不能仅仅看单独的一篇课文，应当统筹把握这篇课文在整本书、整个单元中所处的位置。第二，在备课过程中，教师除了要备课之外，还要根据不同的学情设计不同的教案，这样才能做到有的放矢，取得良好的成效。第三，在设计教学环节方面，除了基本的教师讲授外，还要设计能够让学生参与进来的更多环节。真正做到把课堂还给学生，让学生成为课堂的主人，在活动中学习，在乐趣中获取知识。第四，在教学过程中，一定要准备有梯度的环节，让学生有挑战才会有求知的渴望；同时，还要注意提问题的有效性，给学生提有效的、有针对性的问题才能事半功倍。第五，在作业设计方面，也要注意设计高效的、能够检验学生学习程度的作业，不留毫无意义的作业。第六，教师课后还要经常反思自己，有反思才会有进步，才不会落伍。

　　总之，在顶岗研修期间，我经历过困难，遇到过挫折，但更多的是成长，是进步，是提升。我想，这次顶岗研修必将对我今后的教育教学工作产生重大而深远的影响。

我 的 成 长

——参加贵州省高中语文代泽斌工作室跟岗学习之反思

贵州省沿河县官舟中学 毛于贵

进入工作室已经快一年了，在感叹时间过得真快时，我又对自己的满满收获感到非常开心！因为时间见证了我在这一年中成长的点点滴滴。

一、沉淀自己

人生就像一杯茶，经过生活的洗礼时要学会沉淀自己。

名师工作室为我们的发展和创新提供了难得的机会，提供了一个优秀的平台。在名师工作室的引领下，我们更有前进的动力，从更大程度上激发了自己的潜力。在这一年期间，我由以前懒于总结整理到现在勤于发现总结，不断学习、反思，沉淀自己，让自己在一定程度上得到了提高。

在这一年中，我积极地参与名师工作室的各种学习活动，到铜仁、印江、思南、松桃分别学习了三天时间。各种各样的教育教学活动也开阔了我们教育教学的视野，为以后的教学提升奠定了坚实的基础。

作为市级骨干教师，我不断充实自己，希望更好地进行教育教学实践。11月13日至11月22日，我在铜仁一中顶岗学习，教授高三（1）、高三（5）两班的语文课，这让我明白了：要当好老师，教师必须言传身教，时时做到教书育人、为人师表，以自己的人格、行为去感染学生，努力使学生、家长接受并喜欢自己，充分利用好这两班的资源，不断提高自己的教学业务水平。

二、学以致用

"学了不会用等于白学"，我经常对学生这样说，所以我坚持把在名师工作室所学的知识用于实际教学中。

1. 教改科研

在过去的一年里，我把在工作室中获得的教学理论用于我的课题和论文撰写中，完成了小课题《古诗文阅读与作文写作》的研究，并进行积极探索，不断地分析、讨论，总结出一套适合我们自己学校学生特点的实用有效的教学方法。在不断的教学实践中，我的教学水平也在逐渐提高。

2. 帮代工作

我虽是校级骨干教师，但我深知"独木不成林"的道理。我不仅严格要求自己、大胆实践。在平时的探讨中，我也从不吝惜自己的点滴经验，充分发表自己的意见和建议。2015年2月和2015年11月，我在县级集中培训课上，谈了自己所获得的一些教学理念、对真语文的看法等。由此，我从中收获很大，教学水平提高很快。

三、努力方向

因为"学无止境"，所以我给自己定了以下目标。

①在提高课堂实效性上下功夫，使学生在每堂课中都有更大的收获。

②及时总结，加强反思的能力，将自己平时积累的经验、有价值的思考及时记录下来，以便更快地提升自己的教学水平。12月我在学校上了一节市级以上骨干教师示范课《一剪梅·舟过吴江》，得到了同行的好评。

感谢名师工作室的主持人代泽斌老师，名师工作室不仅为我们提供了提高自身素质的空间，而且成为我们互相学习、互相促进的大家园。在这个大家庭里，我们找到了自己前进的方向，在这个大家庭里，我们体会到了互助共进的热情，更领略了名师的风采。在教学改革的今天，社会对教师素质的要求更高，在今后的教育教学工作中，我将更加严格要求自己，努力工作，发扬优点，弥补不足，开拓进取，我将用自己的实际行动尽职尽责地做好工作，成为一名合格的工作室学员。

新课标下的自能读书

贵州省毕节黔西第一中学 符小梅

从事高中语文教学数年，不断总结、不断反思，我发现在学生身上普遍存在的一个大问题，那就是我们的学生"不会读书"了。学生的读书似乎就是语文课堂上的朗读或者默读，还有就是围绕着教师从课本中抽出的三五个问题打转转，虽然偶尔也能读读课文，但却是七零八碎点缀式的，学生无法整体感知和综合理解。无关乎思想情感，无关乎思考能动。我认为这是"读字"而非"读书"，个人主张自能读书。何谓自能读书，当然不能简单地理解为依靠学生自己的能力来读书。

自能读书就是在阅读教学中，学生在教师的相机启示下，充分发挥各自的主观能动性，以读促思，自能通解，积极主动地感悟并掌握一定的阅读技巧，深入理解课文内容并获得语言文字综合训练的阅读实践活动，自能读书包含以下四个要义。

一、以"书"为本

训练学生阅读理解技能和语言文字基本功的依据和凭借是"书"，即课文，离开了课文，阅读训练就成了无源之水、无本之木。因此，无论什么阅读方法，都必须以课本为本，并将此作为一个有机整体来全面把握、综合理解。

如前所述的从课文中抽出几个问题的拆分式阅读是行不通的，是不能提高学生的综合性阅读能力的。一篇文章，有着整体的结构思路，文章的艺术魅力也不是拆分出开头、结尾、过渡或语言、文字就能感悟到的，更不是人为设置几个问题就能顿悟的。

因此，强调自能读书，必须坚持以课文为本，而不能以阅读思考题为本。

二、以"读"为本

学生阅读理解的基本方法和途径是"读"，自能读书更应坚持以读为主。读是思的凭借，是悟的前提；读是说的储备，是写的基础。多读能迅速有效地培养语感，多读能促进对课文内容的深入透彻理解，有利于识记生字、释词析句，多读还可以领悟遣词用语的精妙，学习布局谋篇的方法。

在教学中，教师不应当只是一味地讲和问，而是引导学生多读书，指导学生读好书。学生不应只是一味地听和答，而是要多读勤思、熟读精思。

三、突出"自"

自能读书突出学生学习的个体性、自主性和自治性。每个学生的阅读都是通过自己的思考，运用一定的读书方法和思维方法，独立地学习课文，理解内容，获取知识并形成技能的。

在阅读实践中，学生的自我意识、自主意识、自控意识得到强化，其读书活动虽然也有教师的启发诱导，但主要还是由学生自读自思、自我感悟、自问自解。

四、体现"能"

这里的"能"是指学生学习的主观能动性，这是自能读书的核心，是学生的阅读能否取得好的效果、阅读水平能否迅速提高的关键性因素。它包括阅读的基本技能（读的技巧、思的方式）、阅读的内化因素（感知、顿悟、深究），还包括积极思考的习惯、主动求知的欲望和深入探究的意识等。

如何训练自能读书？自能读书并不是一种固定的教学模式和具体的教学方法，它是我们的阅读教学所应追求的训练目标，其训练的形式、方法和途径应当是灵活多样的。训练自能读书不是立竿见影、一蹴而就的事，需要进行不懈的探索和长期的实践。训练学生自能读书应当把握以下几个要点。

1. 要给学生读的时间和思的空间

训练自能读书，首先要解决学生学习的主动权问题。统得过死，教得过细，求稳怕乱是无法训练到位的。因此，课堂上，教师要毫不吝啬地把学习的主动权还给学生，要敢于留给学生较为充裕的自学时间。一般来讲，一节阅读课的教学，学生自由读书和独立思考的时间应在二分之一至三分之一之间。这二分之一至三分之一的时间（不宜一次性集中）应当完全由学生自己支配，包括确定读书形式、进行圈点勾画、攻克理解难点、向老师和同学质疑等。

当然，强调学生自能阅读并不是让教师撒手不管，任其自然。无论什么时候，学生的"学"都不能离开教师的"导"，如自读前明示读的要求，自读中把握读的动态，自读后检查读的效果。此外，教师还应当注重学生自学过程中学习态度和学习纪律的掌握及调控，以免少数学生不遵守纪律，难以收到好的自读效果。

2. 要让学生迎难而上，发挥潜能

如前所述，充分发挥学生的能动作用，这是训练学生自能读书的核心。教师要在训练学生的"能"——学习潜能上下功夫。

由于学生阅读水平的差异和课文难易程度不同，学生每学习一篇课文，在阅读理解方面总会遇到一些疑难问题。教师就要训练学生敢于思考、敢于突破自我，不怕出现错误，鼓励学生尽量自动脑筋弄通弄懂，不要急于给出答案，要善于进行恰到好处的点拨提示。更不要只给出唯一的标准答案，否定学生的思考，限制学生的思维，要允许合理存在不同的声音，要让更多的学生读得勤一些、高一些，享受到领悟的快乐。

3. 要注重学法指导

自能读书强调以自学为主，这样，学法指导就显得尤为重要。教师要结合具体的教学内容，将阅读过程中如何操作的有关知识和实现操作所需要的方法和技巧教给学生，使学生对于阅读做到胸中有数。教师还要训练学生在掌握基本要领的基础上，讲究操作的灵活性，使学生面对不同的文章能灵活运用不同的方法。

4. 要善于沟通学习思路

在学生自能阅读过程中，教师要善于准确把握并及时沟通学生的学习思路，让学生之间在阅读理解上形成共通的认识和感悟。如在检查阅读效果时，当学生对某一文章做出理解后，教师可以引导学生将自己的思维过程加以充分展示。"你是如何理解的？""你是从哪些地方读出来的？"并能在这个过程中了解学生的思路，及时反馈教学信息，更重要的是能让其他学生从发言者的解答中得到启示，学到方法，打开思路。更可以让学生针对同学的理解发表自己的不同观点，让思想在碰撞中产生火花，激发学生的阅读兴趣。

在新课程背景下，我在今后的教学中，将着力引导学生养成一种自主学习、自能阅读的好习惯，让学生重视语文、喜欢语文、学好语文。

试论教师角色的反思与转变

贵州省印江民族中学 任达杰

随着社会对学校教育要求越来越高的发展趋势与指向，教师角色的转变与反思也日益分秒必争，刻不容缓。当下社会要求学校培养创新型人才，因此在教学方法与方式上，更需要教师与时俱进，注重培养学生的创造能力。高中生的创造力发展很快，并且逐渐和社会挂钩，表现出现实性、主动性和有意性。只要教师的角色及时转变，并关注教学反思，只要教师进行有意识的点拨，学生的创造力发展就会日趋成熟。

社会发展的需求迫使教师寻其着力点在哪儿，这就要教师善于解读《新课程标准》。因为这一标准的重要使命是转变学生的学习方式，为学生构建一个自主探究、合作交流的学习平台。第一，学习方式的转变期待教学模式的转变，教学模式的转变期待教师角色的转变，是故教师的第一要务应是反思自己的角色，确认自己的教学身份和地位。第二，教师要转变自己的角色。笔者认为，在新课程目标下，教师应当由教育教学的管理者变为引导学生学习的组织者，由知识的传授者变为共同学习知识的参与者，由课堂教学的控制者变为帮助学生解决学习问题的引导者。而对于课程发展及教师素质的提高来说，要由传统的教书匠变为各种课题的研究者，由新课程标准的实施者变为校本课程的开发者。

一、由教育教学管理者变为引导学生主动学习的组织者

在过去的岁月里，不少教师都如此说：教师与学生的关系是管理与被管理的关系。听话的、服从安排的，听从管理的则为优秀学生；反之则是不好的学生。《新课程标准》要求教师成为引导学生主动参与学习活动的组织者，其首要任务是营造一个接纳性、支持性、宽容性、倾听性的课堂氛围，创设能引导学生主动参与的教学氛围。

《新课程标准》指出：教师在教学中要充分发挥主动性，创造性地使

用教科书和其他有关资料，教师应从学生的需要出发，充分利用一切课程资源，拓展学生的学习空间。反思性教学首先应当落到教师对教材的利用上，这也是让教学效率能够得以提升的基础。不少教师对于教材的利用并不充分，教材中很多有价值的内容都没有进行足够的挖掘。这不仅使课堂教学十分单薄，学生在课堂上能够汲取的知识也较为稀少，这些都会阻碍学生能力与水平的提升。因此，教师要从这个角度进行反思，转变自己的身份与角色，尽量让更多学生愿意主动与老师打交道，愿意自觉地与书本打交道，让他们逐渐从被动地位转化为主动地位，让他们逐步释放自己的学习热情与动力，让他们逐步学会放下包袱，解除压力，轻装上阵。

譬如：我在教《沁园春·长沙》一诗时，首先向学生介绍毛泽东的诗歌偏好，毛泽东的一生，是临窗伏案的一生，也是在戎马倥偬中默诵吟咏的一生，写诗作词，泱泱诗国的文化甘露哺育了这位伟大的诗人。这样有针对性地把学生引入到课本的意境中，让大家感受到毛泽东年轻时的伟大抱负和革命情怀，进而激发学生对文章的学习兴趣。

二、由知识的传授者变为共同学习知识的参与者

教师既是教坛沃土的快乐耕耘者，又要是由注重表演的传授者变为共同建构学习的参与者。作为快乐的耕耘者，必须热爱这方沃土，秉持"扎根沃土，耕犁文化"的共同追求。作为参与者，教师必须打破"以教师为中心"的观念，构建民主、合作的"文化生态"。教师要放下"师道尊严"的架子，做到师生平等，和学生一道去寻找真理，寻找规律，与学生一起分享他们的感情、观点，应把学生尊重为"主演"的"主人"。笔者认为，教师讲授得越精细充分就越好的思想是错误的，那种认为"学生安静、老师讲，学生记"的观念也非改不可。因为现代科学知识量多且发展快，教师不可能在短短几年学校教育时间里，把所有教科书的知识传授给学生。学生获得知识信息的渠道多样化了，教师也应不断更新自己的知识，接受各种新的信息，以满足学生的知识需求。所以，教师要注意学生能力的培养，做学生人生的引路人，与学生一起共同学习，共同提高，共同进步，共同发展。

三、由传统的教书匠变为新课题的研究者

教师的职能与作用是"传道授业解惑"。如果只是把专业研究成果传

授给学生，那教学活动大多是墨守成规的，教师几乎不参与教学研究工作，此种做法存在一定的弊病。倘若教师教学活动没有一定的创新，就得不到提高和深化，教学与教研两者相互脱节，对教师的发展和教学的进行极其不利。新课程要求教师应成为教育教学的研究者，因为在实施《新课程标准》的过程中将产生新的课题，等着大家去探究和解决。教师应不仅仅作为知识的传授者，更应是课题的研究者，对出现的问题进行研究，总结自己的经验，反思自己的教学行为，形成自己的课改，推出自己的教研成果，并运用于实践，做实实在在的教育者。

四、由《新课程标准》的实施者变为校本课程的开发者

著名教育家叶圣陶先生说过"语文教材无非是个例子"。但是教学实践告诉我们，教师仅依赖于教科书是行不通的。据相关调查表明，现在有不少教师离开了教科书，就不知教什么；离开了教参就不知道怎么教。教学与课堂的分离，使教师丧失了课程的意识和能力。《新课程标准》的特点是：具有开放性、均衡性、综合性和选择性，新课程标准和教材在运作上有较大的空间。新课程必须与教学相互整合，教师必须在课程改革中发挥主体性作用。因此，教师不仅应是新课程的实施者，更应具备创设校本课程的能力和开发校本教育资源的能力。校本课程要求关注学生的生存方式，应满足学生成长的需要和社会发展的需要，它从根本上转变了学生的学习生活方式，由被动接受或学习转变为主动探究式学习，推动学生的专业精神，提高实践能力，达成终身学习的愿望。

五、由课堂教学的控制者变为帮学生解决学习问题的帮助者

《新课程标准》要求教师用"心"施教，在教学中，教师不应只是关注自己的教学任务和教学内容能否按部就班地传授，也不应小心翼翼地控制整个课堂的局面，怕出现异常情况，令自己措手不及。作为一名教师，应是学生学习生活中的合作伙伴与帮助者，在学生有疑难问题，成绩差的学生学习存在困难时，随时准备伸出援助之手。在教学中，教师要十分关注课堂上持不同意见、看法的同学，欣赏有创新精神的同学。当他们在创新、探究和解决问题中遇到困难时，做他们友好的帮助者。教师与学生之间必须做到风雨同舟，教师不但是知识的传播者与解惑者，而且应当永远成为教学战壕里的战友、教学相长路上的合作伙伴。

　　教师积极进行角色转变，对教育教学的适时性问题进行反思，这是当下教育战线的潮流与必然。角色转变即换位思考，反思即悟其经验，过而能改。思则变，思则进。教师角色的反思与转变永远在路上，只有起点，没有终点。因此，教师必须努力学习新的专业和技能，认真反思，改变自身的陈旧观念，转换角色，在新课程中不断提高自身素质，与时俱进，争创可喜业绩，永葆教育青春。

加强自主性阅读，为语文学习
铺垫一个"底子"

贵州省沿河自治县第二中学 崔涛

苏联著名教育理论家苏霍姆林斯基指出："阅读是学习之母，是教育之本，是生活之乐。"阅读，可以为学生的语文学习铺垫一个良好的"精神的底子"。如果把一个人的思想当作一艘大船的话，那么阅读无疑就是这艘大船得以航行的帆以及鼓帆前进的风，阅读就是独立地在知识的海洋里航行。作为语文教师的我们，任务只有一个：就是让我们的学生通过阅读品尝这种航行的幸福，感到自己是一个敢于独自闯进人类智慧无际海洋的勇猛之士。

一般来说，高中学生都期望在高考中获得较高的语文分数，但作为一位中学生来说，高中语文学习是一个长期的自我积累过程，不可能一蹴而就，这就要求他们养成良好的自主性阅读习惯。可作为农村中学的学生，地域的局限让他们基本无阅读。因此，作为一名语文教师，培养学生的自主阅读能力理所当然成为课堂教学的首要任务。我们要在语文课堂教学中给学生提供良好的建议，让他们用"多读书、读好书"的方式来提高自身的语言表达和写作能力，同时也潜意识地提高个人修养，增强对于语言的综合运用，从而受益终生。当然，也为我们自己的教学质量得以提高提供保障。

下面将以我的教学实践，略从语文课堂教学的角度，谈谈怎样加强课内与课外之间的联系，激发学生自主阅读的兴趣。

一、课前 3 分钟：激发学生自主阅读的兴趣

我所任教班级的学生都是来自乡镇初级中学，由于条件很差，多数同学一直以来没读过课外书，有的甚至连普通话都未说过。如果一开始就让他们去自主阅读，那纯属天方夜谭，作为老师，我们要加强对这些学生的关注。因此，每节语文课前 3 分钟，我设置了一个"我阅读，我展示"的

环节。

活动之初，为避免没有学生展示出现的冷场，我用了近两周的时间准备了一些阅读资料，让学生在课前三分钟阅读，可齐读，可自由读，先让他们感受阅读的氛围，然后由学生自愿报名，慢慢将这种集体阅读方式变为个体的阅读展示，比如展示自己喜爱的课外读物。一本书的名字、一个故事的梗概、一首小诗、一段美文、一点心得等，在学生展示阅读后，我再给予一些赞赏性的语言鼓励，慢慢地，学生就渐渐放下了羞涩，开始跃跃欲试、摩拳擦掌，喜欢与大家一起分享了。一学期的日程轻易就被学生预订一空。

这样的方式持续一段时间后，我就根据授课内容，提前了解学生的阅读方向，有选择地请学生讲述相应的内容，使这个环节融入新授课的导入环节。对那些阅读方向不明确或者阅读积极性不高的学生，我就让他们帮我的忙，去查找某方面的资料等。能帮上老师的忙，对学生来说是多么自豪的事情啊，往往让我惊讶的结果就在这时产生了：尚且有阅读困难的同学，课下也行动起来，或查阅资料，或请教老师，或咨询同学，在课前就开始听到书声琅琅了。

在这个环节中，对于讲述者，我们关注的是个体的差异性，让每个学生的阅读都有机会得到关注，增强学生的自信心；对于听述者，我们关注的是整体的共享性，让全体学生分享阅读的快乐。当然，不必苛求学生一定要达到某种效果，单单是通过这样一个短小的交流，再加上老师对上台者有意识地重点表扬，这也是让这个课前活动得以开展的前提。

二、课堂反复阅读，积累自主阅读感悟

"书读百遍，其义自现"这句古话是我们语文教师经常在课堂用来告诫学生的良言。课堂上的反复阅读是探究文章深意、体会语言魅力的开始。高中生在平时的语文学习中，就应利用自主性阅读的方式对课本内容进行反复阅读，积累丰富的语言素材。这种反复阅读：一方面可以培养高中生学习语言的良好习惯，有助于把握语言节奏，熟悉高中语言的写作形式，积累丰富的写作素材，为良好的作文水平奠定坚实的基础；另一方面，可以有助于高中生积累丰富的自主阅读感悟，从字里行间的阅读中充分体会作者的写作感情，提高自身的学习认知水平。

例如，我们在教高中选修课本《中国古代诗歌散文鉴赏》中的《湘夫人》一课时，如果要让学生领悟诗人屈原利用比兴手法来表达自己爱情不顺利，

愿望得不到实现的愁苦时，就要让学生反复阅读"鸟何萃兮蘋中，罾何为兮木头""麋何食兮庭中？蛟何为兮水裔"。在反复阅读中，学生们就会从即景起兴的句中发现诗人有意将自然现象错位、颠倒来达到自己的抒情目的。这时，老师就在课堂将历代作品中常用的"比兴"之句列举出来，让学生阅读。学生们就会在"关关雎鸠，在河之洲"中体会到诗歌欲写所思之"女"，先以雎鸠起兴。雎鸠天性温顺，可比淑女之娴静；雎鸠乃是"河州"常见之鸟，自然就会联想起常来河边采荇之女，"关关"乃雎鸠雌雄唱和之音，可起"君子"思"逑"之情。这种用联想、托寓、象征等手段给诗歌带来的无限空间就在课堂的反复自主阅读中得以感悟。

三、课外拓展，挑选高质量的自主阅读内容

高中生在做课堂外的自主性延伸阅读时要有针对性，做到有的放矢。

首先，做好课外自主阅读延伸要有目的性，要注意课外的延伸阅读与课堂上的教师讲解的内容相吻合，能够帮助自己，练好老师课堂上讲到的内容，切勿盲目扩展延伸，而忽略了最初进行课外自主阅读的目的。例如，我们讲课本中常见的文言句式，目的是让学生能够完全掌握判断句、疑问句、被动句、省略句、变式句这五种常见句型，作为学生的课外阅读就要找到包含这些常见句式的文言文进行反复阅读、反复理解，充分掌握句式的精髓，以便做好课后的掌握巩固。

其次，由于班级学生的能力参差不齐，老师在要求他们进行自主性阅读的时候，要根据不同学生的语文水平、阅读经验和理解水平，选择合适的拓展难度。对一名高中学生来说，自主性阅读无论对高中语文学习中的作文还是阅读回答问题等题目都能起到关键作用。在高考中，作文和自主阅读题的分值占据试卷总分值的很大比例，所以我们要养成多读书、读好书的习惯，组织学生进行语文自主性阅读不仅能提高他们对语文学习的兴趣，开拓他们的视野，也能加深他们对优秀传统文化的理解，为我们优秀传统文化的传承提供有利的条件，从而使自身的文化底蕴得以增强。

"同课"只为"异构"吗?

贵州省毕节市教科所 杨文黔

上周到某县城中学,开展了一次同课异构活动,根据相关的安排,作为陪同者和观察者的我也有幸参与。两所学校的老师分别执教同一课题,之后完成说课、议课、评课和反思、集体二次备课活动。围绕着《孔雀东南飞·并序》和《梦游天姥吟留别》两首古诗,两边的老师展示了不同的教学方法。那样的阵势还是多少有些同台PK的感觉,尽管大家都说为交流研讨,其实都没有以对待常态课的心情来对待它,而是精心准备,使出浑身解数,希望得到肯定,博得喝彩。交流活动的直接目的是为了观察省级示范性高中优质课评价的12条标准怎么落实到课堂教学中去,且把这12条标准列举如下:

①讲正确;

②目标明确,重点突出,难点突破;

③注重教学艺术,上课的语言清晰、规范、精练、准确、生动、形象,富有情感,富有启发性和吸引力;

④用普通话上课;

⑤板书清楚工整,设计合理;

⑥教态亲切自然得体;

⑦废止满堂灌"填鸭式"的教师单边活动,关注师生互动、关注学生如何自主、主动学习;

⑧有机地实现教学的"三维"目标,即基本知识与基本技能、过程与方法、情感态度与价值观;

⑨重视培养学生的问题意识,关注学生学会发现问题和提出问题;

⑩对各种教学媒体和教学方法手段进行科学、合理选择和运用;

⑪充分开发和利用课程资源,注意联系社会生活的实际和学生的生活经验;

⑫重视课堂教学中的过程性评价等,核心的要求是有效性高。

老师们都觉得这12条标准的前6条不难理解,也不难达到,但是后面的6条就抽象了,怎么才能做到则不是那么容易的。老师们也笑言,"新课改嘛，小学是解放区，初中是国统区，高中是敌占区"。于是根据高中课程改革的要求，要求申示的高中学校要积极进行课堂教学改革，在课堂教学中体现课程改革的新理念和新要求，体现教师教学方式和学生学习方式的转变，课堂的教学效率和质量高。这些话和道理老师都懂都能接受，理念的转变是新课改第一个十年最大的收获，关键是怎么做，特别是在大班额的情况下怎么分组、怎么关注学生、怎么才是真正的讨论、怎样才能教师少提问而由学生来生成问题？说课评课时老师的困惑也集中在这些方面。

的确，踏进高中的课堂，明显感觉到学生一个个森严地坐在教室，不像小学生和初中生那样还有一股子活泼劲儿，分组讨论展示什么叽叽喳喳的。四节课听下来，只有一节课成功地让学生动起来、思考起来，完成了人物形象分析的教学任务，其余的都有一种沉闷、板滞的感觉，用老师自己的话来说叫"推不动"。

我把在国培中学到的苏立康老师的"复盘式教学评价法"小试了一下：请大家和我一起回顾了同一课题两个老师的教学基本过程，再请他们说说他们认为学生应当学到的东西、听课老师们说说学生学到的东西（可惜没来得及做一个小检测，问问学生自己认为学到的东西），确实出现了不同的看法。再问问每一步为什么这样做，"当局者"立马感觉到"走形"的问题，感觉到自己的正确意识在实际教学中是怎么偏离的。大家都觉得这种"复盘式评价"很细致、很有价值，只是觉得听课要非常用心，得认真记录才行。如果能录像，再来回放，特别是让执教的老师自己再来看，大家跟着一步一步"复盘"，比之后的整体印象更能在实践操作环节进步。可恨自己虽然把苏老师的课听了两遍，具体做起来也感觉和理论的差距很大，尤其是缺少学生反馈这一点，意义就不大了。不过，教师们对这种方法还是比较感兴趣的。

在之后的评课议课中，我注意到老师们特别关注哪一节课有创新点，教学方法是不是新颖，给人眼前一亮和耳目一新的感觉；也围绕第7条标准努力地看学生有没有自主探究合作学习；基本上把这两者当作优质课的标准。教学方法越巧妙越好，教师的驾驭技能越娴熟越值得称道。也就是说，大家来上同一节课，谁出新谁胜利；谓之"异构"。可是这样做似乎遗忘了一个问题，课程里为什么要选这一课，为什么要安排在这个序列里，为什么要安排在这个单元里，它要达到什么目的。也就是说，要让学生学到什么，大家在讨论中都忽视了这个问题，而当我意识到这一点时，也是在轰轰烈烈的讨论结束之后了。两篇课文，一首乐府诗歌，在创作手法上的铺陈手法，不同的节奏和由此产生的感受学生可以体会到吗？兰芝的人物形象分析固然重要，但也不能照搬照抄初中的教学方式，不然高中和初中的差别何在？一首梦游诗、游仙诗，里面的意象缤纷多彩，想象奇谲瑰丽，如何"置身诗境、缘景明情"，学生懂得对古典诗歌意象的把握，能发挥想象去体会和品味它特有的意境美了吗？有没有让学生在目不暇接之际感受到诗人李白昂扬奋进、愤懑激越的心声，感受到诗人潇洒出尘、耿介、孤高的气概？我们在讨论时都把注意力集中在教师的教学方式上的"异"，而没有关注这课的"同"！

因为我们简单地认为"同"就是同一篇课文、同一个课题嘛！回顾前段时间的学习，隐隐觉得没有这么简单，再怎么新异，课文本质属性，学习它的功用价值——达成什么学习目标，似乎也该"同"吧？如果同课异构仅仅是为了追求新奇，大家在教学方向和要教什么给学生方面都没有达成一致的话，不就有点"中国好教法"的意味了？所以12条标准里的第2条"目标明确"并不像我们自认为的那样简单。

窃以为似乎应该先把"同"的圆心画好，围绕这个圆心再各自"异"开去。

关于课堂速记教学方法的反思

贵州省铜仁市第一中学 黄丽娜

一篇优秀的古代散文，一首优美的古典诗词，老师讲得津津有味，学生听得如痴如醉。

但是一谈到背诵，刚刚"和谐美好"的景象就不复存在了。学生一片哀号，老师一脸无奈。学生搞不懂为什么要背，老师讲不清楚背的益处，只是因为大纲要求必须背诵。

高中语文课本必修一到必修五共16篇古文，要求全篇背诵的有6篇，4篇重点段落背诵，6篇熟读、细读。这些文章占了高中课文的接近三分之一的内容。从选文的内容来看，都是古代经典散文，但是再经典，提到要背，就毫无欣赏可言。我想学生之所以怕背诵，不想背诵，一方面是背诵让他们享受不到一点背诵带给他的好处；另一方面，文章太长，背诵需要花费很多时间和精力，而且枯燥无味。

作为老师，除了强调记诵的必要性和重要性，还要向同学们解释背诵文言文课文的好处，一是加强记忆训练；二是为进行知识的积累。毕竟，记忆并不是最后的目的，它只是一种手段，记忆的目的是储备认识问题和解决问题的能力，并且要让同学们在考试和实际的生活中体验到这种背诵带来的益处。要达到以上目的，就要采取一些行之有效的方法。

前人推荐了好几种，一是首字提示法；二是翻译还原法；三是边读边译法；四是举纲张目法。

以上这些方法，一般来说，属于行之有效的方法。不过，高中的学习时间紧张，节奏快，要学生在课后用大量时间来处理背诵的可能性不大。所以，这几年来，我的文言文背诵，基本上是安排在课堂上。通过实践，证明了课堂的快速记诵既减轻了学生课后背诵的负担，同时也能让学生理解背诵不是想象中的那么困难，每个同学不用花太多时间都就可以轻松完成。

课堂速记，最重要的就是时间规定的科学性。一般是早读时间的利用，语文课上的最后几分钟。老师通过观察段落的长短、文字的难易度，来合理地设定背诵的时间。强调精力要高度集中，在规定时间内一定要完成。检查，抽背，鼓励，背诵完成好的同学要及时给予表扬，让他们享受到成功的喜悦，得到同学的肯定。大胆鼓励平时背诵较慢的同学背诵，让其找到自信。下一次他可能就会主动站起来尝试，对于一个孩子的成长来说，这很重要。

时间是有限的，但方法是各式各样的。在具体的课堂实践中，笔者采取的最关键的一个做法就是充分利用好课文后面的研讨与练习。

如《烛之武退秦师》第一题是以三个问题，让学生通过这三个问题对文章有个整体感知。如"秦晋为什么围郑？""郑伯是怎样说服烛之武的？""烛之武用哪些事实和事理说服秦伯退兵？其中哪一点最关键？"如果学生把这几个问题找到，按照提问来回答，在文言字词解决后，提问会使得背诵更为轻松，这种问答的方式就改变了死背的枯燥性，我设置了抢答和学生自问自答的方式，背诵的课堂气氛活跃、紧张、有序。学生参与热情高，第一问给三分钟时间，学生全部可以记下。第三问给八分钟时间，有个别同学只能背出一个事理，有十几个是背的大部分，更多的同学能够背诵，但是不流畅，必须适时提醒。这时候，我就把事先准备好的战国时期的地图展示出来，这样就可以增强直观感，从秦、晋、郑三国的地理位置远近关系来记前两个事理，那么就落实到"越国以鄙远，君知其难矣""若舍郑以为东道主"两个层次上，背诵的思路就清晰了。

《荆轲刺秦王》《鸿门宴》每一篇文言文的研讨练习第一题要么要求学生整理出故事梗概，要么是让学生讲述经过，每个情节拟一个小标题。

这样的题目，一般是用来安排预习，或形成书面表达，或者口头表达，然后课堂检查，这样就把文章化整为零了，老师再带着学生来勾勒分层。转换成实际场景，由学生来表演，在表演过程中要求使用的语言必须出自原文。即创作一个语言环境，让学生亲身感受到生动活泼的文言文的魅力，背起来更快，背得会更好。

除此之外，动词的点拨背诵也是一种不错的方法，文言动词的生动性，会让学生深刻感受到文言文的魅力。如"秦将王翦破赵，虏赵王，尽收其地，进兵北略地，至燕南界"中的六个动词，"破""虏""收""进""略""至"写出了秦军所向披靡、燕国危如累卵的现实，也制造了紧张的气氛。记住这六个词就记住了这一段。

任何一个好的背诵方法都要落实，所以默写和复习是重中之重，记忆是需要反复、需要巩固的，这时候最考验的就是老师的执行力。

执行力强的老师也是背诵快和流畅最关键的一点。这也是为了迎合一些学生的心理，老师及时检查背诵他才会去做，才做得认真。否则，有的同学很难找到自己去完成这件事情的理由。

文言背诵是老生常谈了，但绝对不是没有必要谈，课堂速记是值得推广的一个行之有效的好方法。

高中语文教学反思日记

——高中语文教学要尊重和开发学生的创造力

贵州省铜仁市第一中学 艾杨柳

在不长不短的高中一线语文教学生涯中，在谈了很多年的新课改之后，我一直在教学过程中摸索，体会新课改倡导的自主、合作、探究的学习方式。我们应当时刻有这种反思的心态：怎样去改变"繁、难、偏、旧"的课程内容而使课堂更加生动且丰富？我们应当怎样关注和激发学生的学习兴趣？怎样尊重和开发学生的创造力？

打开高中语文必修一的课本目录，开学一开始我们要学习的就是诗歌单元，而且主要是学习现代新诗，即毛泽东的《沁园春·长沙》、戴望舒的《雨巷》、徐志摩的《再别康桥》、艾青的《大堰河——我的保姆》这四篇文章。新诗是五四前后才出现的，新诗摆脱了古典诗词的格律束缚，比较适合表达现代人的思想感情。通过这一周的学习，学生在学习这些诗歌精练的语言和新颖意象的同时，我发现很多学生对诗歌创作产生了浓厚的兴趣，他们在周记中开始模仿写诗歌，开始模仿《雨巷》，开始模仿《再别康桥》的建筑美、音乐美和绘画美。虽然也有一些同学写出类似"端着铁饭盒，独自／彷徨在悠长，悠长／又热闹的食堂／我希望逢着／一个啃着鸡腿的／满嘴油腻的姑娘"的诗句，虽然恶搞的成分居多，但只要好好引导，让学生们明白，诗歌更是一种美的产物，他们也可以写出很不错的作品。比如说班上一位叫黄燕的同学，她写的《灯塔》，虽然在形式上和余光中的《乡愁》几乎如出一辙，但也写出了自己的志向和特点。

"小时候／灯塔是迷惘不知的标杆／我在山的那头／梦想在海的那头
长大后／灯塔是航路的方向和希望／我在山的那头／梦想在海的那头
后来啊／灯塔是孤独的守望者／我在山的外头／梦想在海的里头"

谁说模仿不是一种学习，谁说模仿不能写出优秀的作品来。当然还有一批很有天赋的同学，跳脱出模仿的窠臼，融会贯通，提炼语言，选取意象，走出了自己的诗歌道路，写得非常有灵气和韵味。其中班上一位叫蒋文丽的学生就写了一首名叫《说自由》的现代诗歌，文章一开头就用很老练的笔法写了这样几句，"我坐在窗头／温一壶酒／与你／说自由"，然后文章最后选取了"老牛""野花""黎明"等意象，写出自由的"自由"。"你顺着风逃到了丛林 / 我跟随你跌进了雾里 / 迷路在这烟雾中 / 听过老牛的粗叹 / 闻过野花的芬芳 / 看过黎明的晨曦 / 也没能追赶上你 / 你的名字 / 叫自由。"非常有感觉的一首小诗，淋漓尽致地体现了学生的才气。

除了创作新诗，很多同学对古体诗也很感兴趣。这时候，肯定并赞扬学生，激发学生学习的兴趣，尊重和肯定他们的创造力很关键。班上有个叫尹艺的学生，尝试写古体诗。第一次创作了名叫《离愁》的五言绝句，内容是"初离家万里，新奇不知愁。望漫天星斗，钟声杳杳游。"平仄暂且不论，"里，愁，游"连最基本的押韵都没有做到。所以我就抓住了这个典型，在评讲周记的时候，拿出了这首新作写在黑板上，简单地给全体同学讲了最基本的古体诗的押韵，暂时没有提到平仄。该学生受到激励，下去修改之后，又创作了一首，名叫《匆匆》，"青山薄雾笼，流水月明中。不悔梦归处，只恨太匆匆。"在这首诗中，"笼，中，匆"押"ong"的音，音调和谐，且这首诗选取了"青山、雾、流水、月亮"等意象，构成了一种朦胧、神秘、美好的意境，然后在这样一种如梦如幻、朦胧让人怅然的情境中，给人的感受是时光匆匆流逝得很快。相较于第一首诗，第二首明显进步很多，这就是尊重学生的创造力，然后他们受到了鼓舞，激发了学习的兴趣，同时也开发了自己的潜能。接下来的几次周记中，该生从五言诗，慢慢过渡发展到写七言诗；从绝句开始慢慢尝试律诗；从只注意押韵到开始注意平仄对偶等手法的运用，一点点进步。

鉴于学生对诗歌创作的极大热情，多鼓励他们，尊重他们的劳动成果，努力开发他们的潜能，对于学生热爱语文、学习语文有很大帮助。诗歌创作是一方面，我也在努力提高学生鉴赏诗歌的能力，因为会鉴赏诗歌、感悟诗歌，久而久之，对于自己诗歌的创作会更有帮助。因此，我又在网上找了很多著名诗人的诗作，如泰戈尔的《世界上最远的距离》，汪国真的《热爱生命》《给友人》，徐志摩的《偶然》《沙扬娜拉》，食指的《相信未来》，北岛《一切》，舒婷的《不是一切》，林徽因《你是人间的四月天》，席慕蓉《送别》等，印成卷子发给他们朗读、阅读，无形中也完成了对学生听、说、读等方面的训练。

值得肯定的是，在学生完成这一系列工作后，很多同学提笔写下了关于自己最感兴趣诗歌的感悟，而这就成了最好的诗歌鉴赏。其中一篇是这样表达他对卞之琳的《断章》的感悟的：

题目为《风景之中》，"你眼中的风景，是桥上的风景。楼上人的风景，是你。别人的风景，你望着。你的风景，别人瞧着。卞之琳的笔下，景中景，梦中梦。缠缠绵绵，朦朦胧胧，你中有我，我中有你。同时，画面唯美，似无关似牵连，将二人悄悄相连，却终是相望不相亲。所以，你并不孤独，在你的身后，总有一个人会默默陪伴你，只要用心，便能发现。"短小精悍，语言凝练。

甚至有的同学，学会了用诗去评价诗歌，其中陈诗同学就是这样写的：

"我不去想众神是否会在彼岸阻拦，既然选择了远方的沙场，

武器便是我紧握的梦想。

我不去想是否翩翩起飞，既然选择了蔚蓝的天空，

翅膀便是我坚持的执着。

我不去想风浪是否会淹没我，既然选择了迎面的海风，

行动便是我挥洒的汗水。

我不会想身后会不会有雷电的劫击，既然选择了前方的终点线，

勋章便是我受过的伤。

我不去想明天有多漫长，我热爱生命，再次启航，带着我的勋章。"

因为在高考题型中有一道题型是"诗歌鉴赏"，所以在平时的学习中，我比较注意让学生们品评诗歌，可以挑几句话或者几个字词进行赏析，写下来，无形当中就可以提升学生对诗歌的感悟能力，会感受、会写作，万变不离其宗，对古代诗歌的鉴赏也是大有益处的。同时，在这种不限形式、不限文体、不限字数的鉴赏中，学生获得了极大的创作自由，从而也激发出他们的创作热情。

叶圣陶先生曾经说过，语文是生活上的一种必要工具，不善于使用这个工具，就无法工作和生活，甚至可以说就不能做人。学语文为的就是"用"，要学以致用。语文学习的出发点在于"知"，而终极点在"行"，只有达到能够"行"的程度，才算具有这种生活的能力。语文的教学不应是应试的教育，而是要让学生在阅读能力、写作能力、理解能力和运用语文的能力等很多方面得到提高。而这种提高，就是建立在尊重和开发学生的创作力、激发学生的兴趣这些基础上的。大多数学生对于学习都还保持着很高的热情的，当他们能够参与老师们的教学活动，就会表现出极强的学习热情，在学习过程中表现出很强的创造力。我们作为老师，应当对他们表示尊重和肯定，对他们进行鼓励。相信在当下以及今后的学习过程中，学生们会越做越好，越学越好，最终成为一个很优秀、很自信的、大写的"中国学生"。

语文教学反思

贵州省铜仁市第一中学 杨晓鸿

在传统课堂中，教师是主导，将知识单方面传授给学生，而忽视了学生作为被动方，是否接受，或接受了多少。这就造成了在以往的课堂上，老师在讲台上讲得汗流浃背而台下的学生却昏昏欲睡。新课程改革要求学生成为主体，要主动参与到学习与课堂中，调动学生的积极性以及兴趣。在教学中，教师运用"引导学生自主学习"的教学策略，给学生营造一种宽松、和谐的学习氛围，尽可能地让学生按照自己的兴趣和想法去活动，非常有助于师生之间形成相互交流、相互启发、相互补充的学习氛围，同时交流彼此的情感、体验，使课堂生动活泼、民主愉快。

一、创设情境，培养学生的自主学习意识

质疑是创新的开始，一个好的提问比一个好的回答更有价值。我联系生活实际有意识地为学生创设问题情境，让学生自主发现并提出有价值的问题，使其产生强烈的求知欲望，并增强他们的问题意识。

要让学生形成自主学习的意识，创设良好的自主学习环境至关重要。美国教育家布卢姆说过："一个带着积极性学习课程的学生，应该比那些缺乏热情、乐趣或兴趣的学生，或者比那些对学习材料感到焦虑和恐惧的学生，学习得更加轻松，更加迅速。"布卢姆认为，良好的环境和学生的热情对自主学习很重要。因此，老师在教学中，要关注学生的学习情绪，创设平等、宽松、和谐的课堂气氛。在教学过程中，我们要改变传统的教学观念，不能一味地讲而忽视学生的学，教师在课堂上应尽量少讲、精讲。有些问题可以稍加点拨，不给出标准答案，多采用启发诱导的方法，调动学生的学习积极性，提高学生的自主学习兴趣。作为教师，应当把学习的主动权交给学生，让学生成为真正学习的主人，让学生充分调动学习的兴趣。给学生充足的时间去思考、去体会、去交流，培养学生的自主学习意识。例如：《林教头风雪山神庙》一文中，老师要创设情境，让学生真正体会林冲"忍"的无奈，进而引导学生思考并讨论林冲的人物性格。所以说，

如果学生不理解林冲为什么"忍"就没办法整体把握人物性格。这种问题的设置不仅能激起学生思维的浪花，而且能够培养学生学习的能力。这就要求教师让学生有充分的时间自主去思考，去探讨学习。

二、适时引导，促进自主学习的能力

语文教材选取的作品丰富多样，在课堂教学中可以选取生动多样的教学方式，同时语文课文又与学生的生活之间存在千丝万缕的联系。因此，教师要让学生热爱语文，这就是语文教学的难点。为了让学生热爱语文，老师要充分利用各种教学媒介以及教学手段来激发学生的学习兴趣，增强教学的趣味性、思想性。针对学生语文水平的差异性，老师必须因材施教，引导、鼓励学生以积极的态度面对语文。鼓励学生采用自主学习的方式，及时对他们在学习中的疑惑给予反馈、对思考给予赞扬。在教学中，教师可以通过各种各样的方法引导学生，以调动学生的学习积极性。例如，讲课文时，可以名人故事，或把其他学科内容（历史、地理）引进语文课堂等。在讲课中引导学生去学习，在思考中慢慢感受成功的喜悦，发现学习的兴趣。学生只有通过教师的正确引导才能更好地促进自己的自主学习意识和能力。

在人的心灵深处，都有一种根深蒂固的需要，这就是希望自己是一个发现者、研究者、探索者，而在儿童的精神世界中，这种需要特别强烈。因此，我给学生提供足够的时间和空间，并教给他们学习的方法，促使他们自主学习，主动探索新知。针对第一步提出的问题，学生要先自主学习，尝试自己解决问题。

要把握课堂互动、合作的学习环境，教师要加以积极引导。发动学生自主学习，通过互动、合作的方式，往往容易收到实效。学生在合作、互动中，互助中取长补短，让学生有更多表达自己观点和倾听他人观点的机会，培养学生的自主学习能力。

三、培养习惯，还学生学习的自由

习惯成自然，习惯决定一切，有良好的习惯是学习必备的条件，因为学习语文不是一朝一夕的事情，而是一个长期积累的过程。语文自主学习习惯的培养，需要教师的帮助。那么教师在语文教学中应当怎样来培养学生的自主学习习惯呢？在学生刚入学，面对学生知识层面不同的问题，我们教学中要求慢、求稳，不能求快，使学生有一个适应的过程。对学生的听、说、读、写刚开始都要有一些要求，如写对于基础差的学生只要自主写两段、三段就可以。主要写自己的所见、所闻和自己的心情。因为这是自主学习的开始，有一定的难度，教师要让学生克服这种"开头难"的现象。学生克服了这种习作的恐惧心理，就为以后自主习作的习惯培养起到关键作用。习惯一旦形成，以后学生就会习作了。这个习惯形成后，再实现下一个目标，目标要一个一个来实现，每个阶段不能急，每个阶段就是考验学生意志的时候，也是学生自主习作习惯养成的关键时候。教师要及时引导学生，让好的习惯在足够的时空内发展，控制不良习惯，不让其生长。经过了每一阶段的培养，学生的习惯就基本形成了。这时教师要让成绩好同学与成绩差同学组成互助组，统一思想，形成正确的集体意识，同学间进行互助，这时教师需要注意引导。这时学生的听、说、读、写等方面都形成较强的自学习惯，在此基础上进一步归纳、总结、完善知识结构。这一环节是对整节课所学知识的归纳、总结，进行知识建构，在师生共同探讨、对比分析的过程中，透过表面现象挖掘问题的本质，将所学知识上升到理论层次，纳入已有的知识认知结构。

总之，自主学习是主体教育思想在教学领域的反映，我们只有把语文课堂教学建立在自主学习的基础上，充分发挥学生自主学习的潜能，积极促进学生学习形式的改变，激励学生主动参与，主动实践，主动思考，主动探索，主动创造，才能全面提高学生的素质。

如何激发学生课堂学习兴趣的教学反思

贵州省铜仁市第一中学 田俊杰

初入职场的年轻教师，教学经验相对匮乏。在教学过程中，他们不善于把控课堂，为了完成教学任务，他们时常在讲台上唱"独角戏"，这不仅降低了学生的语文学习兴趣，使课堂变得枯燥、沉闷，也严重影响了语文教学的有效性。对此，笔者对如何激发学生课堂学习兴趣进行了深入思考，总结出以下四条提高学生语文课堂学习兴趣的途径，希望对初入职场的年轻教师有所帮助。

一、紧扣教学目标，突出重点内容

语文教材中的每篇课文都会牵涉很多方面的知识，如果教师在教学中追求面面俱到，就很难在规定的时间内有效完成教学任务，因此，教师在教学中应善于抓住文章的重点、难点，然后以文章的教学目标为导向，深入细致地剖析重点、难点问题，从而提高语文课堂的教学效率，由此激发学生的语文学习兴趣。

如在《拿来主义》的教学中，可用以下方式引出文章："我们学了《纪念刘和珍君》，请同学们回忆一下，议论文一般具备哪三要素？常用的论据有哪两种？结构形式怎样？今天，我们就来学习鲁迅先生的另一篇课文《拿来主义》，请同学们看它是否按此结构方式来论述，如果是，作者是怎样展开的？"这样的过渡，承旧启新，紧抓课文教学的目的要求，点出课文内容，可以使学生掌握议论文的初步知识，收到不错的效果。

二、语言简单生动，吸引学生的注意

教师在教学过程中，表达需要生动简练，才能吸引学生的注意力。如讲授《梦游天姥吟留别》一文，可以安排这样开头：

"同学们都喜欢大自然，喜欢祖国的美好河山，还喜欢用自己的笔把见到的美景都描绘出来。可怎样才能写得真实又生动呢？很多同学常为此事苦恼。今天，我们来欣赏唐代大诗人李白的一篇脍炙人口的描写天姥山的佳作，相信可以从里面学到一些有益的东西，受到一些启发。"

用此语句过渡到新课的教学，生动活泼，容易引起学生的注意，那这堂课的教学自然就显得轻松而有效果了。

三、形式灵活多样，激发学生兴趣

因课堂教学是以服务于教育教学为原则的，所以表达方式应灵活多变，不必拘泥于形式。一般可用充满激情的语言来激发学生的兴趣，也可用说明性的语言交代不同的内容或知识点的意义；也可对人物或事件做简要的评价，引发学生的求知欲。例如，在讲《鸿门宴》时，解题完毕，导入正文的研讨时，就可以采用评述式的过渡语："鲁迅曾誉史记为'史家之绝唱，无韵之离骚'，现在我们就共同欣赏其中的一篇。"这样的过渡，有助于提高学生研讨的积极性。

四、设疑引趣，启迪学生思维

教师要善于设疑，使学生在疑中增长知识、活跃思维。例如，在学习《锦瑟》探讨诗歌主题时，教师说："假如我们是本诗的作者，我们写作这首诗的初衷是什么呢？是对年少时美好爱情的怀念呢，还是对自己已亡故贤妻的深情悼念，又或是对自身悲惨遭遇的哀伤的感叹？请同学们结合诗人的生平和诗歌的创作背景及诗句，找出自己认为最准确的答案。"这样就激发了学生的学习兴趣，使他们主动参与到课堂教学过程中，从而有效地提高了教学质量。

以上只是笔者自身教学实践的总结，难免有失偏颇，但是笔者相信在课堂上认真做好以上几方面，还是会对提高学生的语文学习兴趣有所帮助，希望对初入职场的年轻教师有所裨益。

新课改语文教学的反思而行，行则再思

贵州省铜仁市第一中学 田婷

俗话说，凡事三思而后行，反思有益。教学反思是教师自觉地把自己的课堂实践，作为认识对象进行全面而深入的冷静思考和总结。在语文教学中，反思教学可以不断提高教师的专业素养，使语文课堂更加生动诱人、丰富多彩。如果一个教师只急功急利地获得教学经验，而不对其教学进行深入的反思，那么就很难摒除旧理念，其教学也将停滞不前。

课程标准指出："应在继续提高学生观察、感受、分析、判断能力的同时，重点关注学生思考问题的深度和广度，使学生增强探究意识和兴趣，学习探究的方法，使语文学习的过程成为积极主动探索未知领域的过程。"

从以上标准我们不难看出，高中生应当具备积极思考和探究问题的能力，让探究的方式进入高中语文学习过程，可以从根本上克服高中语文教学中长期存在的肤浅平庸之弊，促使语文教学追求卓越和优秀，追求高品位。

但是，一般来说，一线的语文工作者都清楚，高中语文教学传统，尤其是以应试为基本价值取向的教学思维方式和行为习惯与培养高中生探究能力的新要求存在很大反差。新课程提倡的探究能力只能在探究性学习中得到有效培养，探究性学习重在学习和思考过程，过程即目标，过程即成果，而不能把追求问题的答案作为最重要的目标，更不能作为唯一目标。在探讨问题中，不仅允许而且要鼓励学生独立思考，鼓励从不同角度、以不同方式思考问题，鼓励发表不同意见，倾听接受学生微不足道的个人见解。在教学中，对考试有直接作用的称之为"有用"，否则被斥之为无用。可是真正要培养学生的探究精神，还得有意识地引导学生学一些与"有用"无关的东西。而教育是一门科学，也是一门艺术，急功近利的做法只会使受教育者受到伤害。

自从新一轮课程改革以来，语文课堂教学面貌发生了根本性的变化，学生的主体地位得到了应有的尊重，教师也有了自由的发挥空间。一篇篇精美的文章不再仅仅是考试的道具，更是滋润学生心灵的清泉。但我们也不无遗憾地看到，不少老师的课堂"创新"与《语文课程标准》所倡导的理念形似神异、貌合神离，徒有形式，没有实效。一些教师对于新课程标准肤浅甚至错误的理解，使语文课失去了应有的内容和方式，没有了"语文味"，变成了"大杂烩"，变成了"四不像"。无限制无目的地扩张语文的领地，使"语文"这个本来就争论不休的概念更加模糊了。

一、形式主义逐渐膨胀，课堂教学淡化"双基"

一些教师对新课程的误读，使得他们有意无意地忽视了语文基础知识的教学，那些考试中不再涉及的语法、文体、修辞等内容慢慢淡出了语文课堂。取而代之的是越来越新奇的教学设计，越来越精美的教学课件，越来越热闹的小组讨论；课堂上尤其重视对语文人文精神的挖掘，但对字词句等基础知识的教学几乎没人提及。有的教师甚至认为搞这些教学就显得非常落后、过时，平时教学不重视了，上公开课更是忽略字词基础。课堂教学热热闹闹，教学形式变化多样，缺乏对语言文字的揣摩品味，欣赏不到对优美精彩文段的必要独到的分析见解，缺少了必要的积累，学生读文章的时候也不是那么流畅。试想，如果一个学生连一些极为常用的字词也不会读、不会写，作文训练便是错别字满天飞、病句连篇，那么即使他文学感悟力很强，也是难以表达出来的。这便是"一阵繁华"所带给我们的思考。

叶圣陶先生说过："语文教学的根在听说读写，是听说读写之内的挖掘与创新，而不是游离于听说读写之外的花样翻新。"因此，我们强调提升学生的人文素养，绝不能以削弱学生的基本语文训练为代价，应在兼顾语文教学人文性的同时，扎扎实实抓好语文基础知识的传授和语文基本能力的培养。只有在教学中真正做到语文的人文性和工具性的统一，把提升人文素养渗透在扎实的语言文字训练中，语文教学的理想境界才有可能实现。

二、合作探究成效差，独立思考应增加

学习方式的转变是新课程最重要的变革，于是小组合作、讨论就成了目前语文课堂上最为常见的一种教学方式。它也许在一定程度上体现了"自主、探究、合作"的教学理念，但有的老师为了给课堂贴上一个"新课程"的标签，不断创造无效的合作探究场景。合作、讨论可以使用，但老师应当注意需要讨论什么内容，怎么去讨论，如何展示和评价讨论合作的效果。由于老师在讨论之前缺乏必要的引导铺垫，缺少对文本必要的朗

读品味，在学生对文章的内容缺乏深刻理解的情况下就随意展开讨论，有时就会演变成一个小组只有一个成员权威地发言，其他成员洗耳恭听；小组成员热热闹闹地在发言，但没围绕主题，课堂纪律比较混乱，毕竟不是严肃认真的。我认为合作讨论应当在对文本充分解读，学生自己有独立思考后的前提下来进行，这样的交流讨论才有一定的效果，提倡学生的合作学习不能忽视学生的独立思考。

语文课堂少不了品读、感悟、玩味、思考、积累。语文课"心动"比"形动"更为重要，有时"沉静"比"活跃"更为有效。"沉静"就是要倡导在自学、自悟基础上充分地独立思考。因此，教师要精心组织学生的学习活动：一要组织好学生自学，使每个学生都能独立思考；二要组织好合作学习，培养学生的合作技能，教给合作的方法，重视对合作学习的评价，做到互动学习与个别辅导相结合；三要组织好全班交流，在交流中加强引导，全面实现教学目标。

传统的语文课，教师把语文课上成了纯粹的工具训练课，语文课堂上没有思想的碰撞、心灵的触动、情感的陶冶、审美的熏陶，一节语文课讲下来，虽然说老师的教学经验也许会有提升，但对于学生来说并没有什么进步。这些弊端必须革除，但不能矫枉过正，从一个极端走向另一个极端。在新课程的语文教学改革实践中我们只有不断地深入学习，冷静地思考，不断反思，才能让我们的语文课堂真正走进新课程。

作文评改之痛

——一次学生作文互评之启示

贵州省德江县煎茶中学 牟真贵

笔者曾经以为，在评改作文方面，自己绝对有心得。这种学生分组互评的作文评改方式许多同行实行，事后也有许多体会问世。从初中到高中，我不止一次采用这样的方式来评改作文，不过最后只是让学生口头表达一下自己的感受而已，并没有深入，也没有让学生真正投入其中。而这一次，要求学生结合作文写出评价，当我看完几名同学的感言后，我开始怀疑自己曾经的作文评改方式，其中竟然存在这么多的"痛"。

作文评改之一痛：红色的字，冰冷的纸，忽视个体的存在

老师洋洋洒洒写下几十字的评语，如同在学生心上扎下一根刺。从简单的"字迹潦草，语句不通"到较多一点的"文中写几件生活小事，表现你的心灵手巧，一个美丽的姑娘跃然纸上，善于发现生活美的人最美"，到底这个姑娘美在哪里，评语里一个字没提，同一个评语也许在不同的时间、不同的班级还会用。我们在为自己的评语自得时，学生却把作文本往书包里一放，不再关注自己所写的作文，作文的评语恐怕学生也很少关注了，下面来看看学生们的作文分析。

彭杰：在我看的这几篇作文中，有熊晓琴同学写的《烦恼伴随我成长》和李茂玲同学写的《回忆中的那个人》要好一点，但我却读不懂李茂玲《回忆中的那个人》的意味，说她写得好是因为文章能做到首尾呼应，句子通顺，修辞运用还不错。

就熊晓琴的《烦恼伴随我成长》而言，文章以烦恼开始，文中说："烦恼并不只是给我们带来心情上的不悦，当我们解决烦恼之后，我们会更有动力前进，更能接近成功"，文尾又以因我学会解决烦恼而有一个全新的自我作结，形成首尾呼应。

文章的语言简洁、优美、直接。如"阳光透过云雾的空隙，淡化了这层面纱，让世间之事物在沉静后又以更具活力的姿态迎接它，我也必须把这些负面思想抛出去"。同时，一些句子也存在表达不清的问题，"阴雨带来沉重的云雾，让人沉浸，安静地埋怨与思考"应改为"阴雨带来沉重的云雾，让人沉浸在安静地思考中""生活中烦恼不会消失，而我们不能不去学会解决"应改为"生活中烦恼不会消失，所以我们必须学会去解决"要好些。

从学生的分析来看，"李茂玲同学写的《回忆中的那个人》要好一点，但我却读不懂李茂玲《回忆中的那个人》的意味"是没有说清楚的，学生应把他读的意思写一点出来。不过这些并没有影响他后面的分析，结构上的首尾呼应说得清晰明白，语言的评价让人看到一种认真的态度和评改的热情，这正是许多老师所缺乏的。

作文评改之二痛：零落的评语，乏味的勾画，忽视爱的存在

不要问自己付出多少，只问自己有爱多少。许多老师总会是每天都紧紧地盯着学生，把自己的时间都献给了学校，还总是对学生说："你看，老师每天为你们呕心沥血，你们却一点儿都没听进去，对得起你起早贪黑的父母吗？"干瘪的说教、缺乏关爱的语言也时常出现在作文评语中。"该作文说空话大话太多，没有联系生活写"或"该作文对生活有一定的感悟，希望继续。"评语是写好了，连我也糊涂了。到底哪些不是空话大话？再看：

晏艺：这次作文差不多都流露出自己的真情实感，写了身边的小事，表现出我们正在靠近生活，老师说"生活是我们写作用之不尽的素材宝库"，也许我们正在向宝库靠近。如黎江燕同学开头写"那一次，最熟悉的背影出现在我的眼前"与结尾"这一次，父亲的背影出现在我面前，我哭了"，这不仅从结构上做到了首尾呼应，还写了生活中的父亲。从"父亲的不冷不热，让我不知其解"到"他递过一把伞来，我托在手上看着他匆忙转身地走了"。由此，我读到了天下的父亲都是一副冷面孔，其内心却有着深沉的爱，他只会默默地在你的身边支持你、保护你。

"他递过一把伞来，我托在手上看着他匆忙转身地走了"，这就是生活细节的描写，爱意充满其间。此时，为何我会泪流满面，因为我深爱着这片土地，更深爱这片土地上生活的每一位父亲。

作文评改之三痛：陈旧的方式，松散的句法，忽视评语的魅力

"字是人的脸，这次作文书写有明显进步，你的脸上也光彩多了。不过，你一向讨厌的错别字老跟着你，给你的作文蒙上了一层阴影。我为你开一剂良方：不会写的字问字典，写完作文后，请教老师或同学，你愿意试一试吗？"这是从网上下载的一段评语，却道尽了语言无穷的魅力，温和的语气，是不是很容易让同学从内心接受呢？

李小龙：在我看的几篇作文中，有一个共同缺点：字写得不工整，给人的第一感觉是不认识。不过，还是有一些亮点的，句子写得不错，字用得好。童冉安同学在《心中的绿》里写道"当一粒种子扎根心间许下守候的誓言时，便开始汲取心灵的力量，奋力向上钻"。其中"扎"字用好，把决心与誓言展现得淋漓尽致。"新的旅程，新的开始，心中那棵树却是永不褪色"告诉我们青春是一个新开始，无论成败，都是一个全新的开始。

其实作文是语文试卷的五分之二，只要把作文写好了，语文及格不在话下。如果每天坚持写一篇日记或小作文，那么你的口语表达能力、想象能力和构思文章的能力都会得到大幅提升。但写作不是随便写，都是牛皮话，这样就不是一篇好作文。我们只有多读书，从中看看作者的写作方法，抄写你认为优美的句子，便于借鉴。除此之外，还要看自己写作时的态度，当一篇作文放在评卷老师面前时，大多老师不会选择全看，而是看前后两段是否存在矛盾，是否简述，是否字迹工整。

学生的提醒为老师们敲响了警钟，要关注学生写规范字，准确生动地使用汉字，让组合起来的语言留下言有尽而意无穷的空白是每位语文老师的必修课。

作文评改之四痛：无言的开始，伤痛的结束，忽视评改后讲评

许多老师通常情况下在批改作文后，把作文发给学生就万事大吉，最多在下一次课堂上花几分钟点评即告结束，很少用整节课去分析学生的作文优点在哪里，缺点在哪里，问题得不到解决，学生就一片茫然，在下一次写作中依然按前经验来写。

苏雨凤：在我读过的几篇文章中，有很多值得称赞的地方。《竹》这篇文章针对现代社会浮躁的现实，主张宁静淡然超脱的处世心态。文章紧扣"竹"，开头运用写景来烘托气氛。"夏天，太阳一天一天晒着大地，晒着那片竹林，晒着在土地里劳动的人民"，以此来写"竹"坚忍顽强。

"宁静淡然超脱的处世心态"不正是每个语文人的追求？且行且看，渐行渐远，教师们能否多花一点儿时间对学生的作文进行全面点评，不要再吝惜我们的溢美之词？

尊重教学规律　促进学生成长

——高中语文教学反思

贵州省天柱县第二中学　潘盛洋

　　十年来的高中语文教学，我品尝过失败，也体会过成功；我曾经彷徨，也拥有信念；我怀疑过，也自信过。一路走来，风风雨雨，酸甜苦辣，五味俱全。从幼稚到成熟，从迷茫到坚定，我慢慢地在摸索中前行，试图找到属于自己的教学风格，试图掌握行之有效的教学方法。现结合自己的教学实际，谈谈一些看法。

一、要充分熟悉大纲

　　教学大纲是指导教学的重要依据，是我们从事课堂教学的指导思想。老师在备课时，要了解大纲对教材和知识点的要求，着重领会这篇课文是从哪方面来培养学生的能力，是朗读，是识记，是理解，是辨析，还是探究？对于课堂教学的任务，是主要让学生阅读、思考，还是写作？只有做好教材与大纲的衔接，才能在课堂上有的放矢，重点突破。

二、要充分掌握教材

　　教材是给学生传递知识的载体，学生通过学习教材，以提高语文学科的综合素养。教材的地位是显而易见的，但老师又不能完全依赖教材，完全抓住教材不放，这就要求我们老师要在上课之前要全面熟悉、了解、消化教材，知晓大纲通过教材让学生提高哪方面的能力和素养，以期在这些点上特别强化和重点下功夫。比如教材是新闻，重点是通过这篇新闻，让学生知道新闻的结构和写法；是文言文，就要理顺相关的文言现象，提高学生的理解能力；是诗歌，就要重点培养学生的诵读习惯，提升鉴赏能力。老师对于教材，要在全面熟悉的基础上，针对学生的特点，筛选出重点和难点，落实知识点，以选择适合不同学情学生的教学方法。著名语文专家吕叔湘先生曾说：语文课的主要目的是培养学生的语文能力，而不是传授语文知识。所以，我们要对教材有自己独到的见解，比如别人传统的看法是这样，我在这种传统的起点上，能不能有创新，这也是对教材的再认识和再加工，是对艺术生命的延续和创造。举个简单的例子：苏东坡的《念奴娇·赤壁怀古》，通常都是以词的特点和形式来解读，上片着重写景，景中含情，下片着重写人，人中有感，其实我们也可以从长江—赤壁—山水，苏东坡—周瑜这两方面的联系和对比中来理解课文，让学生以不同的视角深入课文，加深对课文的认识，这又何乐而不为呢？

三、要充分了解学生

俗话说，因材施教，就是根据不同的材质选择不同的裁制方法。全面了解学生状况，是对教师自己工作责任心和职业责任感的考查。学生是课堂的主角，是学习的主体。我们老师的"教"，始终要围绕学生的"学"来进行。教师对学生全面的了解，可根据学生的实际情况安排课堂教学，旨在提高教学质量，促使学生最优发展。也许教师在上课之前都做了充足的准备，从教材、教法、教具到作业等方面比较细致入微，但在上课时，遇到不同班级的学生，可能就会有所调整或选择了。我们老师的组织教学，要以学生为主，这就要求我们要对学生有充分的了解。他的学习兴趣怎样，学习状态怎样，对于相关知识点掌握得怎么样，课前有没有预习，预习的程度如何，是主动学习还是被动学习等。所有这些，我们老师在上课时都要适时地观察和注意，以随时做好应对，而不能按部就班、一如既往地循规蹈矩了。《语文课程标准》里强调：语文教学应激发学生的学习兴趣，注重培养学生自主学习的意识和习惯，为学生创设良好的自主学习情境，尊重学生的个体差异，鼓励学生选择适合自己的学习方式。所以，了解学生，就是让学生顺应学生规律的前提。怎样了解学生，我们可以与学生及同学的交流，通过他的作业、课堂表现、班级活动和家长反馈等来得到信息，对不同的学生采取不同的方法，相信更具实效。

四、要充分融入课堂

长期以来，受应试教育的影响，课堂上教师在"一言堂"地讲授，学生在被动地接受知识，忽视了师生之间、生生之间的互动，忽视了团队学习的作用。传统观点认为，一位优秀的教师就要能够控制课堂，驾驭课堂，让学生围绕教学任务、按照自己的设定来进行。其实，从现代教育教学理念和规律的认识来看，老师是不能一厢情愿地占领和控制课堂的，这就是传统的"填鸭式""满堂灌""一言堂"，没有顾及学生的学习主体性，属于十足的被动学习。

著名语文教育专家周一贯说：教师与学生课堂沟通的纽带和桥梁是师生之间的相互倾听与对话，而关键在教师的耐心倾听。我们认为，老师对于课堂，应当是融入。这里的"融入"，肯定是先有学生的融入，再有老师的融入。在课堂这个大舞台，老师是"导演"，是从大的方面有序地引导学生朝教学目标前进，调控那些不利于课堂教学的因素，减少干扰学生学习的各种不利影响。老师的融入，是在课堂中，走进学生，避免高高在上的神圣不可侵犯，让学生觉得既亲和又敬畏。老师的融入，是在课堂中，让知识点以良好的师生关系，润物细无声。融入课堂，为建立和谐的学习氛围、提高教学的有效性，提供了可能，也是尊重教学规律、体现教学艺术、落实学生学习主体的具体表现。

在高中语文教学这块神圣的土地上，我做得还很不够，取得的成绩还很苍白无力，还需要更多的努力和实践。尊重语文教学的规律，促进学生的成长，我们对于学生，不是权威；我们对于课堂，不是主宰。著名特级教师沈大安说：课堂教学要给学生自主学习的空间，将"预设"和"生成"结合起来，好的课堂效果也只有在师生互动中才能生成。只有不断修炼自己，反省自己，解剖自己，不断放开眼界，加强学习，深入反思，才能树立自己的标杆。

《赤壁赋》教学反思

贵州省玉屏民族中学 潘志

一、教学背景

　　高二（7）班是一个理科班，学生们相对来说对语文学习的重视程度不够，大部分学生能较好地完成老师布置的相关学习任务，但主动性差。尤其是在组织语言、回答问题这方面，不愿意主动发言，表达力也较弱，喜欢做有标准答案的题，一旦遇到鉴赏分析题，学生往往就无从下手。同学间缺乏一种交流探讨的学习氛围，语文能力相对较弱。

　　文言文一直是学生语文学习的一大难题。高二下学期文言文教学进入到古代散文和文言小说部分，其中古代散文的学习鉴赏，要求让学生通过语言文字进一步去体会文章的情感、精巧的章法、各具特色的抒情、写景和议论，培养学生初步鉴赏古代散文的能力。这对我的学生们来说，无疑是具有相当难度的。在文言文教学中，我发现学生过分依赖手中的参考书，在诸如《高中文言文一本通》之类书籍的帮助下，对老师关于文句翻译的提问简直可以说是对答如流，但是具体落实到字词句的把握上，学生就一筹莫展了，缺乏对文言语法知识的归纳整理，学得太过僵化，不懂得在具体语境中去比较、辨析字词的用法，只是一味死记硬背，不会灵活运用。此外，对于文言文的学习，师生过分强调字词、语法、文意等方面的学习而忽略了作为中国古代文化精髓的这些优秀文章所富含的人文精神所能带给我们的思考、启示，削弱了语文教学的德育功能，这是值得我们反思的。这学期的文言文教学，我在备课时尝试在教学教法上进行一些探索，希望能改变以往教学中存在的一些弊病。在《赤壁赋》的教学中我努力进行了一些尝试。

二、教学构想

　　《赤壁赋》虽然是一篇自读课文，但在教学安排上，我结合本班学生的具体情况，将教学时间安排为 3 个课时。在《赤壁赋》一文的教学中，通过前两个课时的学习，基本完成了教学目标中"知识与技能"和"过程与方法"的教学任务，在此基础上，我试图通过第三课时的教学，将教学目标中的"情感态度价值观"具体落实到位。结合我现阶段正在研究的"表现性评价在语文活动中的实施途径和评价方法"这一课题理念，我为《赤壁赋》第三课时的教学，设计出了制作文言词语卡片、摘录点评文中佳句、自拟小名言三项学习活动，来检验和巩固学生对文言字词的掌握、对文章情感内容的进一步理解以及在苏轼豁达精神感召下树立乐观通达的人生观。我希望通过这些语文活动使学生学会归纳整理知识，互相交流看法、表达观点，提高学生的合作意识，使之具备初步的鉴赏能力。

三、教学过程

片段一：尊重学生的个性化理解，给予学生积极的评价

师：同学们，在《赤壁赋》的学习中，你看到了满腔才情的苏轼在面对灾难命运时，他的人生态度是怎样的？对此，你怎么看？

（让学生自由交流观点，我试图通过快速回顾前面的学习内容便进入到今天的活动学习中来）

师：下面我们来听一下洪璐航同学的看法。

生：苏轼在仕途上走不通，于是只有寄情山水，我觉得他这是一种阿Q精神的体现。

（此言一出，马上引起了同学们的一阵骚动，也出乎我的意料之外。我在课前设计这一环节时，只是把这个问题作为回顾和导入本节课的一个小问题，以为有了前期对课文内容的分析品评应当很快解决并统一对这一问题的认识。此时学生的回答超出了我的预期，我不想一下子抹杀他的观点，于是及时调整上课节奏，准备引导学生就这一问题展开讨论）

师：你认为苏轼的态度是阿Q精神的体现，能解释一下吗？

生：他因"乌台诗案"被贬黄州，政治上的抱负已经无法实现了，就只能看看山水，以此来自我安慰，因此我觉得他这就是典型阿Q精神的体现。

师：好，你已经对自己的观点做出了解释，下面我们再来听听其他同学的意见。

（我接着抽了三名学生就这一问题谈各自的认识）

生：首先我不同意上面同学的观点，我认为苏轼虽然在仕途上走不通了，当他被贬黄州以后，意志却并没有消沉下来，他在这一时期创作了大量文学作品，从作品中，我们看到了他豁达、坦然的精神，我觉得他是很顽强的。

生：我们应该向苏轼学习，不能被生活中的不幸所打倒，而应当像他那样及时行乐，享受生活。

生：苏轼并没有因为被贬就一蹶不振，他从山水自然中得到了启示，他用寄情山水的方式来排遣内心的苦闷，这种乐观、豁达的态度是值得我们学习的。

师：对苏轼的认识，经过同学们的积极思考，大家都有了自己的看法，前面几名同学分别用了"阿Q精神""顽强""及时行乐""乐观豁达"等一系列词语来进行归纳，究竟我们应当怎样认识苏轼，下面就让我们一起来看看他在《赤壁赋》中是怎么表现的。

（接下来我便引导着学生从苏轼用水月与人生作类比来宽慰客人的"哀吾生之须臾，羡长江之无穷"的伤感，最后结合苏轼生平，来理解他对人生的态度，使学生能形成较为全面、正确的认识）

片段二：对学生放手，灵活调整教学安排

师：文言文的学习，字词的积累很重要，请各学习小组按照《〈赤壁赋〉字词积累卡》（课前发放）上的分类，小组同学内部分工合作，先各自整理，然后再整合到卡片上 。

（学生们很快在组内分好了任务，结合课本下面的注释和手中的参考书开始按照要求归纳整理课文中的通假字、古今异义、特殊句式、活用字词等知识，既有相互之间的交流，也有独立的查找，学生的完成速度比我预期的要慢，我心中在犹豫是中断他们就开始在班内交流整理结果还是继续留给他们时间，尽量让他们多一点时间去自行整理。按照我的教学安排，这节课后面还有两个教学环节，如果在这个环节花费大量时间，后面的教学任务就完不成了，这可是一节公开课。在我正矛盾的时候，身边的学生还不时问我他们在具体整理字词过程中遇到的问题，于是我当机立断，既然是放手让学生去做，就不应只是走走过场，宁可暂时舍弃后面的环节，留到下节课解决，也要扎扎实实先把这个环节完成。主意拿定，我便很从容地在各小组之间随堂观察，随时帮助学生解决问题。我发现，学生的主动性得到了充分的发挥，并且也在这个过程中自己学会了发现问题）

生（一）：老师，"美人"在文中算不算古今异义词？

师：那你首先告诉我什么叫古今异义词？

生（一）：就是一个词在古代和现代使用时，词义不同。

师：你的理解大体上是对的，那按照这样的理解你能不能自己判断一下呢？

生（一）：我觉得应该是，在文中理解为"思慕的人""古人常用来作为圣主贤臣或美好理想的象征"，这与我们现在的理解是有区别的。

生（二）：我觉得这个词不应当是古今异义词，因为在古代，"美人"也有"美丽的人"的含义，和今天一样。

师：回忆一下，我们在《离骚》中对"美人"的理解。

生：可以理解为倾慕的对象，在《离骚》中，屈原用"恐美人之迟暮"来表达担心君王老去，自己不能为君分忧的无奈之情。

师：在这里，是把君王比喻成美人，《赤壁赋》的"望美人兮天一方"可以理解为是作者一种对理想的追求，运用了比喻的手法，那么你觉得它是不是古今异义词呢？

生（一）：也就是说，今天如果我们在写作或写诗时需要类似的表达，也是可以用"美人"来比喻心中的理想或愿望的。

生（二）：这样看来，"美人"应该不是古今异义词。

师：很好，看来你们已经自己把问题解决了。

（看到学生解决了困惑，对旧有的知识又做了一次巩固，我欣慰地笑了。在接下来的课堂辅导中，我发现，很多小组学生之间正在就字词积累卡上各自归纳的结果进行综合，这其中对句式、字词理解等存在一些不同意见，正小声地陈述各自的理由。这时我并没有急于将我制作的相关归纳内容用课件展示给学生看，而是观察他们，了解普遍存在的问题，以便在后面的教学中及时解决。在看到小组内部基本整理完卡片内容后，我开始抽各小组来陈述他们的整理结果，并且各小组之间相互补充，使整理结果趋于完善。在这个过程中，我惊喜地发现，学生不再是拿着参考资料照本宣科，而是将自己对字词的理解重新综合整理，并且能不断提出问题，想办法解决问题，使学习不再是老师单方面的知识传授。通过这样的学习方式，学生对文言字词的理解掌握更主动积极并且有效了。虽然这节课没能完成既定的教学任务，但我还是很庆幸自己毅然舍弃了后面的两个小环节，使学生获得了充分完成学习活动的时间）

四、课后反思

1. 活动设计把握以自主性与合作性相结合的原则

本节活动课在设计时我通过实际的教学需要，灵活地调整活动安排，坚持体现自主性与合作性相结合的原则，充分发挥学生的主体性，让同学们根据自己的兴趣、爱好进行自主选题。在片段一和片段二的活动中我看到了学生在自主选题、交流合作中变被动的"要我说"成了积极主动的"我要说"。

2. 教师要善于把握引导学生的方法和时机

在教学过程中，教师要体现其主导者的地位，要善于观察，思想上要明确语文活动课并不是一般意义上的教学活动，也不是放学生盲目地去玩耍，而主要是指学生自主参与学习的特殊学习活动。既要顾全大局，也要看到个别学生的具体困难，适时引导并注意把握引导的方法和时机，让学生都能沉浸在主动、积极的学习氛围中，努力去完成各项活动任务。

3. 学生是活动的主人，在活动中实现能力的培养

在活动课中，学生是学习的主人，可以根据自己的志趣自主选择、自觉参与。活动课的过程，往往是学生自己设计安排、学生自我活动为主的过程。在这个过程中，着重让学生在各项具体实践和运用中获取直接的感性知识和生活体验，着重让学生在活动中去感受、体会、理解。这样做，学生不仅得到的印象是深刻的，而且自学能力也能得到切实的培养和提高。

五、反思启示

一是既要注重学生的主体地位，又要发挥教师的主导作用。活动课无疑必须以学生的自主活动为主，教师切忌越俎代庖、喧宾夺主。课前对活动的设计，活动中的组织、引导、点拨，活动结束后的总结、点评等，都需要我们语文教师为此付出心血和汗水。

二是必须切实保证每个学生都能主动参与活动。语文活动课必须确保每个学生的主体地位，让每个学生都能根据自己的特点和兴趣，积极参加语文活动，要保证公平公正，让学生们都参与其中。

《动人的北平》教学反思

贵州省凯里第一中学 李华

　　2016 年 3 月 11 日在铜仁一中参加贵州省高中语文代泽斌名师工作室教研活动时，有幸给铜仁一中高一（3）班学生上了《动人的北平》一课。

　　《动人的北平》是著名作家林语堂写北平印象的一篇文章，作者采用全景式的描写角度（总与分的结合、大与小的结合、粗与精的结合），意在写尽故都北平的全貌，各种景象、各色人等；同时，写出北平的独特"性格"和它的"动人"之处，表达了作者对北平的深厚感情。但是，文章不是粗线条的抽象勾勒，而是采取类似中国传统绘画的散点透视，把一个个具体而细微的小景小物尽情描绘出来。

　　这篇文章一般的教学设计不外乎 "让学生找到北平的动人之处，然后一一分析动人之处，领悟作者的情感"之类。我认为，这样的教学也能让学生有所收获，但收获甚少，怎样才能让学生在语文课堂中真正学到有用的知识，并能指导学生以后的学习呢？找到一个恰当的切入点特别关键。于是我想到林语堂是一位语言大师，语文不就是要学习语言吗？因此，我决定从林语堂是一位语言大师，是一位比喻大师入手，引导学生从语言（比喻）的角度来赏析这篇文章，同时融入语文教学的四种能力——听、说、读、写的训练。

　　导入是授课的一个关键环节，为授课内容做铺垫。我在授课时设想让学生谈谈铜仁的动人之处，旨在发现学生对一座城市的认识，为讲授《动人的北平》作铺垫，同时也为课后的写作埋下伏笔。学生在回答时表现出了不同的理解，有个别学生还用了比喻句来表现："是一个楚楚动人、穿着漂亮衣服的女郎。"这一句其实与林语堂先生在此文中的比喻有异曲同工之妙。应该就此句而引出《动人的北平》，但我只是简单地评价，错过了学生一个亮点的挖掘。

　　在走近作者这一环节中，我通过 PPT 展示林语堂先生的简单经历及作品，重点突出了"一位语言大师"，但我未明确是"一位比喻大师"，目的是让学生通过阅读文本及自我的感悟，体会独立找到林语堂语言的特点。

　　在初读文本时，我提出一个问题：林语堂先生作为一位语言大师，在本文中主要采用何种修辞手法来表现北平的动人之处？有学生说对比，有学生说衬托，也有学生说比喻等，充分表现了学生的观点，也看出有些学生对修辞手法与表现手法混淆在一起。我在课堂围绕提出的问题"何种修辞手法"就学生的观点一一进行分析，为何不是对比、衬托等，而是比喻，让学生明白修辞手法与表现手法的异同，这也算这一堂课的第一个收获吧。

在讲解比喻手法时，我原本设计讲解比喻的特点、种类、作用三方面。但在讲比喻的特点相似性时，讲了形似、态似，由于是公开课，听课的教师多，我一紧张，就忘了具体讲神似，留下了一个败笔。但学生也应有所收获——知道比喻的特点是相似性，比喻分为形似、态似、神似三种，以神似为最高追求。比喻的种类很多，我只是复习了一般的明喻、暗喻、借喻、博喻等，其他不常见的如反喻、缩喻、互喻等简单提及，让学生有所了解。在讲解比喻的作用时，让学生回答，学生知道用"生动形象"之类的话语来表达，但我更规范地告诉学生"四化"——化平淡为生动、化深奥为浅显、化抽象为具体、化冗长为简洁，让学生更为明确比喻作用的表达。

在"让学生找出并赏析文本中的比喻句"这一环节时，学生能准确地找到比喻句，林语堂先生一共用了6个比喻句来表现北平的动人之处："北平好像是一个魁梧的老人，具有一种老成的品格"；"北平又像是一株古木老树，根脉深入地中，藉之得畅茂"；"北平是一个'珠玉之城'，一个人眼从未见过的珠玉之城"；"北平像是一个国王的梦境"；"北平像是一个饮食专家的乐园；北平是采购者的天堂"。然后我引导学生从喻体及喻体前的修饰语思考：北平动人在何处？"为何在老人前用'魁梧'？""为何说明'一个人眼从未见过的珠玉之城'？""国王的梦境有何特点呢？"等等，引导学生去思考、讨论，不理解的地方又通过诵读来感悟。在这一环节，我基本还是抓住了语文学科的特点与本质，从文本入手，通过诵读与讨论，引导学生进行深入的阅读与理解，虽然有一些学生主动回答问题，但气氛不够活跃，这一点需要进行完善的设计。

在感悟作者的情感时，由于时间把握不足，以致只是简单讲述，有些匆忙。

在布置作业时，要求学生根据所学文章写一篇——《动人的铜仁》。但由于学情考虑不周（这些学生是高一的新生，进校没多久，且在铜仁一中新校区就读，平时很少到市区，对铜仁市并没有深入的了解），鲜有作品交与我欣赏，这是我需要改进的地方！

以上便是我对《动人的北平》一课的反思。

《动物游戏之谜》教学反思

贵州省玉屏民族中学 陈慧

前两天语文组长说让我准备一节课作为校际交流课，我想，何不采用刚组建的学习小组，结合学案教学上一堂课，请各位老师指导一下我们新的教学模式呢，于是我就开始着手准备了。我上的是高中语文（必修）3第四单元的一篇科普说明文《动物游戏之谜》，这节课给了我很多启示。

依据学生的学习特点、教材特色以及新课标要求，本课的教学目标我是这样制定的：掌握重点字音、字形、词义；理清文章结构，培养学生筛选信息、概括叙述的能力；培养学生勤于思考、勇于钻研的科学精神。

在备课时，我为学生精心准备了一份导学案（"导学案"是建立在教案的基础上，针对学生学习而开发的一种学习方案。它能让学生预先明了老师的授课目标、意图，让学生学习有备而来，给予学生知情权、参与权。在教学过程中，教师扮演的不仅是组织者、引领者的角色，而是整个教学活动进程的调节者和局部障碍的排除者的角色），在导学案中，我为学生的学习设计了以下五个板块：

第一，初读课文，自主学习；

第二，再读课文，整体把握；

第三，精读文章，提取要点；

第四，品读文章，情感升华；

第五，课堂收获。

本文思路清晰、内容生动，揭开了动物日常游戏行为的神秘面纱，这有助于激发学生学习的兴趣。再加上，学习小组前一天晚自习的合作探究，相信这五个板块的学习内容学生已有了较多了解，要完成这节课的学习目标应当比较顺利。

但是，我所教的班级，90%的学生来自各乡镇初级中学，入校时语文平均分为 50.7 分，无论在基础知识，还是在分析、解读文本并做准确的表述方面，同学的能力都很欠缺，所以在上课前，我的心里一直七上八下，不知道学生的表现如何，这节课能不能达到预期的效果。

上课了，教室里很安静，我知道孩子们是被这种场面震住了，听课的老师人数比他们全班的人数还多。我想，此时只有我才能让他们镇静下来。所以，在课堂导入时，我先利用幻灯片为学生展示了几幅动物游戏的图片，那些活泼可爱的小动物激发了孩子们的兴趣，他们纷纷议论着每张图片传递的信息，整个课堂的气氛变得活跃起来，在他们的带动下，我刚开始时的焦虑感也全然消失，我们在轻松愉快的氛围中完成了第一个学习目标。

在指导学生完成第二个学习目标时，我在导学案中由浅入深，设计了七个问题。果然不出我所料，学生导学案中的答案已明确告诉我，这已是我不必讲的内容，他们通过合作探究的方式已理清了文章的结构。

在检验学生"分析综合"能力时，我设计了两个问题，在检查学生的学案时，我发现还有五个组的同学未能得出统一的答案，也就是说，还有一半以上的学生在这个环节存在问题，我就必须对此进行点拨了。

在第四个板块的学习中，要考查的是学生"表达应用"的能力，我设计了两个问题。这次我采用的是让学生品读文章的方式，透过文字的表面挖掘作者传递给我们的深层次信息。

经过一番深思熟虑，两位同学站起来发表了自己的见解，虽然没有我预想的完善，但全班同学已明白了他们的意思。

这时，我马上借助幻灯片，用文字的方式将学生的思路梳理清晰，使学生掌握了如何用规范的语言进行答题。

一节课就按照我的设计顺利完成了。

在评课交流中，兄弟学校的语文教研组长对这堂课给予了很高评价，他充分肯定了我校学案教学的成功之处，认为这种教学效果非常不错，新课标在学生身上得到了很好的体现。他还说，整个课堂气氛非常活跃，学生在轻松、愉快的氛围中学习是一种享受。是啊，导学案的设计就是要改变学生原来被动接受知识的状态，让学生"把精力集中在培养分析问题和解决问题的能力上，不要只是跟在后面跑，自己没有主动性"。在学习过程中，学生通过分组讨论、自由发言，成为知识获得过程的主动参与者，教师可以允许学生对问题有不同于教参、权威的见解，激发学生的主动参与意识，提高学生的学习兴趣，从而充分发挥学生的主动性。

正如兄弟学校的校长所言，"这种教学形式长期的坚持，相信你的学生们能有个质的飞跃，你也会得到很快的进步！"的确，学生进校时的成绩并不能完全代表这个学生的学习水平，如果我们每位老师都能以"教为主导，学为主体，以学为本，因学论教"为出发点，遵循循序渐进的原则，有步骤、分层次地从知识、能力到理论的运用，逐步加深的原则去编写导学案，将表现性评价贯穿于整个教学过程中，相信学生的潜质是会被激发的。

　　评课结束后，我心里感到很欣慰，因为这毕竟是我第一次在这样隆重的场面下得到各位同行的表扬。但第二天的情形却让我更难忘，第二天上课前，学生突然问我，"老师，是不是还像昨天一样上课？"我一愣，说："昨天的课有什么不同吗？"学生笑而不答。

　　课后静下心来想想，昨天那堂课确实与平时不一样，虽然平时也是用的学案教学，对学生的表现我也用口头评价和纸笔评价的方式进行了肯定，但自己也觉得有些课的教学效果没有我预期中好。难道真的因为那是一节公开课吗？是啊，仔细想想，平时自己虽然也认认真真地设计导学案、全身心投入地上课，但花在备课上的时间远没有这节课多，每节课对学生的评价似乎也陷入了一定的框框。虽说教学不是演戏，但它确实是一幕戏，俗话说，"台上一分钟，台下十年功！"此话不假，要想演好课堂中的每一幕戏，特别是对于像我这种刚接触普通高中教学不久的新手来说，课前的充分准备（备教材、备学生）真是必不可少的。因为只有教师对教材备充分了，才能任凭它"八方风来，我自岿然不动"。如果没有对教材的熟悉，对学生课堂上的精彩表现我则很难因势利导，这样对学生来说是一种挫伤；如果没有对教材的熟悉，面对学生课堂上的疑问将无言以答，这样对教师是一种打击；如果没有对教材的熟悉，面对课堂上出乎意料的问题将无法控制，这对课堂时间而言是一种浪费。当然，这样说绝不是说教学可以不顾学生，恰恰相反，课堂的教学绝对不能脱离学生进行，这是最重要的。备教材是前提，从学生的实际出发则是关键。而教学的艺术，正是在这样不可预知中才得以淋漓尽致地展示。

　　未来的路还很长，我不去想是否能够成功，既然选择了远方，便只顾风雨兼程！

因声求气悟精神　吟咏诗韵领诗情

——谈《将进酒》教学反思

贵州省沿河民族中学　张佳

作为学校组织的一节观摩教学课，我课前做了较为充分的准备和一些情景预设，但这节课我也做了一点较平时常规课有些不同的尝试，改平时引导性的"讲"与"带"，而侧重让学生在课堂上大胆读，师生不同形式的读，通过读让学生悟出诗歌的精神，其中也有一些不足，现总结一点儿体会。

一、诗歌教学，读的内蕴

"因声求气悟精神，吟咏诗韵领诗情。""因声求气"即指通过感受诗文语言的节奏来把握作品的精神，"吟咏诗韵"即指通过吟咏诗文的音韵来体味其中蕴含的情感。《将进酒》一文，李白写于唐朝最黑暗腐朽的时期（天宝三年），此时，李白正值"抱用世之才而不遇合"之际，于是就借酒以倾吐胸中的不平之气，借酒兴诗情，整首诗读来荡气回肠、潇洒飘逸。所以，我在组织该首诗歌教学的时候，特引导学生反复吟咏、诵读诗歌，体悟诗歌豪放的基调及复杂的思想感情。

在平时教学中，学生对于现代诗歌似乎有几分热衷，而对于古代诗歌却不喜欢品读，只是按原句进行"翻译"，总有一种不感兴趣的"应付式"的朗读，更谈不上细致入微地品诗歌了。当然，每年学生在高考中，诗歌部分的答题得分率普遍不高，这可能和学生平时对诗歌的品读有关。该节课作为一节展示课，我就有意识地在引导上通过品读的方式让学生领悟作品的精髓。首先，通过引导学生以前对李白个性、性格的了解及当时诗歌背景的了解，先对诗歌产生一定的兴趣，然后再去学习欣赏，这是我的首要目标。在学生产生兴趣的前提下带领学生去诵读诗歌，体会诗人的情感。引领学生畅游在诗歌的海洋中，去细细品味诗歌的魅力。

对《将进酒》这首诗的学习就是要学生在诵读中感悟李白的浪漫和豪迈，我对这节课所定的教学目标主要是放在让学生反复诵读的基础上，整体理解诗歌蕴含的情感，把握诗歌整体上的感情基调。基调常常可以凭直观被感知，但只有经过分析才能得出确切的结论。例如，这首诗，初读一两遍，会觉得它豪气十足，但理清诗人感情发展的脉络以后，就会看出诗人的激愤之情是占主导地位的。确切地说，豪放只是它的外壳，而内核则是激愤。学生只有从诵读中体会诗人政治上怀才不遇的悲伤和乐观自信的精神交织在一起的思想感情和诗人浪漫主义的创作风格及艺术特点。

二、把握引导学生读的侧重点

这节课的教学重点是通过朗读体会诗人所表现出来的思想感情，培养学生欣赏古代诗歌的兴趣和能力。传统的课堂以"讲课"为主，即出发点是把知识讲出来，落脚点是让学生听懂、听明白，而这堂课我则注重培养学生良好的语感和整体把握诗歌意境的能力，重视培养学生的朗读能力，重视情感、态度、价值观的正确引导。这次是临时选送的班级上课，因此，师生之间不熟悉，但通过以读为主要课堂模式的教学，发现课堂氛围较为活跃，甚至有学生还声情并茂地读得津津有味。学生课堂参与度高，在一定程度上也会刺激教师上课的激情。这节课，学生互动较好，氛围热烈，但学生的探究性、创新性还不够，学生的阅读能力也有待提升。我觉得这当中，师生之间的配合有一定的影响。另外，学生课前也没有充分的预习，所以导致缺乏一种探究的欲望。

三、朗读要知人论世

学习古代诗文，诵读是非常重要的，有助于加深对课文思想内容的理解。可以在朗读中理解课文的内容。所谓"书读百遍，其义自见""情动于中而行于言"，在反复的朗读中慢慢体会诗人所要表达的思想感情，领会诗歌的艺术特色。因此，我在本堂课中采取诵读教学法，把学习的重点放在对诗歌的诵读上。采取各种形式的朗读，听配乐朗诵、齐读、默读、小组轮流读、点名读、范读、配乐朗读等，然后在此基础上对诗歌进行赏析。

对这首诗的诵读，要结合李白生平和当时的写作背景。在对写作背景做简单介绍后，可让学生自由朗读、自己体会。而非教师单方面的讲读，一字一句地对诗句进行具体的解释、讲解。在学生对本诗已经有大概的了解后，让学生自己读并思考，他所认为的在本诗中写得最好的一句，他最欣赏的一句，并且要讲出认为这句最好的原因。比如："人生得意须尽欢，莫使金樽空对月"一句,学生一般都会理解是诗人流露出人生苦短、及时行乐之意。但我进行适时点拨:尽管诗人在政治上并不"得意",但在他看来,朋友间的聚会也同样是人生中的快事,大家何不高高兴兴地痛饮一场呢!想到这,他顿生豪情,相信自己将来必能做出一番事业,对区区金钱也毫不在意,体现了诗人乐观自信的精神:"天生我材必有用,千金散尽还复来",进而把握文章主旨。课堂上针对一些比较重要的最能体现诗人思想感情、引起学生共鸣的句子,在学生不断朗读的基础上进行分析,进而理解整首诗歌的思想感情,而这整个理解、欣赏的过程都是在朗读中完成的。

四、要打破教学预设的束缚

作为一节观摩课,在备课时我特别注重教学预设,而预设的过程有一定程度的"想当然",为了让自己预设的课堂能够"完美"一点,自己总是占主导地位,呈现"一言堂"现象,没有根据课堂的实际状况适时调整自己的教学。比如,个别学生在朗读时,本来也读出了自己想表达的情感,但没有按照我预想的效果表现出来,甚至也有学生想要展示一下自己,但我为了"完成"教学任务,而不断把课堂引向自己的预设,教学预设应当给自己和学生留出更多的生成空间。在教学过程中,教师应当主导课堂,但不可"包办"课堂。课堂是教师的,更是学生的!把教学过程束缚在预设的情况下,其实不能产生有益的课堂效果。

这节课,我采用师范读、生默读、自由读、齐读、配乐读,看注释读、试背诵读等,课堂收到了较好的效果,但也存在一些不足。但作为语文教学,只要我们大家不断加强不同层次之间的交流,善于创新性教学,坚持以教后记、学后记为切入点,对课堂教学进行不断反思,自己的教学水平就会上升到一个新的台阶。

《将进酒》教学反思

贵州省印江第一中学 吴伯军

李白的《将进酒》写于天宝三年，当时，是唐朝最黑暗腐朽的时期，李白对现实的不满之情蓄积已久，却又无力排解，只能借酒以倾吐胸中的不平之气。整首诗读来荡气回肠、潇洒飘逸，本次课堂大赛我和学生们一起探讨，学习这首千古名诗。反思这节课的教学过程，有得有失，其中理清了一些重要的思路，这对于以后的语文教学会有所裨益。

一、教学过程设计及其理由

1. 创设情景，导入新课

精彩的导入可以创设一个和谐的课堂情景，因此我的导入语为：国人爱酒，桃园结义要一杯血酒，临阵御敌要一杯温酒，祭祖扫墓要三牲烈酒……倘若没了这酒气，不知要少掉多少韵味。醉酒有雅俗之分，杨玉环望月迎风，醉得仪态万方；武松仰脖抖腕，酩酊大醉，可谓醉态万千，然而文人有像欧阳修那种与酒无缘的饮少则醉，未饮先醉；也有李白那放荡不羁的狂饮烂醉，酒醒何处不知道了，宝马金裘也不要了，全拿去换酒喝了得了。"五花马，千金裘，呼儿将出换美酒，与尔同销万古愁。"今天我们就来领略李白的豪情之醉。

2. 学生齐读，教师范读

为了帮助学生大致疏通文章的意义，对文章思想情感进行初步感知，首先让学生齐读，并让其在朗读过程中为生字词注音，使其对课文有初步的感知，然后由我范读，纠正学生朗读中出现的错误。

3. 积累知识，加深理解

首先对难点字词如"将""馔""沽"等进行解释，比如"将"字，我会联系《诗经·卫风·氓》中的诗句"将子无怒，秋以为期"中"将"的意思，以加深学生对诗题的理解，最后讲解本诗的表现手法和艺术特色。

4. 联系作者，把握情感

狄德罗曾经说过："感情淡薄使人平庸。"所以，这一环节我将重点讲解。对感情的整体把握可以找体现感情的关键字眼，如"悲""愁"，而分析愁情产生的原因才是关键。

我把过渡提问语设计为：当一个人愁肠百结时，排解的方法有很多，而酒就是解愁的一个良方，当曹操求贤才不得时感叹"何以解忧，唯有杜康"，就连女词人李清照面对国破家亡夫死时也端起了"三杯两盏淡酒"。那李白到底有哪些愁？请同学们再读诗歌，从具体诗句中说出你体悟到的是何种愁情，并说说你的理由！（联系李白的生活背景、人生遭遇、人生理想）再引导学生分析感情：人生苦短、怀才不遇。

为了进一步理解李白的"愁"，我设计了一个比较阅读的环节。通过与李清照《醉花阴》中愁绪的对比，体会李白的愁中是含有激愤之情的。

5. 再读全诗，提升理解

问题设计如下：《将进酒》原是汉乐府曲调，即"劝酒歌"，是伟大的浪漫主义诗人李白的巅峰之作。可见，本诗并没有题目，请结合你对诗人形象和诗歌情感的理解，为本诗拟个题目。

6. 小结新课，学以致用

一堂课的成功与否，还在于学生是否有所收获，所以我的小结语为：一首《将进酒》，李白留给我们的，不仅是优秀的诗篇，还有他那份"天生我材必有用"的自信豁达之情，李白的诗我们要品，李白的人生态度我们更要学。

二、教学反思

1. 可以肯定的几点

首先，在教学目标的确定上、教学进度的推进上真正体现学生的主体地位。学生的主体地位绝不仅仅是大小讨论所能体现的。在教学重点的设置、教学进度的推进等几方面也需要体现学生的主体地位。所以，在教学开始之前，我让学生通过预习，每个人都提出自己的疑难，通过筛选选择了四个反应突出的问题作为讨论的主题。在实际的教学中，没有贪图加快教学进度，而是依靠学生的讨论来推进，并没有严格划分各个部分的时间，从而使讨论落到实处，使学生能够真正学到东西。

其次，教师的主导和提升作用不能因为学生的主体地位而丧失，教师的主导地位体现在哪里呢？我认为主要体现在切入点的选择和总结提升上。《将进酒》可以讲的内容比较多。我选择以"从_____可以读出_____的李白"这个问题作为切入点，一开始就让学生对诗人形象有所感知。

在总结提升阶段，学生最需要老师的指导。一些问题和认识确实是学生难以深入涉及的地方，这时适时地引出自己的认识，我认为这不是自己唱戏自己看，而是在有效地拓展深化。在总结自己所认识的李白时，我展示了自己的认识，写了如下一段文字。

"孤独的斗士"李白似乎一直都有两个敌人。一个是掌握着时光行进、人生荣辱的"命运"，尽管一再遭到戏弄，但他总能笑对人生，以昂扬的面貌藐视那个捉弄自己的"命运"，在这里他是胜利者。另一个是那个内心时时渴望建功立业的自我，尽管他借酒浇愁，但结果只能"愁更愁"。在这两个敌人的夹击下，李白，没有沉沦，"谪仙人"的他注定无法回到天上，逍遥自在，于是他选择了"安能摧眉折腰事权贵，使我不得开心颜"，在人世间做一个孤独的斗士。

2. 教学中需要改进的几点

（1）注重板书的设计

这节的板书设计不妥当，没有做到清晰、直观，在以后的教学中需要在这方面加强改进。

（2）课堂氛围的渲染

如何营造良好的课堂氛围，这是下一步学习改进的重点。我想，在教学工作中，如何突出学生的主体地位，如何有效地营造良好课堂氛围是努力的方向，也是实现高效课堂的支点。

《交际中的语言运用》教学反思

贵州省沿河第二中学 杨亚琴

2016 年 3 月 8 日，在学校的安排下，我参加了语文组教研的观摩交流活动，这次活动，我选取了人教版必修三"梳理探究"部分的第一个课题《交际中的语言运用》。"梳理探究"所呈现的是高中语文必修课的新内容，有其独特的课程价值，我们在教学中必须予以特别关注。在这次讲课活动中，我学到了许多知识，更感荣幸的是聆听了我校语文组教师对高中语文教学诸多深刻而独到的认识和思考，真正明白了高中语文必修课中设置"梳理探究"教学板块的意义，也从中发现了自己在备课当中存在的诸多不足。

一、关于教学设计

在设计这节课时，我首先想到了采用学案进行教学，在学案的编写上，我这样设定教学目标。

①通过学习，学会恰当地使用称谓语，了解弄懂禁忌语，灵活运用委婉语。

②通过探究交际中的语言运用，了解一些传统的语言文化，并提高语言交际能力。

这样做目的是让学生通过这节课的学习，不但学会使用交际语言，而且也能真正理解汉语交际语言背后所蕴含的文化现象。但是教学效果并不理想，学生并没有从交际语言里体味到文化方面的内涵。

在教学环节的安排上，我重点突出了"称谓语"当中的谦称和敬称，进而涉及高考当中常出现的谦词和敬词。学生对这一环节很感兴趣，结合生活中的真实体验，学生掌握了相关谦词和敬词的实际运用。"禁忌语"部分作为略讲，只是让学生对禁忌语有所了解，对生活中常见的禁忌语进行了简单梳理。"委婉语"部分我设置了一个主问题——在哪些情况下，我们应当使用委婉语，利用四个小问题对这一核心问题进行阐释，结果是水到渠成，可是缺乏一定的灵活性。

在对课本内容梳理完毕后，我在学案上安排了"迁移训练"和"课后练习"两个环节，目的是检测学生的学习效果。但是，迁移训练和课后练习当中的习题编排不够合理，未能达到全面检测的目的。

二、关于课堂活动

我曾经看过这样一段话："梳理探究指向体验课程，而体验课程所强调的不是结果，而是过程和方法。梳理探究板块的教学任务，重要的不是掌握教科书所提供的现成知识，而是借助其提示路径对有关专题进行系统梳理和进一步探究。事实上，在人教版教科书'梳理探究'板块中，各个专题主要是实践活动设计，提示梳理探究的路径，而不呈现其结果。"

新的课程标准注重教学过程和方法，课程改革要求课堂教学要体现以学定教，因需施教，增加灵活度。教师的主要任务是组织课堂教学，把主要时间让给学生进行自主学习。这就要求充分发挥教师的主动性和创造性，教师要在学生学习过程中，当好"组织者和引导者"。通过不断激发学生的兴趣，使学生爱学语文；通过让学生体验成功的快乐，使学生对学习语文充满自信；通过在教学中引导、发现，使学生不断习得学习语文的方法。学生有了学习兴趣、自信心和基本的学习方法，自主学习便会落到实处。

在这方面我还需要提高和进步，还没有真正当好"组织者和引导者"。尤其是在学案的小组合作交流、展示成果的环节中，没有真正把时间留给学生，也没有真正实现"生态的课堂""高效的课堂"，在以后的教学中我会努力做到。

三、关于教学语言

教学语言是教师的工作语言。无论进行思想教育，还是传授文化知识，都离不开语言，这是教师职业的一大特点。教师良好的语言能力不是天生就有的，而是在教学实践中通过刻苦训练逐步提高的。

通过这次讲课，我对语文教师的教学语言有了深刻的理解，下面简要介绍一下。

1. 要规范

课堂教学语言虽是口头语言，但不能因此降低表达的标准，不经深思而信口开河，因为课堂教学语言是学生接受知识、巩固和消化知识的直接感知，所以应当以书面语的标准来规范，讲究语言内部的组合规则。

2. 要准确

在课堂教学中，只有以准确无误的语言去表达，才能体现各门课程知识的科学性。当然，要做到恰切适当，就必须在备课时，对课堂教学中所要使用的语言进行反复斟酌，认真推敲，尤其在讲解关键知识点时，语言表达要更细心、准确。

3. 要生动

课堂教学语言不能单调枯燥，使学生听起来索然乏味，因为知识是充满活力的，不应用呆板僵化的语言来讲解。所以，课堂教学语言一定要生动：一是在语气上，要注意做到抑扬顿挫，以活跃课堂气氛，显示知识的重点和难点；二是在用语上，要形象活泼，有趣味感，让学生感受到学习是一种愉快的知识享受。

4. 要流畅

流畅的课堂教学语言主要体现为：一是语势要连贯，不能结结巴巴；二是语句要紧凑，不能断断续续。就像音乐，弦断而又去接，接了又断，其效果不言而喻。

5. 要亲切

在课堂教学中，教师一直板着面孔，甚至以苛责的语气讲课，学生往往会产生紧张感、压抑感和恐惧感，不利于教学任务的完成和学生思维的健康发展。因此，教师的课堂教学语言要亲切，以便学生在没有心理负担的情况下轻松地听讲，于是在不知不觉中吸收知识。

通过参加此次观摩交流活动，我发现了自己在教学方面存在的诸多不足，也从其他老师身上学到了很多。有了这样一次讲课的经历，我会在以后的教学实践中不断严格要求自己，时刻提醒自己备好每一节课，上好每一堂课，组织好课堂教学中的每一个环节，锤炼好自己的教学语言。

《祝福》教学反思

贵州省万山区民族中学 吴新平

人教版高中语文必修教材 3 第一单元为中外小说单元，在教学中主要是希望学生通过学习，把握分析小说的人物、情节、环境的方法，自行归纳小说主题，挖掘文本更深层次的内涵，培养学生的自主探究能力。

《祝福》是本单元中的第二篇课文，是一篇经典文章，也是鲁迅先生的经典篇目，可讲的内容非常多。但是，由于课时的限制根本不可能面面俱到，而且越是经典要讲得出彩越是困难。因此，在设计教案时，我遇到了很多困惑和困难，比如，第一课时比较好把握，介绍写作背景、作者，让学生理清思路，归纳"倒叙"有什么优点。可后面的课如何组织进行，就存在一定的难度了，理清文章的内容非常关键，明了了自己在这方面的欠缺，所以，带着各种疑问我请教了有经验的老教师，最后，我把教学重难点放在了人物形象分析、情节和环境描写上，因为《祝福》塑造了祥林嫂这个典型形象，反映了 20 世纪 20 年代中国社会最底层、最苦难的广大农村劳动妇女的悲惨命运，表现了鲜明的反封建主题。在教学这篇文章时应注意领会下列问题。

一、环境与人物命运的关系

《祝福》写于 1924 年 2 月，鲁迅把故事发生的地点放在江南农村的一个小镇，鲁镇便是当时中国农村社会的一个缩影。鲁四老爷、四婶、柳妈以及镇上的人们、山村的婆婆、卫老婆子、大伯，还有小说中的"我"，组成了祥林嫂生活的社会环境。祥林嫂的命运是由当时的这种社会环境所决定的。

（1）在这个社会环境中，妇女没有丝毫权利

尽管祥林嫂也劳动，而且又勤快能干，还是没有丝毫的权利，连最起码的人身自由也没有。婆婆可以强行将她抓回来卖到山里，鲁四老爷也认为无话可说，雇主也不保护女工，祥林嫂只能听人摆布，竭力"反抗"也无济于事。

（2）在这个社会环境中，人们以封建贞操观念歧视再婚妇女

鲁四老爷认为祥林嫂这样再婚过的人，"败坏风俗""不干不净"，祭祀不让沾手，祥林嫂用血汗钱捐了门槛，满以为这一下赎了一世"罪名"。不料，四婶照样不准她沾手，她的精神彻底崩溃，是封建贞节观念将祥林嫂推上了绝路。

（3）在这个社会环境中，人心冷漠，没有同情，没有爱

对于祥林嫂的不幸，鲁镇的男女老少，都视其为笑料，没有丝毫的安慰和援助，有的只是烦厌、嘲弄和唾弃。最后被鲁家无情地打发出门，沦为乞丐，被人们弃在尘芥堆中，在人们只顾"拜求来年一年中的好运气"之时，倒毙在风雪中。

（4）在这个社会环境中，迷信观念又使祥林嫂在死亡线上饱受精神折磨

封建贞操观念使她丧失劳动机会，精神崩溃，信神信鬼，又使她怀着死后被锯成两半的恐惧。

鲁镇，是旧中国村镇的缩影。这里世态冷酷，封建势力猖獗，封建迷信等旧俗盛行。鲁镇住满了"吃人的，自己被吃又转过来吃人的人"，他们组成浩浩荡荡的队伍，有的笑吟吟，有的流着泪，有的皱着眉，但全都闪着白厉厉的牙齿，对着牺牲者——祥林嫂，明中暗里咬她一口！祥林嫂就是在这样的环境中竭力逃避被吃的命运，虽然她进行了一次次的抗争，但她的抗争是不可能胜利的。祥林嫂悲剧的根源是封建制度、封建思想、封建礼教，祥林嫂的悲剧是社会悲剧。

二、情节与人物性格的关系

如果将倒叙还原为顺叙，祥林嫂的故事就有四个片段：第一次到鲁镇做工；被嫁到贺家墺；第二次到鲁镇做工；临死问魂灵的有无。在情节的发展中，祥林嫂的性格逐步而又反复地表现出来。

祥林嫂勤劳、能干、善良、节俭，对生活要求极低，然而不幸却向她一个接一个地袭来。第一次到鲁镇，食物不论，力气不惜，工钱全存在主人家，虽才二十六七岁，无家、无爱、无幸福，当一名女工，她就满足。被婆婆抓回卖到贺家，夫死儿亡，堂伯收屋又被从贺家赶出，重回鲁镇，此时境况更不如前。为了摆脱厄运，她也曾一次次抗争，不甘于任人宰割。第一次，她瞒着婆婆逃出来，为自身的独立显出了勇气。第二次，被婆婆强嫁，闹得异乎寻常，不惜一死。第三次，她硬着头皮，第二次到鲁镇求老主人收留。第四次，捐门槛，用自己的血汗钱去赎一世的"罪名"，只求别人把自己当人看待，争得一个做奴隶的资格，死后免受酷刑。第五次，临死，怀疑魂灵的有无，她苦了一世，但求死后安息，对神权提出了怀疑。祥林嫂就是这样一个妇女，命运竟至如此悲惨。她的性格是随着情节的发展，一步一步展现出来的。

选择这样的教学重难点主要是基于两点考虑：①在分析祥林嫂形象时，通过环境描写可以带动同学们对课文的信息进行分析整合，进而把握小说的情节，而对文中信息的分析整合是高考现代文的一大考点；②在分析鲁镇众生相时，带动学生讨论究竟"谁害死了祥林嫂"，探究小说的主题，培养学生主动探究、积极思维、辩证思考的能力，又符合新课程改革的教学要求。现将教学过程中的几点收获和不足总结如下。

第一，同学们都能踊跃发言，并且养成了以小组为单位讨论的习惯。我想，这主要得益于平时在班级设置小组竞争机制，这一点，今后我会继续实行。

第二，在堂课上，同学们提出了各自的见解，尽管有个别同学提的见解有点偏差，但是，通过和其他同学的辩论、交流，最后能走出自己理解的误区，所以，今后的课堂，我会秉持让同学们多想、多说的方式，而我则是做补充，真正把课堂的发言权交给学生，而不是教师死死抓着"指挥棒"。

当然，这堂课，还存在一些需要改进的地方。

首先，体现最为明显的就是，起初学生并不能理解祥林嫂生活的那个时代及那个时代的人，不了解为什么祥林嫂的再嫁居然会产生那么大的悲剧，居然会遭到那么多人的歧视。因此，课堂的前二十分钟中总是出现一些不和谐的因素，面对祥林嫂的悲惨遭遇，学生觉得有些可笑，面对祥林嫂反复说阿毛的故事，学生更是不解，祥林嫂在学生的眼中是个不值得同情的人。面对学生的反应，我竟无言以对，这不能不说是一种悲哀。面对我的提问，学生竟然不知如何回答，我想，我的课堂设计是不成功的，因为我没办法让学生入境，教学的切入点真是不容易找啊！

其次，一些细节我自认为处理得不是很到位，最可惜的是我的板书，板书过于潦草，原因在于，使用了多媒体，占用了半个黑板，而且小组竞争的排行榜又占了三分之一的黑板，可用的空间骤然变小，而课后仔细反思我的多媒体使用情况，其实，一堂课下来，多媒体起到的作用是微乎其微的，甚至可以忽略不计。

最后，纵观整课，面对这么长的篇幅，学生由于课前没有好好预习，以致课堂上分析时显得颇费周折，而老师在引导时主要是侧重通过方法解读人物形象，反而忽略了课文的文学性。

　　经典文章如何教，这是摆在语文教师面前的难题。那个时代那些人那些事，对学生而言是陌生的，我们如何能在有限的时间内让学生明白，把学生深深地带进去，再浅浅地走出来，这是一线教师要思考的问题。

《大堰河——我的保姆》教学反思

贵州省都匀市第一中学 罗黔平

《大堰河——我的保姆》是一篇平实而又感人至深的现代诗歌。诗歌的意思明白晓畅，但要让学生感受这份深沉、深厚的母子之情，却要有一些精妙的教学构思与设计。调动学生的生活经历，触动学生的情感，与作品产生共鸣，是本课的重要环节，为此我从以下三个方面进行教学环节的设计。

一、重诵读

诗歌通过反复、排比、呼告等艺术手法表达作者对大堰河深沉的怀念与感激之情。读是理解情感的有效途径，学生在诵读中描摹大堰河的形象，在诵读中品味语言的深邃，在诵读中感悟人性的美好与良善。

二、想象

母亲对子女的关爱，方式各不相同，但核心是一样的。在教学过程中，学生通过联系生活中母亲对自己的关怀，更直观、形象地感受到作为一个保姆对地主的儿子无私的爱的可贵与伟大，大堰河的形象自然在学生心中高大起来。

三、细节描摹

大堰河爱的象征，作者通过对大堰河的手的歌咏中体现，于是我设计了一个教学环节，让学生描摹一下大堰河的"手"。通过学生的描绘，大堰河勤劳、纯朴、无私的形象更加具体可感。还让同学们描摹大堰河的"笑"，从描绘中同学们领会了母子深情。

当然本课还有许多不足之处，如导入可更简洁些，教师的语言可更典雅而有韵味等，这些基本功在以后的教学中会不断改进。

关于《小狗包弟》的教学反思

贵州省万山民族中学 杨秀华

　　我在教授巴金的散文《小狗包弟》之后，在内心里总感到有所欠缺，似乎总有什么东西没能理清：难道巴金仅仅是因为没有能够保护好那条小狗使其送命而自责忏悔吗？因为说出了这件事之后他就真的会轻松一些吗？

　　我在思索，对自己的教学情况很不满意。如果单单就课文而言，或许这样的分析不无道理，可是这样的教学并没有达到理想中的目标啊！巴金先生在"文化大革命"结束不久就写了这样一件发生在"文化大革命"时期的不幸之事，似乎也不只是为"文化大革命"的不幸而悲鸣。

　　后来，直到我读了王开东的《委而不讽的道德自省——评杨绛先生的〈老王〉》一文，对此才有所醒悟。王开东的分析很深入，也许这正是他的"深度语文"所追求的。

　　老王是善良的，"我"是善良的，正是因为善良才使他们在那个不幸时代遭遇了不幸，都是善良"惹的祸"。而其不幸，谁是真正的不幸者呢？老王是不幸的，"我"是不幸的，所有的人都是不幸的，那是时代的悲哀，也是整个社会的悲哀。可即使这样，杨先生依然认为"那是一个幸运的人对一个不幸者的愧怍"。杨先生称自己为"幸运者"，写这样一篇文章作为对如老王一样的人的内心愧怍，这是一种怎样的胸怀啊！杨先生真是一个"幸运者"吗？其实文章里，"文化大革命"中，都没有幸运者和不幸者，只有不幸者和更不幸者。老王死了，"我们"却活了下来，"我"的不幸已经是幸运。更重要的是，在"文化大革命"这样的灾难面前，作为一名知识分子，个人的不幸实在称不上不幸。那么，"我"为什么要愧怍？因为"我"对老王只有物质上的平等交易，没有感情上的对等投入。"我"只想到自己的经历和伤痛，却无视老王这些更孤苦者。通过反思，"我"深切感受到知识分子身上的清高与冷漠以及悲悯与忏悔的稀缺。

　　但是杨绛仅仅是因为悲悯和不幸才写这篇文章吗？钱钟书在给杨绛的《干校六记》序言中写道，杨绛还缺少一个"运动记愧"。因为"文化大革命"后，很多当年受难的知识分子摇身一变，批斗身边的"文化大革命"得势者，整个民族尤其是知识分子，根本没有自省和忏悔的精神。于是，杨绛在这不久后就写了《老王》，希望将一己的生活经验推广为一切人的生存体验。任何一个时代都有幸运者和不幸者。作为相对的幸运者，如果"我"能够无视不幸的老王，漠视他的情感和感受，那么，"我们"有什么理由责怪"文化大革命"中更加幸运的人对"我们"所施行的伤害呢？

　　无疑，杨绛夫妇是很有良心的，他们没有在"文化大革命"结束后，对曾经给他们伤害的人和社会大加挞伐，而是用一颗善良的心包容和宽恕了那个时代，因为那是一个时代的不幸、国家的不幸、民族的不幸，所有"得势的人"和"不得势的人"都是不幸的。杨绛夫妇之所以能够成为人们崇拜和景仰的贤伉俪，或许不只是因为他们在文学领域里的杰出成就，更是因为他们那颗能够包容一切的善良之心吧！

　　巴金先生也是有良心的，否则他就不会写《小狗包弟》了，在"靠边站"了十三年零五个月之后，刚获得"解放"包单包弟来反省自己、解剖自己，这有几人能够做到！

　　包弟尽管是历经几任主人才转到"我"家的，可它和"我们"一家人生活得那样融洽，和来到我们家的客人相处得那样和谐，那样极通人性，它会讨客人的欢喜，向客人作揖讨糖果吃，当我们远行把它放在妹妹家时，它依然每天清早守在房门口等候我们出来，而当抄"四旧"的红卫兵到处打门捉狗时，包弟却不曾乱叫，也就不曾被捉了去。可因为"形势越来越紧"，我不得已把包弟送到医院去，其结局当然是供科研人员做解剖实验用。

　　包弟被送走了，"我"是否因此为甩掉包袱就轻松了呢？

　　包弟送走后，我下班回家，听不见狗叫声，不见包弟向我作揖、跟着我进屋，我反而感到轻松，真是一种甩掉包袱的感觉。但是在我吞了两片眠尔通、上床许久还不能入睡的时候，我不由自主地想到了包弟，想来想去，我又觉得我不但不曾甩掉什么，反而背上了更加沉重的包袱。在我眼前出现的不是摇头摆尾、连连作揖的小狗，而是躺在解剖桌上给割开肚皮的包弟。我再往下想，不仅是小狗包弟，连我自己也在受解剖。不能保护一条小狗，我感到羞耻；为了想保全自己，我把包弟送到解剖桌上，我瞧不起自己，我不能原谅自己！我就这样可耻地开始了十年浩劫中逆来顺受的苦难生活。一方面责备自己，另一方面又想保全自己，不要让一家人跟自己一起坠入地狱。我自己终于也变成了包弟，没有死在解剖桌上，倒是我的幸运……"

　　这才是巴金，并没有因为送包弟这个包袱而轻松，反而因此背上了更为沉重的包袱。从表面看来，巴金是因为没有能够保护好包弟使其送命而愧疚而忏悔，但在那样的环境里，"人"尚且不能得以保全自己，更何况一条狗呢！

读这篇课文，我们看出巴金的崇高，不只是他在借这条小狗的命运来批判"文化大革命"的混乱，更应当看到，所有经历"文化大革命"的人，都"好像做了一场大梦"。巴金对包弟的伤害，难道仅仅是一种伤害？难道因为写了这篇文章，释放了心灵上的愧疚、内心的煎熬就有所减轻？有良心的人永远会因为自己在那个特别年代里做出的"不理智"行为而"在油锅里熬煎"。

再来看看文章的结尾：即使在"说谎成风"的时期，人对自己也不会讲假话，何况在今天？我不怕大家笑话，我要说，我怀念包弟，我想向它表示歉意。这就知道巴金写这篇文章，不仅是为了表示一种歉意，而在真诚地解剖自己，在那个是非颠倒、黑白混淆的年代，自己也有不诚实的时候。

巴金的可贵，在"敢于讲真话，为人真诚正直，是一个值得人们敬佩的人"，巴金这篇文章的亲切，也在于它能"扫除我们心灵的垃圾，给我们带来希望，带来勇气，带来力量"。无怪乎他能够成为2003年感动中国人物：穿越一个世纪，见证沧桑百年，刻画历史巨变，一个生命竟如此厚重。他在字里行间燃烧的激情，点亮多少人灵魂的灯塔；他在人生中真诚地行走，叩响多少人心灵的大门。他贯穿于文字和生命中的热情、忧患、良知，将在文学史册中永远闪耀璀璨的光辉。

《祭十二郎文》教学反思

贵州省铜仁市民族中学 张桂霞

我执教《祭十二郎文》的第三课时，是我在贵州省高中语文名师工作室（主持人代泽斌）跟岗学习期间所上的一节汇报公开课。

《祭十二郎文》是情真意切、感人至深的千古绝调，如何品味文中的这份真情、品味作者对十二郎的深切痛惜和怀念之情，品味唯善唯美的千古悲情，品悟出生活中值得珍惜的点点滴滴，这是我设计的第三课时的教学主线和重点。为了有效达成目标，在教学中我有以下三个创意。

首先，我抓住全文中出现频率最高的一个感叹词"呜呼"，并与学生共同品味"呜呼"在每处出现时作者所饱含的悲痛之情，通过引领学生的思考、合作交流来完成。例如，品读第五段首的"呜呼"，老师引导学生联系下文去思考探究，学生品出了作者在惊闻噩耗时如五雷轰顶之痛；而第六段中的"呜呼"则品出了作者通过书信证明老成之死无疑后，抱怨天理不公、神灵不明的极度痛苦之情；当品读到第七、八两段中的"呜呼"时，有的学生情不自禁地哭了，体现了学生与作者的情感得以高度共鸣和融合，这正是有效的情感体验与情感教育。

其次，我抓住了第五段中反复出现的几个语气助词进行深度品味：3个"邪"，3个"乎"，4个"也"，5个"矣"，品味它们在表达思想感情上的不同作用。通过反复品读文本、合作探究，学生读出了两个"邪"体现韩愈惊闻噩耗时那种不敢相信、惊疑的伤痛之情；3个"乎"表达作者怀疑、不能相信噩耗时的声声质疑；4个"也"表达作者仍然认为死讯不可信的极度痛苦之情；5个"矣"体现作者在不得不相信现实面前时无尽的悲痛之情。在品读中，有的学生已泣不成声，听课老师也落了眼泪。整个课堂沉浸在唯悲唯美的感悟之中。

最后，在拓展延伸中，我要求学生抓住本文中"失去之后的追悔"，结合自己的见闻感受写一段话，谈谈生活中值得珍惜的东西。大约五分钟后，班上的几个同学先后发了言，其中有两个学生也曾失去过至亲，他们的真挚伤痛之情和对亲人的真挚深切怀念，哽咽的语言表达中，再次把课堂推向了高潮，人性真情再次深深地打动了全体同学及听课教师。

通过以上三个环节的教学及最后的提升总结，让学生深层地感悟了文本边诉边泣、质朴自然的语言特点，也体会了作品强烈的抒情性和巨大的艺术感染力，达到了预期的教学效果。

我自己反思教学中的不足之处有二：一是班上少数几个语言品读能力差的学生，对文本中的情感体味不深，一直没有发言，但我在课堂上没能很好地关注他们；二是在第二个教学环节中，学生的自主性还有些不足，品味深度不够，在今后的教学中，我会加以改进。

我为"套中人"建档案反思

贵州省铜仁市第八中学 邹仁松

我在教授《装在套子里的人》这篇课文时，通过让学生给"套中人"建立档案，最终使得学生很轻松地读懂了课文，理解了"套子"的含义，把握住了人物的性格，理清了文章主旨，从而真正达到了"少教多学"的要求。学生们在认真阅读课文后，通过分析讨论，最终归纳出了"套中人"的档案，其"套中人"档案如下。

姓名：别里科夫。

国籍及生活时代：19世纪末的沙皇俄国时代。这个时期，正是俄国历史上最黑暗的时期之一，尤其是亚历山大三世继位后，加强了专制统治。受欧洲进步文明思潮的影响，俄国也兴起变革之风，面对汹涌的变革浪潮，沙皇政府采取一切暴力手段镇压、逮捕、流放革命者，查封进步刊物，禁锢人民的思想。结合这些内容，学生就能把握故事发生的时代背景，为正确理解作品的主题奠定坚实的基础。

职业：希腊文教师。别里科夫在教"古代语言"时，"老是歌颂过去，歌颂那些从没存在过的生活"。他总认为过去什么都好，实则意味着对沙皇专制统治的维护。而对要求变革的社会潮流来说，其实表现了他的恐惧和抗拒，实际上在逃避现实生活！作为教师，本应传授知识、传播新思想、传递正能量，而别里科夫却因循守旧，禁锢新思想，极力维护沙皇的专制统治，阻碍社会进步，这岂不让人滋生痛恨之情吗？

口头禅：别里科夫经常说的一句话是"当然，行是行的，这固然很好，可是千万别闹出什么乱子。"他害怕"出乱子"，其实就是怕人们违背法令、脱离常规、做出不合规矩的事。换言之，就是担心人们违背沙皇统治者的专制统治。人们的言谈举止，"虽然看来跟他毫不相干，却惹得他闷闷不乐。"别里科夫的口头禅和他的内心思想，正好体现了他的胆小、多疑、封闭的性格特征。

穿着习性："他也真怪，即使在最晴朗的日子，也穿上雨鞋，带着雨伞,而且一定穿着暖和的棉大衣。他总是把雨伞装在套子里,把表放在一个灰色的鹿皮套子里;就连那削铅笔的小刀也是装在一个小套子里的。"从别里科夫的穿着来看,可推知,他是想把自己封闭在自我的小天地里,不想与外界接触,不受外界影响,生怕给这个世界给自己增添不和谐的音符。别里科夫为什么会这样,这应当与他生活的时代有关。他的这一封闭思想是沙皇俄国长期专制统治下的结果,即别里科夫既深受沙皇专制统治的毒害,又是其自觉的忠实维护者。

行为思想:他一方面在逃避现实,另一方面又极力维护现行秩序。他在思想上自觉和反动政府看齐。"只有政府的告示和报纸上的文章","其中规定着什么,他才觉得一清二楚"。即使官方批准的东西,他也觉得"包藏着使人怀疑的成分",总担心"闹出什么乱子"。至于"违背法令、脱离常规、不合规矩的事",当然引起他的"心慌",即使和他"毫不相干",他也要"闷闷不乐"。他还乐于告密,并为自己的无耻行为极力辩护:"为了避免我们的谈话被人家误解以致闹出什么乱子起见,我得把我们的谈话内容报告校长——把大意说明一下。我不能不这样做。"由此可见,别里科夫已从思想上的保守僵化堕落到行为上的卑劣无耻了。

通过对别里科夫建立档案,学生理解了"套子"的具体含义,即指禁锢社会、束缚人们思想、阻碍社会进步变革的东西;把握了主要人物别里科夫的性格,即封闭、怀旧、胆小、多疑;弄懂了作品主题,即小说揭露了沙皇政府对自由的压制、对人权的践踏、对民众的专制。别里科夫身上的一幕幕丑剧、喜剧、悲剧,都是黑暗社会政治现实造成的,因此,别里科夫的形象折射出强烈的社会批评意义。

这次教学活动既让学生轻轻松松学习了课文,又让我从烦琐的讲解中解放出来,真正体现了"以学生为主体"的"少教多学"的教学理念。

关于《雨霖铃》课堂教学中小组
合作建设的重要性的反思

贵州省石阡县第三高级中学 梁波

　　诗词鉴赏是学生学习的重点，也是难点。如何带领基础知识薄弱的学生学习诗词鉴赏，诗歌教学应当以何种方式才能使课堂变得有效，是以传统的"满堂灌"的形式，还是以苏格拉底所说的"教育不是灌输，而是点燃火焰"，从而激发学生对诗歌鉴赏能力的学习兴趣？能否通过一系列诗歌鉴赏课文让学生提高自身的审美情趣？这些问题能否通过小组建设来解决，这是我在语文教学中一直思考的问题。在《雨霖铃》的教学中，我注重小组合作的建设，意在隔绝以往诗歌教学中的枯燥现象，发挥"以问题导学"的最大实效。在教学后，我进行了一番思考，加上语文组全体教师对本课堂的点评，我反思了本次教学中的所得所失。

　　在本课的教学设计中，我以词作的内容把握和情感体验为重点，以诵读、品味为手段，以小组合作建设为课堂载体，力图通过意境的创设和师生共同感悟达到预设的情感体验目标，同时把诗歌鉴赏的艺术方法渗透在课堂教学过程中。课堂主体设计以"明目标、重朗读、品意境、析手法、重迁移"这五个教学环节进行，在课堂教学时全部运用小组合作建设，施行小组竞争加分制度，提高学生的学习兴趣。在教学环节中，我的得失总结如下。

　　第一，在教室的小黑板上明确教学目标。一是理解意象、意境的含义；二是掌握"寒蝉""长亭""杨柳"等意象所蕴含的意蕴；三是掌握古代诗词在写景中虚实结合的表达技巧；四是理解词人所表达的离别之情。明确教学目标，并把它量化在黑板上，让学生明了学习本课的方向，有目标地学习，才会少走弯路。

　　第二，情景导入，调动了学生的学习兴趣。诗词鉴赏对于阅读量非常少的高一学生来说，只有给学生留下良好的初步学习印象，才不会使得学生存在畏难情绪。为此，我以《祝你一路顺风》的流行歌曲让学生感知离别的愁绪，以徐志摩的《沙扬娜拉》中"道一声珍重"明确了离别的祝福，以江淹《别赋》中的"黯然销魂者，唯别而已矣。""故别离一绪，事乃万族。"让学生明白自古以来，离别就是一件令人伤感的事情，课堂氛围活跃热烈。

第三，分小组朗读，学生自评，得出分数，在竞争中把握词的大致情感。课堂中将学生分成九组，自主组织起来，三组进行朗读，接着讲述读出的情感，再由其他组学生进行评价，得出各组的分数。最后，教师明确本词的情感内容。其中，我提问学生的问题是"从中读出了什么情感？""从哪些方面读出的？"由总体到局部，问题难度升级。学生从"无绪""伤离别""泪眼"这些词汇读出了词中离别之人的伤感，从中我提出了质疑："有可能是感情破裂，也会伤感呢！"此质疑重在引导学生找到"长亭""柳"等代表离别的意象。

第四，品意境。学生在小组朗读的基础上，对文本的情感有一定的把握，顺利找到"寒蝉""柳""长亭"等意象，还能举一反三，找到"酒"是愁绪的意象，"月"是思念的意象。在此环节中，我将意象与意境的概念以及关系以凝练的语言告知学生，并用了太阳在不同人的眼中所蕴含不同的情感为例，学生都说"明白了"。

第五，析手法。从对意境的构建，把握本文中虚实结合的艺术手法，我在导学案中设计了《念奴娇·赤壁怀古》《山居秋暝》《江城子·乙卯正月二十日夜记梦》三篇文章进行拓展延伸，并设计了相应的问题，通过练习题让学生能活学活用、学以致用。

第六，我还增加了学生课堂小结的环节，让学生自己明确本堂课学习到了哪些内容，并要求学生进行反思。

最后，要求学生完成导学案上的问题，一节课就这样结束了。

"教学是遗憾的艺术。"在整个教学环节中，通过反思，我尚有一些问题还没有涉及。

一是在情景导入中，我虽然列举了大量离别的歌曲、作品，但是没有认真"备学生"，比如江淹的《别赋》，课后才了解到，学生根本不知所云，这样使得我情景导入的效果是缘木求鱼，本来是要浅入深出，却变成了深入深出，不仅没有减少学生的畏难情绪，相反还增加了他们的这种情绪，导入没有起到预设的作用。

二是在朗读环节，诗词教学向来要求以读带悟，需要教师一定不能只做客观的引导，还要投入真情，把真实情感投入课堂中，真正使情感和文本融为一体。而我在教学中，缺少泛读环节，也没有立足文本。同时，学生朗读时，没有让学生上台展示，这使得朗读与文本之间没有建立紧密的联系。

　　三是在品味意境环节，我没能提出探讨性的问题，学生只是有分小组的形式，却没有充分调动小组合作的意识。而且，教学中缺乏一个环节，那就是学生立足文本，用自己的话来领悟词的情感魅力。这使得学生对于本课文的了解是空洞的、不具体的。

　　四是在分析艺术手法的时候，已经下课，导致这堂课最重要的一个教学目标只能以"赶"的方式完成，而前边利用了大量的时间分析意象，使得本课堂的重点不突出的原因就是时间分配不均。

　　总之，本课堂教学虽在问题导学以及小组合作方面上取得一定的成效，但是还未处理好小组合作建设与语文课堂学习之间的关系，没有使两者有机结合，这是我还需要认真加以研究的课题。

借力打力，四两拨千斤

——《寡人之于国也》教学反思

贵州省沿河官舟中学 刘农波

在高中语文教学中，有一堂课让我颇有收获，即《寡人之于国也》的教学。在人教版的五册必修教材中，《寡人之于国也》可谓孤篇，是唯一的一篇儒学著作，遍观五册书，诸子作品也仅仅收录了该篇与庄子的《逍遥游》，可见其思想的代表性、作品的文学性与对后世的影响性都是极强的。因此，我把"分析孟子对治国得失的哲学思辩，理解孟子的仁政思想"作为教学的重点。

在教学中，我是这样引导学生理解重点的。

第一，梁惠王说自己在政事上很用心，他给出了怎样的事实论据？

理解句子："河内凶，则移其民于河东，移其粟于河内；河东凶亦然。"强调重点字词：河内、凶、粟、河东、亦然。

第二，这个梁惠王看起来很勤政爱民啊，孟子却给了他一个怎样的评价？请用一个成语来概括。这个成语就出自这篇作品，一直流传至今。

明确："五十步笑百步"（指打仗时候向后逃跑五十步的人嘲笑向后逃跑一百步的人胆小。现用以比喻某些人嘲笑他人的不足或过失，却没有反思到自己也有这样的不足或过失，只是程度要比别人轻一些罢了。"五十步笑百步"是一种没有自知之明的表现）

请两名同学分角色朗读孟子向梁惠王"以战喻"的对话。

（甲）"王好战，请以战喻。填然鼓之，兵刃既接，弃甲曳兵而走，或百步而后止，或五十步而后止。以五十步笑百步，则何如？"

（乙）"不可！直不百步耳，是亦走也。"

（甲）"王如知此，则无望民之多于邻国也。"

引导学生体会人物的心理和表情。

孟子没有直接回答梁惠王，却和他打了个太极，用了比喻说理的方法请君入瓮，而梁惠王被孟子牵着鼻子走还浑然不觉，一个志在必得、成竹在胸，一个口无遮拦、窘态可掬，令人不禁哑然失笑。

接着，我准备引导学生理解"孟子为梁惠王提出的具体的规划和措施以及王道之始"时，有一个同学举手了，说道：2008 年 5 月 12 日 14 点 28 分，四川汶川发生了里氏 8.0 级特大地震后，原中共中央总书记胡锦涛立即做出重要指示，要求尽快抢救伤员，确保灾区人民群众生命安全。温家宝同志强调指出，抢救人员是灾区抗震救灾工作的当务之急和重中之重，要尽一切力量，不惜任何代价抢救人员。救人是第一位的工作，我们的决策和部署要坚持以人为本，对人民负责，经得起历史的检验。2014 年 8 月 3 日云南省昭通市鲁甸县境内地震发生后，中共中央总书记、国家主席、中央军委主席习近平高度重视，立即做出重要指示，要求当前把救人放在第一位，努力减少人员伤亡，妥善做好群众安置工作。有关方面要抓紧了解灾情，组织群众避险，全力投入抗震救灾。要加强余震监测预报，密切防范次生灾害发生。中共中央政治局常委、国务院总理李克强做出批示，要求有关部门千方百计抢救被掩埋人员和受伤人员。要确保群众有饭吃、有衣穿、有干净水喝、有临时住处、有病能得到及时治疗。要保障救灾物资、人员运输和通讯畅通，维护灾区社会秩序。胡锦涛、温家宝、习近平、李克强等国家领导人受到国内称赞。我觉得梁惠王和这些领导人一样伟大：河内凶，则移其民于河东，移其粟于河内；河东凶亦然。

大部分学生都表示赞同，有一位同学甚至说孟子很"讨嫌""讨打"。我一听，同学们的理解存在很多误区，怎么办？我一想，能让同学们理解这个问题，这篇文章的重点也就清楚了。

我这样引导学生：孟子对一个"勤政爱民"的君王作如此评价，同学们觉得太刻薄了，应当进行称赞、歌颂，对不对？

其实梁惠王之"勤政"，并非真正为了"爱民"。他希望百姓人数日益增多，只是为了在战争中拥有强大的实力，百姓只是他的战争工具而已。孟子一眼就看穿了其真正的动机："王好战"。关于梁惠王的好战，另有文字可以证明：

孟子曰："不仁哉梁惠王也！仁者以其所爱及其所不爱，不仁者以其所不爱及其所爱。"公孙丑问曰："何谓也？"孟子曰："梁惠王以土地之故，糜烂其民而战之，大败，将复之，恐不能胜，故驱其所爱子弟以殉之。是之谓以其所不爱及其所爱也。"（《孟子·尽心章句下》）

这段话的意思是：孟子说："梁惠王真不仁啊！仁人把给予他所爱的人的恩德推及至他所不爱的人，不仁者把带给他所不爱的人的祸及至他所爱的人。"公孙丑问道："为什么这么说呢？"孟子说："梁惠王因为争夺土地的缘故，糟踏百姓的生命驱使他们去打仗，大败后准备再打，担心不能取胜，所以又驱使他所爱的子弟为他送死，这就叫把带给他所不爱的人的祸害及至到他所爱的人。"

也就是说，梁惠王因为争夺土地而穷兵黩武，不仅百姓，就连他所爱的子弟都不得不跟着去送死。

孟子洞穿了梁惠王冠冕堂皇的话语之下阴暗冷酷的动机，所以决定给他来一场头脑风暴，孟子的使命感和浩然之气由此可见一斑。孟子曾说："今之事君者皆曰：'我能为君辟土地，充府库。'今之所谓良臣，古之所谓民贼也。君不乡道，不志于仁，而求富之，是富桀也。'我能为君约与国，战必克。'今之所谓良臣，古之所谓民贼也。君不乡道，不志于仁，而求为之强战，是辅桀也。"（《孟子·告子章句下》）

孟子说的意思就是：如今服侍国君的人都说："我能为国君开拓土地，充实府库。"如今所说的"好臣子"，正是古代所说的残害百姓的人。国君不向往道德，不立志行仁，却去想办法让他富有，这等于是让夏桀富有。又说："我能够替国君邀约盟国，每战必胜。"孟子要做的，不是一个伪"良臣"、真"民贼"；他要做的，是一位精神导师。

这位精神导师胸怀壮志、诚恳殷切，他不仅仅要帮梁惠王"解惑"，还要向他"传道""授业"。他意图对这位君王进行灵魂上的革新，向他传讲"王道"，同时，为他提供具体的规划和措施，为他走向"仁政"铺平一条阳关大道。

所以，孟子用"五十步笑百步"来否定梁惠王，并非刻薄，而是志存高远，意欲实现彻底翻转，来一场灵魂的革命。

经过这番讲解，同学们对后文的"仁政"就有了深刻认识的基础，我在分析"王道之始"和"王道之成"时，学生就可以一点就通了，把很难让同学们理解的重点问题轻松解决，同时达到了我的另一个教学目的：提高学生对孟子及其思想的认识。经过这样的师生交流，同学们就不再有孟子"讨嫌""讨打"之想，而感到孟子的伟大。

《庖丁解牛》教学反思

贵州省铜仁市第一中学 田红卫

2015 年 4 月 9 日上午，按照代泽斌名师工作室学习的要求，我在高二（22）班上了一节汇报课——《庖丁解牛》，这节课课前得到了代老师的精心指导。上完后感觉这节课的思路比较清晰，所设问题符合"请君入瓮"的思路，学生能通过文字体会到作者的写作意图，并运用到实际生活中，能够较好地完成三维目标，但实际的课堂操作与我的预想相差很远，反思教学中存在的问题，特提出以下几点。

第一，作为一节公开课，在只有一节课的时间里，如何处理文言字词句的掌握和文章主旨讲解，我对此把握不到位、不科学。我仓促地用了十多分钟讲字词句，然后再讲文章，结果字词句没讲透，文章也没讲完，一节残缺的课就完成不了教学目标。如何在四十分钟兼顾到所有知识点？经过代老师的提点，那就是只能以点带面，抓住主要的一两个问题引发学生思考，在思考的同时，自行理解容易的知识点，以主要问题牵引学生对全文主旨的探讨和思考。我想不管是作为一节公开课还是常规课来上，都必须有所取舍，舍弃学生知道的、浅显的知识点，只讲学生不懂的，这样学生听起来应当更觉得新鲜。

第二，课堂上想着列举同类事例便于同学们理解"技"与"道"的区别，但我自己的积累太少，列举的还是从此现象到彼现象，没有结合实际来阐明"道"，以致学生还是停留在对概念的认识上，没有深入理解。

第三，师生互动方面的不足，首先我的语言表达有所欠缺，难以激发学生的热情，还有就是与我平时上课时经常采用的"填鸭式"教学有关，因此这节课留给学生思考的时间太少，学生未能得到自主学习的机会。

总的来看，这节课使我明白"学然后知不足，教然后知困"。教学是一门永无止境的艺术，在教学中反思，在反思中成长。而作为一名语文教师的当务之急是培养学生阅读的好习惯、好方法，为提高他们的阅读能力奠定良好的基础，能使学生从文本中获得丰富而独特的心灵体验，真正感受到课文语言的魅力。

古典诗词鉴赏重在诵读

——《念奴娇·赤壁怀古》教学反思

贵州省印江民族中学　冉隆前

　　古典诗词是我国古代文化艺术殿堂的瑰宝，无论是其深厚的文化内涵、凝练的语言形式，还是委婉含蓄的表情达意、意味悠远的艺术境界，都是值得我们回味品评的。如何尝试新的、有效的教学方式，既让学生获得对古诗词的认知，又能使学生在学习活动中得到鉴赏水平的提高和情感的升华，成为高中语文教学中颇感困惑的问题。

　　《念奴娇·赤壁怀古》被选入高中语文第三册第二单元。这个单元是"《诗经》—魏晋五言诗—唐诗—宋词"连环链中重要的一环，也是一首深为同学们喜爱并为名家经讲不厌的词中精品，历来被视为宋词豪放派的代表作。但是，对于课文内容的理解，却多半是照本宣科，讲不深，学生也解不透。因为诗词这种文学形式，很多东西是只可意会不可言传的，只有靠自己边读边体会，别人的讲解总是隔靴搔痒。于是，诵读就成为重要的教学方式。

　　诵读一直是学好语文的一种基本方式。朱自清先生早就指出："诵读是一种教学过程，目的在培养学生写作的能力，教学的时候先由教师范读，后由学生跟着读，再由学生练着读，有时还得背诵，除背诵以外都可以看着书。"（《论诵读》）

　　古代教学，更重视诵读，朱嘉反复强调"讽诵"。他说："诗须是沉潜讽诵，玩味义理，咀嚼滋味，方有所益。"对此，清人沈德潜也有自己的体会，他说："诗以声为用也，其微妙在抑扬抑坠之间。读者静气按节，密咏恬吟，觉前人声中难鸟，响外别传之妙，一齐俱出。朱子云：'讽咏以昌之，涵儒以体之。'真得读诗趣味。"（《说诗晬语》）

　　根据前人的大语文教学观，结合《新课程标准》，我在《念奴娇·赤壁怀古》的教学过程中，将泛读（自由朗读）、朗读（教师范背，集体朗读）、诵读贯穿于词的整个教学过程中，让学生在朗读中体味词的内容、意象，领悟诗情，从各个角度深层次地理解了诗歌的内涵。

1. 加强诵读，引导感悟，感受作者的语言美

诗歌语言的形象、精练，就要求学生用心去读，久而久之，培养了语感，进而转化为自己的东西终身受益。比如：在"乱石穿空，惊涛拍岸，卷起千堆雪"这一环节时，抓住"乱""穿"两字写出群峰壁立、山崖陡峭；"惊""拍""卷"三个字，"乱""惊"与"拍"字属于拟人，写巨浪声势，"卷"突出浪涛的翻滚。在读中感悟画面的状况，在感悟中理解语言的精练，真正做到"以读促悟，以悟促读"。

2. 加强诵读，引导想象，再现文章的形象美

诗文语言精炼含蓄、跳跃灵动、意趣无穷，常有"不著一字，尽得风流"（司马图《诗品·含蓄》）之处。教师需要独具匠心，通过学生自己的诵读，发掘古诗文艺术上的空白，启发学生调动记忆，发挥想象进行体验和艺术的再创，将古诗文变抽象为具象，变平面为立体，变静止为灵动，从而感受其中有声有色、有情有理的丰富内涵。

我们可以通过对作品形象的载体——文字加以联想和想象，使之在朗读者心中形成"内心视像"，"内心视像"与作者契合了，也就深得文章意旨了。朗读要打动人，也必须建立自"内心视像"不可，并在朗读中坚决贯穿施行，使听者如闻其声，如见其人。如："小乔初嫁了，雄姿英发。羽扇纶巾，谈笑间，樯橹灰飞烟灭。"这一环节，让学生在读中再现周瑜风流倜傥的形象，也可以让学生结合电视剧《三国演义》中的场景进行再现。又如："大江东去，浪淘尽，千古风流人物。"这句话浓缩了浩瀚的时空，把江水、浪花、千古风流人物融成一片，创造了一个旷远、深沉的意境，为周郎出场壮大声势。

3. 加强诵读，引导领悟，体会文章的感情美

"阅读是学生的个性化行为，不应由教师的分析来代替学生的阅读实践，应让学生在主动积极的思维和情感活动中，加深理解和体验，有所感悟和思考，受到情感熏陶，获得思想启迪，享受审美乐趣。"（引自《课程标准》）古诗文的教学当然也应体现这一点。教师不能再越俎代庖，而应让学生直面经典，与诗词文"真心接触"，自己读解、自己感悟、自己体会。能懂会学的自主解决，即使是疑难焦点，教师也不急于揭晓，而应巧设台阶，引导学生逐步领悟。

"凡物各自有根本，风云万变不离宗。"在古诗文的教学中，"读"尤其应当成为"正宗嫡派"之法。这一点，古人有许多精辟的见解和优秀的经验，自无须赘言。《课程标准》在古诗文阅读的教学目标中也都强调了"诵读"二字，要求在读中体味作品的内容，读中体验情感，读中感受

语言美。古诗文的教学应真正贯彻"以读为本"的理念，让学生在诵读中理解、感悟、体验、积淀。

古人云："诗缘情""青动而辞发"。朗读者必须披文以入情，表情以达意。这就要求学生朗读时必须先体会作者的感情，以自己的人生经验，务求与作者的感情产生共鸣，方能打动听众，没有感情的朗诵肯定是不成功的。

4. 加强诵读，引导思维，理解作者的思想美

"书读百遍，其义自见"——古人读书当是诵读。朱自清先生认为：对课文内容的理解，其意义的获得一半在声音里。他说："要增进学生理解和写作的语文能力，得从正确的诵读教学入手"，文章要由老师、学生反复读，"有时还得背诵"。深刻理解文章思想是诵读的先决条件，同样地，学生也因朗诵而加深对文章的理解和领悟。朱熹也有同样的体会："大抵观书，先须熟读，使其字皆若出于吾之口；继以精思，使其意皆若出于吾之心，然后可以得尔。"比如：分析"故国神游，多情应笑我，早生华发。人生如梦，一樽还酹江月"时，让学生比较此处与前面部分在朗读时的不同，再结合诗人的经历，理解诗人复杂的情感。

诵读，是沟通书面语与口头语，实现"语""文"合一的有效途径，是学生进入课文的桥梁，是一种创造性的活动。有经验的老师一听学生诵读的水平就立刻可以判断学生对课文的熟悉程度。诵读还有利于提高朗诵技巧，增强学习的主动性和积极性，寓教于乐，在潜移默化中让学生感受祖国语言文化的博大精深，对实施素质教育也起着极为重要的作用。

《己所不欲，勿施于人》教学反思

贵州省大方县黄泥塘中学 沈寿梅

教材分析

《己所不欲，勿施于人》选自人教版的选修教材《诸子选读》的《论语》选读单元，这既是一篇文学作品，又是一则伦理课。现代社会的学生家庭教育较为欠缺，学生的文字积淀浅显，正因如此，我们的学生学习诸子作品，用诸子思想指导生活更为必要、更有价值。本课难度适中，不同程度的学生对本课均有感悟，但层次不同。

教学目标

[知识与能力]

①识记文中重点的文言常识。

②能通过注释疏通文义。

③抓住重点句子分析并理解孔子对"仁"的观点。

[过程与方法]

让学生在自主合作的基础上，结合注释疏通文义，抓住重点句子分析并理解孔子对"仁"的观点，培养学生把"仁"的思想运用到实践中。

[情感态度与价值观]

①体会《论语》中"仁"的思想主张的道德价值观，并能用之来指导我们的生活，学会做人的道理。

②通过学生合作探究，培养学生学会学习的能力。

教学重点： 翻译重点选段，对"仁"思想主张的把握。

教学难点： 理解孔子理想人格的核心"仁"，并能运用到实际生活中。

教学理念： 按照新课标的要求，以学生为主体，教师为引导者。

教学方法： 释义法、诵读法、探究法、举例应用法。

教学准备：

①课前让学生先预习，标注出自己不理解的字句，找出疑难问题。

②学生通过网络资源收集关于《论语》的介绍。

教学器材：班班通多媒体。

课改理念要求课堂以教师为主导，以学生为主体。注重学生的参与和收获，故而本课设计时我遵循了这样的理念，让学生读、学生译、学生说、学生写，同时设计中重在引导学生理解"仁"、感悟"仁"，用"仁"来指导生活。

在设计方面，我想通过这堂课读经典、长道德，做一名品德高尚的人，我尝试从以下环节进行教学。

①通过学习课文，结合课下注释，积累文言基础知识，逐步培养阅读浅易文言文的能力。

②通过翻译文中的重点句子，理解孔子理想人格的核心"仁"。

③思考孔子的"仁"的思想的现代价值讨论，我们应当怎样在现实生活中实践"仁"的思想（集中探讨"仁"与我们的生活）。

教　学　过　程（活　动）		
教　师　活　动	学 生 活 动	设 计 意 图
一、导入 提到《论语》，"知之为知之，不知为不知，是知也""温故而知新，可以为师矣""三人行，必有我师焉"……一部对中华民族影响深远的儒家经典，其中蕴含了丰富的人生哲理，穿越了几千年的时光隧道，孔子的思想精华在今天仍能闪烁智慧的光芒。这节课，我们再次走近他，一起来了解他的思想内核——仁，出示课题。	学生回顾出自《论语》的名句。	引入话题，加深学生对《论语》的印象。
二、基础知识 （一）解释下列加点的字词 1. 问知（知：通"智"，理解为聪明，智慧。） 2. 举直错诸枉（错通"措"，安排、安置。） 3. 乡也吾见于夫子而问知（乡通"向"，先前。）	学生小组讨论，派代表发言，之后老师再明确。	检查学生的预习情况，了解学生的自学能力及对文言文常识的把握在什么程度。
（二）翻译下列重点句子 1. 克己复礼 2. 非礼勿视，非礼勿听，非礼勿言，非礼勿动 3. 己所不欲，勿施于人 4. 己欲立而立人，己欲达而达人。	学生在小组中讨论，老师引导，理解重点句意。	理解重点句子，并能背诵。 培养文言文的朗读能力，感受孔子课堂的气氛。

教　学　过　程（活　动）		
教 师 活 动	学 生 活 动	设 计 意 图
三、知识梳理，解读文段 （一）整体感知 1. 要求学生分角色读前文1—5节 2. 教师点评 3. 提问 　（1）孔子的学生都喜欢问问题，本文中涉及几个学生？分别是谁？［学生回答后明确：六个。分别是：颜渊、仲弓、樊迟、子夏、子贡、曾子］ 　（2）孔老夫子是有问必答呀！在这六个学生当中，有一个领悟力不太高的是谁啊？你们是从哪里看出来的？［学生回答后明确：樊迟，问子夏的话。］ （二）整合文中的信息，把握"仁"的思想 1. 关于什么是"仁"，孔子对颜渊、子贡、樊迟、仲弓等人的回答各有侧重、各不相同。那么，究竟什么是"仁"，请同学从课文中找出来［在学生找的过程中引导：克己复礼为仁；非礼勿视，非礼勿听，非礼勿言，非礼勿动；己所不欲，勿施于人。在邦无怨，在家无怨；爱人；己欲立而立人，己欲达而达人。能进去譬，可谓人之方也已……］ 2. 出示课件：让学生齐读 3. 读了这么多句子，同学们认为最核心的一句是什么？ 文章标题为"己所不欲，勿施于人"。你能用自己的话说说对这句话的理解吗？［学生回答后明确：己所不欲，勿施于人。可以理解为：自己不想做的事，也不要让别人去做；自己都不愿意的，不要施加给别人；自己不想要的东西，千万不要强加给别人。］ 4. "己所不欲，勿施于人"是告诉我们不能做什么，那么，孔子有没有鼓励我们应当做什么呢？［学生回答后明确："己欲立而立人，己欲达而达人"，实现"仁"的关键是：将心比心，推己及人。］	学生分角色朗读。 学生回答。 学生在小组内合作找出答案。 学生回答。	大体了解文意 整体感知。 进行知识梳理 加深对"己所不欲、勿施于人"的理解。 加深对"己欲立而立人，己欲达而达人"的理解。

教 学 过 程（活 动）		
教 师 活 动	学 生 活 动	设 计 意 图
四、知识拓展 同学们：学习了本文，你获得了什么启示？现实生活中，我们要怎么做才是"仁"呢？接下来，让大家对身边的"仁"进行讨论，看看我们应当怎样在现实生活中实践"仁"的思想，各抒己见。 举例：（由学生自由说，老师适时点拨，引导。）	学生举例。	巩固应用，加强对"仁"的思想内涵的理解。
五、寄语 学知识，主要就是要会学以致用。今天,学习了"仁"的思想，希望大家都能在生活中加以施行，也许我们一个人的力量是单薄的，但是我相信，只要我们每个人都能坚持严格要求自己，这样通过"小手牵大手"，我们将会和他人、社会、自然和谐相处。	认真倾听。	号召学生从自我做起，实践"仁"的思想。

设计时，本想通过解读原文、拓展课外知识、反思自己的方式进行，但是，由于学生积累不够，拓展课外这一环节做得不是很好。整堂课下来，我觉得还是不尽如人意，如果能将导语改为发生在学生身边的故事，或古之圣贤身上的故事，榜样的力量应当是无穷的，对学生的感染力就会更强。本节课还有一处不足之处，在讨论环节中，学生参与度高，但落实点不细，以后的教学中可改为请学生为"仁"写一句宣传语，这样落实在每位学生的笔头，领悟在每位学生的心头。

教书育人、净化心灵、提升自我应是语文课的主旋律，在今后的教学中，应想方设法触及学生的心灵，尽量拓宽学生的知识面，不能只停留在浅表意识上。

高三语文备考复习教学反思

贵州省德江县煎茶中学 王永塘

高三语文备考复习是高中语文教学工作的收官阶段，对老师和学生而言，都是非常关键的时期。在今年的高三语文备考复习中，我认真研究考试说明和近几年的高考语文试卷，结合必修课及选修课的单元要点和各个知识点，逐一对照、条分缕析，以便把握各种题型的命题特点、规律和走向以及解题的基本思路和答题格式，最重要的是在浩如烟海的各种复习训练题中寻章摘句、精心挑选，剪切拼凑出一套又一套练习题，然后让学生做，做完以后批改，批改以后讲解，讲解以后再做，一轮又一轮，一天又一天……不是我一个人这样，我们语文学科这样，身处高三的老师又有哪一个不是如此呢？口干舌燥、汗流浃背、心力交瘁，是老师们愿意这样吗？不，我们不得不这样做！学生喜欢这样吗？不，他们在被迫接受！

我一直想探索高三语文教学的方法，一直在不断反思自己的教学，探索语文教学的灵魂，探索如何能够有效地提高我们学生的高考语文成绩，如何进一步提高他们的语文素养。

反思之一：频繁的考查考试是成功之举吗

在高三，人们觉得进行大剂量高难度的训练似乎名正言顺又在情理之中，以考促学，一举多得：可以检查水平，可以看出问题，可以推进复习，可以……真是一箭多雕，何乐而不为？教师的意图很好，出发点不错，似乎就无可非议，但这种步入误区的做法，这种给师生加负的举措，是成功之举吗？事实告诉我们：首先，语文学习成绩与考试频率、难度之间不存在正相关关系。因为学科特点决定了语文的教学，与理科类学科存在天壤之别，其内容、要求、目的、运用方式、知识结构都要求教师注重学生对语文知识的懂、悟、联、用——明白原理、理解体验、联系联想、迁移运用，而语文学习中，"懂""悟"的重要性是其他任何一门学科都无法比拟的，是必须让学生首先达到的目标，学生的"懂""悟"既不是教师可以代劳的，也不是通过考试就能办到的。由此可见，当前高三语文教学最大的弊端在于教师将教学的重心误投于频繁无休止的考查考试上了。频繁的考查考试，学生穷于应付，缺乏必要的消化吸收，效果很差，师生也会缺乏成就感，令人身心疲惫，颇感无奈。这也是很多语文教师无奈叹息的原因，这表明：那种将考试奉为万能法宝的做法，已经行不通了，高三语文复习必须改弦更张！

教师的教学应该而且必须遵循学生的心理需要才算是成功的。成功的高三语文教学就是要让学生获得优异的成绩，主动学习，尤其是针对我们这样成绩较差的学生。要达到这一目的，方法有两个：一是学生成绩定位要准，要降低考试难度，降低考试频率；二是要加强管理，积极引导，激励学生主动学习，帮助学生学会学习，由此提高学生的学习质量。

反思之二：总是失败，师生的信心从何处而来

教师或许需要的是学生获取优良的成绩，但过多过难的训练正是学生获取优良成绩道路上的"拦路虎"。学生语文成绩较差，从表面的逻辑推理得出的结论将简单扼要而又似乎令人信服：学生"双基"确实太差。其实，追根究底，语文学习不能令人满意，是语文教学模式的落伍和误导带来的必然恶果：偏多的教师讲解、偏多的训练，取缔的是学生必要的学习复习、消化吸收、补充整固；偏难的训练，消耗的是师生的热情和信念，给人以教师劳而无功、学生学无所成的感觉。长此以往，削弱的是向前的动力，增长的是失败的情绪，弱化的是学生自学的能力，降低的是教学质量，浪费的是宝贵的时间。

反思之三：抓尖子生乏术，重点生能多吗

我上几届的学生回家来看我，说他们在大学里并不比当年进校的高分生差，但高考分确实与那些学生差了一大截，希望我们能在培养成绩优异的学生方面有更大的进步。我听后，心情有些沉重，这的确是我们的弱项，虽然学生底子差，但我们对尖子生的培养还没有一套行之有效的办法。我想今后学校在这方面不能仅是观念上重视尖子生，关键是要理出一套实施方案，落实在实际教学过程中，真正做到促优培特，提高学校重点生的上线率。

面对越来越严峻的高考竞争形势，面对学校领导期盼的目光和同事们关注的眼神，我们的压力很大，但我明白只有不断努力，才能问心无愧。如此，超越自己，促进学生的进步，促使他们去实现梦想，对我而言，就不是一句遥远的口号，而是实实存在的奋斗目标！

《一剪梅》教学反思

贵州省沿河官舟中学 冉小芝

　　《一剪梅》这节课的教学自己感觉有点失败，因为自己的心里比较紧张，没有按教学设计完成教学任务，甚至连一些基本环节都漏掉了，如引入课题时只是把图片点出来，忘了点幻灯片播放，导致多媒体死机，后边还有几张归纳总结的幻灯片都没有展示出来。另外，对时间的把握不到位，引入课题时稍微啰唆了一点，有一个让学生练笔的环节也没有时间完成。

　　当然这节课也有让我感到比较欣慰的闪光点。学生配合很默契，这是我课前没有想到的。因为我自己教的两个班的多媒体都坏了，所以临时决定在这个班上这节课，一节课结束，感觉与这个班的学生合作还是挺愉快的。

　　课堂强调的是师生互动，充分调动学生的课堂积极性。教学应当是生成的，而不是预想的，所以在以后的课堂教学中应多注重学生的自主能动性。给学生一次机会，学生会还自己一个惊喜。这堂课让我感到比较满意的是课堂气氛，从学生的脸上，可以看出这节课他们是愉快的。

　　总体说来，课堂教学思路较为清晰。首先，整堂课都围绕着一个"愁"字展开，分析了《一剪梅》中的"愁"，并且比较了《声声慢》和《一剪梅》这两首词中不同的"愁"，从中让学生体会了李清照词含蓄委婉的词风。其次，在分析"愁"时，指导学生赏析的方法，这种赏析的方法也是贯穿在整堂课的赏析过程中的。

　　古语有云："读书百遍，其意自见。"总的来说，这堂课基本完成了教学任务。但是，我也总结出自己教学中存在的不足：首先，朗读不充分。对任何文章的理解，朗读都十分重要，更何况是一首词。正式上课时，我却因为紧张，几处都忘了让学生朗读。其次，重点不够突出，这首词下片中体现主旨的句子："此情无计可消除，才下眉头却上心头。"分析不够深刻。最后，给学生自主探讨的时间不够充分，在给学生提示、降低问题难度方面还不能恰如其分地处理，在今后的教学中我会加强这些方面的学习，努力进步。

对铜仁八中教师技能大赛
课堂教学的一点反思

贵州省铜仁市第八中学教师 何淼

贵州省铜仁第八中学第三届青年教师技能大赛采取同课异构的方式进行。赵相波、王传凤两位老师所上内容均为高一必修教材课文《归园田居》。

纵观这两节课，带给我们很多惊喜。

首先看赵老师的课。

①以桃花图片和《桃花源记》引出课文内容，自然扣题，既是对以前知识的复习，又很自然地引出陶渊明的又一文章。

②在教学过程中，重点把握八句写景句子，确实这是本文的一个重点，抓好写景所运用的手法，远近结合、动静结合、视觉听觉结合并归纳诗歌所表现的意境和表达的情感，可谓衔接得当、一气呵成，这对学生今后的写作大有裨益。

③注重学生读的训练，通过读去理解内容，去领略诗歌的魅力。

④注重板书的精心设计。板书些什么，板书在什么位置，均做到胸中有数。

王老师的课让人眼前一亮，进步很大，自然从容。

①作者介绍能抓住重点，有层次感。

②注意学生中的细节，如听学生朗读，及时纠正阅读中存在的错误。

③注重学生的课堂训练：选择绘景语句，扩展立体生活图景。

④抓了写景手法尤其是白描手法在本诗中的运用，看图—定义—举例，思路清晰，符合学生的认知特点。

但教学中存在以下一些问题，值得我们探讨。

①板书时要注意关闭多媒体，因为：一是后面教学不再需要，二是开着多媒体会分散学生的注意力。

②教师应该有示范朗读，或读或背均可，以便影响感染学生。

③需加强学生的能力训练，一是答题声音小，二是语言表达能力不强，如第二节课上学生的片段描写，学生需要改进的地方还很多。

④讲问题要注意讲透彻，特别是写景手法。

《子路 曾皙 冉有 公西华侍坐》
一课教学反思

贵州省松桃孟溪中学 杨春雪

《子路、曾皙、冉有、公西华侍坐》这篇文章是儒家经典篇目之一，也是选入中学语文教材的传统篇目之一，有着特别重要的意义。许多语文老师已经取得了成功经验，我在教授这一课时，主要采用谈话式教学方法，注意几个重点教学设想：一是引导学生反复朗读课文，甚至接近能背诵的程度，这样能让学生掌握节奏，培养学生良好的语感，整体理解文章的大意；二是让学生选出自己喜欢的语句，认真品读，并说明喜欢的理由，培养学生浅显的欣赏能力，激发学生的学习兴趣；三是围绕文中四个人的人生志向，进行谈话式学习，训练学生的口语表达能力，引导学生思考自己的人生志向；四是学习探究，人生的最高境界是什么？

检查学生预习课文的完成情况。

①学生制作孔子生平的卡片。

②学生查阅文中当时孔子和四位弟子的年龄。

孔子 65 岁、子路 31 岁、曾皙 59 岁、冉有 41 岁、公西华 18 岁。

学生展示自己预习的材料，老师加以点评、表扬、补充。孔子的生平卡片做得好，从课外资料书或网上可以查阅。文中人物的年龄范围要宽一些，学生得到的岁数不全、不准。

在要求学生朗读课文的时候，老师应对学生朗读提几点要求：第一，在文章中画出自己不认识的字词，然后再看课文注释，查阅工具书理清字音词意。第二，画出自己不明白的句子，以备和同学们之间进行交流，或询问老师。第三，找出自己喜欢的句子，并说明喜欢的理由，与同学们分享。第四，从这篇文章归纳出四人的志向。学生围绕这几个要求，就能知道自己要做什么。于是，学生朗读课文的积极性很高，朗读的节奏、停顿准确分明、音韵和谐。当我抽读学生时，这些学生自然大方，很愉快地便找出自己喜欢的句子，读句子时声音洪亮，也能根据自己对文本的理解，说出相应的理由。当这些学生的理由合理时，我就加以强调；如果回答稍微欠缺，我就予以适当的补充。学生的理解能力不一样，有些疑难句子，没有等到老师的单独分析，有的理解能力强的同学，就已经解释清楚了。这时我及时表扬这位同学，同学们则给予掌声。

根据课文里的人物角色，要求班上学生进行学习小组讨论，归纳四位弟子的人生志向。各小组的同学很活跃，小组的代表归纳四位弟子的志向也很准确，同时锻炼了同学们的口语表达能力，实现了团队共同合作的学习目的。

合作探究——文章最后孔子赞成曾晳的志趣，曾晳已经领悟人生的真谛是自由、快乐、超越。大家讨论"人生的最高境界是什么？"学生自由讨论，老师要让学生大胆想象，设想人生志向，学生们把小组讨论的结论形成文字，贴在学习园地里。

布置作业——你喜欢文中谁的志向，设想他会有怎样的作为？写一篇300字的短文。

结论——这一节课，学生获取知识只是基础层面，更重要的是结合课文理解一个人志向的重要性，学会表达。

对"热闹课"的思考

贵州省铜仁市第八中学 代亚菲

摘 要：本文针对当前语文课堂教学中的"热闹"现象，从备课上课的理念、课堂环节的设计、运用的教学辅助等方面剖析"力求课堂活跃"存在的种种弊端，笔者认为这样做"华而不实"，应引起奋战在教学一线的老师们的警醒、思考："课堂活跃"并非一堂优质课的评价标准，有效的课堂教学并不在于课堂是否活跃。

关键词：语文教学 活跃课堂 高效课堂 真语文

实行新课改以来，语文课堂教学出现了一个新的变化：课堂气氛是否活跃成为评价一节课优质与否的关键性标准。语文课堂也由此增添了许多可喜的改变：学生的自主合作探究的时间多了，课堂上学生的思维活跃了，学生主动回答问题了，动手能力也增强了，表达与交流的机会多了，课堂气氛也热闹了……与传统的封闭式教学、灌输性教学相比，不可否认，语文课堂是比过去活跃了。但是，有专家指出，有的公开课，甚至是平时所谓的研究课只是一种"时髦秀"，我们是否在课堂教学改革与创新的探索过程中为这些华而不实的新教学观念警醒过、思考过？我们是否在课后跟踪追问学生一节课下来学到了什么？我们是否在备课、上课的各环节中注重课堂气氛的同时更侧重文本的阅读呢？

一、倡导 "民主和谐"，忽略了教师的主导作用

新课改倡导民主和谐的课堂学习氛围，旨在让学生通过自主、探究、合作的学习氛围，充分张扬学生的个性，以求达到教学的更佳效果。于是，随之而来的"你想先学习哪一段""你有什么好的方法""你发表一下高见""选择你喜欢的朋友一起来研究""用自己喜欢的方法来试试"等，充分体现语文课堂高度民主程度的用语频频在新课程的课堂上出现，学生也确实喜欢老师交给他们这样或那样的机会。可令人遗憾的是，有些课堂上学生说喜欢哪，教师也就跟到哪；学生汇报什么，教师就指导什么。有

一位老师在上《虞美人》时，有学生说到小周后的美貌，结果，讲李煜与小周后的爱情故事占据了三分之一的课堂，乍一看，学生的知识面是增宽了，学生发言也增加了。可是，整节课的重点在哪里呢？教师没有适时地引导学生进入课堂设计的重点、难点，课堂却成了热闹讲故事的天地，主要内容也被"民主"争论掉了，我们的教师反而被学生牵着鼻子走，课堂成了新版的"放羊"课，教师却成了旁观者。我认为这种课是要不得的。

二、鼓励"合作交流"，冲淡了课堂教学效果

学习上合作、交流是新课标的方向，这种教学方法在学习过程中能激发学生的学习潜能，使他们在自主探索与合作交流的过程中真正理解和掌握知识、技能、思想方法，获得丰富的语文素材，提高语文素养和对问题的见解能力。在新课程积极倡导合作学习的今天，教师们都在积极地实践着这样的理念，但效果又如何呢？如果教师未曾正确理解"合作学习"的内涵，只是一味盲目地去模仿，那只会冲淡课堂教学的效果。要指导小组合作活动不仅是让几个学生围坐在一起，各自热闹地讨论片刻，关键是要注意指导学生怎样合作、怎样交流、怎样发现问题、提出问题，怎样讨论、怎样质疑。教师除了应当组织好合作交流外，自己还应平等地参与到学生的交流中，组织学生、鼓励学生、引导学生，并根据实际情况做适当的指导和帮助，提高合作交流的质量，而不是象征性地表演，任务性地完成教学环节。

尤其是中学生，由于学生自制能力差，一些学生只顾表达自己的意见，不善于倾听他人的意见，唯我独尊，讨论时没有良好的倾听习惯，教学秩序混乱，一些"活跃分子"则趁机搞小动作，这样不仅会影响讨论效果，更无法使讨论深入。如果合作只流于形式，只在乎教师口令中的"开始"与"停止"，而不管学生讨论什么，合作到何种程度，思想交流到什么层面，讨论中会出现什么问题，这样只会给课堂带来负面影响，势必会冲淡有效课堂的浓度。

因此，"小组合作"要求学生相互尊重、学会倾听。让学生在相互尊重中让合作学习更为融洽，让学生在合作学习中学会尊重与思考，从而达到教学的目标——学会交流与合作。

三、运用"多媒体"，削弱了"情感"交流

多媒体是现代社会发展的产物，也是一个时代进步的标志。运用多媒体进行教学是作为现代信息技术与教学实践科学结合的一种新的教学形态，不仅从手段和形式上改变了传统教学，更从观念、过程、方法及对师生角色等诸多深层面赋予了教学新的含义。这与新课程改革的目的不谋而合。因此，许多教师就将这把"双刃剑"带进了课堂，便时不时地提着它舞动。如若舞得好，会让教学如虎添翼；如若舞得不好，多媒体那喧宾夺主的特点就凸显无余。众所周知，多媒体可在瞬间展示大量突破时空局限的生动形象资料，极大地调动学生的视觉、听觉，多角度、全方位地把学生引入一个个崭新的教学场景，有效地激发学生的学习积极性。但它毕竟是一种辅助教学的手段，指导学生读书、思考，必要的讲授、点拨、质疑，组织讨论和指导基础练习仍不失为课堂的主要教学手段。若舍本求末，由"辅教"成为贯穿课堂的"主教"，课堂则成了看电影或图文的场景观摩，把学生读书、思考、交流情感的时间排除了。众所皆知，我国著名语文教育家魏书生到各地讲学，他的讲课令多少听课者如痴如醉，但他靠的不是多媒体而是课堂艺术。因此，无论是多媒体还是网络，一定要结合语文学科的特点，恰当地运用，才能相得益彰。否则在课堂上，尽情而熟练展示教师使用各种教育手段的做法只会舍本逐末、喧宾夺主，只会削弱师生之间、生生之间的情感交流，甚至一节课下来学生只是好奇，最终什么也没学到。

现在，新课程已深入校园，走进师生的日常生活。在全新的教育理念下，教师的教学方式、学生的学习方式都发生了很大变化。一篇课文究竟应当怎么上，什么方法最好，什么形式激活课堂行之有效，不同的教师个性，面对不同层次的学生，采取不同的教学形式的时候不妨各显神通。我们一定要深入领会其中的含义，避免课堂上不同程度地赶时髦、走形式、急功近利，让我们的课堂成为既"活"又"实"的新课堂，我觉得这就是"真语文"。

高效课堂，需要学生的活跃，但"课堂活跃"不一定是一堂高效优质的课，有效的课堂教学并不在于课堂是否活跃。我们的语文教学应引导学生走进文本，挖掘文本中丰富深厚的文化底蕴、美好的情感积淀，在此基础上，再辅以各种有效的活动，让学生发散思维，学会学语文、用语文，教会他们学语文的方法，这才是语文教学的真谛。

《林黛玉进贾府》教学反思

贵州省铜仁市第一中学 杨榕

《林黛玉进贾府》是历来被选入高中语文教材的篇目，在以往的教材中，此课文是出现在高二的教材中，现在让高一的学生学，相信会有一些难度。但从教材编写的角度来看，让高一学生学习是有好处的，借此机会接触《红楼梦》，以激发学生阅读的兴趣，能够让学生有充分的时间阅读这部文学名著。

课文取自原著中的第三回，它通过一个未进过贾府的少女林黛玉的眼光，对贾府的环境和主要人物进行了细致的描绘，为下文情节的展开作了必要的交代；讲述宝黛的初次会面以及为以后的感情发展奠定了基础；同时贾府中的主要人物，或实写或虚写，都有了简要的轮廓。篇幅相对有点长，但层次鲜明、语言优美，主要人物的性格已经比较突出。学生学习这篇文章，即是对《红楼梦》的初次感受，也是为以后整篇阅读奠定兴趣的基石。

对这篇课文的教学，我一直觉得存在困难，因为《红楼梦》是中国小说的高峰，是一本大部头书，涉及的知识太多，内涵丰富，红学研究也分为很多派别，要讲透，要让学生对《红楼梦》感兴趣似乎很困难。

原来的教学中，我找到86版的电视连续剧让学生观看，让他们看林黛玉进贾府的电视剧，学生非常感兴趣，课堂气氛也活跃了不少。但后来我发现，观看电视剧，学生对人物形象较为关注，对人物性格也有了一些把握，但看了电视剧后，就有了先入为主的印象，而忽略了对名著语言的品味鉴赏，甚至觉得没有必要再学习这篇课文了，这与语文教学的宗旨是背道而驰的。语文课就是要培养学生对语言文字的感觉，提高学生的语文素养。因此，我开始反思课堂，在重新上这节课时，上课前没有组织观看电视剧《红楼梦》，我首先自己重新认识《红楼梦》，为什么那么多专家鼓励学生阅读四大名著，为什么学生要阅读《红楼梦》，《红楼梦》和青春期的孩子有什么关系？然后我的教学很有新的设计。

一、讲故事——《红楼梦》秘密的青春花园

我首先告诉学生《红楼梦》其实是写青少年的一本书，我第一个要讲的就是《红楼梦》中人物的年龄问题，他们全部是少年。大观园里，薛宝钗大概十三岁半，比贾宝玉大一点点，贾宝玉十三岁，林黛玉十二岁，史湘云也十二岁左右。更小的是惜春，小说开始时她大概只有八九岁。就是这样一群小男孩、小女孩住在大观园里。让同学们思考，当他们是十二岁的女孩子、十三岁的男孩子，他们在做什么事？他们就是《红楼梦》里面的林黛玉和贾宝玉。像黛玉，整天没事在那边哭，无缘无故地就生气了，计较宝玉对别人好，抱怨对她不够好，这就是少女情怀、小女孩情态。所以，读《红楼梦》，首先要做的事情是把人物还原到青少年，所以大观园是一个青春王国，《红楼梦》就是秘密的青春花园。

什么是"青春"？青春是不知天高地厚的，它有一种浪漫，刚刚发育，生理起了变化，对生死爱恨懵懵懂懂，充满梦幻、忧伤、不确定，也开始尝到人生的失落与幻灭之苦。

文本这样的导入方式一下就拉近了学生和文本的距离，他们也迫切地想了解大观园里的这些和他们同龄的人是不是有着和他们一样的青春。

二、创情景——化身林黛玉

《林黛玉进贾府》它通过一个未进过贾府的少女林黛玉的眼光，对贾府的环境和主要人物进行了细致的描绘。让学生化身林黛玉进贾府走一趟，了解林黛玉进贾府的路线图，侧面了解荣宁二府的繁华，感受这位少女进入贾府后对她心灵造成的震撼。

见贾母：敕造宁国府大门→荣国府（从西角门进）→垂花门→（进门，拜见贾母、见过邢夫人、王夫人、李纨）→（大家送至）穿堂前→ 垂花门（与邢夫人一起去见贾赦）

见贾赦：出西角门→出荣国府正门进宁国府→入一黑油大门中（即东角门）→ 至仪门前→贾赦院内

见贾政：出东角门→过荣国府正门→西角门（进入荣国府）→过东西穿堂，向南大厅之后，仪门内大院落→贾政院内

见凤姐：从后房门由后廊往西出了角门（与王夫人一起）→凤姐院内

再见贾母：穿过东西穿堂→贾母后院→从后房门进入贾母

以往教学中说到林黛玉进贾府是"处处小心，时时在意"，让我们觉

得她虽小，但还是很有心机的，这次教学我让学生换个心情进贾府，变成像一个幽灵一样的进入贾府，因为少女林黛玉进贾府后再也没有走出贾府，最后也在此处香消玉殒，而此时她所走过的路她所见到的一切，我们可以理解成她最后所走的路，最后所见到的一切。八十回以前林黛玉这么重要的一个女性，她出场的时候，没有描绘她身上穿什么衣服、戴什么东西。林黛玉像梦一样，忽然来了，忽然就走了，有点像我们说来如春梦、去似朝云的感觉。其实这里也体现了曹雪芹的悲悯情怀，让学生初步了解林黛玉这个人物形象。

三、作对比——我更喜欢谁

在作人物形象分析的时候，我也抛弃了原来传统的教学模式，例如引导学生点评林黛玉从"众人的眼里""凤姐的眼里""宝玉的眼里"，从课文中找出相应的语句，然后让学生进行点评。我设置了一个问题，让学生进行讨论，要学生在十二金钗里面选一个他们最喜欢的角色。有同学选择林黛玉，有同学选择王熙凤。由此引导学生，《红楼梦》这本书在不同的时期读，随着年龄的不同，你会喜欢不同的人，你会特别注意到不同的人。

大概第一次读《红楼梦》时，注意力都在宝玉和黛玉身上，只看到这两个男女的纠缠。想想我们十二三岁的时候，你不知道旁边的同学为什么每天两个人都要挤在一块儿，下课后还要赶快写一封信，跑到家里面丢进去，都不能予以恰当解释，林黛玉和贾宝玉就是这样的。其实他们就住在大观园里，走两步路就在一起，可是他们总是觉得那个两步路就是分离。这种分离永远是一个忧伤，他没有办法解释。在《红楼梦》当中，这个主线会构成一个神话的议题。

第二次看的时候，你会发现王熙凤这个角色写得极好。她十七岁就那么能干，嫁到贾家做儿媳妇那种小心翼翼的状况，以及得到贾母的疼爱，有贾母撑腰，她可以管三百口人，利落漂亮。这个十七岁的女孩子成了整个《红楼梦》贾府里面的一个女强人。可以看到，王熙凤稍微觉得不对的时候，她会变成一个厉害到让你有一点儿害怕的角色。她有时候比谁都会撒娇，她的漂亮、她的那种让他人疼爱的感觉，又非常懂得怎么让别人疼她，贾母常常还是要安慰她的。《红楼梦》我们可以一直读下去，在不同的年龄阅读感受会有所不同。因为《红楼梦》呈现的是一个人生的现象，它让你看到这些人经历的各种生活、不同的状态。

分析完后让学生作人物对比，分析两人不同的美。林黛玉的美是收敛的，是精神的象征，她所有的一切都是轻描淡写，曹雪芹对她没有服饰的描写，对她五官的描写也很少，她像是一个从天上下来和大家玩了一场又走掉的女孩子。等她走了，你忽然记得有她，可是你想不起她是什么样子，她的美像月光一样，不着痕迹，是船过水无痕的感觉。林黛玉的存在，是一种心灵的存在，不是物体性的存在，她就像一幅淡淡的水墨画。可是王熙凤一出来作者不惜重墨描写她身上的衣服，因为她是现世里的人。她的美是外放的、张扬的，是物质的象征，她就像一幅浓墨重彩的油画，她一出场颜色、光彩什么都出来了。引起学生兴趣，对王熙凤出场重点分析，通过对王熙凤文字的描写，让同学们寻找有价值的信息。

四、作业布置

模仿作者曹雪芹对王熙凤出场的描写，让学生写一个他们最喜欢的女性。

五、拓展阅读

这堂课没有涉及的内容，同学们课后完成阅读，同时完成《红楼梦》的阅读。

在这次教学的设计上，算是另辟蹊径，有点儿风险，当时效果还是不错的，课后很多同学都去图书馆借阅了《红楼梦》进行阅读。但是这堂课还是存在一些不足，对课文内容没有全面把握，对课文最后宝黛相见和宝玉摔玉的环节还没来得及涉及。最后的作业，模仿描写学生完成情况不很理想。

总之，语文教学永远是遗憾的艺术，需要我们不断反思、不断改进。

"读"之计在于晨教学反思

贵州省铜仁市第八中学 肖庆林

摘　要：晨读课非常重要，学生在晨读课上的记忆收获是非常大的，老师和学生应在晨读课上好好地把握时间和晨读内容，学生系统地进行晨读才能学到更多的知识。

关键词：晨读　课本　优秀作文　经典美文　专题知识　读书笔记

读书非常重要，这个道理人人都懂。

培根说过"读书使人充实，讨论使人机智，笔记使人准确，读史使人明智，读诗使人灵秀，数学使人周密，科学使人深刻，伦理使人庄重，逻辑修辞使人善辩。凡有所学，皆成性格"，"一生之计在于勤，一年之计在于春，一日之计在于晨"。晨读更为重要，更有效率，更有活力，也便于记忆、内化、运用。

一个愿意读书的人，他的前途是不可估量的，那么学生，怎样来把握运用我们极其珍贵的晨读时间呢？

晨读的时间只有30分钟，况且每个星期对于我们的语文课堂来说又只有3次，这就显得更加可贵了，为了让我的学生们能更充分地利用晨读的时间，在我的语文课堂上，我把时间作了统一的协调和安排。在我们学校，所有的晨读课里面，前10分钟都是用来读我们学校自编的校本教材《中国传统优秀文化知识》，这本书分很多章节，按照时代顺序和文章体裁逐一分类编排，有先秦、秦汉、魏晋南北朝、唐宋、明清，诗歌、小说、词曲等等，通过这个知识的阅读从文化修养、道德品质、行为习惯上去潜移默化地影响学生，让学生在生活中内化于心、外化于行。那剩余的20分钟我就做了如下安排，主要是以时间为纲、以内容为目，总体规划早读课，不能是早读课让学生自由地读，老师只是在教室里走一走，什么都不管，学生容易犯困，这样做是毫无效果的，每次晨读都安排合理的内容，并且老师要和学生一起读，营造一种读书的氛围，给学生以榜样的作用，这样会有意想不到的效果。

一、读"课本"

晨读，学生可以读自己的教科书。我们把高中阶段的所有语文教科书中需要背诵的篇目，在课本的目录里勾画出来，打开目录就一目了然了，哪些是需要背诵的，特别是重点的古诗文，重点的句子还需要用红笔加上标注，给人以视觉上的刺激，让学生们在读的时候加深印象，今天读必修一，明天读必修二……这样交替起来读背，当然老师必须给学生在晨读之前就安排好学生所要读的内容，老师可以把今天学生要晨读的内容写在黑板上，让学生有目的性、有规划性地进行阅读。

二、读"优秀作文"

晨读，学生可以读高考满分作文、优秀作文、作文教材等。我的要求是我们班的学生必须每人有一本关于高考方面的优秀作文书，在晨读的时候按照我们晨读时间的总体规划拿出来读一读，尽情地、忘我地、大声地朗读，把里面那些好词、好句、好段最好能够背下来，读的时候可以揣摩别人的优秀之处在哪里，比如是结构合理、语言优美富有文采、感情真挚、思想健康具有正能量、道理深刻很有哲理等。这些都是学生应当借鉴的地方，在自己写作文时学生们可以灵活运用，甚至模仿都是可以的。

三、读"经典、美文"

晨读，学生可以读经典、美文。我们国家的文化典籍浩如烟海，其中优秀传世名篇非常之多，如《十三经》《二十四史》《诗经》《楚辞》《乐府诗集》《玉台新咏》《古诗十九首》《唐诗三百首》《宋词三百首》《元曲三百首》《幼学琼林》《三字经》《百家姓》《千家诗》《菜根谭》《围炉夜话》《中国哲学史》《美学原理》《明清小说选》等，我们只看到了冰山一角或只取了一瓢饮，甚至还没有碰过，太多太多的知识我们都没有接触。世界文化当中也有很多经典典籍，如《圣经》《古兰经》《古希腊神话传说》《西方哲学史》《西方美学史》《安徒生童话》《格林童话》《伊索寓言》《荷马史诗》《战争与和平》《复活》等等。中外近现代的名家名著、美文也是值得一读的，比如刘墉、冰心、张爱玲、席慕蓉、梁羽生、金庸、张爱玲、毕淑敏、朱自清，卡夫卡、马尔克斯、培根、欧文、爱默生、马克·吐温、莫泊桑、泰戈尔等。这些典籍和美文太多太多，我们可以去试探阅读，我还主张我的学生阅读一些"杂志或者报刊"。我们无法一一列举，也无法一一阅读，但老师和同学可以做一个规划进行阅读，最主要的是传递一种阅读的思路，让同学们养成一个阅读的好习惯，这才是最重要的。

四、读"专题知识"

晨读，学生可以读高考专题知识。我们平常的积累绝大部分是为了高考，在高考的考场上要拿出优异的成绩来，对于语文科目来说，我们平常的积累是必不可少的，即使在高一阶段我们还没有进行高考专题复习，我们也可以把语文知识的专题题型，进行系统规划和阅读，比如我们可以读熟语，读经典的短篇文言文，读句子的仿写题目，读论述类文本、文学类文本、实用类文本，读名言名句等。当然这就要求老师和学生在课下花的时间比较多，我们要提前准备资料，学生按任务分配下去，动起手来，查找资料，复印出来，让学生手里有资料。这样既扩大了学生的知识面，又丰富了学生的阅读量，还锻炼了学生的动脑动手能力。当然，我们的学生所准备的资料一定要以高考为契机和出发点，可以从历年的高考试卷和模拟题目中去找，这样我们的目的就明确了，也会为以后高考前的专题知识复习奠定扎实的基础，效率也就会大大提高了。

五、读"读书笔记"

晨读，学生可以读读书笔记。在开学之初我就给学生作了规定，先去买一个大大的笔记本，按照统一的读书计划进行。一个星期必须把读书笔记按时、按量上交，我统一检查批阅，作为平时的作业，形成常态化，这样学生们就会慢慢养成自觉读书记笔记的好习惯，读书笔记本上记的不仅仅是摘抄来的好词、好句、好段，还有自己写的札记、看到的好的广告标语，好的对联、听来的妙言好句，网络好句等，总之生活中的方方面面，只要用心去发现，就会有很多优美的东西。培养了学生这样的兴趣后，他就有可能主动去找书、买书来阅读，在生活中去发现。学生广泛的涉猎，由广博到精深。这样我们就可以从经典美文中，感受到性情的陶冶；从中外名著中启迪思想的深邃；从杂志文摘中领略到社会的百态，长此以往，学生就会受益匪浅。

只要愿意去阅读，利用好晨读的黄金时间，就有可能改变自己的人生轨迹，改变自己的命运，学生应该完全在你的学习计划中把"阅读"安排进去，坚持不懈，遵照执行，学习知识。在阅读过程中，好词、好句、好段、好篇要做好标记（用醒目的颜色笔），课后找时间进行摘抄整理，以便可以信手拈来。现在社会的节奏加快，人们的心也比较浮躁，我们都很难静下心来读几本书，阅读量非常少，这样的情况，长期发展下去后果是非常可怕的，而读书能使我们获得美感；读书能使我们明智；读书能丰富我们的文化内涵；读书能让我们的生活更美好，热爱书吧！

《春酒》教学反思

贵州省大方县黄泥塘中学 沈寿梅

教材分析

《春酒》是人教版八年级下册第四单元第19课，是一篇自读课文。本单元都是有关民风民俗、地方色彩浓郁的文学作品，语言皆具平实本色。琦君的散文，多写童年记忆，母女之情，友伴之谊。童年、故乡、亲人、师友占据了她创作题材的绝大部分，她以中国传统温柔敦厚的情怀，以细腻温婉的笔致，将这些营造成了一个艺术世界。《春酒》则是一篇诗化的散文。作者用细腻的笔触描绘了故乡浓浓的风土人情，抒发了对童年、对故乡和对母亲的无限追思之情。"我"的天真可爱，母亲的善良能干，乡人的淳朴厚道，都令人神思飘飞。如诗一般的生活织就了如诗一般的童年，而作者又用如诗般的语言描绘出这一切：儿童圣洁的心灵，美好的生活情趣，这是一种对人性的讴歌和赞美。

学情分析

八年级的学生积累了一些散文知识，也具有一定的社会知识和生活经验，我引导学生凭借这些知识经验欣赏文学作品，在慢慢升温的情感体验中，初步领悟作品的内涵，从中获得对自然、对社会、对人生的有益启示，对作品中感人的情境和形象，能说出自己的体验。

知识与能力

①有感情地朗读课文，整体感知文章意蕴。
②通过解读语句，理解作者通过叙述家乡的风土人情来表达浓浓的思乡之情。

过程与方法

①通过朗读、探究、合作交流的方式，品味语言，领悟情感。
②运用多媒体创设情境，在情境中阅读。

情感态度与价值观

领会文中流淌的思乡之情，激发学生关注身边生活，发现并领略生活的诗意。

教学重点

①理解细节描写对表现文章主题所起的作用。

②理解作者通过叙述家乡的风土人情来表达浓浓的思乡之情。

教学难点

①体会琦君散文结构严谨、写人传神、文笔流畅的特点。

②通过品味本文清新素淡、典雅隽永的语言特点，来感受风俗美、人情美。

课时安排

一课时

教学基本过程

一、导入

（教师配乐，深情朗诵）

有一种酒，一点点，就能醉你到白头，

有一种情，一点点，就能牵动你的心，

有一些人，虽然离去，但你永远难忘他的影，

有一些事，虽然遥远，却又总是那么温馨……

同学们，这首小诗，曾让著名的台湾女作家琦君几度午夜梦回，泪湿枕巾。那么，是什么样的酒和情，又是怎样的人和事，会让她如此念念不忘呢？带着这些问题，让我们走近琦君，走进琦君的这篇回忆性散文，一起来听她把酒话往事，遥寄心中情。（板书：春酒）

二、整体感知

《春酒》是台湾女作家琦君写自己还不满十二岁的时候，在故乡——

浙江温州的一段童年经历。

下面请同学们有感情地朗读课文（配乐《思乡曲》），尽量把自己也融入到课文中，联想自己的童年生活,体会作者字里行间流露的情感,思考:

1. 作者怀念的仅仅是家乡的春酒吗?

学生朗读、体会,明确:不是,还有家乡的人和事。

2. 文章主要记叙了哪几件事? 这几件事是如何组织在一起的?

明确:过新年、喝春酒、喝会酒,如今自泡八宝酒四件事。

本文的构思非常精巧。作者在文末巧设文眼,却又不露痕迹,作者把许多有关的片段汇集在"家乡的味道"这个焦点上。农历新年里的种种风俗与禁忌, "我"一马当先地作为母亲的代表前往家家户户喝春酒,乡亲之间互相"起会"置办"会酒"的融洽, "我"在许多年之后按母亲的办法"如法炮制"的"八宝酒"……这一切都围绕"家乡的味道"展开。

3. 在这几件事中出现了哪些人物?

板书小结:母亲　童年的"我"　阿标叔(乡邻乡亲)

教师小结:作者不仅仅是怀念家乡的春酒,文中主要通过春酒写故乡的风俗、人情,写自己对家乡的怀念、对母亲的追思,其间流淌着的是浓浓的思乡之情,是对一种让人难忘的美好生活的深情怀念。

三、精读课文,品味细节

(1)"补气、健脾、明目的哟!"

母亲总是得意地说。她又转向我说:"但是你呀,就只能舔一指甲缝,小孩子喝多了会流鼻血,太补了。"

(请一个学生起来朗读,其他同学评议)

明确:"补气、健脾、明目的哟!"这句话写出了母亲非常得意的心理。后一句话写出了母亲的谆谆告诫,对我的关心,表现了母亲温柔慈爱的性格。

(2)其实我没等她说完,早已偷偷把手指头伸在杯子里好几回,已经不知舔了多少个指甲缝的八宝酒了。

学生品读,明确:写出了"我"对母亲的八宝酒很喜欢、很馋的样子。"偷偷"而不是当着母亲的面,表现"我"内心是非常想喝的,但又不能让母亲知道的隐秘心理。"好几回"是指多次,而不是一回、一次,足以表现出母亲的八宝酒对"我"充满了诱惑,也显示出"我"的可爱。

师:那我们请一位同学给大家读读看,看他是否能读出这样的感情来。

（学生读，老师及其他学生评议）

（3）母亲给我在小酒杯底里只倒一点点。

我端着、闻着，走来走去，有一次一不小心，跨门槛时跌了一跤，杯子捏在手里，酒却全洒在衣襟上了。抱着小花猫时，它直舔，舔完了就呼呼地睡觉。原来我的小花猫也是个酒仙呢！

教师提示，学生交流明确：写出了"我"的可爱和情趣。"只"和"一点点"说明对母亲的"小气"而感到不满足。"走来走去"表明了她即使只得到了一点点的酒，但还是格外珍惜，舍不得喝。"捏"是对酒了虽不是很多但自己很珍惜的一点点酒后的失望。"直"表现小花猫对八宝酒满是喜欢，舔个不停，煞是可爱。"呼呼"地睡了，表现了小花猫舔完酒后相当满足和陶醉的情态。"也是"一词，是以"我"当时的心理来揣摩小花猫的，可见"我"也同小花猫一样馋得要命，也写出了"我"的那种童趣。

师：请一个同学来给我们示范朗读。其他同学注意欣赏，听他读得怎样。老师再次强调几个重读的词语，大家来共同朗读这两句话。

（4）我呢，就在每个人怀里靠一下，用筷子点一下酒，舔一舔，才过瘾。

学生揣摩，明确：这句话写出了"我"当时很撒娇、很嘴馋的情态。"靠"和"点"说明"我"年龄虽小但很机灵。"舔一舔"说明"我"想喝但又不敢当着大家的面去喝，只能"舔一舔"，即便如此，也让"我"很过瘾。"才"，足见"我"的嘴馋了。

师：这看似十分随意的几笔细节描写，让读者强烈地感受到大家是如此喜爱这小姑娘，在故乡，邻里之间是如此亲密随和、融洽温馨。这种家人般的氛围，这种温馨的人际关系让人向往不已，而这一切都只包蕴在文中极不起眼的一两处细节中。

教师小结：平凡的细节流淌着生活的美丽、感动和情趣。不管是一篇课文还是一本书，真正能打动读者的是那一个个有生命活力的细节。其实人生也是如此，我们感动的往往不是惊心动魄的壮举，也不是灿烂辉煌的成就，而是实实在在、平凡生活中的精美细节。同学们，语文就是生活，生活就是语文，希望每位同学都有一双发现美的眼睛，在平凡生活的积累中享受到语文的丰厚，学会对细腻生活的品味。

师：刚才同学们找出的细节，一定要细细读、反复读，在读中品，在品中读，读出情感，读出意味。下面再一起齐读这些细节描写的句子……

四、疑难探究

1. 作者回忆儿时过年、喝春酒、喝会酒这几件事，有何意义？

明确：这几件事显示了故乡的风俗之美、人情之美。

风俗之美：新年虔诚地迎神拜佛，有诸多禁忌，添了几许神秘；元宵节后，换下的供品堆得"满满一大缸"，孩子们兴奋、快乐；家家邀饮春酒、贺喜道福。寥寥几笔就勾勒出一幅中国传统风俗画卷。

人情之美：家家户户轮的春酒，大有"家家扶得醉人归"的景象；村子里有人急需钱用，大家就会捐助，正月里会首置酒表示酬谢，母亲让出花厅供人请客，并捧出自己泡的"八宝酒"为人助兴；此时灯火通明，人人兴高采烈。

2. 作者的思乡之情在文中如何具体体现？

（1）通过对童年的回忆来体现

童年在农村过新年，可以"撒开地吃"，可以"肚子吃得鼓鼓的"，可以品尝到"最喜欢"的春酒，可以赶上"大花厅里那桌十二碟的大酒席"，可以备受母亲的关爱……童年的生活是那么令人满足，是那么充实、无忧无虑。童年的一幕幕生活就是作者心中一杯浓浓的春酒。

（2）通过对家乡春酒的怀念来体现

酒是故乡浓，喝春酒最能体现家乡人的热情与融洽。"家家户户轮流邀喝春酒"，春酒成了人们密切彼此关系的桥梁，农村淳朴的人际关系充分体现。"凡是村子里有人急需钱用，要起个会，凑齐12个人，正月里，会首总要请那11位喝春酒表示酬谢"，请喝春酒还是表示谢意的至高礼节。作者远在他乡，自己配制八宝酒，是为了重拾当年在家乡的一点一滴，春酒无疑是家乡的一个缩影。

（3）通过思念母亲来体现

"谁言寸草心，报得三春晖。"在作者眼里，母亲是一位非常疼爱女儿的女性，是一位乐善好施、平易近人、与邻里关系非常融洽的女性，家乡因为是母亲生活的地方而更值得留恋。

五、拓展延伸

同学们，请你们打开记忆的大门，童年的某个细节，还会不会勾起你无限的情趣呢？下面请同学们相互说一说。（用"我会想起_____"的句式）

同学们自由交流、发言，老师给予指导和鼓励。

六、课堂小结

故乡是一道永不褪色的风景，童年是一段永远不会忘却的记忆，那碗融入生命里的《春酒》，不仅深刻在作者的心中，也流淌在我们每个人的血液里。最后，我把一句话送给大家，也送给自己，送给所有正被忧愁困扰的人：人有悲欢离合，月有阴晴圆缺，此事古难全。但愿人长久，千里共婵娟。

板书设计：

$$春酒 \begin{cases} 喝春酒 \rightarrow 风俗之美 \\ 喝会酒 \rightarrow 人情之美 \\ 自酿酒 \rightarrow 家乡之美 \end{cases} 亲情乡情$$

《春酒》最值得从这样一个角度来挖掘文章的内涵，那就是作品体现出来的浓浓亲情、乡情、人情。所以，我将教学目标设定在领会文章的情致，感受作品的风俗、人情之美上。然而这种美感是通过什么展现出来的呢？便是本文那突出的、精彩生动的细节描写。于是，品味精彩语言，关注细节描写，感受作品意蕴便也是教学目标之一了。

在教学过程中，我设计了"饮春酒—品春酒—酿'春酒'"三个环节，三个环节层层深入，从读到赏再到写，达到升华。这也得益于余映潮老师"板块式教学"思路。

一堂好课犹如一篇好文章，必须条理清晰，有实实在在的内容，有情感发掘。

从时间流程上说，我认为本课做到了循序渐进、层层深入，让学生在逐步深入的文本挖掘过程中体验情感，层层推进，发掘意蕴。这也得益于环节设计的严密性和层次性，实践了我校语文组"自主推进式"教学模式的运用。

从空间主题上说，在教学活动过程中，有一个贯穿整堂课的活动，那便是学生的"读"，无论是什么形式的读。例如开始的大声朗读，中间的细节品读，都是为了能够做到深入发掘文本内涵。《语文课程标准》要求初中学生在阅读欣赏文学作品学习上，能有自己的情感体验，初步领悟作品内涵。这堂课做到了把时间还给学生，让学生多一些自己对文本的阅读体验，让教师少一些花哨的高谈阔论，让课堂的实际效率实现最大化。

《春酒》是自读课文，所以，它也肩负着以读引读、引思的任务。所以，在学习活动的最后，我安排了学生在对文本有深入体验的经过后，抒写一个自己记忆中饱含浓浓乡情和亲情的与亲人或朋友共享某种美食的情景。因为生活中任何一个细节如果蕴藏着一份美好的情感都是一杯香甜的"春酒"，这也恰好运用了"品春酒"环节中学生们的品析探究成果——写作方法的探究学习。于是，学生写起来也会有章可循，充分利用学生学习的"最近发展区"，达到教学目标与生成。最后，为实现以读引读的目的，我列举了几篇同样抒写乡情的文章，让学生在课下进行对比阅读，以获得更多感受和启发。

回顾整节课，虽然完成了教学任务，但还存在一些不足，也让我对这堂课有了一些反思。

①追求完美的同时会有一种缺失，在细节处理上不够运筹帷幄，生成还可以更自然些。

②要充分进入文章情境，带着与目标相关的感情投入到讲课当中。

③通过课堂实践，应更多地思考片断练习与整体写作的关系。学生写作需要时间酝酿，知识到能力的迁移是一个过程，有时不可能立竿见影。

最后，我也希望能通过这堂课的设计，引发一些教学问题的探讨。如散文教学的探讨：哪些散文应当精读，哪些散文可以海量阅读？经典文字的内涵一定要深入挖掘，如何挖掘？需不需从文化层面纵深处挖掘文本？从语言到文化是不是语文教学的必由之路？

其实语文教学真正要做的是，结合学生的具体实际，营造良好的学习氛围，去启发学生，让学生与文本产生深刻的、内在的交流与沟通。

韦庄《菩萨蛮(其二)》教学反思

贵州省铜仁市第一中学 高婷

韦庄的《菩萨蛮(其二)》是高中教材《中国古代散文诗歌欣赏》第二单元的自主赏析篇目,按照要求,这首词应当是让学生自己来完成赏析的,但是因听到有学生说词的内容很短,感觉像是懂了又好像没懂,希望我能够为他们讲一讲,故而便在班上统一讲解了一节课。

在教学过程中,我以林俊杰的歌曲《江南》为导入,让学生先欣赏他们所熟悉的流行歌曲,并且让他们描述林俊杰歌曲里面的江南是什么样子,具有什么特点,以此来激发他们的兴趣及让学生对江南有一个初步体验,再引出新课,看看一千多年前词人韦庄对江南是怎样的认识和感受,然后以读为主,自由朗读和齐读相结合,让学生对词中所描写的江南景象有一个粗略的把握,并对学生的朗读做适当的点评。接着向学生提问:开篇就说"人人尽说江南好",词中哪些地方写出了江南的"好"?当学生找到相应之处时便再让学生继续提问:为什么词人说"未老莫还乡,还乡须断肠"?在这个问题的分析引导中穿插词人简介以及创作背景的介绍,让学生自己去得出其中的缘由,并且依据这句话点出韦庄"韦端己词,似直而纡,似达而郁,最为词中胜境"(陈廷焯《白雨斋词话》)的特点以及花间词,然后再回忆《雨巷》,让学生感受现代诗人对江南的感受。最后设置"写一写"环节,让学生听着轻音乐,使内心清静,写出自己心中江南的样子。

从整体感觉来看,这堂课算是有所收获,因为看学生对问题的思考以及表现程度都是非常不错的。在设计方面,以现代流行歌曲做导入,容易激发他们对课堂的期待,能迅速进入课堂,尤其是在最后一个环节上,有的学生写出的心中江南形象是很具有美感的,不但有意境,更有文采。比如,有学生写道:"我心目中的江南是多情的江南,有伊人在水的一方等待着归人";还有学生写道:"我心中的江南是微雨、惆怅的,并且有着小桥流水人家的江南";还有学生写的是:"我心中的江南是一个温婉美丽的姑娘,她时而让人欢喜,时而让人忧愁,使人捉摸不透,但又不得不喜欢她"……虽然有很多收获,自己整堂课下来心情也是很愉悦的,但是静下心来仔细反思,还是存在很多不足与问题。比如说,韦庄这首词所在单元，赏析指导要求"置身情境、缘景明情"，但在具体的实践过程中却没有很好地体现，尤其是在"缘景明情"的处理之上，如：在问题的引导设置上，相对简单，从全部设计来看就只有两个大的问题，虽然在具体的课堂上有穿插细小问题进行补充和引导，但是依然单薄，且缺少新意；其次，在内容的补充上相对简单，尤其是韦庄的作品在语文教科书上几乎没有，这对学生来讲完全是陌生的，就这一首作品是很难真正把握他那"似直而纡，似达而郁"的特点，另外，他的经历也是学生所不熟悉的，故而他们也不是那么容易真正理解"未老莫还乡，还乡须断肠"的那种郁结的情感，更何况韦庄的《菩萨蛮》还是一组词，虽各自单独成篇，但在情感分析上也存在一定的联系。但这些在具体的课堂上却都没有很好地呈现，这也是我的不足之处。此外，在最后的"写一写"环节上，虽然从学生的描写上总体感觉不错，但也存在不足。因为在写之前给他们展示了戴望舒的《雨巷》，让他们有了先入为主的固定思维，似乎江南都像是带着忧愁的特点，且我在课件的展示上配有一张飘着细雨的风景图，这又限制了学生的想象，故而他们写出来的江南样子都有太多类似之处。这个环节的设计原本是激发学生的想象，写出不一样的江南来，而实际上却没有达到预期的效果。

　　针对以上几处严重的不足，我也在不断思考改进的方法。针对问题设置方面，觉得应该可以细化问题，通过细小的问题慢慢引导学生进入文本，感受情境，仔细品味其中所传达的情感。如学生在读完作品两三遍后，可以问学生："通过朗读你感受到在韦庄的眼中江南的样子了吗？具有什么特点呢？"这样就可以引导学生寻找词中描写江南的句子，并让他们自己品味其中的特点。既然江南这么美好，是不是词人一个人的感受？当然不是，因为有"人人尽说江南好"。但是既然江南好，为什么词人却又说"游人只合江南老"？甚至还发出"未老莫还乡，还乡须断肠"的话语？这样一步步引导可能会使学生更容易走进文本，体会词人的心情。然后补充词人信息及创作背景方面，通过一些关于韦庄的具体故事进行补充，因为在课本上的注释已经有了比较详细的介绍，但是缺少具体的情景内容，学生在认识了解上便会缺少完整鲜活的形象，而故事又是最能引起他们的兴趣的。对于他那"似直而纡，似达而郁"的风格特点只做了解，可举一两句韦庄别的作品稍微补充说明，但不做重点，因为本节课重在培养学生通过"置身情境、缘景明情"的方法赏析诗词。

　　至于在课件中内容的引导方面，在看到孙绍振老师的《真语文拒绝豪华包装》后有了一定的启发。孙绍振老师的观点是真语文应注重文字文本的解读，而非外在的多媒体等手段，过于丰富的多媒体资源反而会影响学生对文本的理解，甚至是误读。而我之前的设计确是把多媒体课件做得比较丰富，像对《雨巷》的展示就根本不必要，完全可以用提问的方式来解决。比如："除了韦庄通过自己的作品展示了江南景色之外，还有哪些作家同样也写了关于江南的？"这样学生就可以回忆自己所学的以及课外积累的内容。对插入的图片也尽量避免具有情境特点的，越简单越好，甚至可以不用，就用一句简单的话语展示要求，真正解放学生的思维，充分发挥他们的想象力。

虽然这在我最初的设计上已经改动很大，也比之前的设计更为丰富细致，但在实际操作中可能还会出现新的问题，且对于讲解像韦庄《菩萨蛮》这样短小的词作，我还需要做很多努力才能真正上好，因为这考验了一位语文老师的综合能力，所以我要奋斗的路还很长。但我不会气馁，更不会害怕，因为作为一个语文人，对语文有着剪不断的情结，更何况语文课堂本来就是一门有缺陷的艺术。也正是这缺陷构成了语文的美，体现了语文的真正魅力，更促使我们语文人不断反思、不断前进。

在生活中学语文

——《边城》教学反思

贵州省铜仁市第一中学 谭必莲

　　沈从文以一支带着温情的笔在《边城》中，描绘了一个具有自然美、风俗美、人情美的，一个善与美的神秘的湘西世界。《边城》中对风俗的描写最引人注目之处就是对端午节娱乐民俗的描写。教材中选取了小说的三到六的四个小节，选文部分是以端午节为线索展开叙述的，在本文中，作者首先向人介绍了茶峒一带的民俗风情之一——端午节的赛龙舟。端午的习俗是最贴近学生生活的，正因为贴近，学生才最容易忽视这种生活中存在的美。

　　在教学本文时，笔者正是从端午这一习俗着手，让学生去感受文学源于生活，美就在身边。在进入课文赏析前，我临时点了两名同学课下把自己家乡端午节的习俗描写出来，以此来与课文中端午的习俗进行比较。

　　同学甲首先为我们放了一段家乡沿河进行龙舟比赛的视频，把同学们带入了一种热烈的氛围之中，再把自己的文章与同学进行了分享：

　　端午节，最是不能没有龙舟赛的，每到了开划的时间，总会提着几个喜欢的米粽，早早地找个舒服的位置，边吃边等着看龙舟开赛。自然沿河是有条足够宽长的河的，有的是给好手们比试，只怕是哪个汉子怕了这江河气势，不敢来了。

　　看龙舟，对自己来说，并不是一定要看开头的，有那炮雷似的响声，对于爱安静的我来说，却也不太讨厌。只是赛程到了一半，正是好汉显出威武的时候，远看着，那些桨手好像是累了些，可大家仍不减士气，鼓手的声音也像气吞山谷的样子，整齐得像一个人一样，顾不了粽子。尽管下着针儿般的雨点儿，船上的人淋得遍体湿透，分不清是汗还是雨，但这是无关紧要的，在这关键时刻，赢了比赛才重要。

　　浩大的场面，几十条华丽龙舟参与角逐，长长的龙船上坐了肌肉鼓鼓的大汉，中间是鼓手，前头的人呐喊助威，声势震天，威风震天，霸气，威风，震撼……细雨霏霏，江水涌涌，在此，男儿尽显勇敢，坚强本色，了不得！

　　故乡的端午节，曾经我多么喜悦欢乐，端午粽飘香，龙舟响当当，好事成对双！又是一年五月五，我独自倚立楼头，吃着陌生的粽子，望依旧激烈的水上角逐，思绪飘向梦中熟悉的远方……

　　他的文章着重描写了端午龙舟的激烈场面，而乙同学的文章虽然也有对龙舟赛的描写，侧重点却是由粽子联系起来的浓浓亲情。

　　听说端午节是要划龙舟的，几十个壮汉会整齐地舞动长桨，那叶片般的木舟便会在水上欢腾，伴着壮汉们的喝彩鼓舞，木舟也会像活了起来似的，变成一条激动的黄龙，在水中起伏、摇摆、欢跳，激起一排排白色的水花。

　　随着一大锅滚烫的粽子水发出的爆裂声，一股诱人的熟悉的粽子清香味缓慢地钻进了我们的鼻孔。妈妈左手拿着一个小铁杆，右手将大锅里一堆又一堆的粽子提出来挂在了铁杆上。哦，那馋嘴的粽子在看着我呢，我的心痒痒的，又仿佛心里面充满了粽香气，无限膨胀着！

　　妈妈在端午节这一天，算得上是最忙最累的人了。她喜欢穿那件镶有白牡丹的白色衬衣，外搭一件青蓝色的牛仔裤，然后会在所有人都还在熟睡的凌晨起来，轻轻地给我们做好早餐，又默默地提着一盆糯米，拿着一把粽叶在门口慢慢地包起来，她总是这样，一个人包粽子，一个人煮粽子，一个人看粽子。粽子被她弄成了美味，她却把美味送给了左邻右舍、亲朋好友和她的子女们，而她，我是极少看见吃过粽子的。

　　可端午节不就是吃粽子吗？一个小小的被妈妈煮过的粽子，满足了我这稚嫩的心。

　　暖人的太阳终于爬到了树梢，街上的人越来越多，可车子却看起来还要多。不一会儿，车与人便搅在了一起，我看到，车和人都是朝着一个地方奔去的。

　　他们这是要去哪儿呀？妈妈笑着告诉了我，那时我7岁，终于知道了端午节是要划龙舟的，龙舟是真的龙吗？它会飞吗？它会咬人吗？妈，带我去看龙舟吧！妈妈冲我摇了摇了头，她还得送粽子给别人呢！那一刻，我的心像泄了气的球似的，仿佛失去了什么。端午节，我的龙舟！

　　一年又一年的端午节过去了，我有粽子的陪伴，可它只满足了我的食欲，而我却一次也没看过龙舟，我的眼欲怎么办，我内心那少了的位置又如何填满？

　　上了初中，爸妈出去务工了，我进了私人学校，学校的位置就在端午龙舟赛大明边城那儿，这仿佛应上天的安排，明年的端午节我就能近水楼台先得月了，那欢腾的龙舟，我终于可以和它约会啦！

很快，端午如约而来，江河两岸挤满了人，河岸旁静卧着十几条龙舟，划船壮汉们穿着一套或红色或黄色或白色的衣服，头上围着一条红色的头巾。他们正在摩拳擦掌，隐藏着兴奋的心，准备在江河上崭露头角。这时，密密麻麻的人们开始沸腾了，只见龙舟一个接一个步入河中央，它们在壮汉们的舞动下，或相互旋转，或径直奔去，或缓慢地行走于两岸之间，傲慢地映入人们的眼中。随着一声枪炮声，八条龙舟一同从起跑线内冲了出来，人们的声音再次沸腾了。最前面的那条龙舟像霸气地征服着，带着一股王者归来的气势，遥遥领先后面七条龙舟，而突然，排在第二位的那条龙舟像发了狂似的，金流壮汉们整齐而又激狂的挥舞下，伴随着一首朝向胜利的狂野歌曲，如不屈的后来者，终于追上了最前面的那条龙舟。两龙相争，人们再次爆发了鼎沸的声音。

看见这般热闹的景象，霎时间，我却有一种无法言表的没落和伤心，我发现，我身旁的人们大多是一家子来看龙舟的，而我却独独是一个人。正如清水是流不进石头的一样，这热闹的场景也融不进我的心呀！这真的是我六年来梦想着要看见的场景吗？可我的心，如今又蔫儿了许多许多，妈妈和妈妈的粽子都不在我的身边，端午的龙舟又能满足我什么呢？

热闹的端午，加上妈妈的一个小粽子，如果能来场非凡的龙舟赛，我们一家人坐在河岸边，吃着美味的粽子，那该多好呀！

同是端午的题材，两位同学所描写的重点不一样。而铜仁一中的黄老师在今年端午时写下这样的文章：

昨天晚上下雨了！按老人的说法，是要涨龙船水。于是想起了小时候，想起小时候在五显庙看龙船！吃过早饭，爸爸或背、或抱、或扛，把我们带到大河边。那个时候还不知道大河的名字叫锦江，大河和小河相汇处，有一个从河里面冒出来的大石头，那里就是龙船比赛的起点，也是龙船比赛结束后，发抢鸭子的地方……这样一看就是三十多年！那时候看船最让人难过的是总有那么两三个十来岁的娃娃下河游泳再也起不来了！长大了看了《边城》，知道在不远的茶硐，也有龙船比赛，比完赛也要抢鸭子！当然因为一只落单的鸭子有了一次不错的邂逅！牵出了几个凡夫俗子的爱恨情仇，引来了一代代人伤心落泪。因为这些，今天去看了龙船比赛，孩子很兴奋！我也很兴奋！即使我知道我不可能遇到……

通过这三篇文章，学生对端午这一习俗真正感兴趣了，这时候我再让学生走进《边城》去感受文章中对端午这一习俗的描写，学生就能真正感受到文章中的力与美，感受到生活在这里的人们的淳朴热情，感受到美就在身边，感受到文学就来源于生活。真正是在语文中理解生活，在生活中去学习语文。从课堂的效果来看，我的这一设计是成功的。

美国教育家华特指出："语文的外延与生活的外延相等。"语文教学离不开生活，生活中无处不存在语文。教材中的每一篇课文都来自于生活。在语文教学中，渗透学生的生活，走语文教学生活化的道路，让语文教学回归生活，应当是语文教学的返璞归真。我们理应以课堂为起点来实施生活化的教学，加强课堂教学与生活之间的沟通，让教学贴近生活、联系实际。目前，高中有的课文内容是学生常见和比较熟悉的生活现象，但往往又是学生熟视无睹或知之甚少的。因此，教学时应指导学生留心去观察，通过观察去认识生活，扩大视野，理解课文，强化语言文字的训练，提高观察和理解能力。在教学中，我们可以这样做：一是引导学生回归生活、观察生活，实现生活"语文化"。二是让学生在生活中发现美、感受美，美就在身边！

课中精“点”关乎成败

——《拟行路难（其四）》课后教学反思

贵州省玉屏民族中学 罗康锡

学生经过对语文"必修一"到"必修五"教科书中古代诗词系统的学习，来解决鲍照《拟行路难（其四）》应当是没有问题的。我抱着这样的心态在课前做了如下准备，并在课上进行了实施，但效果并不理想，课后我进行了反思，现从前往后依次进行。

【课前短文】（3 分钟）

《无法尘封的诗人——"俊逸鲍参军"》见学生手中资料

反思：只让学生看，没有提出具体目标，以致学生一头雾水，学生精力不集中，有的甚至走神。为此，我认为课上任务要明确，实施要具体。

【名句赏析】（2 分钟）

见学生手中资料

反思：每天让学生记名句、赏析名句，学生厌烦了，很多学生也只读几遍了事。为此，我认为应当少而精，并让学生在两分钟之内完成记忆力比赛，可能更好，现在学生就爱比赛。

【知识积累】（4 分钟）

1. 作家作品

鲍照，南朝宋文学家。鲍照家世寒微，但很有志气，有一妹鲍令晖，也善文学。宋文帝元嘉十六年 (439)，鲍照 26 岁，据史载，曾谒见临川王刘义庆，毛遂自荐，终得赏识，获封临川国侍郎，后来也做过太学博士、中书舍人之类的官。临海王刘子顼镇荆州时，任前军参军。刘子顼作乱，鲍照为乱兵所杀。

今存诗 204 首，有《鲍参军集》，其中著名的有《拟行路难》18 首。

反思：刘子顼作乱，鲍照为乱兵所杀，此处应是解决这首诗的最佳亮点，可当时为了迎合学生们的兴趣，此处用时过多，为后面匆忙赶进度埋下了隐患，这也是一些语文老师在课堂中存在的问题。为此，教师课前准备，课中发挥，还是要点到为止，切不可忘乎所以，只顾洋洋洒洒。

2. 背景简介

南北朝时期，群雄割据，社会动荡。当时实行的是士族门阀制度，而鲍照出身寒微，他虽然渴望能以自己的才能实现个人的价值，却受到社会现实的压制和世俗偏见的阻碍。

反思：课中简单介绍，没有找到关键点，学生提问"士族门阀制度"是什么，可见解决背景这个概念是关键。为此，我认为介绍背景，应只介绍重点，其他让学生自己查阅。

3. 预习作业

（1）字音识记；（2）辨形组词；（3）词语解释；（4）名句默写。

反思：课上不检查，我总是相信学生，课后又没有时间检查，最后不了了之。为此，我认为可以花少量时间，检查一两个学生，起到牵一个而动全班的效果。

【课内精读】（12分钟）

阅读鲍照的《拟行路难（其四）》，回答下面问题。

①"安能行叹复坐愁"和"心非木石岂无感"两个反问句，在表现诗人情感变化过程中起了什么作用？（3分钟）

②对"举杯断绝歌路难"一句，有两种理解：一说"断绝"指歌断绝，一说"断绝"指断绝愁思。你认为哪种理解更合理？为什么？（3分钟）

③第五、六句塑造了一个什么样的形象？（3分钟）

④这首诗声情并茂，请简要分析这首诗的语言特色。（3分钟）

反思：此环节，教师有点焦躁，对学生的期望值太高，没有考虑到学生的实际情况。事后想想学生赏析古诗词是有些基础，但突然在课上短时间就完成这些题目，难度还是相当大；为什么作为教师事先不把有关古诗词赏析中的"形象、语言、表达技巧"教给学生并让其记牢呢？那样的话学生就可以在课堂上进行解题思路的火花碰撞了。

【合作探究】（13分钟）

1."泻水泻水置平地，各自东西南北流"用了什么表现手法？说明了什么道理？

（探究提示）（1分钟）

考点链接之"比兴手法"（3分钟）

2."人生亦有命，安能行叹复坐愁？"你认为诗句中哪个字突出了全诗的主旨？试结合诗的内容加以分析

（提示）（1分钟）

考点链接之"古典诗歌之炼字"（3分钟）

（指津）炼字题的一般呈现形式及解答要领。（2分钟）

①常见提问方式；

②解答分析；

③一般答题步骤。

（应用）课外题目（课外练习）

3."心非木石岂无感？吞声踯躅不敢言"一句写出了什么感情？

（提示）（3分钟）

反思：此环节学生最感兴趣，因为关乎高考，又可以自由发挥，尽可能让想象的翅膀翱翔在蓝天。此环节最热闹，也最容易出亮点，但也最难把握，稍不注意，时间不够，课堂教学任务就会不能完成。为此，此环节要精心设计，重点突出，操控有度，游刃有余。

【文本拓展】（4分钟）

1.阅读延伸《天才俊逸鲍参军》，正文内容（2分钟）

2.写作迁移（2分钟）

角度："人生亦有命，安能行叹复坐愁？"这句话的"命"指门第决定人生，有什么样的门第就有什么样的遭遇。作者认为这非常不公平，但没法改变，这里只是表面上认命了，实质上是对不公平社会发出愤怒的控诉。

你也认为这样吗？请你写一段文字表达你的见解。

写作示例："人生亦有命，如何不拼搏"

反思：高考，作文是重头戏，当然写作训练是丝毫也不敢马虎的，于是每节训练训练也是很有必要的。为此我叫了三个同学表达见解，甲说："人的认命。"乙说："命运的抗争。"丙说："有时也要向命运低头。"课上我没有点拨，怕时间不够。课后想来，如果当时允许学生阐明一两句经典理由就能锦上添花了。

【课外拓展】（7分钟）

阅读鲍照的《拟行路难（其六）》，回答下面问题。（4分钟）

①"不能食""拔剑击柱"表达了诗人怎样的心情？是什么使他"长

叹息"?

②"蹀躞垂羽翼"怎么理解？这一句表现了诗人怎样的情怀？

③"弄儿床前戏，看妇机中织"中"弄""看"描绘了怎样的生活画面？

④"弃置罢官去，还家自休息"是表达归隐的情趣吗？请你运用"以意逆志，知人论世"的赏析方法评析一下。

反思：此环节是对已学知识进行迁移，学方法用方法，活学活用。我要求，这个题允许学生课后解决，内容过多，题量又大，又怕时间不够，也只好草草结束了，其实在教学过程中应当充分发挥学生学习的积极性，倾听学生内心的声音。

阅读下面的清诗，回答下列问题。（3分钟）

秋 暮 吟 望

赵执信

小阁高栖老一枝，闲吟了不为秋悲。

寒山常带斜阳色，新月偏明落叶时。

烟水极天鸿有影，霜风卷地菊无姿。

二更短烛三升酒，北斗低横未拟窥。

【注】"一枝"语出《庄子·逍遥游》"鹪鹩巢于深林，不过一枝"。"老一枝"意为终老山林。

（1）（对应高考考点链接）简要赏析颔联中"常""偏"两字的妙处。

（2）本诗表现了诗人怎样的心境？结合全诗简要分析。

反思：此题允许学生查资料做，但应对学生进行分层次要求。为此，课后找了不同层次的学生来与他们分享，同学们之间的差距还是比较大的，有的同学理解很到位，有的同学理解还有所欠缺，当然具体情况要因人而异，教师要努力让同学们都有所收获和进步。

综上所述，本节课不成功的原因，贪多不精"点"，费时不讨好，匆匆了事，草草收场，课堂太满，学生太累，效果一般。经反思后更加深了我在教学中的如下看法，精讲精练精"点"，益生益师益智；做学生的服务超市，享课堂的人生百态。

《短歌行》的教学反思

贵州省沿河第三高级中学 宋汉成

录像课竞赛我上的是《短歌行》，课后进行了认真的反思，现在把自己的想法梳理一下，其中不足之处，请老师们批评指教。

这一单元是高中生学习古典诗歌的第一阶段，虽然之前已经学过《诗经》《离骚》《孔雀东南飞》，但是高一学生在鉴赏诗歌方面仍然缺乏整体鉴赏思维，尤其当学生看到一首诗时，不知道一首诗应从哪里入手去鉴赏，也就是诗歌鉴赏的方法和能力需要训练和提高。因此，我想把曹操的《短歌行》作为一个突破点，让学生从课文学习中掌握一定的诗歌鉴赏方法，为学生以后鉴赏诗歌奠定良好的基础。从基础知识的掌握上升到鉴赏能力的培养上，使学生形成初步鉴赏古典诗歌的能力，这是一个整体的考虑。

那么诗歌鉴赏的方法有很多，可以从题目入手，挖掘重要信息；可以从作者入手，知人论世；还可以从意象入手，抓住意象特点，揣摩诗歌情感……到底哪种方法结合本课更好呢？我认真地钻研文本，参阅大量资料，梳理了思路。在反复诵读中我发现其实本诗抓住"忧"这个关键字，就可以理出一个思路：忧思难忘—何以解忧—忧之根源—归心解忧。于是我想到抓住关键词句进行点拨，以点带面，通过点拨法，设置问题，当然问题的设置要由浅入深，学生能够比较顺利地完成这节课的教学重点，同时通过小组讨论、合作探究，也体现了课堂上的师生互动、生生互动，让学生掌握这种诗歌鉴赏的重要方法。也就是我们常说的不仅"授之以鱼"，更要"授之以渔"吧。于是这节课在学生基本鉴赏能力的培养上，希望能达到这个目标，这是一方面。

另一方面，阅读鉴赏是人教版高中语文教材的主题，尤其对于古诗来说更是如此。新课标对这部分的要求是学生能在反复诵读中不断充实精神世界，完善自我人格，提升人生境界。因此应加强吟诵，在反复吟咏中体会诗中的感情，让学生吸取诗歌的积极的精神营养，丰富自己的情感世界。但是在课堂教学过程中，这方面显得有些仓促，因为要顾及后面诗歌鉴赏方法和能力的培养，所以安排的时间并不合理。这也显示出在课堂教学的节奏上把握不是很好，以后需要加以改善。

开头导入部分使用多媒体播放《短歌行》吟唱片段，通过视觉和听觉的冲击，能让学生尽快走入我为本篇课文创设的情境，激发学生阅读诗歌的兴趣，调动学生主动探究的积极性，为诗歌鉴赏做好情感铺垫。

结尾部分的"学以致用"是对学生本节课掌握鉴赏方法能力的检测，因为《诗三首》本为自读课文，通过本课所学到的方法，迁移到其他两首，培养学生的自学能力，通过当堂训练，效果还算不错。

由于这次的课准备得很仓促，从构思到完成只用了三天时间，再加上自己还是第一次参加录像课竞赛，所以经验寥寥，在课堂上老师临场的从容与镇定不够，课堂驾驭应变能力也要提高，正如毛老师所说的，对基础知识的处理比较草率，学生诵读没有充分落实，这些方面都是以后要多加注意的。

通过这次录像课竞赛、听课，尤其是听评课，我受益匪浅。录像课可以让人得到很大的锻炼和提高，让我更加明确了应当努力的方向，只有更深刻地认识自己存在的问题，才能更快成长起来。

"生活化语文教学"的运用

——《荆轲刺秦王》教学反思

贵州省铜仁市第一中学 向金明

语文学科本来就是人文性和工具性的统一：每篇课文都是学生学习语文知识、训练语文能力的绝佳材料。而同时，每篇课文往往极富内涵和趣味，故审美教育和人文熏陶势在必行。在高考指挥棒的引导下，一线教师必然重视其工具性，强调知识点的积累和语文能力的训练，这本无可厚非。但是在落实知识和训练能力的过程中，虚空的知识讲解很容易使课堂教学陷入枯燥乏味的境地，课堂效率也变得极其低下。有的教师又过度强调知识的积累，从而极大地削弱语文学科的趣味性和审美性。那么，如何解决这两个难题呢？

陶行知先生有言："千教万教，教人求真；千学万学，学做真人。"在真语文教学思想的汪洋大海中，董旭武老师的"生活化语文教学"无疑是一座清新明丽的海岛，点缀着蓝天碧海，却又自成一体、别具一格。"生活化语文"极其强调语文教学要回归本真，主张教师的教和学生的学都要与生活相互通融，教学方法、策略等方面都要做到生活化。这就可以让课堂教学鲜活明快起来，从而克服以上两个难题。生活化的语文教学既能使学生快乐高效地学习知识，又能贯穿语文的人文性和趣味性，使学生接受审美教育和人文熏陶。基于此，笔者在执教《荆轲刺秦王》时，进行了一次大胆尝试。

一、文言翻译的生活化

文言文翻译是文言文教学的重点内容，而积累文言知识也是学生重要的学习任务。因为文言文带给学生极大的陌生感，学生很容易产生一种畏难心理。文言文的教学也因此成为一项难题。一味地要求学生死记硬背，久而久之，他们的学习积极性便会消磨殆尽。

或许，在文章的具体语境里，让学生用他们的生活体验推想寓意难懂的古文，会是文言文翻译的一条不错的教学出路。比如，在引导学生理解"自引而起"时，笔者首先介绍了秦朝的生活习惯，那时候还没有凳子，即使国君也是席地而坐，小腿弯曲，承载着整个身体的重量。然后，笔者要求学生根据生活经验想象秦王受惊之后起身时的情态应是怎样的，必然是摇摇晃晃地挣扎着站起来。学生因为了解了当时的生活习惯，融入了自己的生活体验，对这句话产生了十分形象而又深刻的理解。

"王负剑，王负剑"，学生对于这个细节描写并不是十分理解，笔者让学生联想他们所看过的武侠电影，联系上下文语境和生活实际，他们便理解，因为"剑坚，故不可立拔"，所以秦王把剑背在后面才更容易拔剑，并且拔出剑之后，因为惯性，更具力道，所以下文中的秦王轻易就"断其左股"。

总的来说，因为联系了上下文语境、历史面貌和生活的经验，学生对课文的理解就更加透彻，文言文翻译也更具趣味性，课堂的学习效率也较高。

二、场景描写的生活化解读

"易水诀别"是《荆轲刺秦王》的经典场景，如何让学生分析场景描写的妙处则是一大难题，正如一些教学资料上所讲的，作者"抓住特点，突出重点，顾及全面，有条不紊，结合写景"精心描写了悲壮慷慨的诀别场景。可是，如果想让学生自主地从这些方面来分析，简直就是难上加难。因为在学生看来，这样的提示即所谓的"特点""重点"，他们根本就分不清，"全面""有条不紊"更是抽象不已。如果教师生搬硬套地采用这种方式来教学，效果可想而知。所以，笔者想到了一个联系学生生活实际的方法，学生对于电影并不陌生，每个学生都看过电影并且乐于看电影，而电影必然是从视觉和听觉两方面来传递信息、感染观众。所以，笔者认为，不妨把"易水诀别"的场景当作一组电影镜头来分析。

三、故事情节的生活化演绎

"廷刺秦王"是《荆轲刺秦王》这篇课文的高潮部分，作者运用了一系列的动作、神态和语言来描写，烘托、塑造了荆轲、秦武阳和秦王等人的人物形象，并且描写了惊心动魄的刺杀场景。笔者在学生反复朗读的基础上，让学生用圈点勾画的方法抓住关键的细节描写，分析人物形象和场景特点。

笔者随后让学生自行表演，力图通过真实还原故事情节，这意味着学生必须细细品味人物的动作、语言和表情，并且掺杂自己的生命体验和人生经验。学生的精彩表演进一步加强了他们对课文的理解，并且极大地增强了语文课堂的趣味性，在这样的表演中，学生也提高了综合素质，丰富了审美情趣，学习语文的热情也更加高涨了。

"生活化语文教学"强调"课文生活、读者生活、教师生活、学生生活以及生活情理等多维生活之间的有机通化"，这样的学生表演活动像一台搅拌机，完美地把课文生活（即课文的情节）、读者生活（即学生作为读者的阅读感悟）和学生生活（学生原有的生命体验和生活经验）打磨成醇香溢齿的琼浆玉露，让语文的趣味性和审美性芬芳满堂，不绝如缕。

在笔者看来，"生活化语文教学"在《荆轲刺秦王》中的运用不仅使得语文课堂在趣味氤氲中落实了语文知识，训练了学生的语文能力，而且还在一定程度上丰富了学生的审美情趣，增强了他们对语文课的热爱。学生在此次课堂上也已成为主体，并且乐意成为语文课堂的主体，成为一个积极思考的主动学习者。